STEP BY STEP
IN ESPERANTO

STEP BY STEP

IN ESPERANTO

A TEXTBOOK
FOR ENGLISH-SPEAKING STUDENTS

———————————

FOR CLASS TEACHING OR HOME STUDY

———————————

WITH GRADUATED READING MATTER,
NUMEROUS EXERCISES, AND INDEX

Montagu C. Butler
Member, Royal Society of Teachers

9th Edition, 1991
ISBN 0-93975-01-3
(Previous ISBN 0-85230-071-9)

Published by
Esperanto League for North America, Inc.
P.O. Box 1129, El Cerrito CA 94530 U.S.A.

"The teacher must not be too ambitious to get, for instance, all the forms of a verb collected... all at once: it is not necessary: one tense at a time is quite sufficient. And of course one must not be such a slave to traditional grammatical systems, that one necessarily must go all the way through one class of words before beginning another. There is no reason why these bits of system should not be taken up quite unsystematically; one day a little about pronouns, another day the present tense of verbs, a third day the comparison of adjectives... Each phenomenon which is taken up should, however, be treated with as much thoroughness as possible at *that* standpoint... One thing at a time, and that done well!"

Otto Jespersen, in 'How to teach a Foreign Language', p. 129.

Preface

On the appearance of this book I received various suggestions for its improvement. I was advised to omit, among other things, all stories about mothers-in-law (as giving a wrong outlook on life, and treating a serious subject with levity); the story of the cannibal who ate his wife (as immoral—perhaps the reader might go and do likewise); all puns (as confusing); all jokes of any kind whatsoever (as undignified); all English verse (as doggerel); all Esperanto verse (as waste of space); all translation exercises (as inadvisable for beginners); all proverbs (as obscure); every word exemplifying the vowel-sounds in which the vowel is *not* followed by the letter " r " (as misleading); and every word in which it *is* so followed (for the same reason). One friend regretted the inclusion of illustrative sentences from the *Ekzercaro* (as hackneyed); another advised the omission of all sentences not in the *Ekzercaro* (as not authoritative). A Scottish correspondent urged the publication of an expurgated edition, labelled " For Sale in Scotland", which should omit all reference to a certain insect apparently unknown in that country, though otherwise sufficiently international. Some complained that there were not enough exercises; others, that there were too many. The exercises given were condemned by one as too simple (because they leave nothing to the learner's intelligence); by another as too difficult (because they call for thought, and the average learner does not think). One said " Make more use of varied type, to help the eye "; another: " Your use of varied type is excessive, and offends the eye." I was told by one that the book was pedantically Zamenhofan; by another, that no one could accuse it of making any attempt to follow Zamenhof. Complaints that it teaches too much (or too little); that it has no grammar (or too much); and that it contains no home-work, no reading-matter, no chapters, no index, and no table of correlatives, I record, and leave.

Several friends advised me to scrap the whole book and rewrite it on entirely different lines. Unfortunately, the various plans suggested were mutually exclusive. One critic wrote " The book is too diffuse "; another: " It suffers throughout from over-compression ". Still another asked: " Why write any book at all, seeing that the whole grammar of the language may be put on a postcard, and its principles grasped in a few minutes ? "*

---

*More is involved in learning a language than an understanding of its grammatical elements. No language (not even Esperanto) can be mastered in an hour. Words will not flow instinctively without constant repetition , and their correct use can be learned only from context. The aim of this book is not to satisfy the curiosity of the dabbler, but to guide the student to proficiency.

Further, it became clear that *everything* should have been placed at the beginning; that *everything* should have been placed later; and that *everything* should have been omitted.

Somewhat bewildered by all this advice, I have left the book in essentials as it was. I am encouraged to do this by the fact that teachers and students *who have used it as directed* have given it warm approval. They have also given many practical suggestions for improvements in detail; these have been adopted in the present edition. I am especially indebted to Mr. K. Alexander for his help.

Some things in previous editions are here omitted to make room for new simple matter, but will be incorporated in a work for advanced students, long in preparation, which I hope may some day see the light.

Many teachers write: " I always give my class another book, but I wish to teach them from yours. How can I do this ? " You cannot. First choose your book or method, then give it a fair trial.

Obviously, no one will find in this (or in any) work his ideal. Those, however, who work through it, will have their reward. For the rest :

ANKORAŬ NENIU PLAĈIS AL ĈIU

Finally, let me assure various indignant or anxious friends that the book is written with no ulterior anti-feminist motive. Also that I, at any rate, am happily married. And my wife ? That is another question. She must speak for herself.

M. C. B.
1948

PREFACE TO THE EIGHTH EDITION

The present volume is no mere offset reproduction of the previous edition : it contains well over 100 emendations. I sincerely thank the many teachers and students who have helped in these matters.

May I call attention to the words on p. 7 (Order of Presentation). Of course, there is no reason why, *if* desirable, the whole of the grammar (p. 272) should not be summarized in the very first lesson ! Moreover, some part of every lesson should be devoted to conversational practice, away from the book and its restrictions. But the detailed instruction, and the exercises given, MUST follow the order in the book, if it is to be used to the best advantage.

M. C. B.
1965

ABOUT THE NINTH EDITION

Many textbooks on Esperanto have appeared in English over the years, and they continue to appear as fashions in teaching change. Montagu Christie Butler's *Step by Step*, however, has endured for almost half a century through nine editions in three countries, and is still considered one of the most useful and informative concordances to the study of the international language.

The Esperanto Publishing Company of Australia, having served the cause of Esperanto well and truly for a number of years, has now passed into history. Before doing so, Eileen Oliver on behalf of EPCA generously transferred all rights to this little book to the Esperanto League for North America, Inc. The League is honored and pleased to become the new publisher of this valuable work. Rather than tamper with Butler's words, we have updated only the title pages and Advice to the Student.

David Wolff
David Richardson
Mark Stephens
ELNA Book Committee

The full cost of printing this edition was met by a gift from a generous member of ELNA, who wishes to remain anonymous. On behalf of ELNA and Esperantists worldwide, our heartfelt thanks.

To the Teacher

HOW TO USE THIS BOOK

ARRANGEMENT. The book consists of small sections, each dealing with one subject only. This aids clarity, and makes it easy to divide it up into lessons of any desired length.

To help students of various ages and types, the contents are intentionally very varied. Omit anything unsuitable for your class.

ORDER OF PRESENTATION. This has been carefully planned. Work straight through, and, in general, resist the temptation to dip ahead. If you dodge here and there, you must blame yourself if you find the book unsatisfactory (as you certainly will). At six-seven pages a week the book will be completed, and the students far beyond the Preliminary Examination stage, by the end of the usual three-term course.

In order to accustom the learner to use the nominative after a preposition, the accusative has been introduced very late. Opinions will differ as to the wisdom of this. For conversation, at any rate, the accusative is almost indispensable. Introduce it as early as you think desirable.

For class conversation, a few useful words and phrases (e.g., *lernejo, Bonan Tagon!*) are introduced prematurely. They should be learned without explanation: this is given later in due course.

ROOTS. An effort has been made to build up a useful vocabulary. In the first few pages new roots have been introduced freely, for exercise in pronunciation; but as they are English, and safely guessable, this will not strain the memory. Point out, however, that Esperanto does not simply add an "o" to every English word! **Pigo**=*magpie* (not *pig*); **porko**=*pig* (not *pork*); **lardo**=*bacon* (not *lard*).

ETYMOLOGY. After the first few pages, new roots are shown by bolder type on their first appearance. When an unfamiliar root occurs, point out when possible—and it usually is—that it exists also in English, and that a knowledge of Esperanto thus helps to understand English. E.g., **mola** is found in *emollient, mollify*; **salti** in *somersault*; **pano** in *pantry, companion*; **sorto** in *consort*.

Many Esperanto roots are etymologically related. Explain, for example, the connection between **aŭskult, skolt**, and *scout*; **apenaŭ, pen**, and *pains*; **lum, lun, ilumin, alumet, lunatik**, and **lund**. Such notes are omitted to save space.

MNEMONICS. No apology is made for "childish mnemonics". To distinguish **muŝo** and **muso** by imagining that the circumflex represents the wings of a fly, or **dezerto** and **deserto** by picturing a *zebro* en la *dezerto*; to remember that **abelo** faras **mielon** by the exclamation *A bee, lo!* and the thought "If a bee drops pollen on me it makes *me yellow*; if it stings me it makes *me yell 'Oh!'*"— such things often stick when serious explanations leave no impression.

WORD-BUILDING EXERCISES. These give practice on affixes already learned. The student should form similar combinations for himself. The fact that there is often no one corresponding word in English makes them especially valuable as tests. The classmember who has not mastered the previous lessons will of course protest!

READING MATTER. This is taken from many sources, sometimes altered for the purposes of the book. The verses are mostly taken from *Himnaro Esperanta* and *Kantaro Esperanta* (which contain hundreds of songs suitable for class singing). The humorous "definitions", by his kind permission, are from Cseh's *Konversacia Vortaro.*

When some progress has been made, you can (if you wish) supplement this book with other reading matter. But to do this prematurely will raise difficulties. You would be wise to concentrate first on the book, which itself contains sufficient reading for the stage reached.

ANECDOTES. These the pupil may repeat in his own words. They should be a basis for simple conversation. Some may be expanded into impromptu playlets, and acted.

PROVERBS. These are nearly all from Zamenhof's *Proverbaro Esperanta.* Some require a little thought, but none are more difficult than similar proverbs in English. A few elucidatory equivalents in English verse have been added as footnotes. Some proverbs should be learned by heart. All will repay study. Often a proverb will be more easily remembered than the rule it illustrates.

PARAGRAPHS MARKED **. Give some of these *vive voce*, accompanied by appropriate action. They may be repeated also with variations of tense or circumstance. Write the verbs (or other suggestive words) on the blackboard, and let the class repeat the whole from memory.

QUESTIONS. These should be asked and answered in class conversation, and used as models for other similar questions. Do not accept **Jes** or **Ne** alone as an answer. Let most questions begin with a **Ki**-word, rather than with **Ĉu**.

EXERCISES are intended to be worked. No key is given, for this would rule them out as homework. Most exercises may be worked orally in the class. But some written work is essential. Exercises in italics are to be translated into Esperanto. Easy Esperanto texts need not be translated into English.

At regular intervals (say every 15 pages) give a recapitulation exercise. Paragraphs 12, 43c, 51, show the idea.

DICTIONARIES. The student should have an Esperanto-English dictionary. The little "Key" will suffice at first. Larger dictionaries are available for the advanced student.

A SUMMARY OF THE GRAMMAR is given at the end of the book for reference.

STEP BY STEP IN ESPERANTO

PRONUNCIATION

1. Every letter in Esperanto has one sound only, always the same. Every letter must be sounded: there are no silent letters. Most letters sound as in English. Those that do not we shall learn as we meet them.

VOWELS*

2. In English each of the letters *a, e, i, o, u*, represents several sounds, but in Esperanto each represents one sound only, approximately as follows:

A always sounds like *a* in a*h, father, calm.*
E   „   „   „   *e* „ *lend, there.*
I   „   „   „   *i* „ *machine, ee* in *see.*
O   „   „   „   *o* „ *molest, glory.*
U   „   „   „   *u* „ *rude, oo* in *boot, too.*

Do NOT pronounce **a** as in *what, cat, cake*, or *call*; **e** *as* in *her* or *here*; **i** as in *fine* or *fir*; **o** as in *to* or *got*; or **u** as in *tub, tube*, or *turn*.

FOR THE TEACHER.—Instruction on the vowel-sounds must be adapted to the local pronunciation of English. This varies so much, that an explanation which is helpful and necessary in one part of England may be useless or misleading in another.

The Esperanto **e** and **o** are heard in the Italian *re, do,* as sung by a good singer on a prolonged note. In Southern England pure **e** and **o** hardly exist, and the vowel-sound in the words *may, ray,* if analysed, is found to consist of **e** glided into a short **i** (as in *it*), and that in the words *go, doh,* to consist of **o** glided into a short *oo* (as in *look*). The Esperanto **e** and **o** are these initial vowels *without the final glide.* The glides heard in the words *may go* of Southern English would be represented in Esperanto spelling by *mej goŭ.*

These five letters are called "vowels". All others are called "consonants". We may say, roughly:

Vowels: **A, E, I, O, U,**
Sound in *Pa, let me go too.*
Or in *Bar, bear, bier, bore, boor.*
Ah ! send me more soon !

3. *Point to the vowels and say them aloud several times; forward, backward, and in varied order; till you know them without hesitation.*

ACCENT

4. In English we accent (or stress) sometimes the last syllable (*cocka*too), sometimes the last but one (*tomato*), sometimes a syllable two or more from the end (**syl***lable*, **dro***medary*, **lit***erature*). In Esperanto every vowel counts as one syllable, and every word is accented on the last syllable but one. Thus: *ka-ka-***tu**-*o*, *to-***ma**-*to*, *si-***la**-*bo*, *dro-me-***da**-*ro*, *li-te-ra-***tu**-*ro*. The words **historio** (*history*) and **harmonio** (*harmony*) have therefore four syllables each, and you must accent the **i** in **io**.

5. *How many syllables are there in* balau, heroo, Isaako, lilio, opinio, tiea, kie, tieulo ? *Underline the accented vowel, and read the words aloud.*
Never mind what they mean.

The difficulty lies not in Esperanto, but in English, and faces the English learner of any foreign language. But whereas in other languages small variations of vowel-sound may render the speaker unintelligible, in Esperanto the five vowels are so widely distinct that even at the worst the risk of misunderstanding is negligible. But a careless beginner from London might be told: " I can guess you are English, because your vowels are not pure ".

In theory, each vowel has a uniform pronunciation, and an effort should be made to attain this. In practice, however, in Esperanto as in other languages, certain consonants (notably " r ") inevitably influence the vowels they follow; moreover, in rapid speech the vowels tend to become shorter—**e**, for example, may sound almost as in *met*; **i** as in *bit*; and **u** as in *good*.

To pronounce **doloro** with the three sounds *doll-law-roe*, or with the glides heard in *dough-law-roe*, would be incorrect. An approximation (for a Londoner) is *daw-law-raw*, said lightly.

FOR PHONETICIANS.—The corresponding symbols of the International Phonetic Association are: **a, e, i, o, u** (cardinal vowels). In practice, the sounds of **a, e, o,** may vary between **a** and *a*, between **e** and *ɛ*, and between **o** and *ɔ*, respectively.

[12]

THE WORDS "A, AN"

6. These words are not translated. **Floro**=*flower*, or, *a flower*. **Afero**=affair, or, *an affair*. **Ovo**=*(an) egg*.

PRONUNCIATION EXERCISE

7. *Read the following words with correct pronunciation and accent, and translate them into English. You can safely guess the meanings of most words in the next page or two* (see p. 7).

Sound every "**r**" *clearly. Pronounce* " **s** " *as in* kiss, *and* " **z** " *as in* buzz.

Watch your vowels. Thus, pronounce **luno** (*moon*) loo-no, *not* lew-no; *pronounce* **birdo** (*a bird*) beer-do, *not* ber-do.

Be especially careful with the accent in words ending with **-io**.

8.

mato	tablo	letero	familio	telefono
vazo	lampo	botelo	plezuro	telegramo
suno	nesto	butero	ombrelo	individuo
glaso	monto	persono	omnibuso	entuziasmo

aero idealo teatro idioto boato poemo heroo

THE LETTER K

9. In Esperanto the sound **k** is always written **k**, and not, as in English, either *k* (*kill*), *c* (*cat*), *ch* (*chaos*), *ck* (*tack*) *qu* (*conquer*), or *cqu* (*lacquer*)!

sako	korko	muziko	sekreto	krokodilo
fakto	kremo	kandelo	konflikto	konduktoro

THE NOUN-ENDING O

10. All these words end with **o**. They are all " nouns " (*names* of things).

> One thing I would have you know:
> Every noun must end with **O**.

The main part of the word (e.g., **kork**, **sekret**), is the " *root* "; the final " **o** " is a " *grammatical ending* ".

THE NAMES OF THE LETTERS

11. It is well to speak of each letter by its proper name. Every vowel is named by its own sound, and every consonant by its sound plus **o**. Thus: **taso** (*cup*), is spelled aloud *to ah so o*; **lakto** (*milk*), *lo ah ko to o*; **luno** (*moon*), *lo oo no o*.

12. **Ekzameno.** Which Esperanto letters are silent ? Give an English phrase illustrating the Esperanto vowel-sounds. How are syllables counted in Esperanto ? Where does the accent lie in the word **opinio** (*opinion*) ? Why ? What is a noun ? What is the noun-ending in Esperanto ? What is the Esperanto for the words *a, an* ? Which rules in Esperanto have exceptions ? Name the Esperanto vowels. Spell **teo, kafo, kakao** (*cocoa*), **Esperanto, entuziasmo,** using the Esperanto names of the letters. Which part of these words is the root ?

ESTAS

13. **Rozo estas floro,** *A rose is a flower.* **Tempo estas mono,** *time is money.* (You would not say *Rose is flower,* or *A time is money !*) (6). **Silento estas konsento.**

14. (a) **Modelo :** Hundo estas **BESTO** (*A dog is an animal*)—Kato (elefanto, kamelo, leono, leopardo, muso, rato, tigro) estas besto.

(b) Pasero estas **BIRDO** (*A sparrow is a bird*).—Aglo, kakatuo, kanario, koko (*cock*), pelikano, vulturo.

(c) Tulipo estas **FLORO.**—Anemono, dalio, konvolvulo, lilio, peonio, violo.

(d) Pomo estas **FRUKTO** (*An apple is a fruit*).—Banano, figo, limono, melono, olivo, piro (*pear*).

(e) Fluto estas **INSTRUMENTO.**—Gitaro, harpo, mandolino, orgeno, piano, trumpeto, violono.

(f) Usono (*The U.S.A.*) estas **LANDO.**—Irlando, Kanado, Nederlando, Palestino, Skotlando.

(g) Londono estas **URBO.**—Berlino, Dublino, Edinburgo, Leningrado, Madrido, Parizo, Romo, Stokholmo, Vieno.

(h) Ameriko estas **KONTINENTO.**—Azio, Afriko.

(i) Tamizo (*The Thames*) estas **RIVERO.**—Amazono, Nilo.

KAJ

15. (a) **KAJ**=*and* (pronounce like *ky* in s*ky*). **Orgeno kaj fluto,** *an organ and a flute.* **Fido, espero, kaj amo,** *Faith, hope, and love.*

(b) *Time and money. Butter and cream. Tea and milk. Coffee and cocoa. Faith and hope. A letter and a telegram. A dog and a cat. A cat and a mouse. A cup and a glass. A bird and a nest. A lamp and a candle. A lion and a tiger.*

KIO, TIO

16. (a) **KIO**=*what, what thing.* **TIO**=*that, that thing.* N.B.—The question **Kio ?** must be answered by a noun ending in **-o.**

(b) Kio estas peonio ? Peonio estas floro. Kio estas banano ? orgeno ? Kopenhago ? tomato ? Brazilo ? **hipopotamo ?** krokodilo ?

(c) Kio estas tio ? (Tio estas rozo). Kaj kio estas rozo ? (Rozo . . .). Kaj tio ? (Ha ! (*Ah* !) Tio estas sekreto !)

LA

17. **LA**=*the*. **La floro estas rozo**, *The flower is a rose.* **La suno estas stelo**, *The sun is a star.* **La insekto estas abelo (vespo)**, *The insect is a bee (a wasp).* **Tio estas la vero** (*truth*).

Say : **La ombrelo, la insekto** ; not **la rombrelo, la rinsekto !**

18. *The sun and the moon. The tea and the coffee. A sparrow is a bird. The bird is a sparrow. The flower is a lily. That is an animal. The animal is a cat. And what is that ? That is a fruit.— a fig. What is Oslo ? Oslo is a city. The land is Palestine. The conductor is an idiot. The comrade* (**kamarado**) *is an hero. The affair is a fact. What is the truth ? Ah ! That is a mystery* (**mistero**) !

EN

19. (a) **EN**, *in, within*. **La patro* estas en la domo**, *Father is in the house.* **La filo estas en la teatro**, *The son is in the theatre.* **Sukero estas en la teo**, *Sugar is in the tea.* **La pupo estas en la valizo**, *The doll is in the suit-case.*

(b) La kato estas en la sako. La kanario estas en la kato. La familio estas en la boato. Toronto estas en Kanado, kaj Kanado estas en Ameriko.

ORDER OF WORDS

20. Instead of saying **Akvo†** **estas en la glaso**, *Water is in the glass*, one may say **En la glaso estas akvo**, *In the glass (there) is (some)water*, or even **Estas akvo en la glaso**, *(There)‡ is (some) water in the glass* (it is not usual, however, to begin with **Estas**). **En la libro estas bildo**, *In the book (there) is a picture.* **En la skatolo estas mono**, *In the box (there) is (some) money.*

In such sentences the words *there* and *some* are not translated.

---

*Patro, *a father*; **la patro**, (*my*) (*our*) *father*. In such cases **la** may be used for *my, our, his, her*, etc., as shown by the context.

†Pronounce both letters : **ak-vo**. Cp. *dark volume, look vain.*

‡Here the word *there* does not mean " in that place " (27) : it serves merely to prevent the sentence sounding like a question.

21. (a) *The conductor is in the omnibus. In the nest (there) is an egg. In the letter (there) is a secret. In the house there is a telephone. There's (some) milk and water in the bottle.*

(b) *Copying the model* akvo . . . glaso (20), *make three sentences with each of the following pairs of words :* Birdo . . . nesto. Teo . . . taso. Vespo . . . kremo. Floro . . . vazo. Sukero . . . kafo. Silento . . . domo.

(c) **Kio estas en la** skatolo (valizo, nesto, taso, teo) ? (En la skatolo . . .) **En kio estas la** mono (floro, lakto, kafo) ?

22. (a) ESTAS also=*are.* **Butero kaj sukero estas en la kuko,** *Butter and sugar are in the cake.* **En la skatolo estas** (*there are*) **libro kaj pupo.**

(b) Pasero kaj ovo estas en la nesto. En la domo estas kato kaj hundo. *Cream and sugar are in the tea. In the vase are a rose and a tulip. In the river are a hippopotamus and a crocodile.*

SUR (*ON, UPON*)

23.

arbo, *tree*	**kampo,** *field*	**plafono,** *ceiling*
benko, *bench, form*	**korbo,** *basket*	**planko,** *floor*
breto, *shelf*	**kreto,** *chalk*	**tabulo,** *board, plank*

Sur la strato estas tramo, *In* (=*on*) *the street there is a tram* (**Tramo estas . . . , Estas tramo . . .**). **Sur la plafono estas araneo.** *On the ceiling is a spider.* **Sur la nigra tabulo estas poemo,** *On the black-board is a poem.*

24. (a) *The city is on a mountain. A box is on the shelf. On the field is a tree. (There) is a violin on the piano. Tea and coffee are on the table. On the floor is a basket. The black cat is on the chair* (**seĝo** : pronounce *sedge-oh*).

(b) *Make sentences with* **sur** *and the following pairs of words :* Sukero . . . kuko. Hundo . . . mato. Rivero . . . boato. Benko . . . valizo. Tablo . . . vazo. Akvo . . . birdo.

(c) **Kio estas** sur la tablo ? en la libro ? sur la strato ? en Irlando ? sur la planko ? en la skatolo ? sur la breto ? en la korbo ? sur la seĝo ?

(d) **Sur kio estas la** hundo (urbo, arbo, kreto, seĝo, tablo, valizo, skatolo) ?

POR (*FOR*)

25. **Kreto por la tabulo. Taso por teo.** *A lamp for the table. A box for the doll. A glass for milk. An omnibus for the family. Sugar and cream for the coffee. A shelf for the candle. A book for father.*

26. **KIE,** *Where.* Kie estas la patro ? (*Or,* Kie la patro estas ?) (La patro estas en Parizo). **Kie estas** Amsterdamo ? Dublino ? Edinburgo ? Toronto ?

27. **TIE,** *there* (=*in that place, over there, yonder*).

Do not confuse this with the untranslated " there " in par. 20, which does not mean " in that place ".

(a) Kie la bildo estas ? La bildo estas tie (*pointing*), sur la **muro** (*wall*) Kie la **fenestro** (*window*) estas ? La fenestro estas tie, en la muro. Kaj estas fenestro tie, en la **pordo** (*door*).

(b) **Kie estas la** birdo ? nesto ? konduktoro ? omnibuso ? teo ?

(c) (*Answer with* **tie,** *pointing*). **Kie la** benko (libro, lampo, nigra tabulo, plafono, piano, planko, pordo, seĝo, strato, valizo) **estas ?**

MI, LI, ŜI, ĜI, VI

28. **Mi,** *I.* **Li,** *he.* **Ŝi,** *she.* **Ĝi,** *it.* **Vi,** *you.* **Mi, ŝi,** have the sound of *me, she.* **Li** is the French *il* backwards. **Vi** is like the French *vous.* **Ĝi** sounds as in *gee-gee.*

mi	⎫	*I am*	Unlike English, Esperanto makes no
li	⎬ estas *he is*	change in the verb for " number " or
vi	⎭	*you are*	" person ". It is like saying *I is, he is, you is.*

Kie Frank (Mary, la tablo, vi, mi) **estas ?** *Ans.*: Li (ŝi, ĝi, mi, vi) estas . . .

29. After " prepositions " (words like **en, por, sur**) English alters *I* to *me*; *she* to *her*; and *he* to *him*. Esperanto makes no such change. **Tio estas por mi** (*for me*); **por li,** *for him*; **por ŝi,** *for her*.

The flower is on her (*him*). *That is a letter for me.*

KIU, *WHO*

30. Mi estas Tom Smith. **Kiu** estas mi ? (*Or,* Kiu mi estas ?) (Vi estas T.S.). Kiu ŝi estas ? (Ŝi estas Ethel Brown). Kiu li estas ? Kaj vi ? (N.B. Pronounce *kee-oo*; not *kee-you*).

AFFIXES

31. In most languages new words are formed from other words by adding syllables called " affixes ". Thus from *kind* we make *unkind, kindness, unkindness,* by adding the affixes *un, ness.* An affix (**afikso**) placed before the main word (like *un-*) is called a " prefix " (**prefikso**); one at the end (like *-ness*) is called a " suffix " (**sufikso**).*

In English the use of affixes is irregular. We say *heroine,* but not *fatherine, priestine; unkind,* but not *unrich, ungood; kindness,* but not *honestness.* In Esperanto, however, every affix may be joined to any root with which it makes sense. In this way, from every Esperanto root you can make a number of words without having to learn them.

LA SUFIKSO -IN

32. The suffix **-IN** shows the *feminine.* (Cp. *hero, heroine, Joseph, Josephine*). Thus, from **bovo**, *ox,* we get **bovino**, *cow.* **Viro**, *man,* **virino**, *woman.* **Amiko**, *friend,* **amikino**, *lady friend.* **Skolto**, *scout;* **skoltino**, *girl guide.* **Edzo**, *husband* (When he weds, he's an **edz** !); **edzino**, *wife.* **Patrino**, *mother;* **kanariino**, *hen canary;* **poetino**, *poetess.*

33. (a) *Say the feminine of* Emilo, Ernesto, Georgo, Henriko, Karolo (*Charles*), Klemento, Kristo, Roberto, Tomaso, Viktoro, Vilhelmo (*William*).

(b) *Modelo* : **La knabo† kaj la knabino,** *the boy and the girl. Similarly:* La filo (patro, kato, koko, kamelo, leopardo, krokodilo, **aligatoro,** hipopotamo) . . .

(c) *Use* ino *after the following roots, and translate:* arane, bird, hund, idiot, kamarad, kok, paser, tigr, vultur.

(d) *Conductress, cow-elephant, hen-eagle, heroine, queen-bee, lioness.*

---

*In Esperanto there is no letter x. The English x is transcribed by **ks**. (But *ex-* before a vowel becomes **ekz-**. E.g., **ekzameno**).

†KN. Sound each letter, as in *picnic, technical, Lucknow, look nice.*

LA PREFIKSO **VIR-**

34. This shows the male sex. When talking about animals, it is generally not necessary to specify this : e.g., **kato**=*cat* (*in general*). But **vir-** can be used when required. **Virkato,** *Tom cat*; **katino**, *she-cat*. **Virbovo**, *bull*; **virpasero**, *cock-sparrow*.

Virhundo, viraglo. *Bull-elephant, drone-bee, cock-canary*.

KIU, KIO

35. Do not mix these words up. **KIO li estas ?** (Li estas knabo) (16). **KIU li estas ?** (Li estas Tom). **Kio (Kiu) ŝi estas ?** (Ŝi estas . . . .) Mnemonic : **Kio,** *wOt* ! **kiu,** (*ki-who* !).

PHRASES

36. **DIRU AL MI,** *Tell me.* **MI PETAS,** *Please.* **DANKON,** *Thank you.*

" Diru al mi, mi petas, kiu estas la knabino tie ? " " Ŝi ? Ŝi estas Flossie Binks." " Dankon."

LA SONO (*THE SOUND*) OJ

37. The sound **OJ**=*oy* in *toy, boy*; *oi* in *boil*. **OJ** is a " diphthong " (**diftongo**) or vowel-glide, but it is counted as one syllable. Thus : **boj-ko-to** (*boycott*) is three syllables.

THE PLURAL ENDING -OJ

38. English usually adds *s* to show the plural (la **pluralo**) (= more than one). But it has many forms.

> We speak of a *box*, and the plural is *boxes*,
> But the plural of *ox* should be *oxen*, not *oxes*.
> You may find a lone *mouse*, or a whole nest of *mice*,
> But the plural of *house* is *houses*, not *hice*.
> If the plural of *man* is always called *men*,
> Why shouldn't the plural of *pan* be called *pen* ?
> When I speak of a *foot*, and you show me two *feet*,
> And I give you a *boot*, would a pair be called *beet* ?
> We speak of a *brother*, and also of *brethren*,
> But though we say *mother*, we NEVER say *methren* !

39. Esperanto, on the other hand, is regular, and always forms the plural by adding **J**. All nouns in the plural end

B

MATEMATIKO !		with **OJ***. **Infano**, *child*; **infanoj**,
one rose	**unu rozo**	*children.†* **Bovo**, *ox*; **bovoj**, *oxen*.
one rose	**unu rozo**	**Amikoj**, *friends*. **Tulipoj estas**
———	———	**floroj**, *tulips are flowers*.
two roses	**du rozoj**	

40. (a) *Make sentences from the words in* 14 *after this model* : Pomoj, bananoj, figoj . . . kaj piroj, estas fruktoj. . . . bestoj. . . . floroj. . . . instrumentoj.

(b) Unu lampo kaj unu lampo estas du lampoj. Unu pomo kaj unu piro estas du . . . Unu knabo kaj du knabinoj estas **tri** infanoj.

(c) *Mountains and rivers. Cats and dogs. Rats and mice. Tables and chairs. Fathers and mothers. Sons and daughters. Books and pictures. Letters and telegrams. Lamps and candles. Lions and tigers. Streets and houses. Omnibuses and trams. Shelves and benches. Baskets and boxes. Fruits, flowers, and vegetables* (**legomoj**). *Men, women, and children.*

(d) Kio estas figoj ? (katoj, tulipoj, flutoj, paseroj, vespoj, **karotoj**) ?

(e) *One for you, and one for me. Flowers for the vase. Dolls for the children. A sack for the apples. A basket for the eggs. Shelves for the books.*

(f) Diru al mi, mi petas, kio estas **monologo ?** (Ĝi estas **dialogo** por unu persono !).

(g) Kio estas en la valizo ? (*Inspect contents*).

LA SONO AŬ

41. The letter **Ŭ**=the English " *w* ". It is a " double u "; the *u*'s being written one above the other, instead of side by side as in English. It is called " **ŭo** " (pr. *wo*).

42. The sound **AŬ** (*AH*ᵒᵒ) is a vowel-glide, pronounced like *ah* (*wh*)*o*, or (*P*)*a* (*w*)*ou*(*ld*), said quickly, with the accent on the *ah*. It is roughly the sound of " ow " in *now*, and counts as one syllable.

ADIAŬ (a-di-aŭ) ! *Farewell* ! **ANKAŬ**, *also, too*. **AŬ**, *or*.

---

*Words like **pantalono**, *a pair of trousers*; **tondilo**, *a pair of scissors*; **bilardo**, *billiards*; **fiziko**, *physics*; **matematiko**, *mathematics*; **politiko**, *politics*; are singular : each word names one thing only.

†*Infanoj*, (like *brethren* in " *Dearly beloved brethren* ") may include both sexes : the one embraces the other !

43. (a) Infano estas knabo aŭ knabino. Paŭlo estas **aŭtoro**. Mi ankaŭ! Sur la strato estas **aŭto(mobilo)**. En la taso estas teo aŭ kafo: ankaŭ lakto. En la rivero estas aligatoroj aŭ krokodiloj. Aŭstralio kaj Tasmanio estas **insuloj** (*islands*). Aŭstralio estas ankaŭ kontinento.

(b) **Proverboj**—Por Paŭlo **sperto** (*experience*); por Petro **averto** (*warning*). Sperto por mi—averto por vi!

(c) *A PICTURE. On the piano (there) is a lamp or a candle. The fruit on the shelf is an apple or a pear, and the flowers in the vase are tulips or anemones. Ah! one or two roses or dahlias are there also! But tell me, please, what is the insect there, on the flower?—Oh* (Ho)! *that is a bee or a wasp.—And the bird?—The bird is an eagle or a vulture.—And what is on the table?—A cup for coffee; also a glass.—But what is in the glass?—That? Oh, that is milk or cream.— On the mat is an animal.—That is a rat or a mouse.—(There) is also a girl on a chair. Who is she?—She is Pauline.—And where is the house?—It is in London or Paris.—Thank you.*

44. SALUTOJ (*GREETINGS*)

Bonan matenon! *Good morning*! **Bonan vesperon**! *Good evening*!

Bonan tagon! *Good day*! **Bonan nokton**! *Good night*!

Sinjoro (pr. *sin-yo-ro* : Esperanto **j**=English "*y*"), *gentleman, sir*; **sinjorino**, *lady, madam*. **Fraŭlo**, *bachelor*; **fraŭlino**, *spinster, miss, young lady*. **Bonan tagon, sinjoro (sinjorino)**, *Good day sir (madam)*! **Bonan nokton, fraŭlino**, *Good night, miss*! **Same al vi**! *The same to you!*

Sinjoro, Sinjorino, Fraŭlino (abbreviated in writing to **S-ro, S-ino, F-ino**, with a hyphen, but no full-stop afterwards) are also used as titles (=*Mr., Mrs., Miss*).*

(a) Bonan nokton, S-ro Brown! Bonan vesperon, F-ino Jones! Bonan matenon, S-ino Smith! *Good morning, boys*! *Good day, miss*! *Good evening, Mary*! *Good night, sir*! *The same to you, young ladies*! *Good-bye*!

(b) Kiu estas la patro de F-ino X? la edzino de S-ro X?

DE, OF

45. **La nomo de la knabo,** *the name of the boy.* **La signifo de la vorto,** *the meaning of the word.* **La fino de la mondo,** *the end of the world.* **La belo de vero,** *the beauty of truth.*

---

*Following international custom, it is usual to say **S-ro** B for *Mr. B*, married or single; but to call a lady **S-ino** (*Mrs.*) or **F-ino** (*Miss*), as the case may be. Like *lady* in English, however, the word **sinjorino** does not *necessarily* mean a married lady.

Por la gloro de Dio, *for the glory of God.* **Folio** (*leaf*) **de libro (de arbo).**

La **ĉambro** (*room*) (*pr.* ĉ *like* "ch" *in* "chamber, church") estas **PARTO** de la domo. La **tegmento** (*roof*), la muroj, pordoj, kaj fenestroj, estas ankaŭ partoj de la domo. La **kapo** (**kolo, koro, brakoj, manoj, fingroj, kruroj, piedoj**) (*head, neck, heart, arms, hands, fingers, legs, feet*) estas parto(j) de la **korpo** (*body*).

46. In poetry (and in rapid conversation) **de la** sometimes becomes **de l'** (pr. **del**). But in serious prose the full form **de la** is better.

47. (a) *Make phrases with* **de** (*e.g.*, sonoj de entuziasmo. La historio de Skotlando). **Petaloj** . . . rozo. **Adreso** . . . letero. **Flamo** . . . lampo. **Kosto** . . . telegramo.

(b) *Proverboj.* Vero estas la filo de tempo. Amiko de amiko estas ankaŭ amiko. Kie estas harmonio, estas **beno** (*blessing*) de Dio.

(c) **Kio estas la nomo de** tio (*pointing*) ? la fraŭlino tie ? la domo de birdo ?

(d) *A time of silence. The eye of an eagle. The roof of the house. The rose is the flower of love. The cork is there, in the neck of the bottle. Where is the conductor of the tram ? The cream of the milk is in the glass on the table. In the book are pictures of the history of the world.*

48. (a) In English, we often use an apostrophe ('s) for the meaning *of the.* In Esperanto we use **de la,** and no apostrophe. **La portreto de la knabino,** *the girl's portrait.* **La odoro de la violo,** *the violet's smell.*

(b) *Paul's opinion. Peter's wife. Ernest's letters. Pauline's poems. The father's secret. What is the man's name ? The wife's family is in America. The young lady's hand is on Rose's head. Faith and hope are in the child's eyes* (**okuloj**); *love is in the mother's heart.*

49. (a) So also in the plural. Compare : **la nesto de la birdo,** *the bird's nest*; **la nesto de la birdoj,** *the birds' nest* (Note that in English the difference is seen, but not heard !).

(b) *The boy's book, the boys' book. The flower's (flowers') beauty. The doll's (dolls') eyes.*

50. (a) When *of=named,* we do not use the word **de.** Thus: **la monato Aŭgusto,** *the month of* (*=named*) *August.* **La insulo Wight,** *the isle* (*of*) *Wight.* Compare : **La rivero**

Nilo, *the river Nile.* **La lingvo Esperanto,** *the language Esperanto.* Two nouns placed together like this are said to be " in apposition ".

51. *Ekzameno.* What is the name of the letter **ŭ**? What is a prefix (suffix, affix, diphthong)? Translate: *There is a book* (*over*) *there. The city of Bristol. Two pairs-of-scissors. A father's love. Truth and beauty. The eyes are the mirror* (**spegulo**) *of the heart.*

ILI, NI, AMBAŬ

52. Ili, *they.* **Ni,** *we* (cp. French *nous*). Li kaj ŝi estas ili. Vi kaj mi estas ni. Mi estas la **instruisto** (*teacher*) de la **klaso.** Vi estas **lernantoj** (*pupils*). La piroj estas **por ni** (*us*), la pomoj estas por ili (*them*) (29).

Ambaŭ, *both* (=*la du*). Li estas knabo, kaj mi ankaŭ estas knabo : ni ambaŭ estas knaboj. Rozo estas . . . ., kaj Mario ankaŭ . . . .) ili ambaŭ . . . .

(a) *We both are pupils in the class of Mr.* (*Miss*) *X. He is the teacher of the class.*

(b) **Kio*** estas kokinoj ? gitaroj ? kato kaj hundo ? tegmentoj kaj muroj ? manoj kaj piedoj ? (Ili estas . . .). **Kie estas la** muroj ? lampoj ? fenestroj ? kretoj ? (Ili estas tie, kaj tie, kaj tie, kaj tie !). **Kio estas** mi ? vi ?

Ĉ Ŝ

53. The letters **Ĉ Ŝ,**=English *ch, sh,* as in *church, fish.* We have already met them in the words **ĉambro, ŝi.** Think of the cap over these letters as the bottom half of an "*h*", written over the *c* or *s* instead of after it.

buŝo, *mouth*	**ŝafo,** *sheep*	**ŝtrumpo,** *stocking*
fiŝo, *fish*	**ŝipo,** *ship*	**ŝuo,** *shoe*
poŝo, *pocket*	**ŝranko,** *cupboard*	**tapiŝo,** *carpet*

54. Ŝuoj kaj ŝtrumpoj. Birdoj, bestoj, kaj fiŝoj. Virfiŝo kaj fiŝino. Virŝafo kaj ŝafino. En la pantalono estas du poŝoj. La tasoj estas en la ŝranko. Sur la planko estas nigra tapiŝo. En la buŝo de la ŝafo estas **herbo** (*grass*). Du ŝipoj estas sur la **maro** (*sea*).

ĉapo, *cap*	**ĉerizo,** *cherry*	**ĉielo,** *sky, heaven*
ĉapelo, *hat*	**ĉevalo,** *horse*	**kruĉo,** *jug, pot*

---

*It would be logical and correct to say **Kioj estas kokinoj ?** (or even **Kioj estas tioj ?**). But the singular form (**Kio**) is usual.

[23]

55. Branĉo de arbo. **Ĉokolado** de Fry. **Ĉapitro** de libro. Flamo de **torĉo**. Ŝi estas en la ĉielo (*in heaven*). **Nuboj** (*clouds*) estas sur la ĉielo (*in the sky*). La fenestroj (muroj, plafono, planko, pordo) estas partoj de la ĉambro. Benko (**lito** (*bed*), nigra tabulo, **pupitro** (*desk*), seĝo, ŝranko, tablo) estas **meblo** (*piece of furniture*). La nomoj de **ĉ**, **ŝ**, estas *ĉo*, *ŝo*. Ili estas **literoj** de la **alfabeto**.

56. (a) **Kio estas** ŝafoj ? ĉevaloj ? ĉerizo ? tabloj kaj seĝoj ? Kiu estas en la ĉambro ? Kio estas en la ĉambro ?

(b) *The jug for the milk is on a shelf of the cupboard. On the boy's head is a cap. The shoes and the stockings are on the carpet. In the children's pockets are (some) cherries. The chocolates in the desk are for us. The sun, the moon, and the stars, are the glory of the sky.*

(c) **Difinoj** (*definitions*). **Kio estas la** ĉapelo de la domo ? ĉielo de la ĉambro ? plafono de la mondo ? poŝoj por la piedoj ? (tegmento, plafono, ĉielo, ŝuoj).

57.   LA FAMILIO

avo, *grandfather*	**frato,** *brother*	**onklo,** *uncle*
nepo, *grandson*	**kuzo,** *cousin*	**nevo,** *nephew*

(a) *Modelo* : Patro kaj patrino. Avo . . .; edzo . . .; filo . . .; frato . . .; kuzo . . .; nepo . . .; nevo . . .; onklo . . .

(b) *Complete*. **La patrino** estas la . . . de la avo, kaj la . . . de la onklo. **La onklino** estas la . . .de la patro, kaj la . . .de la onklo. **La kuzino** estas la . . .onklo, kaj . . .kuzo. **La avino** . . .patro, kaj . . .avo.

(c) **Diru al mi, mi petas** : Kiu estas la patro de la patro ? frato de la patro (onklo) ? filo de la filo (frato, avo, onklo) ? patro de la kuzo (nevo, nepo) ?

(d) *A bed for the granddaughter. A chair for (the) grandfather. A pair-of-scissors for mother. The chocolates are for the sisters.*

(e) *Make a diagram showing the following facts* : La patro kaj la patrino de Doroteo kaj Marko estas Alberto kaj Berilo. La filo de Doroteo estas Rolando, kaj la filino de Marko estas Terezo. *Taking each of these six persons in order, show his or her relationship to the other five, thus* : Alberto estas la edzo de . . ., la patro de . . ., kaj la avo de . . .

INTER

58. **INTER** (preposition)=*between* (*two*); *among* (*more than two*). **Rozo inter du dornoj,** *a rose between two thorns.* **Lupo inter la ŝafoj,** *a wolf among the sheep.* **Inter la mano kaj la lipoj,** *between the hand and the lips.* **Inter ni. Inter ili.**

59. *Between the two countries (there) is a river. The children are among the flowers on the field. Among the branches of the tree is a nest. The bird is in the sky among the clouds. Thorns among the roses. A sheep among wolves. A dialogue between two friends. That is a secret between you and me. Between the mountains is a valley (valo). The nose (nazo) is between the eyes and the mouth.*

60. NUMBERS (NUMERALOJ)

1 unu	4 kvar	7 sep	10 dek
2 du	5 kvin	8 ok	11 dek unu
3 tri	6 ses	9 naŭ	12 dek du

Learn these numbers by heart, forwards and backwards. Cp. un*ison*, du*et*, tri*o*, quar*tet*, quin*tet*, ses*tet*, sep*tet*, oc*tet*. Naŭ is 9 in Welsh and Hindustani! **Dek** is found in *Decalogue*. o=nulo.

Unu, du, *Where are you* ?	Unu du, *What a to-do* !
Tri, kvar, *There you are* !	Tri, kvar, *Fingers all tar* !
Kvin, ses, *Answer "Yes"* !	Kvin, ses, *Here's a fine mess* !
Sep, ok *Mend your sock* !	Sep, ok, *Some on your frock* !
Naŭ, dek, *Wash your neck* !	Naŭ, dek, *Rub out each speck* !

61. (a) La **Dekalogo** estas la nomo de la Dek **Ordonoj** (*Commandments*). En la vorto *spegulo* estas tri silaboj kaj sep literoj (tri **vokaloj,** kvar **konsonantoj).** La signifo de la vorto *Decapolis* estas *Dek Urboj.* Kio estas la signifo, en la **Angla*** (*English*) lingvo, de la vorto spegulo ? (En la Angla lingvo . . .)

(b) One vowel, 2 consonants, 3 letters of the alphabet, 4 motorcars, 5 continents. 6 pockets, 7 fish, 8 jugs, 9 dolls, 10 beds, 11 sheep, 12 girl-guides.

KIOM DA ?=*HOW MANY (WHAT QUANTITY OF)* ?

62. (a) **Kiom da** floroj estas en la vazo ? (glasoj . . . sur la tablo ? **Kiom da** silaboj (literoj, vokaloj, konsonantoj) estas en la vorto ankaŭ ? **Kiom da** personoj (viroj, virinoj, infanoj, knaboj, knabinoj, fenestroj, lampoj, muroj, plafonoj, pordoj, bildoj) estas en la ĉambro ? **Kiom da fingroj** . . . sur unu mano (sur du piedoj) ?

(b) Kiom estas 6 kaj 3 ? 10+2 ? 5+7 ? 4+8 ? 3+9 ?

---

*NG, NK. Each letter should be sounded separately : **NG** as in *sun-god*, not as in *hunger*, nor as in *singer*; **NK** as in *man-kind*, *pin-cushion*, not as in *tinker*. Thus : **An-glo, on-klo, dan-kon, ben-ko**, etc. Nevertheless, the palatalization of these sounds, though better avoided, is not a serious fault.

COMPOUND WORDS

63. Two roots may be joined into one word. **Esperanto-lando,** *Esperanto-land.* **Lampolumo,** *lamplight.* **Birdo-nesto,** *bird-nest.* The first " o " is usually left out, thus: **lamplumo, birdnesto.** But it is used if it makes the word easier to pronounce.

64. The meaning of the compound word is seen by splitting it up in reverse order, thus: **lumo de lampo, nesto de birdo. Preseraro** (=*eraro de preso*), *a printer's error, error of printing.* **Ŝulaĉo** =(*laĉo por ŝuo, laĉo de ŝuo*), *a shoe-lace.* **Fruktarbo,** *fruit-tree.* **Urbdomo,** *town-hall.*

65. The main root stands at the end; the other describes it. **Kantbirdo** is a *bird* : *a song-bird.* **Birdkanto** is a *song* : *a bird's song.* **Poŝmono** (=*mono por la poŝo*); **monpoŝo** (=*poŝo por mono*). **Ŝipvaporo,** *ship-steam* ; **vaporŝipo. Ŝipvelo,** *a ship's sail*; **velŝipo. Vortfino, finvorto. Leter-fino, finletero.**

66. (a) Arbfolio, litkapo, ŝipnazo, florlingvo, kandelflamo, dompordo, laktokruĉo. Hipopotamo estas riverbesto; hundo estas dombesto. Kontinento estas mondparto. Brako estas korpoparto. Kio estas la preskosto de la bildolibro ? Kio estas *musiko* ? (Ĝi estas preseraro !).

(b) *Address-book, love-poem, world-history, organ-music, love-letter, tram-conductor, world's end, sheep-dog. A tea-leaf in a tea-cup. On the flower-vase is a rose-petal. Guitar-music and a love-song in the moonlight. Apple (cherry-fig-olive-pear-rose-) tree.*

67. **Poetedzino** (poet-edzino), *poet's wife.* **Poetinedzo** (poetin-edzo,** *husband of a poetess.* Amik-(hero-konkuktor-) edzino, -inedzo.

68. **Vesto,** *article of clothing, garment, dress,* etc. Ĉapo kaj ĉapelo estas kapvestoj (vestoj por la kapo). Botoj kaj ŝuoj estas piedvestoj.

STARAS, SIDAS, KUŜAS

69. **Mi staras,** *I stand (am-standing).* **Mi sidas,** *I sit (am-sitting).* **Mi kuŝas,** *I lie (am-lying) down.* **KION MI FARAS ?** *What am I doing* ? (Vi . . . .). Tom (ŝi, la kato . . . .) staras (sidas, kuŝas). Kion Tom faras ? (Li . . . .). Kion ŝi (ĝi) faras ?

(a) Alberto (Mario) staras (sidas) sur la planko (seĝo). **Sur kio (kie)** li (ŝi) staras (sidas, kuŝas) ?

(b) *Make similar sentences with* La pupo (kato, libro, muziko), staras (sidas, kuŝas) sur la pupitro (skatolo, tablo, valizo). **Kion ĝi faras ? Kie (sur kio)** ĝi -as ? Ŝi sidas (staras) inter Y kaj Z. Kiom da infanoj sidas (staras) ?

ORDONOJ (*ORDERS*): -U

70. Words of order or request end with **-U**. **Staru !**
Stand! **Sidu !** *Sit !* (211). **Kuŝu !** *Lie !* Compare **Diru**
al mi (*Say to me, Tell me*).

Words of command must end with **-U**:
" *Rapidu, vi !* " means " *Look sharp, you !* "

(a) Staru ! Kion vi faras ?   (Ni staras).   Sidu !   Kion vi faras ?
Tom kaj Dick ! Staru ! Kion ili faras ?   (Ili ambaŭ staras).

71. Other useful orders for class use are

Atentu! *Pay Attention!* **Pensu!** *Think!* **Silentu!** *Be Silent!*
Aŭskultu! *Listen!*   **Legu!** *Read!*   **Skribu!** *Write!*
Envenu! *Come in!* **Rigardu!** *Look!* **Traduku!** *Translate!*

(a) *Stand there !   Lie on the carpet !   Write on the board !   Look*
in the box !   Read and translate !   Pay attention, and think !   Make
haste, and come in !   Be quiet, and listen !   The same to you !

LA LITERO Ĝ

72. In English "*g*" is sometimes " hard " (as in *go, get*),
and sometimes " soft " (as in *George, gin*). In Esperanto
the plain letter **g** is hard, but **ĝ** (with a cap) is soft. Look at
the letters **G Ĝ**, and say *Go George !* Remember : *George*
wears a cap ! You have already met the letter **ĝ** in the words
ĝi, seĝo.

73. Read aloud with the g hard (there is no cap) :
Germano algebro geografio geranio kolegio regimento
and with the **ĝ** soft (there is a cap) :

anĝelo	**danĝero**	**ĝirafo**	**kaĝo**	**paĝo**
aranĝo	**ĝardeno**	**heĝo**	**oranĝo**	**vilaĝo**

74. **leĝo,** *law*   **preĝo,** *prayer*   **fromaĝo,** *cheese*
      neĝo, *snow*   **reĝo,** *king*   **vizaĝo,** *face*

75. *Pronunciation exercise* (*Legu kaj traduku !*) (*For each mistake*
pay a penny fine for some Esperanto cause). Birdo sidas sur la heĝo.
Soldatoj (*soldiers*) de la regimento. La bildoj sur la paĝo. La vortoj
de la preĝo. La leĝoj de la lando. **Buterpano** (*bread and butter*)
kaj fromaĝo. Algebro, **geometrio,** kaj geografio. Dek vilaĝoj
estas en danĝero. Sur la tegmento de la kolegio kuŝas neĝo. La

[27]

generalo estas Germano. Kio estas la aranĝo ? Sur la seĝo estas tri **kusenoj** (*cushions*). En la ĝardeno estas naŭ geranioj. En la kaĝo staras tri ĝirafoj. *Proverbo* : Mono estas reĝo—mono estas leĝo.

76. (a) **Kio estas** oranĝoj? geranioj? litoj? ĝirafoj? seĝoj? fingroj? la koro ? **Kie estas la** koro ? kapkuseno ? kreto ? pupitro ? **Kio estas la** partoj de la domo (korpo) ? mebloj en la ĉambro ? Kio estas la signifo en la Angla lingvo de la vortoj *soldatino* ? *fratedzino* ? *kuzinedzo* ? La okuloj, **oreloj** (*ears*), nazo, kaj lipoj estas partoj. . . .

(b) Birdkaĝo, kaĝbirdo. Finpaĝo, paĝfino. Ĝardenfloro, florĝardeno. Seĝarango. Kapkuseno sur lito. Ĝirafino, Germanino, Germanedzino. Reĝnedzo, reĝedzino.

(c) *Rose-garden, garden-rose, hedge-flower, orange-tree, garden-hedge, face-cream, angel-face, music-chair, garden-city, snow-man. Kings and queens. Fields and hedges. Oranges and lemons. Tables and desks.*

77. *RACE-NAMES. Make sentences with* **Arabo, Belgo, Brito, Dano, Germano, Greko, Hispano, Italo, Kimro** (*Welshman*), **Norvego, Polo, Rumano, Ruso, Serbo, Skoto, Svedo, Turko.** *Thus* : Li estas Anglo. Ankaŭ ni estas Angloj. Ŝi estas Anglino. *In the boat are a Spaniard and an Italian. A Dane is there also. Miss Macpherson is a Scottish lady.*

THE VERB-ENDING -AS

78. Words expressing action or state at the present time (" verbs in the present tense ") end in **AS**. Compare **estas, faras, kuŝas, sidas, staras.**

> La suno **brilas,** *the sun shines* (*is-shining*).
>
> La bebo **dormas,** *the baby sleeps* (*is-sleeping, is-asleep*).
>
> Ni **laboras,** *we work* (*are-working*).
>
> Ili **parolas,** *They speak* (*are-speaking, talk*).
>
> Tio **sufiĉas,** *That suffices* (*is-sufficient*).

79. Do NOT put **estas** before another word ending with **-as**. **Lernas**=*learns,* or, *is-learning*. **Li estas lernas** would mean *He is learns* (*he is is-learning*) !

The stars are-shining. (The) father is-working. The children are-learning. Miss L. is-speaking. He's standing. We're sitting. I'm lying-down. Two eggs are-enough.

80. Li **eraras,** *makes-a-mistake.* Mi **konsentas,** *I agree.* La birdo **kantas.**

Similarly : Li atentas (aŭskultas, envenas, legas, pensas, preĝas, rigardas, silentas, skribas, tradukas). (71)

(a) *We sit and pay-attention, but* (**sed**) *he is asleep. They are-reading and writing* (*they read and write*). *I am-thinking and thinking. She is listening and learning. The teacher speaks, but the pupils are-asleep. The girls sit, but the boys stand. I'm telephoning. She looks and listens.*

(b) *Proverbo* : Ni parolas inter kvar okuloj (=inter ni). **Sur kio** mi skribas ? la kato dormas ? Por kio (kiu) la patro laboras ? Kio brilas en la **nokto** (*night*) ? . . .en la **tago** (*day*) ? Kiu envenas ? atentas ? parolas ?

JES, NE

81. The word **NE** (=*no, not*) denotes the **negative**. **JES** has the same sound and meaning as *Yes* in English.

Mi ne estas, *I am not.* **Vi ne estas,** *you are not.* Kie ŝi estas ? En la domo ? Jes, ŝi estas en la domo. Ne, ŝi ne estas (No, *she isn't*). Ankaŭ li ne (estas), *Nor is he.* Ambaŭ ne (estas), *Neither of them is.*

(a) *Proverboj.* Unu floro ne estas **krono** (*crown*). Ne por lupo estas **supo** (*soup*).

(b) La floroj ne estas en la vazo. Ne estas lampo tie. Pasero estas birdo, ne floro. *The address isn't in the telephone-book. The cat is in the house, but not the dog. (There) are no snakes (***serpentoj***) in Ireland. No, thank you; I'm not an idiot ! Yes, they are boots, not shoes.*

ĈU

82. The word **ĈU** (from the Polish language) means *whether.* **Diru al mi, ĉu li estas tie,** Tell me whether he is there. **Mi forgesas,** (*I forget*) **ĉu li estas tie, aŭ ne.**

83. Questions to which one cannot answer *yes* or *no* are asked by a Ki-word (**Kio, Kie, Kiu, Kiom . . .**) and in English, generally, by a *Wh*-word.

Questions answerable by *yes* or *no* are asked in English by altering the word-order (thus : *You are* becomes *Are you ?*) or by words like *Do* (*He goes : Does he go ?*). In Esperanto they are asked by starting with **Ĉu . . . Ĉu li estas tie ?**= (*I want to know* or *Tell me*) *whether he is there*=*Is he there ?* Answer : **Jes, li estas** (tie); or **Ne, li ne estas** (tie), *No, he is not.* **Ĉu vi estas ?** *Are you ?* **Ĉu vi ne estas ?** *Aren't you ?*

Li estas tie, Li tie estas, Estas li tie, Estas tie li, Tie estas li, Tie li estas, all mean *He is there.* Any one of these forms, with **Ĉu** in front, means *Is he there ?*

84. An unusual order may emphasize a particular word. Thus : **Ĉu tie li estas ?** *Is it there that he is ?*

85. Sometimes, in conversation, **ĉu** is omitted, the question being implied by the tone of voice. **Li estas tie ?** *He is there ?* But this is not usual.

86. Do NOT use **ĉu** and a **Ki-** word together. **Ĉu kie li estas ?** (= *Tell me whether where he is !*) is nonsense.

(a) Ĉu la filoj de la filo estas la nepoj ? la onklino estas la fratino de la avino ? la avo estas la frato de la patro ? la patro estas la edzino de la patrino ? tomato estas frukto aŭ legomo ? pasero estas floro aŭ birdo ? la floroj tie estas rozoj aŭ tulipoj ? la muro estas en la pordo, aŭ la pordo en la muro ? estas libro sur la pupitro, aŭ ne ? vi estas edzo aŭ fraŭlo ?

87. **NE** and **ĈU** are used similarly with other verbs. **Ĉu li kantas?** *Does he sing? Is he singing?* **Ĉu vi komprenas ?** *Do you understand ?* **Jes, mi komprenas,** *Yes, I do.* **Ne, mi ne (komprenas),** *No, I don't.*

(a) Spegulo ne **flatas,** *a mirror doesn't flatter.* La afero ne **urĝas,** *the matter is not urgent.* Demando ne **kostas,** *a question doesn't cost (anything).* Plumo ne **sentas, papero** silentas, *the pen does not feel, the paper is silent.* Mi ne **timas,** *I'm not afraid.*

(b) *He doesn't think. An elephant doesn't forget. She isn't asleep. You aren't listening. The boy is not afraid. The sun isn't shining. She doesn't understand.*

(c) Ĉu vi aŭskultas ? Ĉu li kuŝas ? Ĉu ŝi laboras ? Ĉu ili legas aŭ skribas ? Ĉu tio sufiĉas ?

(d) *Are you paying attention ? Is the baby asleep ? Is May talking ? Is the baby crying ? Do you understand ? Is it urgent ? Is the moon shining ?*

(e) Ĉu vi legas aŭ skribas ? staras aŭ sidas ? Ĉu Tom laboras aŭ ludas ?

88. **Ne** precedes the idea it negatives. Compare : **La patro legas, sed la patrino ne legas. La patro legas, sed ne la patrino.** Make similar sentences.

89. **Ne** is used also in orders. **Ne parolu !** *Don't talk !* Ne forgesu ! Ne staru, sed sidu ! Legu, sed ne traduku ! Silentu, sed ne dormu. Ne timu ! Ne flatu !

DO, NU

90. **DO**=*then, so* (a weak form of *therefore*). **Do vi estas Kimro?** *So you're a Welshman?* **Kie li estas, do?** *Where is he, then?* **Kio do estas tio?** *Then what is that?*

NU=*Well! Now! Well now!* **Nu, do, kiu vi estas?** *Well, then, who are you?* **Nu, parolu!** *Now! speak!*

N.B. **Do** and **nu** are argumentative, exclamatory : they have no relation to *then* and *now* of time.

(a) Mi estas Anglo. Nu, vi ne estas mi. Do vi ne estas Anglo !

91. From here onwards free use should be made of question and answer **(demando** kaj **respondo).***

ĈU ? ĈU NE ? (SPECIAL USE)

92. English has a way of saying that a thing is so, and then asking whether it is not; or of saying that it is not, and then asking whether it is ? Thus : *You sing, don't you? You don't sing, do you?* Esperanto says, similarly : **Vi kantas, ĉu ne? Vi ne kantas, ĉu?** (**Ĉu ne?** is the French *n'est-ce pas ?*).

When asked " *You'll have some more, won't you ?* " an old Quaker replied " *Friend, first thou speaks an untruth, then thou asks a question !* "

(a) *He forgets, doesn't he? I'm not an idiot, am I? That's Miss Brown, isn't it? You understand, don't you? They're not listening, are they? You aren't afraid, are you?*

---

*Two formulae are especially useful.

(a) *THE CSEH FORMULA.* Ĉu A ? (*Ne, Ne A, B*). E.g., ĉu vi estas Belgo ? (**Ne,** mi **ne** estas Belgo, mi estas Anglo). (*Alternative reply* : Ne, mi estas Anglo, ne Belgo).

(b) *THE PALMER FORMULA.* 1 : Ĉu A ? (*Jes*) 2 : Ĉu B ? (*Ne*) 3 : Kio ? (*A*). 4 : *Subject of question* 1 ? 5 : *Question on related circumstance.*

Answer 1 is **Jes.** Answer 2 is **Ne.** Answer 3 repeats 1. Answer 4 repeats the subject. Question 5 starts a new series.

Ĉu akvo estas **fluido ?**   Ĉu Bill staras ?
    Jes, ĝi estas fluido.   Jes, li staras.
Ĉu ĝi estas **solido ?**   Ĉu li sidas ?
    Ne, ĝi ne estas solido.   Ne, li ne sidas.
Nu ! Kio ĝi estas ?   Kion do li faras ?
    Ĝi estas fluido.   Li staras.
Kio estas fluido ?   Kiu staras ?
    Akvo estas.   Bill.
Ĉu ĝi estas en glaso ? . . .   Ĉu li staras sur la planko ? . . .

93.　　**APUD,** *close-to,　near,　by,　beside.*
　　　　SUB, *under,　underneath,　beneath,　below.*
　　　　SUPER, *over,　above.*　Cp. **sur,** *on* (touching).

94. N.B. There may be many English words to express one
meaning.　And one English word (e.g. *box*) may have many
meanings.　TRANSLATE MEANINGS, NOT WORDS.

karbo, *coal*　　　　**plumo,** *pen, feather*　　　**sofo,** *sofa*

kastelo, *castle*　　**ponto,** *bridge*　　　　　　　**tero,** *earth*

95. (a) La portreto estas **APUD** la piano.　Lampo . . .kandelo.
Kastelo . . .maro.　Domoj . . .rivero.　Plumo . . .**ink**botelo.
　　(b) La hundo estas **SUB** la sofo.　Benko . . .tablo.　Elizabeto . . .
ombrelo.　**Tunelo** . . .rivero.　Muso . . .lito.　Muroj . . .tegmento.
Karbo . . .tero.
　　(c) La vespo estas **SUPER** la tablo.　Portreto . . .piano.　Birdoj
. . .ponto.　Aero . . .tero.　Nuboj . . .maro.
　　(d) **Kie estas la** konduktoro ? planko ? tunelo ? plafono ? herbo ?
birdoj ? aero ? ponto ? boato ? fenestro ? Edinburgo ?
　　(e) **Kio estas apud** la lernejo ? tablo ? libro ? litero A en la alfa-
beto ? . . .**super** la tero ? domo ? rivero ? . . .**sub** la tero ? ĉielo ?
ponto ? plafono ?
　　(f) Respondu !　**Ĉu** la tunelo estas super la tero ? la maro estas
en la insulo ? Irlando estas apud Afriko ? la rivero estas super la
pontoj ? la planko staras sub la plafono ? F-ino B sidas apud vi ?
la seĝo estas super la planko ? la kuseno estas sur la seĝo, aŭ sub ĝi ?
la tegmento estas sub aŭ sur la domo ? tio estas plumo aŭ kreto ?
　　(g) *Draw seven pictures to illustrate* La birdo estas apud (en, sen,
sub, super, sur) la nesto, inter du nestoj. (*An oval may represent
the nest, and a dot the bird.*)

PREPOSITIONS

96. **Apud, de, en, inter, por, sub, super, sur,** are " pre-
positions ", i.e., words showing the relation between objects.

Remember : after a preposition English changes *I, he, she,
we, they, who,* into *me, him, her, us, them, whom* (29).　We say
She is near him (not *near he*).　*He is near her* (not *near she*).
But Esperanto makes no change.　**Ŝi estas apud li. Li
estas apud ŝi.**

97. *The sky is over us.　He works under you, doesn't he ?　The
sunlight is on her.　Miss S. is above him in the examination, isn't she ?
(There) isn't a looking-glass (over) there, is there ?　He doesn't sit
among the girls, does he ?　Does Mary work near you ?　Do you sleep
over the bed or under it ?*

MORE VERBS

98.

atendas,* *waits*	**lernas,** *learns*	**mortas,** *dies*
dronas, *drowns*	**loĝas,** *lives*	**ploras,** *cries,*
	(dwells)	*weeps*
flugas, *flies*	**ludas,** *plays*	**ridas,** *laughs*
instruas, *teaches*	**manĝas,** *eats*	**trinkas,** *drinks*
kreskas, *grows*	**memoras,**	**vivas,** *lives (is*
	remembers	*alive)*

*The baby grows and grows. The mother stands and waits. The flower lives and dies. We eat and drink. She laughs and cries. He doesn't remember. I don't promise. We're not waiting for you. The teacher teaches, but the pupils do not learn. Well, I read and remember, but you read and forget ! He doesn't ask (**demandas** 91), so I don't answer. The boy is-drowning in the river. Where do you live ? Is the animal alive ? Is it dying ? You remember, don't you ? You're not asleep, are you ? The girl is growing, isn't she ? Don't wait for me ! Learn and remember ! Don't cry ! Eat and drink !*

99. *Proverboj.* La sperto instruas. Filo **konfesas,** patro forgesas. Li sidas sur **pingloj** (*pins*). Li dronas en **detaloj.** Unu birdo en la mano **valoras** (*is worth*) du sur arbo.†
Buŝo **promesas,** mano forgesas.

100. (a) *Modelo* : La floro kreskas en la ĝardeno. La patrino laboras en . . . La infanoj ludas sur . . . Mi loĝas apud . . . La birdoj flugas super . . .

(b) *Complete* : Apud la seĝo staras . . . Super la kampo flugas . . . En la klaso instruas . . . Apud la teatro atendas . . . Sur la strato ludas . . . En Londono loĝas . . . Super la nuboj brilas . . .

(c) *Traduku* ! *He writes for money. I am waiting for you. They live for pleasure. A bed for the night.*

101. *Respondu* ! **KIO** parolas ? (Mono parolas !). flugas ? kreskas ? staras sur la tablo ? brilas en la nokto (tago) ?

KIU instruas ? lernas ? sidas inter X kaj Y ? kantas en la nokto ? ploras en la tago kaj ankaŭ en la nokto ?

KIE la birdoj flugas ? kato kantas ? hundo dormas ? figoj kreskas ? patro laboras ? Kie S-ino T loĝas ?

---

*Atendas, *waits*; **atentas,** *pays-attention, minds, heeds.*

†*A single member of the avian race*
That the prehensile digits fast embrace
The mercantile equivalent achieves
Of two at large amid arboreal leaves.

[33]

102. **MI NE SCIAS,** *I do not know* (Pronounce *mi nest-sias,*
with the *"t"* is *sts* clearly sounded, as in *best seat,* or *Don't
let the guest see us*). **Li scias,** *he knows* (pr. *list-sias,* as in
least seen). (614)

BEDAŬRINDE, *unfortunately,*	**EFEKTIVE,** *as a matter of*
I am sorry to say that . . .	*fact*
EBLE, *perhaps, possibly, maybe,*	**KOMPRENEBLE,** *of course*
It may be that . . .	**SE,** *if (supposition)*
	VERE, *really, truly*

103. (a) *IF* meaning *whether*=**ĉu**; *IF* meaning *supposing
that*=**se**. *Tell me if he is alive or not,* **diru al mi, ĉu li
vivas aŭ ne.** *If he agrees, the matter is in order,* **se li kon-
sentas, la afero estas en ordo. Se la okulo ne vidas
(*see*), la koro ne deziras.**

(b) *Tell me if he really lives there, or not. Of course, if he is in
Edinburgh he is not in Dublin. As a matter of fact, I don't know if
the child is a boy or a girl. Unfortunately, that is not enough for him.*

104. **SE JES,** *if so, if you do, if it is,* etc., according to context.
SE NE, *if not, if you don't, if it isn't,* etc.

105. **Ĉu li estas tie?** Eble (Eble jes),** *Perhaps he is.*
Eble ne, *Perhaps he isn't. Maybe not.* **Kompreneble jes,**
Of course he is. **Kompreneble ne,** *Of course not.* **Nu, mi
ne scias, ĉu jes aŭ ne.** *Well, I don't know whether he is or
not.* **Se jes,** *If he is . . .* **Se ne,** *If he is not . . .* **Ĉu vere?**
Really? **Ne vere?** *Not really?* **Vere ne,** *He really
isn't.* **Efektive jes,** *As a matter of fact, he is.* **Bedaŭrinde
ne,** *I am sorry to say (it is to be regretted) that he isn't; Un-
fortunately not.*

106. THE **KIO** FAMILY (*THING*)

-O=*Object, thing (as a whOle).*
O *is the noun-ending, and " a*
noun's the name of any *thing ".*

Accent the **i** in **nenio.**

KIO, *what thing, what*
TIO, *that thing, that*
IO, *something (or other)*
ĈIO, *everything, all*
NENIO, *nothing, naught*

[34]

107. These words consist of five beginnings, each followed by the ending **-O** (=*thing*). There are eight other groups of the kind, each with the same beginnings, but a different ending.

108. *BEGINNINGS* : **I-,** *some*; **KI-,** *which, what*; **TI-,** *that*; **ĈI-,** *each, every, all*; **NENI-,** *no*. **I-** stands for **I**-*definite*; **K-** and **T-**=English *wh-* and *th*. **K-** stands for **K**westion*; **ĈI-** is *each* backwards ! (Cp. French **ch**ac*un*, **cha**que*.) **NEN-** is simply **ne** (=*no*) with **n** added to make it easier to say.

I- is like a sign-post pointing **I**ndefinitely, *in some direction or other*; **K-,** a post pointing in various directions—**Wh**ich shall I follow ? **T-,** a post pointing in one definite direction —**Th**at one., as shown below :

The accent over **Ĉ** is like a family umbrella, sheltering *every one, each, all*, beneath it; the letter **Ĉ** itself is shaped like arms stretched out to embrace *each and every one*.

109. (a) **Kio estas** en la valizo*?* sur la tablo ? *Make similar sentences, replacing* kio *by* tio, ĉio, io, nenio.

(b) Tio estas nenio. Ĉu tio estas ĉio ? Estas io en la skatolo, ĉu ne ? Ĉio atendas por vi. Nenio urĝas.

(c) **Multo** (*much*) en kapo, sed nenio en poŝo. Kio **servas por** ĉio, **taŭgas** (*is fit*) por nenio.

110. THE **KIE** FAMILY (*PLACE*)

-E=*in* . . . *place*	**KIE,** *in which place, where.*
(Think of *pl*a*ce*, *wh*e*re*).	**TIE,** *in that place, (over) there, yonder.*
	IE, *in some place, somewhere (or other).*
N.B.—Accent the	**ĈIE,** *in every place, everywhere.*
i in **nenie.**	**NENIE,** *in no place, nowhere.*

*Note, however, that (like the corresponding *wh*-words, *who, where*, etc., in English) the **K**-words do not *always* ask questions.

111. (a) Bedaŭrinde, en Laplando ĉie kuŝas neĝo. Kie ŝi (estas), tie li (estas). Li vere estas ie en la domo. Ili estas nenie en la ĉambro.

(b) *It is nowhere. He is somewhere. They are everywhere. Who stands yonder? They live somewhere in Bristol. Apples grow everywhere in Kent, don't they?*

(c) *What is that (over) there? Who is waiting there? Where is everything? I don't know where that is. Of course, everything is there. As a matter of fact, (there) is nothing (something) there.*

LA LITERO J

112. Esperanto J=English *Y* (Cp. *Hallelujah*!). You have already met this letter in the words **jes, sinjoro.**

bojas, *barks*	**kajero,** *copy-book*	**objekto,** *thing, article*
ĝojo, *joy*	**krajono,** *pencil*	**preĝejo,** *church*
juvelo, *jewel*	**lernejo,** *school*	**vojo,** *road, way*

113. *LA MONATOJ DE LA JARO* estas **Januaro, Februaro, Marto, Aprilo, Majo, Junio, Julio, Aŭgusto, Septembro, Oktobro, Novembro,** kaj **Decembro** (pr. *Detsembro*).

114. (a) *LEGU!* Juvelo estas objekto. Ankaŭ krajono, plumo, papero, kaj inko estas objektoj. La Himalajoj estas montoj. La **estro** ("*boss*", *head*) de la lernejo estas S-ro Johano Jakob. La nomo de S-ino Jakob estas Jozefino. En la mano de F-ino Julieto estas kajeroj kaj krajono. En la preĝejo parolas **Pastro** (*clergyman, the Rev.*) Jeromo. En Junio vivo estas ĝojo. Ne boju!

(b) Sur la vojo de **virto** estas vivo. La **voĉo** (*voice*) estas voĉo de Jakob, sed la manoj estas manoj de Esav. Vortoj de Jesuo : "Mi estas la vojo, la vero, kaj la vivo".

115. (a) **Printempo (somero, aŭtuno, vintro)** estas **sezono** de la jaro. Kio taŭgas por somero, ne taŭgas por vintro. Printempo **semas** (*sows*), aŭtuno **rikoltas** (*reaps the harvest*).

(b) *Sezono estas parto de jaro* estas **frazo.** *Jaro* estas vorto de la frazo : *estas* ankaŭ estas vorto. *Ja-* estas silabo. Ankaŭ *-ro.* *J* estas litero de la alfabeto. La litero *J* estas konsonanto. La litero *A* estas vokalo.—Kaj *O* ankaŭ? (Jes, ankaŭ *O* estas vokalo). Kaj *R*? (Ne, *R* estas konsonanto).

[36]

116. (a) **Kio estas** libro ? Junio? lernejo ? Jerusalemo ? **banjano ? jaguaro ?** E ? T ? I ? Ŭ ? **Kiu estas la** edzino de S-ro B ? patro de F-ino D ? estro de la domo—la patrino, la patro, aŭ la bebo ?

(b) Kio estas la nomo de la monato inter Majo kaj Julio ? de la krajono por la nigra tabulo ? Kiu estas la pastro de la preĝejo en . . . ? la estro de la lernejo en . . . ? Kio estas la objektoj sur la tablo ? Kiom da monatoj (sezonoj) estas en jaro ? Ĉu katoj bojas aŭ **miaŭas ?** Kio bojas ? Kiom da silaboj (literoj, konsonantoj, vokaloj) estas en la vorto *aŭtuno* ? Kiom da vortoj (frazoj) estas sur la tabulo ? Kion faras kato ? pastro ? instruisto ? lernanto ? kanario ?

117. *LANDNOMOJ.** These may be compound words with -(o)lando (63). Thus : **Arablando, Anglolando, Japanlando, patrolando.** These forms are rather heavy, however, and shorter forms with **-ujo** instead of **-lando** are generally preferable : **Anglujo, Japanujo, Polujo, Svedujo, patrujo, Esperantujo** (993).

(a) Make similar names with roots in **77.**

(b) **Kie loĝas la** Kimroj (etc.) ? (Ili loĝas en Kimrujo). Kie vi loĝas ? Ĉu Ĝenevo estas en Anglujo ? **Kie estas** Jokohamo ? Jerusalemo ? Antverpeno ? Kardifo ? Kopenhago ? Berlino ? Ateno ? Madrido ? Romo ? Oslo ? Stokholmo ? Krakovo ?

118. *NOMOJ DE PERSONOJ.** (a) Adolfo, Alberto, Alfredo, Andreo, Arturo, Arnoldo, Benjameno, Danielo, Eduardo, Edmundo, Frederiko, Filipo, Haroldo, Jakobo, Johano, Jozefo, Leonardo, Marko, Mateo, Rikardo, Samuelo, Stefano, Tomaso, Valtero. See also 33 (a).

(b) Ado, Agneso, Amio, Barbaro, Doro, Doroteo, Edito, Elizabeto, Estero, Etelo, Evelino, Filiso, Floro, Gertrudo, Gladiso, Hildo, Izabelo, Jozefino, Johanino, Lilio, Margareto, Mario, Matildo, Murielo, Noro, Rozo, Silvio, Sofio, Suzano, Vinifredo.

---

*Either a national form (*Thomas, Mary, Bristol, Butler*), or an Esperanto form (**Tomaso, Mario, Bristolo, Butlero**) may be used according to taste and circumstance. Thus : *Jan, Ian, Johann, John, Jean,* or **Johano** : *James, Jim,* or **Jakobo**; *Harry, Henri,* or **Henriko**; *Thames* or **Tamizo**. Names that are common or international are generally Esperantized : e.g., land-names, and c_ '.als. But not Aŝbi-de-la-Zuŝo ! For abbreviations like *Ned, Polly,* see 1176.

119. **JEN**! (interjection)=*Behold*! *Look*! *See*! *Here*! *There*! (Do not confuse with **tie**=*in that place*. Cp. Fr. *voici, voila*; Latin *en*). **Ha**! **Jen vi (estas)**! *Ah*! *Here you are*! *There you are*! **Vidu**! **Jen (estas) la libro**! *See*! *Here (there) is the book*! **Jen ĝi**! *Here (there) it is*! **Jen ili**! *Here (there) they are*!

120. **FOR.** When the register is called, those present should answer **Jen mi**! or, **Jen**! Those absent should answer **For**! (=*away*! *absent*!).

(a) *Where is the chalk?* *Ah! here it is*! *Here we are*! *Well*! *There she is*! *Here's a letter for the wife (a box for the pencils, something for the children)*! *Here are (some) flowers for you*!

AL, *TO, TOWARDS.* DE, *FROM*

121. **Apartenas,** *belongs.* **Iras,** *goes.* **Montras,** *points.* **Venas,** *comes.*

(a) **Mi iras al la lito,** *I'm going to bed.* **Al la afero**! *To business*! **Rigardu al mi**! *Look at me*! **Kio estas al vi?** *What's the matter with you?* **Iru for**! *Go away*! (We have met the word **al** in **Diru al mi**! **Same al vi**!)

(b) **TIU**=*that (particular one of several).* Cp. **TIO** (=*tiu afero*=*that thing (as a whole).* **Tio** estas birdo, *that (thing) is a bird.* **Tiu birdo** (*that particular bird*) estas pasero.

(c) Mi iras al la nigra tabulo ... Roberto! Venu al mi! Iru al tiu muro!... Rigardu al Mario! ... Al kiu (Al kio) vi rigardas? Montru al la plafono ... Kion vi (li) faras? Iru al tiu knabino, kaj diru al ŝi " Silentu, mi petas!"

(d) Al kiu tio apartenas? Respondu al la demando. Demandu al li, ĉu li dormas. F-ino G. instruas al la lernantoj, sed bedaŭrinde ili ne atentas al ŝi. Akvo kaj pano servas al sano.

(e) *What is the matter with that dog? Don't speak to that boy. Come and read to us. Does that hat really belong to you? Please write to that woman. They're coming, of course? Don't listen to that idiot! You're not telephoning to Fred, are you?*

122. **DE**=either *of* (45) or *from*, as shown by the context.

(a) Mi iras de la tablo al la pordo . . . Venu al mi, Lilio ! Iru de mi al Silvio . . . Iru de ŝi al tiu fenestro, tie ! De kie vi (ŝi *etc.*) venas ? Al kie vi iras ? Kion vi faras ?

(b) De tempo al tempo li skribas al mi. La ĉapelo **pendas** (*hangs*) de la **hoko**. Tiu krajono **falas** de la tablo al la planko. **Pluvo** (*rain*) falas de la nuboj.

(c) *The bird flies from branch to branch. That lady goes from house to house. They come from Ireland, and go to Sweden. The lamp hangs from a hook on the ceiling; the picture . . .wall. The children come from that school and sing to us. In autumn the leaves fall from the trees to the ground.*

ROOTS, GRAMMATICAL ENDINGS

123. Most Esperanto words consist of two parts : a " root " (the part giving the main idea) and a " grammatical ending " (showing the part the word plays in the sentence) (10). **O** is the noun-ending; **-AS** the ending of a verb in the present tense. **O** or **AS** added to the root make a noun or a verb respectively. Thus, from the roots **demand, konsent, lud, respond,** we get **demandas,** *asks*; **demando,** *question*; **konsentas,** *agrees*; **konsento,** *agreement*; **ludas,** *plays*; **ludo,** *game*; **respondas,** *answers*; **respondo,** *an answer.* Many dictionaries give the root only.

VERBS FORMED FROM ROOTS ALREADY USED AS NOUNS

124. (a) (*Action corresponding to the noun*). Ŝi sekretarias (*acts as secretary*). La rozo floras. La lampo flamas. Ni muzikas : efektive, ni violonas kaj harpas. Ŝi krajonas en la kajero. Tiu fromaĝo odoras, ĉu ne ? Ĉu vi eraras ie ? Mi vere ĝojas (*am glad, rejoice*). Ĉie la vojo serpentas inter la montoj. Ni fidas kaj esperas. Parolas la buŝo, silentas la koro. Kompreneble, se la patro ordonas, la filo **obeas** (198).

(b) *The birds are-nesting . . . in the hedge. As a matter of fact that hat does not really harmonize with the dress. They are-scouting. Who is-playing-the-trumpet ? Are they tunnelling under the house ? I am-telephoning for the coal.*

NOUNS FROM ROOTS ALREADY USED AS VERBS

125. (a) **Manĝo,** *a meal*; **parolo,** *speech*; **scio,** *knowledge*; **valoro,** *value.* Por sperto kaj lerno ne sufiĉas **eterno.** Sufiĉo estas **festeno** (*banquet, feast*). Homo esperas, morto **aperas.**

(b) *Life or death. Questions and answers. A bark, a confession, a desire, a feeling, a flight, a laugh, a promise, a sight. Cost, fear, flattery, growth, instruction, memory, obedience, service, sleep, understanding, work. She prays for death.*

(c) Lernolibro, *text-book*; librolerno, *book-learning*. Trinkmono, *a tip*. Inkmakulo (*blot, spot*), skribotablo, kandelbrilo, legolibro, ludotempo, vivlaboro, labortago, flugmaŝino, skribmaŝino, amkonfeso. Sunbrilo sur la maro.

(d) Dorm-(klas-labor-leg-manĝ-skrib-)ĉambro. **Maten**manĝo, *breakfast*. Tagmanĝo, *dinner*. Temanĝo. **Vesper**manĝo.

THE ADJECTIVE-ENDING -A

126. Words describing nouns are called " adjectives " (**adjektivoj**). **-A** is the Adjective-ending. We have already met it in the words **la, Angla, nigra.** (**-A**=*quAlity*; **-O**= **O***bject*).

> The kind of noun is shown by **-A** :
> **karA patrO,** *Dear Papa* !

127. **KOLOROJ**

arĝenta, *silver*	**bruna,** *brown*	**ora,** *golden*
blanka, *white*	**flava,** *yellow*	**ruĝa,** *red*
blua, *blue*	**griza,** *gray*	**verda,** *green*

Neĝo estas blanka, *Snow is white.* **Blanka neĝo** (or **neĝo blanka**), *white snow.*

128. *Vary in the same way* : La kruĉo estas arĝenta. La ĉielo . . . blua. **Mustardo** . . . flava. La **urso** (*bear*) . . . griza. Karbo . . . nigra. La **ringo** . . . ora. **Sango** (*blood*) . . . ruĝa. La herbo . . . verda.

129. (a) Sukero estas bruna aŭ blanka. Pomo estas verda aŭ bruna aŭ flava aŭ ruĝa. La maro estas verda kaj blua. La **alumeto** (*match*) estas blanka, sed la kapo de la alumeto estas ruĝa aŭ bruna aŭ nigra.

(b) **Ĉu** tiu libro estas blua ? la tabulo . . . blanka ? kanario . . . nigra birdo ? banano . . . griza floro ? peonio . . . verda frukto ?

(c) **Ĉu** neĝo estas blanka **aŭ** nigra ? la ĉielo . . . ruĝa aŭ blua ? herbo . . . verda aŭ blua ? limono . . . nigra aŭ flava ? karbo . . . arĝenta aŭ nigra ?

(d) **Kio estas** arĝenta ? blanka ? blua ? bruna ? flava ? griza ? nigra ? ora ? ruĝa ? verda ?

(e) **Ĉu tio estas** ruĝa libro ? (Jes, . . . Ne . . .). flava floro ? blua krajono ? verda **rubando** (*ribbon*) ?

alta, *high**	**granda,** *great, big*	**profunda,** *deep*
bona, *good*	**grava,** *important*	**proksima,** *near*
dika, *thick, stout*	**juna,** *young*	**pura,** *clean*
dolĉa, *sweet*	**kontenta,** *satisfied*	**saĝa,** *wise*
feliĉa, *happy*	**nova,** *new*	**sana,** *well, healthy*
forta, *strong*	**plena,** *full*	**varma,** *warm*

130. Bela floro (*or*, floro bela), *a beautiful flower*. La floro estas (ne estas) bela. Ĉu la floro estas bela ? Tiu floro estas bela, ĉu ne ? Tiu floro ne estas bela, ĉu ?

131. (a) *Vary, taking* 130 *as a model*: **eleganta kostumo, eminenta** pastro, **inteligenta** lernanto, **interesa** historio, **longa** vojo, **moderna** libro, **perfekta** laboro, **riĉa** sinjorino, **sama** sento.

(b) (*A*) *clean face, dear mother, deep river, full cup, happy time, high cloud, important letter, large garden, near-by town, stout man, strong arm, sweet honey* (**mielo**), *young girl*.

132. Nova reĝo, nova leĝo. Saĝa filo, kontenta patro. Bona por vi estas bona por mi. Kiu estas kontenta, estas riĉa. Tio estas la pura vero. Ne ĉio griza estas lupo. De sama koloro, de sama valoro. Neniu . estas perfekta. Mielo estas dolĉa, sed la abelo **pikas** (*pricks, stings*). Proksima (estas la) **kubuto** (*elbow*), sed ne por la buŝo. **Menso** (*mind*) sana en korpo sana. Sama **gento** (*kin, family*), sama sento. Bela **paro** por **altaro. Ekzistas** nenio nova sub la suno.

133. **Enigmo** (*riddle*). Kiu estas la floro kun eminenta nepo ? La **papavo** (*poppy*) (pap-avo : **papo**=*pope*). Tio estas " vortludo " (*a play on words, a pun*).

134. (a) *Inteligenta dialogo*. " Vi estas **freneza**"(*mad*), diras mi (*says I*). " Freneza ? " diras li. " Jes " diras mi. " Kiu ? " diras li. " Vi ! " diras mi. " Mi ? " diras li. " Jes " diras mi. " Ne ! " diras li.

(b) Komprenebla, se la kafo estas forta, ĝi ne estas bona por vi. La maro ne estas profunda ĉie. Efektive, tio ne estas afero grava. " Kipps " estas interesa libro.

Pronounce -a as *ah*, not as *er*. E.g., do NOT pronounce **suna, obea (=*sunny, obedient*) like *sooner, obeyer*. Do not add an " r " before a vowel. E.g., do NOT say **nova rombrelo, bela ramikino** ! (**17**).

LA SUFIKSO -IST

135. In Esperanto, as in English, the suffix **-IST** means *person habitually occupied with (engaged or employed in, concerned or connected with)* the subject denoted by the root (usually, though not necessarily, by profession) : an *-er*, *-ian*, *-ist*, *-man*, *-or* (in this sense). Thus, from **floro, instruas,** we get **floristo,** *florist*; **instruisto,** *teacher*; from **afero,** *affair, business,* we get **aferisto,** *man of affairs, business man*; from **dento,** *tooth,* **dentisto,** *dentist*; from **maro,** *maristo,* **maristo,** *sailor.*

136. (a) Aŭt(omobil)isto, gitaristo, harpisto. *Similarly* : ideal-(literatur-okul-orgen-skrib-telefon-)isto. **Art-(bilard-futbal-golf-kriket-sport-tenis-)**isto.

(b) *Bee-keeper, cooper* (**barel**), *flautist, fruiterer, gardener, historian, hedger, hosier, instrumentalist, jeweller, linguist, milkman, musician, pianist, politician. A man who deals with bottles (candles, furniture, machines, shoes).*

(c) Futbalo (golfo, kriketo, teniso) estas **ludo.** Lando (urbo, strato, insulo, kriketkampo) estas **loko** (*place*). **Plano** de loko estas **mapo.** Stel-(lun-strat-urb-)mapo. Mapo de la mondo. **Mar-**akv-(best-bild-bird-kant-map-skolt-)o.

137. Unu Esperantisto : **propagando.** Du Esperantistoj : **gazeto** (*magazine*). Tri Esperantistoj : du gazetoj !

"Adolfo estas pianisto. Samuelo estas flutisto, Mateo violonisto, Haroldo trumpetisto, kaj Arturo **tamburisto** (*drummer*). Do muziko estas en la familio." " Nu, vi— kio vi estas ? " " Mi ? Ho, mi estas **pesimisto** ! "

COMBINATION OF SUFFIXES

138. When several suffixes come together, get the meaning by working backwards from right to left. Thus : **akompan-ist-ino** (in ist akompan)=*a lady who habitually accompanies, a lady accompanist.* **Bov-in-isto** (ist in bov), *one occupied with female oxen, a cow-keeper.* **Kokinistino,** *a hen-keeper-ess!* (**kok-ino, kokin-isto, kokinist-ino**).

139. (a) *Repeat* 136 (ab) *in the feminine, thus* : **aferistino,** *business-woman*; telefonistino, *telephone-girl*; ĉambristino, *chamber-maid*; etc.

(b) *Repeat eight words from* 136 *with* -edzino, -inedzo, *thus* : **okulistedzino,** *oculist's wife*; **okulistinedzo,** *lady oculist's husband.*

140. The suffix **-ID**=(1) *son, child, young* (of human beings, or other animals, or even plants). **Amikido** (= **amik-infano**), *a friend's child*. **Fratido**=*nevo*. **Hundido,** *puppy*. **Arbido,** *seedling-tree*. (2) *Offspring, issue, descendant* (in general, irrespective of age, not merely son or daughter). **Napoleonido,** *a descendant of Napoleon*. Cp. *k*id, *b*reed, *Israel*ite, *Leon*id(shooting star radiating from Leo).

141. (a) *Use -ido and -idino after roots in 14(a) (b), and translate.*

(b) *Poet's child, calf, baby-mouse, young-alligator, tiger-cub. The cat mews to the kitten.*

(c) **Elefant**-isto, -istino, -istinedzo, -istido, -istidedzino, -inisto, -idino, -idistino, -idinisto. *Such long compounds are abnormal : they are given merely as an exercise in word-building.*

142. Translate the roots **anas** (*duck*), **anser**(*goose*), **azen** (*donkey*), **ĉeval, kapr** (*goat*), **lup, pav** (*peacock*), **ran** (*frog*), **ŝaf, vulp** (*fox*), followed by **-o, -ino, -ido, -idino.**

143. (a) Viranaso, viransero, virkapro, sinjorido, fiŝidino.

(b) *La familio de la kato.* La filo de la kato estas la . . . La edzino . . . La filino . . .

THE SOUND AJ

144. The sound of **AJ** (*AHee*) is that of the English word *I* (*y* in *my, ai* in *aisle, ay* in *Ay, ay, Sir*). We have already met it in the word **kaj.** Like **oj** (37), it is a diphthong.

fajro, *fire*   **pajlo,** *straw*   **tajdo,** *tide*

najbaro, *neighbour* **salajro,** *salary*   **tajloro,** *tailor*

145. *Pronunciation exercise.* La tajdoj de la maro. La **fumo** (*smoke*) de la fajro. Ĉu estas fajro en la ĉambro ? Kie (estas) fumo, tie fajro. Sur la tegmento estas pajlo. La salajro de la **tajpistino.***

146. (a) Parto de jaro estas sezono; parto de sezono estas monato; —**semajno** (*week*); —tago; —**horo;** —**minuto;** —**sekundo.** (*And inversely* : Sekundo estas parto de minuto; minuto estas . . .). Kiom da tagoj estas en unu semajno ? semajnoj . . monato ? monatoj . . . jaro ?

---

*The word **maŝinskribistino** (ŝi **maŝin**skribas=*writes by machine*) is clumsy, and the word **tajpas** (recently proposed) is increasingly used. **Stenotajpist(in)o,** *a shorthand-typist.*

(b) **KOMPARU** ! En lernejo estas instruistoj kaj lernantoj :
en kolegio estas **profesoroj** kaj **studentoj** (*undergrads*). **Instruisto**
de lernantoj : **mastro** de servistoj. **Homo**=*human being*, **viro**=
man, male (**Homo** *and* **persono** *mean much the same*). Viro kaj
virino ambaŭ estas homoj; ankaŭ bebo. Sed hundo estas besto, ne
homo.

147. (a) Homo **pafas** (*shoots*), Dio **trafas** (*hits the mark*).
Homo **proponas**, Dio **disponas**. Homo **projektas**, Dio
direktas.

(b) La vesto ne estas la homo. Anĝelo inter homoj, sed
satano en la domo ! Ne ekzistas **naiva** (*simple, innocent*)
vulpo; ne ekzistas homo sen **kulpo** (*fault, guilt*).

148. OCCUPATIONS OF CLASS-MEMBERS. **Kiu** vi estas?
(Bill). **Kio** vi estas ? (. . . **advokato**, aŭtoro, **doktoro** (*not necessarily
of medicine*), **kapitano, komizo** (*shop assistant*), **sekretario**, soldato,
tramisto . . .). **Kiu** estas tiu fraŭlino ? **Kio** ŝi estas ? (Ŝi estas
sekretario, tajpist(in)o . . .).*

149. **IOM**, *somewhat, rather*. **TRE**, *very*. **TRO**, *too* (*much*).

(a) La omnibuso estas iom tro plena. Ĉu kriketo estas tre
interesa ludo ? Vere, vi estas tre bona lernanto. Tiu ĉapelo ne
estas tre eleganta, ĉu ? Li estas iom freneza, ĉu ne ? Bedaŭrinde,
vi estas iom tro juna. Al amiko tro nova ne fidu. Ho, Georgo !
La demando estas tro **subita** (*sudden*).

(b) *The mountain there is somewhat high. As a matter of fact,
that song is not very beautiful. Perhaps the paper is rather too thick.
The tea is very good, but possibly a bit too strong. Well, that is very
interesting. Of course, the eminent professor is a very wise man.
Well, then, he really is a rather important person. I'm-sorry-to-say-
that the room is too warm. Everything in the garden is very lovely.
Someone, who lives somewhere in Kent—do you remember who and
where he is ?*

(c) Ekzameno. *What questions are asked by* **ĉu** ? *Is* **Estas vi
skolto** ? *a good translation of* Are you a scout ? *When should if be
translated by* **ĉu** ? *when by* **se** ? *When should too be translated by*
ankaŭ ? *when by* **tro** ? *Name six Esperanto prepositions. How do
they differ from English prepositions* (96) ? *What is the difference
between* **lernanto, studento**; **homo, viro**; **instruisto, mastro** ?

---

*In F-ino B. estas **sekretario**, it is possible to say **sekretariino**,
but seldom necessary, because the sex is already shown by **F-ino**.
We do not often wish to specify : *Miss B. is a good female-secretary* !
Cp. *She is a famous author(ess)*.

150. **KUN,** *with (along-with, together-with, accompanied by).*
SEN, *without.* **Ŝi estas kun amikino,** *She is with a girl-friend.* **Kun plezuro,** *with pleasure.* **Vagonaro sen loko-motivo,** *a train without an engine.*

151. Vivo sen fido, sen espero, kaj sen amo ! Ŝuistedzino sen ŝuoj ! Belo sen virto estas floro sen odoro. La knaboj sidas kun la knabinoj. Ne ekzistas fumo sen fajro. Vizaĝo sen kulpo, sed koro de vulpo. Sen laboro ne venas oro. Jen la **inspekt**isto, kun valizo en la mano ! Vivo sen amo estas **dezerto** sen **oazo.** Sen ordo en afero, ne ekzistas **prospero.**

152. (a) *Ireland is a country without snakes. The poet is a man with an ideal. He works without a salary. Do you live with them? A servant with two masters, a man . . . three wives, a dog . . . four puppies, a cat . . . nine lives, a woman . . . ten children. A man without a heart, boot . . . laces, room . . . fire, fire . . . smoke, sea . . . tides. Stand with him. Sit with us.*

(b) *Fill up the blanks with* (a) kun, *and* (b) sen. Lakto .. kremo. Kafo . . . lakto. Homo . . . mono. Kaĝo . . . birdo. Ĝardeno . . . floroj. Vilaĝo . . . lernejo. Glaso . . . akvo. Pano . . . butero. Botelo . . . korko. Libro . . . bildoj. Muro . . . fenestro. Papero . . . makulo.

153. *Enigmo.* Kie la maro estas sen akvo ? (1191).
" En la vagonaro estas du viroj sen **bileto** (*ticket*)." " Ĉu vere ? Kie ? " " Sur la lokomotivo."

THE **KIU** FAMILY (INDIVIDUALITY)

154.

-U (short for **Unu**)=	**KIU,** *which (one)*
. . . *one,* . . . *individUal*	**TIU,** *that (one), the one there*
(thing or person).	**IU,** *some (one) or other*
N.B.—Accent the **i** in	**ĈIU,** *every (one), each (one)*
neniu.	**NENIU,** *no (one), not any, not one*

155. These words may be used before nouns (as AD-JECTIVES).

Iu libro, *some book (or other), a certain book*

Kiu libro ? *Which book ?*	**Tiu libro,** *that book*
Ĉiu libro, *each (every) book*	**Neniu libro,** *no book*

156. (a) Ĉiu rozo estas floro, sed ne ĉiu floro estas rozo. Kiu floro estas rozo ? Tiu (floro estas). Iu Germano loĝas en tiu domo. En kiu direkto estas . . . ? En ĉiu tempo amiko amas. Neniu horo sen laboro !

(b) *Which way ? That tram. A certain woman. Every morning and every evening. The baby sleeps with a doll in each hand. The letter is in some box (or other). Unfortunately, there is no rose without a thorn.*

(c) Io=*iu afero*; kio=*kiu afero*. Ie=*en iu loko*; kie=*en kiu loko*. Expand similarly : tio, ĉio, nenio; tie, ĉie, nenie.

157. These words may also be used alone (as PRONOUNS), and then *usually* refer to persons. **Kiu ?** (=**Kiu homo ?** or **Kiu objekto ?)** *Who ? Which one ?* **Iu,** *some one, somebody, a certain one.* **Tiu,** *that one (over there).* **Neniu,** *no one, nobody.* **Ĉiu,** *every one, everybody.*

158. (a) Kiu estas tiu ? *Who is that ?* Jen iu ! Kiu aŭskultas ? Iu estas en la ĉambro. En la omnibuso ĉiu parolas; neniu silentas. Tempo kaj tajdo atendas por neniu. Sekreto de unu, sekreto de Dio; sekreto de du, sekreto de ĉiu !

(b) *Make sentences, using* iu, kiu, tiu, ĉiu, neniu, (a) *as adjectives*, (b) *as pronouns.*

KIU AS A RELATIVE PRONOUN

159. Like English *who, what, that,* **kiu** may be used in the middle of a sentence to refer to some person or thing previously mentioned (i.e., as a " relative pronoun "). Put a comma before the **kiu.***

La plumo, kiu estas tie, *The pen which (that) is there.*

La knabo, kiu parolas, *The boy who (that) speaks.*

The correct use of *who, which,* and *that,* is a complicated chapter in English grammar. All that concerns us here is to note that **kiu** stands for *which* or *who* (also for *that,* when *that* means *which* or *who*).

---

*So Zamenhof and general use. Certainly, if it introduces a non-defining clause (one complete in itself, which, if omitted, would still leave sense). **La knabo, kiu estas mia filo, kantas :** *The boy, who is (=and, by the way, he is) my son, sings.* But much can be said for the English omission of the comma before a defining (adjectival) phrase. **La knabo kiu kantas**=*the boy that sings*=*the singing boy.*

160. Tiu, kiu (*the one that,* *He who*) parolas, estas Tom. (157). Kiu ŝparas (*saves*), tiu **gajnas** (*gains*). (*Or* : Tiu, kiu ŝparas, gajnas. *Or* : Tiu gajnas, kiu ŝparas). Kiu ne **riskas,** tiu ne gajnas. Kiu ne parolas, (tiu) ne eraras. (Tiu,) Kiu bojas, ne **mordas** (*bite*).

161. (a) Laboristo estas homo, kiu laboras. Maŝino estas objekto, kiu laboras. Ne ĉiu birdo, kiu kantas, estas kanario. Palestino **estas** la lando, en kiu estas Jerusalemo. Kiu estas tiu lernanto, kiu dormas en **tiu** angulo (*corner*) ?

(b) Instruisto estas iu, kiu instruas. **Kio estas** harpisto ? akompanisto ? pafisto ? direktisto ? inspektistino ?

(c) **Kio estas la nomo de la** objekto, kiu brilas en la tago ? persono, kiu skribas sur la nigra tabulo en la lernejo (parolas en la preĝejo) ? besto, kiu miaŭas (bojas) ? strato, en kiu vi loĝas ? meblo, **sur** kiu homoj sidas (dormas) ? besto, kiu **naĝas** (*swims*) en la akvo ? (*Flugas* : naĝas en aero !).

(d) **Kion faras la** birdoj ? steloj ? luno ? bebo ? persono, kiu sidas **apud** vi ?

DISTINCTION BETWEEN **KIO** AND **KIU** (35)

162. (a) **KIO, TIO** . . . (106) speak of an o*bject* (*as a who*le). **KIO** ?=*WHAT* (*THING*) ? **TIO**=*THAT THING.* **Kio estas tio, en la korbo ? Tio estas hundo.**

(b) **KIU, TIU** . . . (154) speak of one (thing or person) of several. **KIU** ?=*WHICH* (*one of them*) ? *Which particular individual* (*person or thing*) ? **TIU**=*THAT ONE* (as distinct from the others). **Kiu hundo mordas ?** *Which dog bites ?* **Tiu** (**hundo**)=*that particular dog* (*that one*) *does*. **Kiu** (**persono**) **kantas ?** *Which one sings ?* **Tiu** (**persono**). *That* (*individual*) *one*.

(c) When a **-u**-word stands alone, **homo** or **persono** is generally understood (157).

(d) **Kio** and **tio** do not precede a noun. *I.e.,* NOT **kio libro, tio libro,** but **kiu libro, tiu libro.**

(e) **TIO**=*that thing* (*as a wh*O*le, that O*bject. **TIU**=*that* (*individ*U*al*) *one, that partic*U*lar one* (*thing or person*) *of several, that* **Unu.** **KIO estas TIO ?** *What is that* (*thing*) ? **KIU estas TIU ?** *Which* (*one*) *is that* (*one*) ?

[47]

THE **KIA** FAMILY (*QUALITY*)

163. **KIA** . . ., *of what kind* (*sort*), *what kind of* **a** . . .
Answer **kiO ?** by **-O.**   Answer **kiA ?** by **-A.**

    KIO ĝi estas ? (. . . rozo, neĝo).

    KIA ĝi estas (*what is it like*) ? (. . . ruĝa, blanka).

164. (a) **Kia estas (la KOLORO de)** lakto ? teo ? banano ?
muso ? geranio ? elefanto ? kafo ? pomo ? kreto ? kato ? arbo ? la
muro ? la pordo ? tiu floro ? la krono de la reĝo ? paĝo de Step by
Step ? la okuloj de . . . ? la vesto de . . . ? la aero de Londono en
Novembro ? la rubando sur la haroj de tiu knabino ?

(b) **Rozkolora** (*or*, **roza**) *rose-coloured* (*conventionally=pink, rosy*).
Ĉeriz-(flam-fum-kaf-karot-krem-mus-mustard-oranĝ-pajl-)kolora.

165. (a) **Kia estas (la FORMO de)** tio (tiu objekto) ? (Ĝi estas
ronda, ovala, kvadrata (*square*)**, oblonga, triangula**)**.** Ĉu tiu
skatolo estas ronda aŭ kvadrata ?

(b) **Pirforma,** *pear-shaped*; **ovoforma,** *egg-shaped*.   Bel-(dent-
kor-long-lun-sak-tas-)forma.

166. KiA virino ŝi estas ? (Ŝi estas **afablA**) (*kind, affable*).   KiA
besto estas hundo ? (Ĝi estas **fidelA**) (*faithful*).

167. (a) **Kia** lingvo estas Esperanto ? (Ĝi estas lingvo bela,
dolĉa, grava, eleganta, interesa, kaj moderna).   Kia rivero estas
Amazono ?   Kia persono estas . . . ?   Kia sezono estas la somero
(vintro) ?   Kia ludo estas futbalo ?   Kia frazo estas *Vi estas bela?*
Kia besto estas muso ?   Sur kia tabulo mi skribas ?   Kia libro estas
tiu ?   En kia lernejo (ĉambro) ni estas ?

(b) **Kia estas la** ĉielo ? vetero ? krajono ? ĉokolado ? High St. ?
voĉo de F-ino . . . ?

(c) **Kio (Kiu) estas** alta ? bela ? bona ? forta ? grava ?

(d) **Kio (Kie, Kia) estas la** suno ? tablo ? pordo ? . . .

168.   Similarly :

TIA, *of that kind* (*sort*), *such, like
that, such* **a,** *that kind of* **a**

IA, *of some kind* (*sort*), *some
sort* (*or other*) *of, a sort of, some
kind of* **a**

ĈIA, *of every kind* (*sort*), *all
manner of, every kind of* **a**

NENIA, *of no kind* (*sort*), *none,
not any, no kind of* **a**

-A="*. . . kind of*",
(**-A** is the adjective-
ending, and an ad-
jective shows the *kind*
of noun)

[48]

169. (a) Jen **kia** mi estas ! *That is the kind of person I am* !
Mi ne estas homo **tia**, *I am not a man of that kind (like that),
(such a man).* Ne estu **tia** ! *Don't be like that* !

(b) Nenia **ago** sen **pago**, *(There is) No action without
payment.* Nenia **beno** sen **peno**. *No blessing without effort
(pains).* Kun kiu vi **festas** (*celebrate, have a party*), tia vi
estas. Tie kuŝas ia mistero. Venu tia, kia vi estas ! (*just as
you are*).

170. (a) **Kia fripono, tia bastono,** *As is the rogue, so is the
stick.* **Kia la patro, tia la filo,** *Like father, like son.* **Kia
drapo, tia vesto,** *as is the cloth, so is the garment.*

(b) Kia ago, tia pago. Kia demando, tia respondo. Kia vivo,
tia morto. Kia la homo, tia la nomo. Kia la birdo, tia la nesto.
Kia la semo, tia la rikolto. Kia la greno, tia la pano.

(c) *As is the tree, so is the fruit. As is the bird, so is the egg. Like
mother, like daughter.*

171. (a) **Kia tago** ! *What a day* ! **Kia nokto** ! *What
a night* ! **Kia bela vetero** ! *What lovely weather* ! **Kia
ŝtormo en tetaso** !

(b) *What a life* ! *What a face* ! *What a baby* ! *What a voice* !
What music ! *What a long neck* ! *What an idiot he is* ! *What a
sweet angel you are* ! *What a question* ! *What a sudden storm* !
What a happy thought !

LA PREFIKSO **MAL-**

172. **MAL-** before a root makes it mean the *exact opposite*.*
Mola, *soft*; **malmola,** *hard.* **Avara,** *avaricious*; **malavara,**
generous. **Lerta,** *skilful*; **mallerta,** *clumsy.* **Seka,** *dry*;
malseka, *wet.* **Malŝparas,** *wastes.* **Maltrafas,** *misses the
mark.* **Malamiko,** *an enemy*; **malvirto,** *a vice*; **malbeno,**
a curse.

Cp. English mal*content* (**malkontenta**), mal*adroit* (**mal-
lerta**); and French mal*sain*, mal*honnête* (**malsana**, **mal-
honesta**).

---

*Mal does not mean *bad*. Nevertheless, in the case of a pair of
contrary words, the one with **mal** is usually the less desirable.
Notice, however, **malfalsa**, *genuine* (**falsa**, *counterfeit*); **malavara**,
maltimas.

173. Preĝejo proksima, sed Dio malproksima. Patro avaras, filo malŝparas. Mono estas bona servisto, sed malbona mastro. Arto estas longa, vivo mallonga. En la bona malnova tempo ! Tro rapida laboro, tro malgranda valoro. Por la patrino ne ekzistas infano malbela. Tablo festena, sed tablo malplena. Multo en malmulto. Granda nubo, malgranda pluvo. Por amiko **intima** ne ekzistas vojo malproksima. Eĉ malgranda **muŝo** (*fly*) ne estas sen buŝo. **Laŭta** (*loud*) rido, malplena kapo. Granda **telero** (*plate*), malplena **kulero** (*spoon*).

174. *Translate* : **Mal**-alt-(dik-elegant-eminent-feliĉ-fidel-fort-grav-inteligent-interes-jun-laŭt-modern-perfekt-profund-pur-riĉ-saĝ-sam-san-varm-ver-)**a**. **Mal**-arانĝ- (ben-dezir-esper-fid-ĝoj-konsent-kresk-obe-prosper-)**o**. **Mal**-harmoni- (konsent-lum-ord-plezur-)**o**. En **hotelo**. *Filino* : " Ho patrino ! La telero estas malpura ! " *Patrino* : " Ŝŝ ! kara. Tio estas la supo ! "

DIFINOJ

175. *Proksima* : Apud mi. *Pluvo* : la ĉielo ploras. **Fianĉo** : Feliĉa viro kun ringo. *Edzo* : Malfeliĉa viro kun ringo. *Hundo* : La malamiko de la kato. *Supo* : Varma kaj dika malpura akvo. *Lampo* : Malnatura suno en la ĉambro. *Tapiŝo* : La mola vesto de la planko. *Muso* : Malgranda griza besto en la muro. *Luno* : la nokta malvarma lampo de la naturo. *Stelo* : Tre malgranda nokta lampo sur la ĉielo. *Bildo* : Kolora objekto—se ĝi estas moderna, la homoj **rigardas** (*look*) kaj ne komprenas : se ĝi estas malmoderna, ili komprenas, sed ne rigardas.

176. (a) *Modelo* : Ĉu neĝo **estas** varma **aŭ mal**-varma ? la nepo . . . juna ? haro . . . dika ? la reĝino . . . riĉa ? elefanto . . . granda floro ? **fero** (*iron*) . . .mola ? la maro . . .profunda ? Februaro . . .longa monato ? N. . . .inteligenta lernanto ? Islando . . .varma lando ? muso . . .granda frukto ? la kolo de ĝirafo . . .longa ? tiu libro . . . granda ? la plafono . . .alta ? tiu pupo . . .bela ?

(b) Ĉu vi estas feliĉa, **aŭ ne ?** la Blanka Monto . . .loko interesa ? Oslo . . . urbo Itala ? fero . . . utila **metalo ?**

(c) Li estas riĉa, **sed** ŝi estas malriĉa. La patrino estas bela, **sed** la patro . . . .

ALIA

177. **ALIA,** *other, another* (= *ne la sama.*) **La alia,** *the other.* **Jen alia !** *Here's another !* **Iu alia,** *some one else, some other one.* **Io alia,** *something else.*

178. Unu ridas, alia ploras. Unu semas, alia rikoltas. Por unu, forto; por alia, morto. Por unu, festeno; por alia, **ĉagreno** (*worry, vexation*). Unu **konstruas** (*builds*), alia **detruas** (*destroys*).

[50]

179. (a) Unu estas riĉa, alia malriĉa. Tiu ĉambro estas orda, sed la alia ne. Unu okulo estas blua, la alia estas verda. Tiu libro estas dika, la alia maldika. Mi diras al tiu " Iru ! " kaj li iras; kaj al alia " Venu ! " kaj li venas.

(b) *Make similar sentences with* floro, knabino, kreto, libro, sinjoro, tablo, valizo.

(c) *One pupil listens and remembers, the other forgets. In another room, on another table, for another day, near another town, under another sky, with another person, without another friend. That rose belongs to me, and the other to you.*

KVANKAM (AL)THOUGH

. . . TAMEN, *NEVERTHELESS*

180. (a) **Kvankam** li estas riĉa, li **tamen** estas malfeliĉa. . . . juna, . . . tre saĝa; . . . ploras . . . feliĉa. **Kvankam** li demandas, **tamen** ŝi **ne** respondas (instruas, . . . ne lernas; manĝas, . . . ne kreskas).

(b) *Although she is tall, nevertheless she is thin. Well, though the dress is modern, nevertheless, as a matter of fact, it is very ugly. So though the tunnel is somewhat long, nevertheless it is not too dark. Though the history is short, it is very interesting. Though the butter is not fresh* (freŝ), *nevertheless it is not stale.*

TUTE, *QUITE.* NE TUTE, *NOT QUITE*

181. Mi **tute** komprenas. Mi **ne tute** (*don't quite*) komprenas. Mi **ne** estas **tute** preta, *I am not quite ready.*

(a) La pano estas **tute** malmola (la vilaĝo . . . proksima; ĉambro . . . varma; libro . . . nova; viro . . . malbona). Ĉu li estas **tute** honesta ? (telero . . . pura ? vi . . . feliĉa ?). La taso **ne** estas **tute** malplena (lakto . . . freŝa ; mi . . . kontenta). Li estas iom freneza, sed ne tute. Tio estas tute alia afero.

182. TUTE NE, *not at all* (=*quite not*). Mi **tute ne** komprenas, *I don't understand at all.* Mi *tute ne* estas preta.

183. (a) Repeat some of the sentences in 181 with **tute ne.**

(b) *Is the chair really comfortable* (**komfort**) ? *Of course, quite comfortable, thanks. Perhaps a little too comfortable ! Well, really, it is not quite comfortable. As a matter of fact, it is not comfortable at all. Unfortunately, it is quite uncomfortable.*

(c) Ĉu limono estas dolĉa frukto ? la edzo estas grava persono en la familio ? la ĉambro estas plena ? vi estas malsana ? la Latina lingvo estas moderna ? idioto estas homo saĝa ? Londono estas malproksima ? homo bluviza ĝa estas sana ? la kapo de Roberto estas malplena ? vi estas feliĉa ? Etelo estas maljuna fraŭlino ? la High St. estas silenta ? (*Use* tute, ne tute, tute ne, *as desired*).

D

184. *LUDO* : "*Jes kaj Ne*". One person guesses an object secretly chosen by the others, by asking ĉu- questions about it. Answers allowed : *Jes. Ne. Eble. Iom.* **Parte** (*partly*). **Tute** (*Ne tute*). *Mi ne scias.*

Also the variant " **Subjekto** *kaj Objekto* ".

VARIED USE OF ROOTS

185. As we have seen (123, 125), a root may be used for various parts of speech by adding to it suitable grammatical endings. **ErarAS,** *errs, makes a mistake*; **erarO,** *error, mistake*; **erarA,** *erroneous, mistaken*. **RapidA,** *quick*; **rapidO,** *speed*; **rapidAS,** *hastens*. **JesO,** *affirmation*, **neO,** *denial*. **JesA (neA) respondo,** affirmative (negative) reply. **JesAS (neAS),** says yes (no).

-A : ADJECTIVES FROM NOUNS

186. Adjectives may be formed from noun-roots* by adding **-A** (126). Thus : **Naturo,** *nature*; **natura,** *natural*. **Suno,** *sun*; **suna,** *sunny, solar*. **Ĉiela,** *heavenly, celestial*. **Dia,** *divine*. **Infana,** *childish, childlike*.

187. (a) Angla sporto, anĝela vizaĝo, entuziasma sekretario, fina letero, geografia mapo, Germana lingvo, heroa knabino, historia **dokumento,** hunda vivo, ideala aranĝo, idiota poemo, krema lakto, loka idioto, luna monto, metala brilo, monata gazeto, muzika instrumento, papera ĉapelo, Pariza kostumo, persona demando, propaganda laboro, sekretaria plumo, stela nokto, ŝtorma maro, telefona **mesaĝo.**

Preseraro : Ŝi estas tre *elefanta* sinjorino !

(b) *Boyish enthusiasm, canine tooth, cloudy sky, cloth cap, coloured paper, domestic animal, erroneous opinion, experienced teacher, feline family, fraternal love, glorious sunshine, iron object, joyful face, loving word, marine animal, milky way, rainy day, royal crown, slow train, smoky room, snowy mountain, mysterious sound, virtuous child, watery milk.*

---

*Most roots are either substantival, adjectival, or verbal, in character. I.e., they implicitly contain the idea either of an *object* (dom, knab), or of a *quality* (bel, fort), or of a *state* or *action* (est. skrib).

188. Horo matena, horo bena. Parolo estas arĝenta, silento estas ora. **Stranga,** sed vera. Ne ĉiu **raporto** estas vera vorto. Lango miela, sed koro **kruela.**

189. "Kiom da sezonoj estas en la jaro?" "Du: la futbala kaj la kriketa."
"Kio estas *La Flava Danĝero*?" "Banana ŝelo sur la **trotuaro** (*pavement*)."

-A: ADJECTIVES FROM OTHER ROOTS

190. **Apuda,** *adjoining, adjacent.* **Ĉiea,** *omnipresent.* **Ebla,** *possible.* **La jena** . . . *the following.* **Kuna,** *joint, combined.* **Mala,** *opposite, contrary.* **Suba,** *under, subordinate.* **Supera,** *superior, upper, higher.* **Tiea,** *of that place, local.* **Troa** (*excessive*) festeno estas **veneno** (*poison*).

191. (a) **Taga laboro,** *day-work, work of the day-time.* **Unutaga laboro,** *one day's work.* **Ĉiutaga laboro,** *daily work.*

(b) Duminuta kanto. Trihora pluvo. Stelo kvinangula. Okmonata vivo. Infano naŭjara. Ĉiumonata salajro. Ĉiujara festo. Ĉiutrihora manĝo.

192. A compound word (63) may be split into separate words. Thus: **riverbesto,** or, **rivera besto. Sorbopapero,** or **sorba papero** (*blotting-paper*).

-O: NOUNS FROM OTHER ROOTS

193. Similarly, nouns may be formed from adjectival or other roots by adding **-O** (125). Thus, from **alta, profunda, longa, larĝa** (*wide, broad*), we get **alto,** *height*; **profundo,** *depth*; **longo,** *length*; **larĝo,** *width, breadth.* **Ovalo, kvadrato, oblongo, triangulo,** *an oval, a square, etc.* **Magia** (*magic*) **rondo. La malo,** *the opposite.* **La subo,** *the bottom.*

194. Turn the following adjectives into nouns:

brua, *noisy*	**peza,** *heavy*		**soifa,** *thirsty*
fiera, *proud*	**sata,** *replete, "full-up"*		**utila,** *useful*
abunda	**diligenta**	**impertinenta**	**kvieta***	**serena**
ĉarma	**elokventa***	**kuraĝa**	**prudenta**	**trankvila***

---

*In Esperanto the English *qu, gu* often become **kv, gv,** respectively. E.g., **akvo, antikva, elokventa, kvalito, kvanto, kvieta, trankvila, lingvo.**
Similarly: *th* often becomes *t* (or *d*) (**aritmetiko, metodo, teatro; dika, dorno**); *w* becomes **v** (**varma, vundo** (*wound*)); and *ph* becomes **f** (**filozofio, telefono**).

195. Akvo trankvila estas danĝera. Akvo profunda estas kvieta. Saĝo abunda, sed ne profunda. Li estas homo sperta kaj lerta. Matena horo estas plena de oro. Malmulto kun kvieto estas bona **dieto**. Malgranda pezo, sed granda **prezo** (*price*). Ĉia **dono** (*gift*) estas bono. **Manko** (*lack*) de oro ne estas mal**honoro**. La ses koloroj de la ĉiel**arko** (*rainbow*) estas : violo, bluo, verdo, flavo, oranĝo, kaj ruĝo.

196. (a) **La** alto **de la** nubo (bono . . . mondo, feliĉo . . . infano, grando . . . libro, varmo . . . sunlumo, inteligento . . . hundo, longo . . . letero. La forto de leono. La saĝo de Salomono.

(b) *Translate* : Forta homo, homa forto. Homa naturo, natura homo. Ruĝa sango, sanga ruĝo. Ringa fingro, fingra ringo. Longa **lango** (*tongue*), langa longo. Flora belo, belo flora, bela floro, floro bela.   ..

(c) Abela piko. Profunda mordo. Saĝa diro. Mal-abund(-diligent-ĝoj-kuraĝ-kviet-larĝ-lert-pez-profund-seren-trankvil-util)a.

(d) *Cowardice, a curse, despair, disagreement, disobedience, hatred, illness, waste. What a noise !*

-AS. VERBS FROM OTHER ROOTS

197. (a) Sometimes an adjectival root is used with **-as** as a verb. Thus : **Tio sufiĉas** (=*estas sufiĉa*). **Mi satas** (= *estas sata*), *I have had enough.* **Mi malsatas,** *I am hungry.* **Li silentas.** Such forms, though a few are common, are more used in poetry than in prose. They are most appropriate if they describe an action : **mi estas lama,** *I am lame*; **mi lamas,** *I limp.*

(b) En printempo la herbo verdas. Kvankam la nokto proksimas, tamen ili ne rapidas. Kvankam li soifas, tamen li ne trinkas. Akvo abundas en tiu **regiono**. Ĉu vi vere kuraĝas ? Ĝi tute ne utilas. Eble vi ne tute sanas ? Efektive, mi tre malsanas. Iom altas tie la montoj. En somero ĉio belas. Ĉu vi tute frenezas ? Tio tute ne gravas. Maltrankvilas la maro, tamen serenas la ĉielo.

Se amas Dio, prosperas ĉio. Deziro tre granda, sed mankas la forto. Kastel' en aero, malsato sur tero.

198. Verbs from noun-roots (124) show action corresponding to the noun=*like that of* (*the person or animal*), *relating to* (*the thing*) *named*. Li **azenas** (*acts like a donkey*), **reĝas, sekretarias, tajloras**; ŝi **harpas, krajonas, monologas, muzikas**; ĝi **flamas, floras, fumas**. Matenas (*it is morning*), **vesperas,** kaj tago malaperas !

199. **DEKSTRA** (*on the*) *right* (*hand*); **maldekstra,** *left* (*hand*). La dekstra **flanko,** *the R.H. side.* Tiu brako (kruro, mano, okulo, orelo, piedo) estas la dekstra, kaj tiu (la alia) estas la maldekstra.

200. **FREMDA,** *strange, not one of us, foreign.* Fremda homo (lando, lingvo, literaturo, mondo). Fremd(land)a (aŭ, alilanda) birdo (besto, floro). Mi estas homo : nenio homa estas por mi fremda.

201. **ĜUSTA,** *correct, accurate, just right, as it should be, proper.* Ĝusta (malĝusta) adreso (litero, metodo, nomo, opinio, vojo). Li estas la ĝusta homo en la ĝusta loko. Ĉio en la ĝusta tempo !

"Ĉu mi estas sur la vojo, kiu **kondukas** (*leads*) al Blumonto ? "
"Ho jes ! Sed vi iras en la malĝusta direkto."

202. **PRAVA,** (*in the*) *right* (*speaking of a person*), *sound, correct* (*in opinion, conduct*). Bill estas prava=la opinio aŭ konduto de Bill estas ĝusta.

Kvankam vi estas prava, tamen eble mi ankaŭ ne estas tute malprava. Komprenebie mi pravas (estas prava) ! Vi efektive malpravas (estas malprava) (197).

203. **SOLA,** *alone, solitary* (=sen alia). **La sola maniero,** *the only way.* **Unu sola fenestro,** *one solitary window.* Ŝi ne estas kun li; li estas sola.

Vi ne estas la sola guto en la maro, *you are not the only drop in the sea.* Similarly :. . . *woman in the world;* . . . *apple on the tree;* . . . *fish in the river;* . . . *flower in the garden.*

204. **TUTA,** *whole, entire, complete, total.* **La tuto,** *the whole, all of it, all the* . . . **La tuta vojo,** *the whole way, all the way.* Esperanto estas lingvo por la tuta mondo.

La tuta adreso (domo, kreto, libro, mateno, nokto, poemo, pomo, tago, tempo, vespero).

NE-, SEN-, MAL-

205. **NE-** may be used as a prefix. **Vi estas neĝentila** (one word) (=**vi ne estas ĝentila**), *You are not polite.* **Nesperta,** *inexperienced.* **Nesufiĉa,** *insufficient.* **Nediskreta,** *indiscreet.* **Nebrita,** *non-British.* **Matura,** *ripe, mature;* **nematura,** *unripe, immature.*

Ĉevalido estas nematura ĉevalo; bovido, nematura bovo; birdido, nematura birdo.

206. **SEN-** as a prefix=*less*. **Senmona,** *moneyless*. **Senkaŭza,** *causeless*. **Sensignifa,** *meaningless, insignificant*. The root following **sen-** is thought of as a noun : **senmona**= *sen mono*; **senkaŭza**=*sen kaŭzo*; **sensignifa**=*sen signifo*.

(a) Senedza virino, senglora vivo, senluma ĉielo, senmetoda laboro, senorda ĉambro, sensuna tago. Libro senbilda, arbo senbranĉa, pano senbutera, rozo sendorna, lando senhoma, lernejo seninstruista, **karaktero** senmakula, domo sennoma, floro senodora, koro sensenta, nokto senstela, kanto senvorta.

Fiŝo : senpieda senvoĉa besto en la akvo.

(b) Translate, adding suitable nouns as in (a) : *Air-(blood-child-cloud-colour-death-end-fear-friend -hat -head -heart -hope -leaf-life -love -money-noise -rain -shape-sight -sleep -smoke -sound-speech -thought-tide-tooth-value-work-worth-) less.*

207. **MAL-** (*opposite, contrary*) reverses; **ne-** (*negative*) denies; **sen-** (*privative*) shows absence.

Nebela, *not beautiful, plain*; **malbela,** positively and downright *ugly* . **Nebona,** *not good*; **malbona,** *definitely bad*; **ne malbona,** *not bad*. The difference between **ne-** and **mal-** is not always so obvious : **nehonesta,** for example, is very close to **malhonesta.**

Malutila, *injurious, detrimental, harmful*; **neutila,** *not useful*; **senutila,** *without use, useless.* **Malespera,** *despairing*; **senespera,** *hopeless.* **Malsimila,** *dissimilar*; **sensimila,** *unique.*

208. *Cp.* **neagrabla, malagrabla.** *Make similar pairs with the roots* fort, ĝentil, jun, kuraĝ, laŭt, plen, profund, rapid, riĉ, saĝ, serioz, **simpl.**

MORE VERBS WITH -U

209. **Pardonu** ! *Pardon* ! **Penu** ! (169) *Try (take pains, make an effort)* ! **Provu** ! *Try (make the experiment)* ! **Restu** ! *Stay, Remain* ! **Ripozu** ! *Take a rest* ! **Estu kuraĝa (preta)** ! *Be brave (ready)* ! **Faru aŭ mortu** ! *Do or die* ! **Gaju kaj ĝoju** ! *Be merry (gay) and rejoice* !

210. **Ne flustru** ! *Don't whisper* ! **Ne paŝu sur la herbo** ! *Don't step on the grass* ! **Ne babil-(balbut-batal-disput-grumbl-hezit-malĝoj-plend-)u** ! *Don't chatter, (stutter, fight, dispute, grumble, hesitate, be-miserable, complain)* !

[56]

211. **Mi STARIĜAS,** *I stand-up* (motion); **mi staras,** *I am-standing* (position). **Mi SIDIĜAS,** *I sit-down* (motion); **mi sidas,** *I am-seated* (position). The precise translation of *Stand-up! Sit-down!* is **Stariĝu! Sidiĝu!** (619) Nevertheless, the briefer forms **Staru! Sidu!** (70) are also possible (to be standing one must have stood up!).

212. (a) *Promise! Go, then! Don't come to me! Don't play, but work! Don't ask (hurry, laugh, smoke, speak, stand, stand-up, sit-down)!*

(b) Ne diru, sed montru (*point, show*) (Ne montru, sed diru): Kie estas la tablo? plafono? pordo? etc.

(c) Akvo ne restas sur la montoj, kaj **kolero** (*anger*) ne restas en **nobla** koro. *Enigmo*: Kio iras al monto kaj valo, sed restas sen **movo** (*movement*)? (1191).

(d) Balbuta parolo, demanda rigardo, flanka afero, flata vorto, hezita respondo, instrua libro, kolera vizaĝo, montra fenestro, soprana voĉo, urĝa demando.

(e) Balbut-(batal-disput-flustr-hezit-paŝ-pen-plend-prov-rest-ripoz-ven-)o.

DENOVE, FOR, MULTE, NUN, NUR, OFTE

213. **DENOVE,** *again.* **Pensu denove!** *Think again!* **Voku denove!** *Call out again!*

Li atendas kaj plendas, kaj denove atendas! *Ask (come, go, sit-down, try, write) again!*

214. **FOR,** *for*th, *away* (of distance or of disappearance) (120). **Fora,** *absent, distant.* **For de tie!** *Away from there!* **Li iras for** (or, **Li foriras**), *He goes away.* **Iru for!** (or, **Foriru!**), *Go away!*

Se forestas (*is absent*) la suno, sufiĉas la luno. Se venas gloro, foriras memoro. Tago festa—for aferoj!

Use **for** (a) *as a prefix*, (b) *as a separate word, with* flugas, gutas, mortas, paŝas, restas.

215. **MULTE,** *much.* **Vi parolas tro multe,** or, **Vi tro (multe) parolas,** *You talk too much.* **Mi timas tre multe,** or, **Mi tre (multe) timas,** *I am very much afraid.*

Pensu multe, parolu malmulte. *He sleeps too much and works too little. You talk a lot, don't you? Do you read much?*

216. **NUN,** *Now* (=at the present moment). **La nuna tempo,** *the present time.* Compare **nu** (90)=*well, now* (exclamatory, deliberative). **Nu, do, parolu nun!** *Well, then, speak now!* **Kantu nun, do!** *Sing now, then!*

Where are you now? Write now. He is now in Ireland. And now sit-down! You don't speak to us now, do you?

217. **NUR**, *only, merely, but.* Compare **sola**=*only, solitary* (nur unu, sen alia). **Li estas nur mia** (*only my*) **edzo. Li estas mia sola** (*my only*) **edzo. Nura vorto,** *a mere word.* **Unu sola vorto,** *one single word.* It is a common error to use **nur** (*merely*) or **nura** (*mere*), when what is meant is **sola.** (203)

218. Sur ĉiu flanko nur manko kaj manko ! En la libro estas nur unu sola bildo ! Nur pano kun fromaĝo, sed afabla vizaĝo ! Morto estas nur la pordo al vivo. Ŝi estas nur tute **ordinara** persono : ne bela, tamen ankaŭ ne malbela. Se vi legas, komprenas, kaj memoras, vi lernas : sed se ne— se vi nur legas kaj forgesas—, vi **ne progresas** multe.

Literaturo ne estas nur litera **turo** (*tower*) !

219. (a) *She's but a child, nevertheless she is the only child in the family. He is the only boy in the house. He is merely a boy. He is a mere boy.*
(b) **Ĉu la** litero B **estas la tuta** alfabeto, **aŭ nur parto de** la alfabeto ? horo . . . tago ? monato . . . jaro ? paĝo . . . libro ?

220. **OFTE**, *often.* Venu ofte ! Vi venas tro malofte. Ofte la feliĉo de unu estas la malfeliĉo de alia. **Ofta** (*frequent*) pluvo. **Malofta** (*rare*) libro.
Do you often play on that field ? She rarely speaks. They come far (multe) *too often. The mother often calls to the child, but the child seldom comes. A frequent question. A rare bird.*

ORDER OF WORDS (**NE, NUR, EĈ**)

221. (a) Like the English *not*, **ne** negatives the following word (88). **Mi ne kantas, sed legas,** *I am not singing, but reading.* **Kantas ne mi, sed li.** *It is not I that sings, but he.* Compare **ne tute** and **tute ne** (181-2).

(b) Kiu parolas ? Ne mi ! Mi ne parolas, mi laboras. Mi parolas ne al vi, sed al ŝi. Li ne sidas, li staras. Li sidas ne sur seĝo, sed sur la tablo.

(c) *I am not thinking of you. I am thinking not of you, but of some one else* (iu alia). *That is not a duty* (**devo**), *but a pleasure. That is the duty of a daughter, not of a mother.*

222. (a) Like *only* in English, **nur** similarly modifies the following word. **Nur li parolas, ne mi. Li ne laboras, li nur parolas. Li parolas nur al ŝi, ne al vi aŭ mi.**
(b) *Only I am speaking. I am only speaking. I am speaking only to you, not to her. It is not I that speaks, but only she.*

223. EĈ, *even.* **Eĉ se mi kantas,** *even if I sing.* **Eĉ mi, se mi kantas,** . . . *Even I, if I sing* . . . **Se mi eĉ kantas, vi grumblas,** *If I even sing, you grumble.* **Eĉ ne mi,** *not even I.* **Eĉ kaprino plaĉas, se la doto** (*dowry*) **sufiĉas.**

MIA, VIA, ETC.

224. The pronouns may be changed into " possessive adjectives " by adding **-A.** Thus : **mi,** *I;* **mia,** *my.* Similarly : **lia,** *his;* **ĝia,** *its;* **via,** *your;* **ŝia,** *her;* **nia,** *our;* **ilia,** *their.* **Mia libro,** *my book.*

225. These words may be used also as " possessive pronouns ", the noun being understood. **La libro estas mia (libro),** *the book is mine.* **Ĝi estas via,** *It is yours.**

226. En ĉiu demando estas du flankoj—mia flanko, kaj la malĝusta. Kio (estas) mia, tio (estas) bona. La vivo estas floro : ĝia mielo estas amo. La domo de Anglo estas lia kastelo. Mia lango, mia malamiko. La lango de virino estas ŝia **glavo** (*sword*). Mankas **klapo** (*flap*) en lia kapo. (Cp. *There's a screw loose*) ! Ne **prediku** (*preach*), knabino, al via avino.†

227. Mia ĝardeno, lia filo, ŝia hundo, ĝia vizaĝo, nia honoro, via ombrelo, ilia ĉambro. Ŝi estas fratino nia, ne via. Mi estas lia kuzo, kaj ankaŭ ŝia. Li estas nia instruisto, ne ilia. Eble tiu opinio estas via; tamen ĝi tute ne estas mia.

228. Ĉu tio estas mia libro (krajono, etc.) ? . . . via libro ? la kajero de Johano ? Ĉu tiu fraŭlino estas via fratino ? Ĉu tiu objekto estas via ĉapelo ? Kio (Kiu ? Kie ? Kia ?) estas via frato ? Kio estas via (lia, ŝia) nomo ?

229. (a) *La nuntempa virino.* Sinjoro, al najbaro apud la maro : " Rigardu ! Kia bela knabo ! " " Tiu infano ? Sed ĝi estas knabino, ne knabo ! " " Ne diru ! Ĝi vere estas knabo, ĉu ne ? "

---

*The form **la via,** though sometimes met, may well be avoided. **La lia domo estas ankaŭ la ŝia** (*The his house is also the hers* !) is clumsier, and no clearer, than **Lia domo estas ankaŭ ŝia.**

> †*Teach not your parent's mother to extract*
> *The embryo juices of an egg by suction :*
> *That good old lady can the feat enact*
> *Quite irrespective of your kind instruction* !

" Tute ne.   Efektive, ŝi estas mia filino."   " Nu, mi **gratulas.**   Vi do estas feliĉa patro ! "   " Ho, ne, sinjoro.   Mi estas ŝia patrino."

(b) *My ideal, his child, her cat, its eye, our father, your fault, their house.   Her mother is an Englishwoman, but her father is a German. Of course you are our cousin, for your father is our uncle.   Look at* (121) *your book, and not at me.*

(c) *The pencil is hers.   The pleasure is ours.   The secret is not mine, is it ?   Is the book hers or yours ?   Is the ring on her finger really gold ?   Well, that is her business* (afer), *not yours.   That is not your business, but hers.*

(d) *My personal belief.   Her morning swim.   Its rapid progress. Our good meal.   Your accurate* (ĝust) *memory.   Their long wait.*

230. Senatenta rigardo. Senhezita respondo. Atendo senmova Koro senpardona. Sensonĝa dormo. Okulo senvida.

231. Note this English idiom.   **Via libro,** *your book, a book of yours.*   **Amiko mia** (or, **mia amiko**), *my friend, a friend of mine.*   **Amiko de mia patro,** *a friend of my father's.*

(a) *Is he then a boy of yours ?   Are you really a brother of his ? Well, no; but I am an uncle of his.   Possibly the woman there is a friend of theirs, but she is not a friend of ours at all.*

DUM

232.   **DUM**=*during* (preposition); *while* (conjunction). **Dum la batalo,** *during the battle.*   **Dum ili batalas,** *while they fight.*   **Duma,** *provisional, interim.*

233. Dum la sunbrilo (dum la suno brilas). Dum ilia laboro (dum ili laboras). **Apetito** ofte venas dum la manĝo (dum ni manĝas). Dum ŝia parolo (dum ŝi parolas), mi dormas. Dum mia dormo (dum mi dormas), mi **songas** (*dream*). Dum mia songo (dum mi sonĝas), ŝi parolas. Dum ni vivas, ni esperas. Ni vivas, dum ni **spiras** (*breathe*).

234. *Sing during your work (while you work).   Don't sleep during his instruction (while he is teaching).   Be good during my absence (while I am away).   Don't talk during her song (while she is singing). During our game (while we play).   During his silence (while he is silent).*

235. **Dum la tuta** nokto (*all through the night*). . . . aŭtuno (horo, jaro, printempo, somero, tago, tempo, vintro, vivo).

236. If a noun ends with **-J,** so also must any adjective describing it. In the singular, therefore, we get **-A -O;** in the plural **-AJ -OJ.** Think of twins

bluA   florO dressing alike; if one wears a red hat, the
bluA   florO other does so too. In other words : the
──────── adjective must " agree " with its noun :
bluAJ florOJ both must be singular, or both plural.
──────── Thus : **grizA harO,** *a gray hair*; **grizAJ harOJ,** *gray hairs.*

The sounds **AJ OJ** are heard in *my boy.* They must be clearly pronounced, but light, and not accented. Thus, in **grizaj haroj** accent **griz, har.**

237. (a) *Modelo* : Verda kampo, verdaj kampoj. Granda seĝo. Alta muro. Bela sinjorino. Ronda tablo.

(b) *Complete the following in the singular* (**-a -o**), *and in the plural* (**-aj -oj**), *and translate.* Interes- histori-, ord- ĉambr-, mallong- ĉapitr-, mol- man-, honest- knab-, soif- bird-, malbel- vizaĝ-, idiot- person-.

Make similar pairs for yourself.

(c) *Modelo* : Unu verda libro kaj unu verda libro estas du verdaj libroj. Unu saĝa viro . . . Unu pajla ĉapelo . . . Unu dolĉa pomo . . . Unu ĉarma fraŭlino . . . Unu nova vorto . . .

(d) *Polite children, ordinary people, high prices, clean faces, modern methods, deep waters, long days, new words, blue eyes, dirty windows, soft cushions, loud words.*

(e) Ne ekzistas silentaj literoj en la Esperanta alfabeto. Inter **putraj** pomoj estas **elekto** (*choice*) malgranda. Bonaj **kalkuloj,** bonaj amikoj (*Short reckonings make good friends*).

238.   la flor**O** estas blu**A,** *the flower is blue*
         la flor**OJ** estas blu**AJ,** *the flowers are blue*

Make similar sentences from roots in 237.

239.   li estas bon**A**   mi estas kontent**A**
        ŝi estas bon**A**   vi estas kontent**A**
        ───────────   ───────────
        ili estas bon**AJ**   ni estas kontent**AJ**

Talking to one lady, we say **vi estas belA**; to more than one, **vi estas belAJ.**

[61]

240. N.B. English changes the verb, but not the adjective :
Esperanto changes the adjective, but not the verb.

mi estas riĉa, *I am rich*
ili estas riĉaj, *they are rich*

241. (a) Ambaŭ fraŭlinoj estas belaj. Parolo kaj faro estas aferoj malsamaj. Pagas maljunaj jaroj por junaj eraroj. Novaj sinjoroj—novaj **moroj** (*manners*). Timo kaj entuziasmo estas **infektaj.**

(b) **Kio estas** verdaj ? flavaj ? ruĝaj ? bluaj ? nigraj ? dolĉaj ? grandaj ? larĝaj ? longaj ? varmaj ? utilaj ? fidelaj ?

(c) *Put into the plural* : La kastelo estas malnova. servanto . . . diligenta. viro . . . freneza. rivero . . . profunda. *Complete* : La infanoj (birdoj, hundoj, kantoj, violonoj, floroj) **estas . . . -aj.**

242. *In summer the days are long* : *in winter they are short. The boys are noisy, but the girls are quiet. The father and the mother are happy. Although we are poor, nevertheless we are honest. Good pupils work, bad pupils are lazy. Are you ready ?* (a) to one person. (b) to several.

243. Like other adjectives, the possessives (224) also take the plural. Thus : **viAJ rozOJ,** *your roses.*

244. Modelo : **Miaj manoj estas malpuraj.** *Your eyes . . . His ears . . . . . Her hair(s) . . . Your pencils . . . Their friends . . .*

245. **ALIAJ libroj,** *other books* (**k.a.**=**kaj aliaj,** *and others*)
DIVERSAJ libroj, *various* (*sundry, different*) *books*
KELKAJ libroj, *some* (*a few, several*) *books*
MULTAJ libroj, *many books*
MALMULTAJ libroj, *few books*
PLURAJ libroj, *more than one book*

246. (a) *Place* aliaj, diversaj, kelkaj, malmultaj, multaj, *before each of the words* aferoj, homoj, lingvoj, vortoj, *and translate.*

(b) Floroj estas tre diversaj. Multaj floroj estas blankaj; kelkaj estas ruĝaj; aliaj estas bluaj; sed malmultaj estas nigraj. Ni estas kelkaj, kvankam ni estas malmultaj. Ni ne estas la solaj en la mondo : ekzistas multaj aliaj.

(c) *Some people* (homoj *or* personoj) *are rich, others are poor*; *some are tall, and others are short. The eyes of many men are brown*; *the eyes of some are black*; *of others blue. Many tables are oblong*; *some are round or oval, others are square*; *only few are triangular. Various papers. Sundry places. Divers(e) details.*

(d) Aliaj domoj, aliaj moroj. Aliaj tempoj, aliaj moroj. Inter miaj muroj estas miaj plezuroj.

247. *Diversaj difinoj.* Du longaj pordoj sur la kapo. Letero kun vortoj belaj, sed ne veraj. Maldikaj objektoj sur la kapo : longaj sur la kapo de poeto, sed mallongaj sur la kapo de moderna sinjorino (*oreloj, amletero, haroj*). **Kongreso** : multaj homoj en granda ĉambro sidas, parolas, kaj ne komprenas. *Esperanta Kongreso* : Sama, sed komprenas.

248. *Ludo.* Mia kato estas Afabla, Bela, Ĉarma . . . (**Varianto** : Miaj katoj estas afablaj . . .).

249.	Tio estas tablO	(kiO ?	tablO)
	La tablo estas brunA	(kiA ?	brunA)
	La tabloj estas brunAJ	(kiAJ ?	brunAJ)

250. **KIAJ** estas la poemoj de Shelley (*What are S's poems like*)? (Answer **KIAJ** with **AJ**). Ili estas belaj (ideala**j**, etc.)

Kiaj estas la Anglaj fraŭlinoj ? Londonaj stratoj ? vintraj tagoj ? modernaj bildoj ? pomoj nematuraj ? personoj en la ĉambro ? Jen kiaj ni estas. Ni ne estas homoj **TIAJ.**

251. (a) Kiukoloraj (kiaj) estas tomatoj ? bananoj ? tulipoj ? ĉokoladoj ? la okuloj de . . . ? la vestoj de . . .? la dentoj de krokodilo ?
(b) Kiaj estas miaj lipharoj ? viaj fratinoj ? liaj brakoj ? ŝiaj haroj ? niaj lernolibroj ? iliaj paĝoj ?
(c) Kiaj bestoj estas hundoj ? azenoj ? Kiaj floroj estas peonioj ? Kiaj mebloj estas la seĝoj en la ĉambro ? Kiaj homoj estas miaj lernantoj ?
(d) Ĉu la du libroj (knaboj) estas similaj ?

THE **KIES** FAMILY (*POSSESSION*)

252.

-**ES**=". . .one's."
(Cp. *possessive*, one's.
Ger. *wessen*.)
Kies=de kiu (singular or plural)

KIES, *whose, of whom, of which.*
TIES, *that one's, of that one, of those (over there).*
IES, *someone's, somebody's, of someone or other.*
ĈIES, *everyone's, everybody's, of all.*
NENIES, *no-one's, nobody's, of no-one.*

(Pronounce *kee-ess, tee-ess* . . ., not *kee-ez, tee-ez*).

253. **La viro, kies voĉo estas raŭka,** *the man whose voice is hoarse.* **La domo kies fenestro** (*the window of which*) **brilas, estas nia. Kiu silentas, ties lango ne doloras,** *The tongue of one who is silent gives no pain.*

254. (a) Jen (estas) ies ĉapo. Kies ? Ĝi ne apartenas al mi. Eble ĝi estas ties. Ili ne estas ties ĉapoj. Diru al mi : Kies libro estas tiu (or Kies estas tiu libro) ? Ĝi estas mia (lia, ŝia, ties) libro, la libro de Johano.

(b) **Kies** lernantoj vi estas ? instruisto mi estas ? edzo estas via patro ? voĉo estas raŭka (dolĉa) ? seĝo estas (mal)komforta ? domo estas la kastelo en Windsor ? poezio estas bela ? kapo doloras ? Kies estas la aero ?

(c) **Kiu estas la** floro, kies petaloj estas ruĝaj ? (frukto, kies **ŝelo** estas flava ? insekto, kies piko doloras ? besto, kies kolo estas tre longa ? fraŭlino, kies okuloj estas bluaj ?

(d) La poeto : " Estas **poezio** (*poetry*) en ĉio." " La **redakt**isto (*editor*) : " Jes, la korbo sub mia tablo estas plena de ĝi."

255. AGREEMENT OF ADJECTIVE & NOUN (contd.)

florO	bluA	bluA	florO
librO	bluA	ruĝA	florO

florO kaj librO	bluAJ	bluA kaj ruĝA	florOJ

(2 bluaj : 1 floro, 1 libro)		(2 floroj : 1 blua, 1 ruĝa)

256. (a) **Bona patro kaj filo,** *a good father and a son.* **Patro kaj filo bonaj,** *a good father and (a good) son.* **Pano kaj varma lakto,** *bread and hot milk.* **Pano kaj lakto varmaj,** *bread and milk, (both) hot.*

(b) **Viaj infanoj estas sanaj. Kaj lia,** *And his (child).* **Kaj liaj,** *And his (children).* **Mia ne (estas),** *Mine is not.* **Miaj ne,** *Mine are not.* **Mi restas via (amiko). Ni restas viaj (amikoj). Tio** (=tiu diro) **estas miaj pensoj.**

257. (a) Li estas kun knabO kaj knabinO AnglAJ. Lia edzino kaj lia filino estas malsanaj. Kiaj estas via patro kaj via frato (**la** patro kaj la frato viaj) ?

(b) La letero estas inter la ruĝA kaj la bluA librOJ. La valo estas inter la alta kaj la malalta montoj. La Malnova kaj la **Nova Testament**oj. Li estas inter du knaboj : Angla kaj Skota. Ili estas edzinoj lia kaj mia.

THE **KIAL** FAMILY (*MOTIVE*)

258.

-AL="*for . . . . reason.*"

Cp. " *re***AL** *reason.*"

KIAL, *for what reason, why, wherefore, on what grounds ?*

TIAL, *for that reason, therefore, so, accordingly, that is why.*

IAL, *for some reason (or other).*

ĈIAL, *for every reason, on all grounds.*

NENIAL, *for no reason, without any reason, on no account.*

[64]

Kial ? *Why ?* **Kial ne ?** *Why not ?* **Tial,** *therefore* (stronger than **do**). La **kialo** (or **tialo**), *the reason why, the why and the wherefore.*

259. Ial mi ne estas tute feliĉa. Kial, mi ne scias. Ŝi estas malfeliĉa, kaj tial ŝi ploras. Kial vi ne respondas ? Ne ridu nenial ! Kial la dornoj vivas, sed la rozoj mortas ? Mi amas vin ĉial.

260. Diru al mi, patrino : se miaj fingroj estas samaĝaj, kial ili ne estas samlongaj ?

Muzikisto : " Kial la bebo ploras, kara ? " *Edzino* : " Nenial ! Mi nur kantas al ĝi unu el viaj **lul**kantoj (*lullabies, cradle-songs*)."

261. Mi soifas, **kaj tial** mi trinkas. Mi vidas, . . . kredas. La suno brilas . . . ĝojas. La bebo dormas . . . silentas. Vi vokas . . . venas. Mi malsatas . . . manĝas. La hundo bojas . . . timas. Li laboras . . . progresas. Li estas feliĉa . . . kantas. Vi ne semas . . . ne rikoltas.

262. **ĈAR,** *because, for, since, as* (in this sense). Li estas mia onklo, ĉar mia patro estas lia frato.

(a) *Vary* 261 *thus* : **Kial** vi trinkas ? (Mi trinkas, **ĉar** mi soifas).

MORE VERBS WITH **AL**

263.

dankas, *thanks*	**krias,** *cries* (*out*)	**permesas,** *permits*
kredas, *believes*	**mankas,** *is lacking*	**similas,** *resembles*

Mi dankas al vi, *I am-thankful* (*give-thanks*) *to you, I thank you.*

Kio mankas ? *What is missing ?* **Mankas al mi mono,** *I lack money.*

Mi obeas al la edzino, *I am obedient to* (*obey*) *my wife.*

Permesu (al mi) ! *Allow me !* **Li similas al ŝi,** *he is-similar -to* (*resembles*) *her.*

264. Ne kredu al orelo, kredu al okulo. Bona filo obeas al la patrino. Infano ne krias, patrino ne scias. Vivo sen **modero** kondukas al **mizero.** La sono de Esperanto tre similas al la sono de la Itala lingvo.

(a) Li balbut-(fid- flustr- gratul- **help-** instru- kred- kri- **telegraf-vok**)as al ŝi.

265. **Li plaĉas (ne plaĉas) al ŝi,** *He is (isn't) pleasing to her=she likes (doesn't like) him.* **Teo tro varma ne plaĉas al mi,** *I don't like tea too hot.* Al ĉiu besto plaĉas ĝia nesto. Kiu flatas al ĉiu, plaĉas al neniu.

(a) *Enigmoj.* Kial virina **kiso** plaĉas al poeto ? Ĉar ĝi estas **inspiro** (*in-spiro*) ! Kial **kakto** ne plaĉas al vi ? Ĉar ĝi estas **tropika** (*tro-pika*) !

(b) *The grandson is like* (simil) *the grandfather. Do you like* (plaĉ) *Esperanto ? Are you like your mother ? Your hat I like, but not the ribbon on it, which is very like a mere rag* (**ĉifon**).

266.

fluas, *flows*	**promenas,** *strolls*	**vagas,** *wanders*
kuras, *runs*	**rampas,** *crawls, creeps*	**veturas,** *drives*
marŝas, *walks**	**saltas,** *jumps, hops*	**vojaĝas,** *travels*

267. (a) La rivero fluas de la monto al la maro. Tio kondukas de unu afero al alia. La **formiko** (*ant*) kuras de floro al floro. La knabo naĝas de unu flanko al la alia. La bebo rampas de la seĝo al la tablo. La sinjorino **vizitas** de pordo al pordo.

(b) *The bird hops from branch to branch. The cat strolls from roof to roof. My sister wanders from shop to shop. Do you drive from your house to the school? We often travel from London to Bristol.*

268. **Forkuras (kuras for),** *runs away* (214). For-fal (-flu- konduk- marŝ- naĝ- paŝ- promen- ramp- salt- vag- vetur- vojaĝ)as.

269. **Amo al Dio,** *(our) love of (=to) God.* **La amo de Dio,** *the love of God (to us).* **Vizito de la reĝo** (al ni) (*=la reĝo vizitas*). **Vizito** de ni (**al la reĝo**) (*=ni vizitas*). La amo al mono estas la **radiko** (*root*) de ĉia malbono.

PRI

270. **PRI,** *about, concerning.* **Li parolas pri Esperanto,** *He is speaking about (concerning, as-to, with-reference-to, with-regard-to, of, on) Esperanto.* **Pri kio vi pensas ?** *What are you thinking about ?* **Pri kiu vi timas ?** *Whom are you afraid of ?* **Mi dubas** (*doubt*) **pri tio.**

271. De tempo al tempo mi pensas pri vi. Jes, efektive; en la tago mi **revas** (*daydream*) pri vi, kaj en la nokto mi sonĝas pri vi. Inter generaloj parolu pri bataloj. En nia klaso ni lernas pri algebro, aritmetiko, arto, **astronomio, botaniko,** Esperanto, geografio, geometrio, historio, matematiko, muziko, kaj **religio.**

*****Marŝas,** *walks, marches (with an aim)* ; **promenas,** *takes a walk (jaunt, trip, etc.) (not necessarily on foot);* **paŝas,** *steps, paces;* **piediras,** *goes on foot.*

272. *Ekzamenisto* : " Kio estas via opinio pri la **teorio** de Darwin ? "
Kandidato : " Mi tute konsentas kun la opinio de la lernolibro."

" Se mi rigardas al vi, mi pensas pri Smith." " Tio estas tre stranga, ĉar mi tute ne similas al li." " Tamen, jes; li **ŝuldas** (*owes, is in debt*) al mi, kaj ankaŭ vi ŝuldas al mi."

La impertinenta demandanto. " Kiu estas tiu malbela virino ? "
" Ŝi estas mia edzino." " Pardonu, vi ne komprenas : mi parolas pri tiu alia virino tie kun la ruĝa nazo ! " " Tiu ? Ho, ŝi estas mia filino ! "

273. *Answer some of the following questions* : **Pri kio** (*or*, **Pri kiu**) vi **diskutas** (*discuss*) ? batal- (disput- forges- ĝoj- hezit- **insist**- konsent- **korespond**- plend- plor- rid-)as ?

274. Demandu al mi pri mia nomo (la strato en kiu mi loĝas, la koloro de ŝiaj haroj, la nomo de tiu objekto, mia kato, miaj infanoj).

275. *Make sentences, using some of the following roots with both* **al** *and* **pri** : aŭskult, dir, fid, flustr, gratul, grumbl, help, instru, kant, konfes, kred, leg, pardon, parol, plend, predik, raport, respond, skrib, telefon, telegraf, E.g., **protest** : *Mi protestas al mia estro pri mia troa laboro.*

(a) *Suggested variants* : Kiu protestas . . . ? Al kiu vi protestas . . . ? Ĉu li protestas al vi . . . ? Pri kio vi protestas . . . ? Kial vi protestas . . . ? Ĉu vi protestas tre ofte . . . ?

(b) *Suggested completions* : . . . (pri) la afero, la fakto, lia demando, nia salajro, lia edzino, ŝia malbona skribo; *the brown ants in my garden, our old typewriters, the size of his feet, the arrangement of the new chairs in the reading-room.*

TRA, TRANS

276. TRA, *through.* **Ili pasas tra fajro kaj akvo,** *They pass through fire and water.* **La kanto sonas tra la silento,** *The song sounds through the silence.* **Tra la mondo iras forta voko,** *A mighty call is going through the world.*

277. (a) Complete the following sentences : . . . *comes through the air, lives . . . storm, shines . . . leaves, speaks . . . nose, travels . . . Switzerland, tunnels . . . earth, flies . . . trees, looks . . . window.*

(b) La rivero fluas **tra la tuta** urbo (*flows all through the city, through the whole city*). *He reads all through the book, runs through the whole school, travels all through Italy, wanders all through the school.*

278. TRANS, *Across, on-the-other-side-of, over* (in this sense). **Belaj rakontoj el trans la montoj,** *pretty tales from over the hills.* **Ne voku al mi de trans la strato,** *Don't call to me from across the street.* **La transa domo,** *the house on-the-other-side.*

279. (a) Trans la korto staras nia domo. Ŝi loĝas trans la rivero.
Ili restas trans la maro. Li vagas trans montoj kaj maro.

(b) *Across the field is a rose-garden. Stand and wait on-the-other-
side-of the street. Scotland is there, across the valley.*

KE

280. KE=*that*, used as a link-word joining two sentences
(a " conjunction "). **Mi kredas, ke vi estas prava,** *I believe
(that) you are right.* Here **ke** joins the sentences **Mi kredas**
and **vi estas prava**. **Mi scias, ke li loĝas tie,** *I know (that)
he lives there.* **Mi bedaŭras, ke vi malsanas;** *I am-sorry
(regret) (that) you are ill.*
In English *that* is often omitted, but you must not omit
the **ke.** Place a comma before **ke,** to divide the sentences.

281. Mi ĉial ĝojas, ke mi estas Esperantisto. Ĉu vi sentas, ke
mi eraras ? Nia opinio estas (ni opinias) (*It is-our-opinion, we think*),
ke tio estas ideo idiota. Kial vi **supozas,** ke tio ne estas ebla? Ŝi
pretendas (*claims*), ke ŝi estas reĝidino. Mi **divenas** (*guess*), ke vi
estas okjara.
Mi **respektas** lin **tial, ke** (*because, for the reason that*) li estas tre
modesta. (**Tial ke**=a strong form of **ĉar**).

282. Tri gradoj de mar-malsano. (1) Mi kredas, ke mi **mortas.**
(2) Mi scias, ke mi mortas. (3) Mi timas, ke mi ne mortas.
" Ĉu vi opinias, ke mi estas idioto ? " " Tute ne ! Tamen **eble**
mi eraras."

283. *Make sentences using* **ke** *after some of the words* bedaŭr- (dir-
flustr- ĝoj- instru- juĝ- kompren- konfes- konsent- leg- lern- memor-
opini- plend- predik- **pruv-** rakont- respond- rev- **ripet-** sci- sent-
skrib- soĝ- telefon- telegraf-)as. *Do not forget the comma.*

(b) *Complete the following sentences.* Ne forgesu, ke ... Memoru,
ke ... Ne respondu, ke ... Kredu al mi, ke ... Li ofte **asertas,**
ke ... Kial vi supozas, ke ... Ĉu vi do timas, ke ...? Ĉu vi
vere **suspektas,** ke ...?

THAT

284. This English word has many meanings, and must be
translated accordingly. *He says about that, that that " that "
that is in your essay is wrong,* **Li diras pri tio, ke tiu** "that",
kiu estas en via eseo, estas malĝusta.

285. *She says (that) he is rich, but for-some-reason I do not suppose
(that) that is true. Tell him (that) I am not a man of-that-kind. I
feel (that) you are wrong on that matter. She asserts (that) she is right
about that question. Do not believe that all that is in that book is
true. That proves the earth is round.*

286. The translation of **ke jes, ke ne,** depends on the context. **Ĉu li estas tie ?** (**Mi kredas, ke jes,** *I believe he is, I think so.* **Mi supozas, ke ne,** *I suppose he isn't. I suppose not*). **Ĉu vi komprenas ?** (**Mi timas, ke ne,** *I'm afraid not. I fear I don't.* **Mi scias, ke jes,** *I know I do*).

287. *Write similar questions and answers, using* ke jes, ke ne, *after some of the verbs* asert-(bedaŭr- dir- esper- ĝoj- insist- konfes- konsent- kred- opini- ripet- sci- skrib- supoz- suspekt- telefon- tim- vid-)as (*Compare* 104-5).

NOTE ON PREPOSITIONS

288. **Al, apud, de, dum, en, inter, kun, por, pri, sen, sub, super, sur, tra, trans,** are prepositions (96).

289. In English conversation we often end a sentence with a preposition, thus : " What are you sitting *on* ? " " Whom are you thinking *of* ? "*—in spite of the famous rule "A preposition is a word you must not end a sentence *with* " ! But in Esperanto you may NOT do this. Write, therefore : " *Sur* kio vi sidas ? " " *Pri* kiu vi pensas ? ".

290. Translate these questions and answer them. *What are you complaining of ? Which town do you come from ? What are we reading through ? What are we fighting for ? What is your money in ? Whom are you sitting near ? What are you doubtful about ? Whom are you waiting for ? What does an apple grow on ? Whom are you writing to ? What are you talking about ? Whom are you dreaming of ?*

" SUBJECT " AND " OBJECT "

291. Most sentences contain (1) a *SUBJECT* (the thing or person we are talking about) and (2) a *VERB* (which says what the subject is or does). Thus, in **la suno brilas,** and **li staras tie, la suno** is the subject of the verb **brilas,** and **li** is the subject of the verb **staras.** The answer to *What ? Who ?* asked before a verb, is the subject of the sentence. *What shines ?* (**la suno**). *Who stands ?* (**li**).

292. Usually the subject comes before the verb. But it need not do so (20, 23). One may say, for example, *Brilas* **la suno.** *Tie staras* **li.**

---

*Even " What was the man who asked what you chose that book to be read to out of for up to ? " !

293. Name the subject and the verb in sentences from previous lessons.

294. If you say *I see, I love*, we naturally ask : *You see (love) what* (or, *whom*) ? The answer to *What ? Whom ?* asked after a verb, is the *OBJECT* of that verb. Thus, in the sentences *Tom loves me, Tom loves music*, the words *me* and *music* are objects of the verb *loves*—they answer the questions " *Loves whom ?* " " *Loves what ?* "—they name the objects loved by the subject Tom. The *SUBJECT* does the action : the *OBJECT* is that to which the action is directed.

THE ENDING -N (PRONOUNS)

295. When the words *I, thou, he, she, we, they, who*, are objects of a verb, English changes them to *me, thee, him, her, us, them, whom*. Thus : *I see him*; *he sees me*. *We see them*; *they see us*. (*It* and *you*, however, remain unchanged).*

296. Esperanto shows the object of a verb by the letter **-N** (called the "accusative" ending). Thus : **min, vin, lin, ŝin, ĝin, nin, ilin, kiun.**†

Li vidas ilin, *He sees them.*

Ili vidas lin, *They see him.*

Kiun ili vidas ? *Whom do they see (They see whom) ?*

Here the " m " in *them, him, whom*, corresponds to the " n " in ilin, lin, kiun.

---

*So also if they are the object of a preposition; but in this case Esperanto makes *no* change (96). *To him, for her,* **al li, por ŝi.**

†Why have an accusative form ? It is found in many languages. Its disuse would introduce difficulties. It removes ambiguities. By freeing the word-order it makes the language flexible (356, 586, 845, 944b). Without it, for example, such a translation as *La Eneido* (with its imitation of Latin word-order) would be impossible.

297. Kiu helpas vin ? *Who helps you ?* **Kiun** vi helpas ?
Whom are you helping ? Knabo, **kiu** konas* lin, *a boy who
knows him.* Knabo, **kiun** li konas, *a boy whom he knows.*
Libro, **kiun** (*which, that*) mi legas (159).

298. The answer to **Kiu ?** is the *subject*, and cannot take the
letter **n**. The answer to **Kiun ?** is the *object*, and takes the
letter **n**. **Kiu** amas ? (mi). Amas **kiun ?** (vin) (294).

299. Tuŝu min, *touch me.* **Kiun** vi tuŝas ? (Mi tuŝas **vin**).
Kiun mi instruas ? (Vi instruas nin). **Sekvu min**, *Follow me.*
Ne **punu** ŝin, *Don't punish her.* Helpu ilin, *Help them.*

Patrino : " Ĉu vi supozas, ke mi punas vin por mia plezuro ? "
Infano : " Por kies plezuro, do, vi punas min ? "

300. An Englishman says *I love you.* A Frenchman says
I you love. In Esperanto one may say **Mi amas vin, Mi vin
amas, Amas mi vin, Amas vin mi, Vin mi amas,** or even
Vin amas mi. The difference in word-order varies the
emphasis. But in each case the meaning is *I love you*, not
You love me, for the letter **n** shows that **vin** is the *object*
loved by the subject **mi**.

mi amas viN   mi viN amas   viN mi amas

301. Ŝi amas lin. Li ŝin amas. Ŝi lin amas. Lin ŝi amas. Ŝin
li amas. (Would **li ŝi amas** be clear ?)

" Ĉu vi amas min, fraŭlino ? " " Ne, sinjoro : ne *vin* mi amas."
" Kiun, do ? " " Mi amas . . . ". " Ha ! mi komprenas : tio estas
sekreto ! "

---

*SCI, KON. Scias=*knows, has knowledge of, is aware of* (*a thing
or fact*). Fr. *savoir.* **Konas**=*knows, is acquainted with* (*someone
or something*). Fr. *connaître.* Cp. **sci**ence, omni**sci**ence, with
ken, *acquainted, recognize,* con**noisseur**.

Use **sci** for a thing, but not for a person. Do not use **kon** before
ĉu, ke, or a **k**-word. Mi scias, ke . . . Mi scias kial. Mi ne
scias, ĉu mi konas vin. Ĉu vi konas John Peel ? Of Esperanto
one may say **Li konas ĝin, sed li ne scias ĝin.**

Konas=*scias* (a) kiu (li) estas; (b) kio (ĝi) estas. Sako ne sonas—
amiko ne konas (*Money gone, friends gone*) !

302. It is more usual to end a sentence with the verb than with the pronoun, especially if the sentence is long.

Min pardonu (or, Pardonu min). Ne min forgesu (or, Ne forgesu min). Mi vin gratulas. La infano lin timas. Li ŝin kisas. Mi vin dankas. Vin mi respektas : lin mi suspektas. Fiŝo ne iras, sed hoko ĝin **tiras** (*pulls, draws*).

303.

amuz	defend	gard	mok	riproĉ
atak	envi	imit	puŝ	send

Using these roots, translate : *You amuse me. If they attack us, the faithful dog defends us. Why do you envy him? The puppy's mother is-guarding it. Are you imitating me? Don't mock her. Why are you pushing them? No one is-reproaching you. Here am I! Send me!*

-UN

304. All the **-u** pronouns (154) take **n** in the same way.

" Eble vi konas **iun** en la ĉambro ? "   " Nu, mi ne konas **ĉiun**." " Ĉu tamen vi konas **tiun** infanon ? "   " Efektive, mi konas **neniun**."

305. When these words go in pairs, separate them by a comma.

Jen **iu, kiu** (*some one who*) konas vin.

Jen **iu, kiun** (*some one whom*) vi konas.

Mi vidas **iun, kiu** konas vin.

Mi vidas **iun, kiun** vi konas.

Mi memoras ĉiun, kiun mi vidas.   Mi konas neniun, kiu kantas. Ĉu vi vidas tiun, kiun mi vidas ?   Mi **estimas** tiun, kiu estas honesta. Riĉa estas tiu, kiu ŝuldas al neniu.

-ON

306. We add **-N** to nouns also in the same way. **La knabo amas la hundoN**, *the boy loves the dog.* **La knaboN mi vidas, sed ne la knabinoN**, *it is the boy I see, not the girl.*

KiON vi deziras ? *What do you want ?* (Mi deziras monON). Kion mi tuŝas ? (Vi tuŝas la tabl**on**).

Li mangas pom**on**. Pom**on** li mangas (300). Kiu mangas ? (Li). Kion li mangas ? (pomon).

307. Safo sekvas ŝafon. La ludo ne valoras la kandelon. Se vi donas mielon, donu ankaŭ kuleron. Gardu kandelon por la nokto. Li forgesas averton, sed memoras la sperton. **Frapu** la feron, dum ĝi estas varma.* Vera amo ne konas **mezuron.** La nokto donas **konsilon.** Sama buŝo **blovas** varmon kaj malvarmon. Ĉiu **vento** (*wind*) blovas **profiton** al iu. *Pesimisto* : Iu, kiu vidas la mondon en nigra koloro.

308. *Dialogo.* " Johano ! " " Kiu ? " " Vi." " Mi ? " " Jes." " Kio ? " " Donu al mi ŝilingon." " Kiu ? " " Vi." " Mi ? " " Jes." " Ne.!"

309. (a) *Modelo* : **Li gajnas la premiON,** *He gains the prize.* akompan . . . kant, atak . . . malamik, defend . . . patruj, dezir . . . feliĉ, ekzamen . . . kandidat, gard . . . dom, honor . . heroin, inspekt . . . labor, interes . . . infan, plaĉ . . . instruist, tajp . . . ese, vizit . . . amik.

(b) **He** bites the apple (*builds a church, counts the cost, feels pain, follows the advice, greets the spring, leads a horse, owes money, reaps corn, resembles a hippopotamus, saves a shilling, sees a light, whispers a secret.*)

310. (a) *Modelo* : **KonfesU la erarON.** Imit . . . model. Kapt . . . fiŝ. Laĉ . . . bot. Lern . . . Esperant. Pag . . . kalkul. Ripet . . . proverb. Traduk . . . kant.

(b) *Answer the question. Call the cat. Listen-to the music. Preach the truth. Relate the history. Teach the pupil.*

311. *Modelo* : **NE adresU la leterON.** Ne (ĉagren . . . patrin, envi . . . najbar, mov . . . seĝ, pas . . . pont, trink . . . lakt).

(b) **Don't** guess the answer (*look-at the floor, prick the finger, shoot the accompanist, waste time*).

312. **aŭdas,** *hears*   **laŭdas,** *praises*   **prenas,** *takes*

    havas, *has*   **naskas,** *bears,*   **tenas,** *holds*

    kaptas, *catches*   *gives birth to*   **viŝas,** *wipes*

Ĉio havas finon. Via amiko havas amikon, kaj ties amiko ankaŭ havas amikon : estu diskreta. Mono naskas

---

The ferrous form is more than warm,
     And ruddy glowings light it:
Don't wait until it starts to chill,
     But smite it.

monon. Amo naskas amon. **Konfido** naskas konfidon.
Laŭdu la maron, sed restu sur tero. Li havas la kapon sur
la ĝusta loko. Li havas muŝon en la kapo (Cp. *a bee in his
bonnet*). Kiu havas, tiu pravas. Vi ne aŭskultas, tial vi ne
aŭdas min. La **frua** birdo kaptas la **vermon.***

313. Du botoj faras paron. Unu **hirundo** (*swallow*) ne
faras someron. Unu floro ne faras **girlandon**. Faru
fojnon (*hay*), dum la suno brilas.†

314. *Vortludoj*. "Li estas amiko intima." "Sed kial li
timas inon?"—"Ĉu vi havas bastonon?" "Ne, mi ne havas
bas-tonon: mia voĉo estas **baritona**."

La malkontenta **kliento** (*customer*): "Ĉu tio estas teo aŭ kafo?"
"Mi ne komprenas, sinjoro." "Nu, se ĝi estas kafo, donu al mi
teon: sed se ĝi estas teo, mi deziras kafon."

315. Ĉu mi viŝas la tabulon? Kion mi faras? Ĉu vi **aŭdas**
bruon? Kion vi aŭdas? Kion mi havas en la poŝo? **tenas en la**
mano? *etc.*

316. *Ludo*: "*Feliĉaj Familioj*." (*Modela Familio*: Kato, Katino,
Katido, Katidino). *Interparolo*: "Ĉu vi havas la Katinon?"
"Mi bedaŭras (ĝojas), ke ne. Kaj vi ... ĉu vi havas la Ĝirafidi-
non?"

317. ** Venu al la tablo. Prenu ĉokoladon. Manĝu la ĉokoladon.
Prenu la skatolon. Iru al .., kaj proponu (*offer*) al ŝi ĉokoladon.
Kion ŝi diras al vi?

318. **Kion signifas** (*What does ... mean?*) la vorto "faras"
en la Angla lingvo? (Ĝi signifas *do* aŭ *make*). Komparu la frazon
Kion vi faras (69) kun la frazo *Unu kaj du faras tri*. Kion signifas
en la Angla lingvo la vortoj *foresto? granda? pretendas? studento?*
(Atentu!).

---

*The early worm goes forth with zeal
To give the hungry bird a meal.
His brother has no such intention,
And lives to draw his old age pension. (or)*

*The earliest winged songster soonest sees,
And first appropriates, th' annelides.*

†*Desiccated herbage must submit to perturbation
While the radiant orb of day affords illumination*

aĉetas, *buys*	**gvidas,** *guides*	**levas,** *raises, lifts*
bezonas, *needs*	**kovras,** *covers*	**portas,** *carries, wears*
brosas, *brushes*	**petas,** *asks*	**ŝlosas,** *locks*
etendas, *extends*	(*a favour*)	**uzas,** *uses*
fermas, *shuts*	**lavas,** *washes*	**vendas,** *sells*

Li portas karbon al Newcastle.* Se Dio fermas pordon, li malfermas fenestron. *Aĉetas*: donas monon kaj prenas objekton. *Vendas*: donas objekton kaj prenas monon. *Laŭdas*: diras " Ĝi estas bona ". *Memoras*: tenas en la kapo. *Petas*: diras " Donu al mi : Faru por mi ". *Sendas*: diras " Iru ! ".

320. *Servisto*: " Kiom da ovoj mi bezonas por la kuko ? " *Mastrino*: " Kvar. De du prenu la blankon, kaj de du la flavon."

Knabino (*al patrino*) : " La tablotuko ne taŭgas (*is no good*) : unu fino estas tro longa, kaj la alia eĉ ne kovras la tablon ! " (**Tuko,** *a cloth* : buŝ- (kol- poŝ- lit- tablo- viŝ-) tuko).

321. ** Mi stariĝas. Mi iras al la pordo. Mi etendas la brakon, kaj prenas la **anson** (*handle, knob*). Mi **turnas** la anson, tiras la pordon, kaj malfermas ĝin. Mi iras el la ĉambro, kaj fermas la pordon.

(Varianto) *Instruisto* : " Stariĝu." *Lernanto* : " Mi stariĝas."

322. (a) *He blows the fire* (*asks-for pardon, brushes the table-cloth, buys a dog, carries a suit-case, covers the table, has a son and a daughter, hears the song, holds the baby, locks the door, makes a chair, needs help, praises the music, raises a foot, turns the page, washes the pocket-handkerchief, wears a hat, uses a pencil.*)

(b) **Kion mi** frapas ? legas ? levas ? manĝas ? rigardas ? skribas ? viŝas ? prenas el mia poŝo ? tenas en la mano ? **Kion vi** aŭdas ? deziras ? lernas ? vidas sur la tablo ?

(c) Li forblovas la **polvon** (*dust*) (forlavas la makulon, forpuŝas la katon, fortiras la tablotukon, fortrinkas la **bieron,** forbrosas la neĝon, fordonas monon, forkisas **larmon** (*tear*), forportas libron, forprenas liberon, forviŝas vorton, foruzas inkon).

(d) Li malamas pluvon (malfidas flatiston, malfaras la laboron, malhelpas la edzinon, mallaŭdas la filon, mallevas la kapon, malobeas la leĝon, malŝlosas la ŝrankon).

---

*Bear not to glutted cellars near the Tyne
The carbonaceous products of the mine.

[75]

323. **Frotas,** *rubs.* **Razas,** *shaves.* **Serĉas,** *seeks, looks for.* **Ŝatas,** *has a high opinion of, esteems highly, thinks a lot of, treasures, prizes, values, appreciates* (Cp. German *schätzen*). **Malŝatas,** *has a low opinion of, disregards, treats as of no importance, disdains, scorns, holds in contempt.* (These words do not mean merely *like, dislike*).

(a) (*Object before verb*). Lupo lupon ne manĝas. Mano manon lavas. Razisto raziston razas. Edzo edzinon laŭdas : edzino edzon **aplaŭdas.** Suspekto pruvon ne donas. Espero panon ne donas. Larmoj ŝuldon ne pagas. De fremda dento ni doloron ne sentas. Amikon ŝatu, malamikon ne batu. Pano buŝon ne serĉas. Tablon **ornamas** ne tuko, sed kuko. Malbona herbo **froston** ne timas. Guto malgranda, sed **ŝtonon** ĝi **boras.** Se birdo tro **bekas,** katon ĝi vekas.

324. **KION** vi bezonas ? Mi bezonas **ion (tion, ĉion, nenion).** Lernu multon; diru malmulton; aŭdu ĉion. Amo faras ion, mono ĉion. Du manoj faras ĉion, sed unu nenion. Tempo **ŝanĝas** ĉion. Laboro ĉion **venkas** (*conquers*).

325. Note the commas in the following (305) :

Jen **ĉio, kio** gravas (*all that matters*).

Jen **ĉio, kion** mi bezonas (*all I need*).

Mi vidas **ĉion, kio** estas tie.

Mi havas **ĉion, kion** mi bezonas.

Manĝu ĉion, kio estas sur via telero. Ne diru ĉion, kion vi scias; ne kredu ĉion, kion vi aŭdas. Ne ĉio, kio brilas, estas oro. Ne ĉio utilas, kio brilas. Kion mi ne sentas, pri tio mi silentas. Kies **gasto** (*guest*) mi estas, ties feston mi festas. Kio aŭdas ĉion kaj diras nenion ? (1191).

326. (a) Kiu havas nenion, (tiu) estas nenio (*He who . . .* 160). Kiu nenion havas, nenion timas. Kiu havas oron, havas honoron. Kiu amas honoron, amas laboron. Kiu panon donas, malsaton ne konas. Kiu faras malbonon, malamas la lumon. Kiu tro multe deziras, nenion **akiras** (*obtains, gets*).

(b) Kio multe kostas, (tio) multe valoras (*That which . . .*).

(c) Kion Parizo aplaŭdas, (tion) Berlino mallaŭdas. Kion **rajtas** (*has the right to do*) leono, (tion) ne rajtas azeno.

(d) Neniu vidas (tion), kio lin **insidas** (*lies in wait for*). Ni vidas (tiun), kiu ridas—kiu ploras, (tiun) ni ne vidas.

327. The accusative **n** is used with plurals also. **Muroj havas orelojn** (pr. **-ojn** like English *loin*). *Walls have ears.* **Traduku ideojn, ne vortojn,** *Translate ideas, not words.* Sur la mar**bordo** (*sea-shore*) ni trovas **konkojn** (*shells*).

Aŭdu ambaŭ flankojn. Lupo ŝanĝas la harojn, sed ne la farojn. Paroloj ne pagas ŝuldojn. Vortojn ŝparu, agojn faru. Ni vidas nur la nubojn, sed la nuboj vidas la sunon. Unu bedaŭras, ke rozoj havas dornojn; alia ĝojas, ke rozojn havas dornoj. Kiu havas abelojn, havas mielon. Ĉiu **medalo** du flankojn **posedas** (*possesses*).

328. *Aŭskultas* : malfermas la orelojn. *Diskretas* : ne malkovras **sekretojn.** *Korespondas* : du personoj skribas leterojn pri amo kaj la vetero. *Legas* : rigardas vortojn kaj komprenas ilin. *Paŝas* : levas kaj mallevas la piedojn sur la strato. *Rikoltas* : prenas la fruktojn. *Serĉas* : rigardas : " Kie estas ? " *Sonĝas* : en la dormo vidas bildojn. *Vojaĝas* : iras kaj rigardas landojn kaj popolojn.

329. Kio havas ok krurojn kaj muzikas ? (1191).

" Ĉu vi havas infanojn ? " " Jes, du filojn; kaj ambaŭ estas knaboj."

Fraŭlino : Mi forgesas la vortojn de mia nova kanto." *Patro* : " Mi ĝojas. Kaj nun, mi petas, forgesu la **melodion** ankaŭ ! "

Ĉifonisto (*rag-merchant*) : " Ĉu vi havas bierbotelojn, sinjorino ? " " Ĉu mi **aspektas,** KVAZAŬ (*look as though*) mi trinkas bieron ? " " Nu, ĉu vi havas **vinagro**botelojn ? "

" Nomu kvin bestojn el la **polusaj** (*polar*) regionoj." " Kvin ? (**Paŭzo**) Tri blankaj ursoj kaj du **fokoj** (*seals*)." " Ne estu idiota ! Nomu do la dek du filojn de Jakob." " Jakobidoj, komprenebla ! "

330. (a) *Modelo* : Mi manĝas bananojn, figojn, kaj pirojn. *He sells pianos, organs, and violins. She does not wear boots or shoes. I have two eyes, two ears, two lips, and two feet, but only one nose.*

(b) *Put into the plural* : Skribu leteron al la infano. Ŝi donas pomon al la knabo. Mi havas filon kaj nepon. De la arbo ni prenas pomon.

(c) **Kie ni trovas** literojn ? (en la alfabeto, en vortoj). . . . vortojn? frazojn ? paĝojn ? ĉapitrojn ? librojn (**biblioteko**=*library*) ? meblojn ? ĉambrojn ? domojn ? stratojn ? poŝojn ? florojn ? konkojn ? pirojn ? Esperantistojn ? fiŝojn ? Nomu la sezonojn (monatojn) de la jaro. **Kiom da** brakoj (buŝoj, lipoj, oreloj, nazoj, fingroj) mi havas ? (havas du, tri, ses, personoj ?). Kiom da . . . mi instruas ? (portas ? **tenas** ?) Ĉu vi havas du edzinojn ? nur unu manon ? tri piedojn ?

331. (a) *Make questions beginning with* **Kion** . . . ? *and answer them, using the verbs* adres- (bezon- bros- ferm- posed- sci-)as. *Thus*: Kion vi **observas** ? Mi observas la sunon, la lunon, kaj la stelojn.

(b) *Make and answer questions beginning with* **Kiun** . . . ? *using the verbs* akompan-(envi- estim- kon- vok-)as.

(c) *Make and answer questions beginning with* (a) Kion ? (b) Kiun ? *using the verbs* **admir-** (am- instru- memor- simil- tim- vizit-)as.

-AN   -ON

332. In the sentence *I risk my life*, the answer to the question " *risk what* ? " is " *my life* ". As both words *my life* name the object of the verb, in Esperanto **-n** is used for both, thus : Mi riskas miAN vivON.

If **O**, then **A** : if **ON**, then **AN** also. Similarly : Li vidas ruĝAN rozON. Ŝi havas bluAN florON.

333. Mi vidas **blindan** viron. Mia edzino havas bonan edzon. Mi amas mian katon (vian fratinon, lian muzikon). Li ludas muzikon belan kaj dolĉan.

334. Amu Antonon, sed gardu vian monon. Unu pasero alian valoras. Amu min, amu mian hundon. Li havas junan kapon sur maljuna korpo. Aŭdu la alian flankon. Fremda manĝo havas bonan **guston** (*taste, flavour*). Unu ovo malbona tutan manĝon **difektas** (*spoils*). Altan arbon **batas** (*beats, strikes*) la **fulmo** (*lightning*). Ne malŝatu vian patrinon, kiam ŝi maljuniĝas (Sent 23/22).

335. **KIAN** (*what kind of*) muzikon vi amas ? Mi amas ian (ĉian, nenian, tian) muzikon. Mi bezonas nenian helpon. Kian **abomenan** bruon vi faras !

336. *Fulmo* : mallonga forta lumo en la ĉielo. *Gasto* : eleganta sinjoro, kiu vizitas la domon kaj havas grandan apetiton. *Promenas* : iras, kaj havas multan tempon.

337. " Kial vi ne **admonas** (*talk seriously to*) vian filon ? " " Ĉar li tute ne atentas al mi. Li aŭskultas nur al personoj malsaĝaj kaj eĉ idiotaj. *Vi* parolu al li ! "

La neparaj (*odd*) *botoj*. " Kial vi portas al mi unu brunan boton kaj unu nigran ? " " Pardonu, sinjoro ! Tamen la alia paro estas tute simila."

Ne la nomo faras gloran homon,
Sed la homo faras gloran nomon.

338. *Fill up the blanks (in the singular number).* La libr- est-
inteles-. La knab- pren- long- krajon- kaj- nov- libr-. Mi trink-
nigr- kaf- sed mi- frat- trink- pur- malvarm- akv-

339. *Modelo.* **KIAN** (*What kind of a*) kolon havas ĝirafo ?
(Answer **Kian** ? by **-an**) (Ĝi havas longan kolon).

Kian muzikon vi admiras ? hundon vi amas ? salajron vi bezonas ?
vizaĝon havas F-ino N ? vizaĝon lavas la patrino ? lingvon vi lernas ?
ĉapelon ŝi portas ? voĉon havas S-ro X ?

Kian -on mi levas (prenas, rigardas, tuŝas) ? **Kies** patrinon vi
amas ? **Ĉu vi preferas** monon paperan aŭ metalan ? teon varman
aŭ malvarman ? pomon ruĝan aŭ verdan ?

-UN -ON

340. **KIUN** (*Which*) floron (instrumenton, frukton, beston,
libron) vi preferas ? Mi preferas **tiun** (**ĉiun, neniun**) -on.

341. (a) Ne timu tiun bovinon. La inspektisto vizitas ĉiun
klason. Malsaĝulo kredas ĉiun vorton. Legu iun interesan libron.
Ĉu vi konas tiun viron ? Mi konas neniun (ĉiun) kanton en la libro.
Korektu tiun eraron.!

(b) *Supply words ending with* -u *or* -un. Mi amas . . . katon.
Mi vidas . . . libron sur . . . tablo. Donu al mi . . . krajonon.
. . . vorton vi ne komprenas ? Ne plaĉas al mi . . . lasta kanto.

-AJN -OJN

342. In the accusative, similarly, **-aj** becomes **-ajn**. **Mi
havas bluAJN florOJN**, *I have blue flowers.* **Mi vidas
viAJN filOJN**, *I see your sons.* Cp. the sound of *fine loin*.*

343. Note the "agreement" of adjective and noun. (236)

Jen estas {belA rozO / belAJ rozOJ} Mi havas {belAN rozON / belAJN rozOJN}

344. Amu viajn malamikojn. Timo havas grandajn oku-
lojn. Kiajn (*What*) grandajn okulojn (orelojn, dentojn) vi
havas, avino ! Ne skribu al mi tiajn longajn leterojn. En la
tago ni vidas la **helan** (*bright*) sunon, kaj en la nokto ni vidas
la **palan** lunon kaj la belajn stelojn. Levu ambaŭ (*viajn*)
manojn ! Fermu ambaŭ okulojn ! Ili ne ŝatas viajn leĝojn
(Ps. 119,155).

---

*Instead of **Mi lavas miajn manojn** (and the like) we sometimes
meet **Mi lavas al mi la manojn** (i.e., "*the hands belonging to me*").
Or, simply : **Mi lavas la manojn** (19*).

345. Embarasa *demando*. *Infano* : " Kial la patro estas **senhara** ?"
Patrino : " Ĉar li pensas tre multe." " Kaj kial *vi* havas **longajn**
harojn ? " " Iru for kaj ludu ! "

Ĝentila : diras vortojn belajn (sed eble ne verajn). *Riĉa* : havas
plenajn poŝojn.

346. (a) Ĉu li havas bluajn okulojn (brunajn harojn) ? Ĉu vi
havas **multajn** amikojn ? Nomu la **diversajn** partojn de domo
(ĉambro, la korpo). Nomu **kelkajn** objektojn en la ĉambro.
Januaro, Februaro . . . Nomu la **aliajn** monatojn.

(b) *Vary six phrases after this model* : Belaj rozoj, rozoj belaj.
Mi vidas belajn rozojn (*or*, rozojn belajn).

(c) *Put into the plural* : La domo posedas altan fenestron **kaj**
ardezan (*slate*) tegmenton. En mia skatolo mi havas bildan
poŝtkarton, leteron, kaj blankan poŝtukon kun blua **rando** (*edge*).
(*Why not* kun bluan randon ?) (96).

(d) *Fill up the blanks in the plural* : Ĉu vi vidas la blu- paper- ?
En la poŝ- de la jun- knab- mi vid- verd- pom-, malgrand- konk-,
kaj krajon-, kun divers- ali- objekt-.

(e) **KIAJN** bildojn vi admiras ? (*Answer* **Kiajn ?** *with* **-ajn**),
Kiajn infanojn vi amas ? homojn vi envias ? lernantojn mi instruas ?
librojn vi legas ? rozojn vi preferas ? leterojn vi skribas ?. harojn
(lipojn, okulojn, manojn, vangojn) ŝi havas ? dentojn havas kroko-
dilo ? orelojn havas azeno ?

DO NOT USE -N

347. (a) For the subject of a sentence

(b)* After the verb **estas** (when it means *equals*). **Tio**
estas li (*that is he*), not **tio estas lin** (*that is him*). Here
Esperanto agrees with English.

(c)* After variants of **estas**. For example : **aspektas,**
looks (=*appears to be*); i**ĝas,** *becomes* (=*begins to be*); **restas,**
remains (=*continues to be*). Nor when **estas** is understood
(1065).

(d)† After a preposition : **Mi parolas al li** (not, **al lin**).
Here Esperanto differs from English (96).

---

*The reason is that **estas** (and variants of **estas**) do not show an
action done to any person or thing.
To put it another way. The sentence **Li vidas bebon,** *He sees*
a baby, may be turned round, thus : *A baby is seen by him*. But
the sentence **Li estas** (aspektas, iĝas, restas) **bebo,** *He is* (*looks,*
becomes, remains) *a baby*, cannot be similarly turned into *A baby is*
ised (*looked, becomed, remained*) *by him* !

†For an apparent exception (showing " motion towards ") **see**
1065.

(e) After the word **la,** or numbers **(unu, du . . .).** **Mi vidas la patron (unu libron)** (not **la***n,* **unu***n*).

(f) After the name of the person spoken to. **Mi amas vin, patro** (*not* **patro***n*). Here **Ho** (*O, Oh*) can be understood : *I love you, (Oh) father*=(**ho**) **patro.** This is called the " vocative " case.

OBJECTS : DIRECT AND INDIRECT

348. **Venu al ni kaj helpu nin,** *Come to us and help us.* (Why **al ni** and not **al nin ? helpu nin** and not **helpu ni** (96) ?

Translate similarly :
> *Go to him and amuse him. Walk with us and guide us. Think about her and remember her. Pay-attention to me and obey me. Listen to them and imitate them. Read about it and discuss it. Look at yourself in the glass and admire yourself.*

349. We may say either

li helpas	ni**N**	(*or*)	**AL** ni
mi dubas	tio**N**	(*or*)	**PRI** tio
ni serĉas	trezoro**N**	(*or*)	**POR** trezoro
atendu	momento**N**	(*or*)	**DUM** momento

350. The forms with **n** and no preposition (**nin, tion, trezoron, momenton**) are called " direct objects ". The forms with a preposition and no **n** (**al ni, pri tio, por trezoro, dum momento**) are called " indirect objects ". THE LETTER **N** REPLACES AN OMITTED PREPOSITION. In the above examples the letter **n** replaces the prepositions **al, pri, por,** and **dum,** respectively.

351. *Similar examples* : Atendu mi**n** (*or* **por** mi). Mi bedaŭras tio**n** (**pri** tio). Mi vin dankas (mi dankas **al** vi). Tio mi**n** plaĉas (**al** mi). Mi atentas tio**n** (**al** tio, **pri** tio). Mi aranĝas la feston (**por** *or* **pri** la festo). Mi petas tio**n** (**por** tio, **pri** tio). Mi petas vi**n** (**al** vi, **de** vi). Ĝi vivas dek jaroj**n** (**dum** dek jaroj). Ŝi parolas la tutan tago**n** (**dum** la tuta tago).

352. *Other things being equal,* one may use either a direct or an indirect object, though both forms are not *necessarily* equivalent in meaning. The direct form is briefer, the indirect more precise.

Mi instruas vin **pri** Esperanto; mi instruas **al** vi Esperanton. Mi konsilas **al** vi la studon; mi vin konsilas **pri** la studo. Mi petas **de** vi servon; mi vin petas **pri** servo. Mi vin riproĉas **pri** tio; mi riproĉas **al** vi tion.

353. But it is not good, because it is not clear, to have two direct objects after one verb. To say, for example, **Mi instruas vin Esperanton,** would be bad.

354. (a) *Use these verbs with (i) an indirect object with* **al,** *(ii) a direct object. Thus*: Flat: (i) Li flatas **al mi;** (ii) Li flatas **min.** Atent, aŭskult, envi, fid, influ, gratul, help, honor, kompat, komplez, kred, laŭd, obe, pag, pardon, plaĉ, respond, salut, serv, simil, sopir, vok.

(b) *Use these verbs with (i) an indirect object with* **pri,** *(ii) a direct object. Thus*: Forges: (i) Ili forgesas **pri la mono;** (ii) Ili forgesas **la monon.** Bedaŭr, diskut, dub, kant, kompren, konsent, leg, lern, memor, rakont, raport, reklam, respond, rezign, sci, sonĝ, tim.

(c) *Use these verbs with (i) an indirect object after* **dum,** *and (ii) a direct object.* Atend, aŭskult, diskut, kant, leg, predik, skrib, sonĝ, telefon, viv.

355. *Ekzameno.* What is (a) the "subject", (b) the "direct object", (c) the "indirect object", of a verb? Make sentences containing (a) . . . -a . . . -o; (b) . . . -aj . . . -oj; (c) . . . -an . . . -on; (d) . . . -ajn . . . -ojn. Would you say **Mi pensas pri ŝi** or **Mi pensas pri ŝin?** Why? Correct, with reasons: **Mi amas la patro; min amas la patron; tie kreskas arbon; mi ŝi kondukas al la domon.** Translate: *I stand (a) near her; (b) near her cat; (c) near her cats. I love (a) her; (b) her cat; (c) her cats.*

OMITTED VERB

356. Sometimes a verb is omitted, but understood. **(Mi petas) Pardonon! (Mi deziras al vi) Bonan tagon,* sinjoro! Bonan matenon!* Bonan vesperon!** *(evening!)** **Bonan nokton! Bonan apetiton! Bonan vojaĝon! Feliĉan jaron! Saluton! Bonon! Sanon! Bonvenon! Morton aŭ venkon** *(victory)*!

357. Kion vi manĝas? (Mi manĝas) Pomon. Kian? Verdan. Kiajn vi preferas? Ruĝajn. **Rusto** manĝas la feron, kaj **zorgo** *(care)* la homon.
"Ĉu vi deziras teon?" "Mi ne trinkas teon." "Kafon?" "Mi ne trinkas kafon." "Kakaon?" "Mi ne trinkas kakaon." "**Viskion** kaj akvon?" ''Mi ne trinkas akvon."

---

*The shorter forms **Bontagon! Bonmatenon! Bonvesperon!** are neater, but less common.

"Elefantoj havas ion, kion havas neniu alia besto." "Kion ?"
"Elefantidojn."

Se vespo sidiĝas sur **urtiko** (*stinging-nettle*), ĉu la vespo pikas la
urtikon, aŭ la urtiko la vespon ?

"Vian monon aŭ vian vivon!" "Nu! Prenu mian vivon,
ĉar mian monon mi ŝparas por la maljunaĝo."

"**Kelnero** (*Waiter*)! Portu al mi kafon! Mi atendas fraŭ-
linon." "Nigran aŭ blankan, sinjoro ?" "Ŝia koloro ne estas via
afero." "Pardonu! Mi demandas pri la koloro de la kafo." "Tio
tute ne gravas; la fraŭlino estas blinda."

EL

358. The preposition EL=*out of* (When *of* or *from*=*out of*,
use **el**). **Ŝi rigardas el la fenestro,** *She looks out of the
window.* **Perlo el la maro,** *a pearl from the sea.* **Teksto
el la Biblio.**

(a) El birdo malbona venas ovo malbona. Ne gutas
mielo el la ĉielo. El sub la tero aperas la vero. El arbido
kreskas arbo. Li faras el muso elefanton. Kio venas el
koro, iras al koro. El pura **fonto** (*source*) fluas pura akvo.

359. (a) Unu el la aliaj. Iu el vi. Neniu el ni. Smith el Bristol.
Unu el via **partio** (*party*). Tri el nia **grupo.** Kio venas el New-
castle ? Kiu besto venas el Afriko ? Tio estas nur unu el diversaj
kaŭzoj. Vi estas nur unu el multaj. Li trinkas el glaso, sed ŝi
trinkas el taso. El tio mi **konkludas,** ke . . .

(b) *One of them. Two of us. Some of the girls. Many of my
books. Every one of our family. A gardener from Kent. The boy
jumps out of (the) bed again. The dog runs away out of the yard
(**kort**). The river flows out of the side of the mountain. The birds
fly out of the hedge. Few of our friends are there. Which of you is an
Esperantist ?*

360. (a) Boato el (*made of, consisting of*) papero. Ringo
el oro. (Li estas) Ĝentila kaj trankvila, kun koro el oro.
Statuo el granito. Kolono el salo.

(b) Libro **konsistas el** (*consists of*) ĉapitroj. Ĉapitro konsistas
el paĝoj kaj **paragrafoj.** Paragrafo . . . frazoj. *A sentence . . .words.
A word . . . letters. The alphabet . . . vowels and consonants. The
year . . . seasons : spring, summer, autumn, and winter. Water . . .
many drops. Our class . . . some good pupils and some lazy. The
whole Bible . . . the Old and the New Testaments.* (257)

F

(d) Verdo (aŭ, verda **farbo**, *colouring matter*) konsistas el flavo kaj bluo. Oranĝo (oranĝkoloro) . . . ruĝo kaj flavo. **Purpuro** . . . ruĝo kaj bluo. Bruno . . . el oranĝo kaj purpuro. El kio konsistas verdo ? oranĝo ? purpuro ? bruno ? pluvo ? lingvo ? poemo ? ŝia ĉapelo ? nia klaso ?

361. (a) *Pluvo* : Akvo, kiu falas el la nuboj. *Libro* : Objekto, kiu konsistas el multaj paĝoj, kun vortoj kaj frazoj. *Plumo* : Krajono, el kiu fluas nigra lakto. *Li parolas* : Vortoj iras el li. *Si ploras* : Akvo falas el ŝiaj okuloj.

(b) " Mi venas el la Kanariaj Insuloj." " Ho, mi petas, kantu al ni ! "

MATERIALOJ, ŜTOFOJ (MATERIALS, FABRICS)

362. Tiu ringo estas **farita** (*made*) el oro. La glaso estas farita el **vitro**, *the tumbler is made of glass*. La muroj estas faritaj el **brikoj** kaj **mortero**. Niaj benkoj . . . **ligno** (*wood*). Mia matenmanĝo konsistas el buterpano kaj kafo. La dezerto . . . **sablo**.

363. *Make similar sentences with* **farita el, faritaj el, konsistas el,** *using* argento, **bakelito**, brikoj, drapo, faruno, **felto**, fero, **kartono** (*cardboard*), **katuno** (*cotton fabric*), **kaŭĉuko** (*rubber*), **lado** (*tinplate*), **lano** (*wool*), **ledo** (*leather*), ligno, metalo, oro, **osto** (*bone*), pajlo, papero, **pluŝo**, **silko**, **ŝtalo** (*steel*), **tolo** (*linen*), **veluro** (*velvet*), vitro. El kio tiu objekto konsistas ?

THE SOUND EJ

364. The sound of **EJ** (*EH*ee) is that of *ey* in *they*, *obey*, or of *ei* in *vein*. Like **oj, aj** (37, 144), it is a diphthong, and counts as one syllable. **Hejmo,** *home*; **kejlo,** *peg*; **mejlo,** *mile*; **pejzaĝo,** *landscape*; **vejno,** *vein*.

The first syllables of **hejmo, mejlo,** rhyme with *hay, may* (not with *high, my*). Compare the pronunciation of **veno, vejno; melo** (*badger*), **mejlo; kelo** (*cellar*), **kejlo.**

365. Ruĝa sango fluas en la **arterioj,** blua en la vejnoj. La veno de la reĝo. La vejno de la reĝo. Infano senhejma. *Vizitas* : Iras al ies hejmo, kaj demandas : " Ĉu vi sanas ? "

PLEJ

366. **PLEJ** (pr. like English *play*)=*most, -est.* **Plej bela** *most beautiful.* **Plej modera,** *most moderate.* **Plej saĝa,** *wisest.* **Plej bona,** *best.* **Plej malbona,** *worst.*

367. Sperto estas la plej bona instruisto. Honesto estas la plej bona politiko. Propra sufero—plej granda sur tero ! La hejma pejzaĝo estas la plej bela. Vundo sekreta doloras plej multe. La arbo en la plej venta loko havas la plej fortan radikon. Malplena. **poto** faras la plej grandan bruon. Ĝojo estas la plej bona **medikamento** (*medicine*). Amiko fidela estas **trezoro** plej bela.

368. **Kiu estas la plej** alta formo de vivo ? (ĝirafo) . . . grava persono en la mondo ? (mi) . . . grava meblo en la domo ? (la lito) . . . ĝentila objekto ? (spegulo : ĝi diras " Vi estas tre bela ").

369. (a) **Kiu estas la plej** alta fenestro en la ĉambro ? (la **meza** (*middle*) fenestro) . . . bela sinjorino en la ĉambro ? (Neniu : ili estas **egalaj** (*equal*) : ili estas **egale** (*equally*) belaj). . . . interesa bildo sur la muroj ? . . . riĉa persono en la ĉambro ? mallonga monato (malvarma sezono) de la jaro ? grava lando en la mondo ? (urbo en Anglujo ? domo en la vilaĝo ? domo en . . . strato ?) ?

(b) *The most dangerous illness is lack of wisdom. Old friends are the best. Esperanto is the simplest language in the world. You are the worst boy in the class. The most eloquent language is silence. What does coal come out of* (289) ? *What does rain consist of ? What is chocolate made of ?*

(c) *Elektas* : Prenas la plej bonan. Kie loĝas la plej bonaj homoj ? En Afriko, ĉar tie loĝas homoj Senegalaj (sen-egalaj).

El eseo : " La tri plej altaj montoj en Britujo estas Ben Nevis, Ben Lomond, kaj Ben Johnson."

En **butiko** (*shop*) kun virinaj ĉapeloj. *Edzino* : " Kiu ĉapelo plej plaĉas al vi ? " *Edzo* : " Tiu, sur via kapo."

370. **LA PLEJ . . . EL,** *the most . . . of, the -est of.*

The most beautiful of women. The greatest of us. The tallest of us. The best of men. The bravest (kuraĝ) *of the boys. The wisest of men. The sweetest of the oranges. The politest of the children. The most comfortable of the beds. The ripest of the apples. The most diligent of the pupils.*

371. **MALPLEJ**=*least*. **Malplej bela,** *least beautiful* (*all are beautiful*). **Malplej malbela,** *least ugly* (*all are ugly*). **Malplej bona,** *least good*; **malplej malbona,** *least bad.* **Lasta,** sed ne malplej grava.

372. **LA MALPLEJ . . . EL,** *the least . . . of.*

373. El la kvin fingroj de la mano, kiu estas la (mal)plej longa ? la plej forta ? la plej interesa ? (*Montru* !) El la dek du monatoj de la jaro, kiu estas la malplej longa ? la plej varma ? El ni, kiu estas la plej alta (juna, forta, riĉa) ? la malplej juna, dika ?

Kiu el la mebloj en la domo estas la plej utila ? (bildoj en la ĉambro . . . bela ? kontinentoj . . . granda ? landoj . . . grava ? lingvoj . . . simpla ? bestoj . . . forta ?)

THE KIAM FAMILY (*TIME*)

374.		
-AM=" *at . . . time* "	**KIAM,**	*at what time, when.*
(Think of **a.m.**=*time*	**TIAM,**	*at that time, then.*
in the morning.)*	**IAM,**	*at some time (or other),*
Kiam=**en kiu tempo,**		*somewhen, some day,*
etc. N.B. Accent the		*once (upon a time).*
i in **neniam.**	**ĈIAM,**	*at every time, always,*
		at all times, ever.
	NENIAM,	*at no time, never.*

375. Do not confuse **tiam** with **do** (90). **De kiam,** *since when.* **De tiam,** *from that time, since then, thereafter.*

376. Kiam mi vidas, tiam mi kredas. Kiam la kato promenas, (tiam) la musoj festenas. Kiam sako mizeras, amo malaperas. Ofte kantas la buŝo, kiam ploras la koro. Amo vera neniam mortas. Elefanto neniam forgesas. Kiu neniam eraras, nenion faras. Ĉio dependas de " se " kaj " kiam ". Du hundoj neniam konsentas pri unu osto. En unu sako du katoj—ĉiam mordoj kaj **gratoj** (*scratches*). La luno ne aŭskultas, kiam hundo ĝin **insultas** (*abuses, reviles*). Nin ĉiam **ravas** (*delights*) (tio), kion ni ne havas.

377. La tiama **modo,** *the fashion of that time, contemporary style.* La neniama lando, *the land that never was.* Iama feliĉo, *one-time happiness.* Ĉiama ripozo, *everlasting rest.* Ĉiamverda folio. En la tago de la **Sankta** Neniamo (*St Never*) !

378. (a) Nun aŭ neniam ! Nu, mi neniam . . . ! Venu al mi iam en la vespero. Ĉiam pensu en Esperanto. Homoj venas, homoj iras; fluas mi por ĉiam. Kiam li estas en la **ban-**(*bath*)ĉambro, tiam li kantas. Mi ĉiam estas malfeliĉa, kiam li kantas.

(b) " Kiam mi staras sur la kapo, la sango fluas al ĝi. Kial la sango ne fluas al la piedoj, kiam mi staras sur ili ? " " Ĉar viaj piedoj ne estas malplenaj."

En mondo **regas** (*rule*) ĉiam tri
pronomoj : *mia, min,* kaj *mi.*

---

*Compare Latin : *antequ*am, *j*am, *nunqu*am, *ol*im, *postqu*am, *quond*am. French : **ne** . . . **jam**ais (=**neniam**).

379. Kion vi bezonas, kiam vi soifas ? malsatas ? vojaĝas ?
lavas ? skribas ? timas ? aĉetas ? imitas ? estas juna (varma, mal-
varma, malpura) ?

380. Kiam mi soifas, (tiam) mi trinkas akvon. . . . malsatas, mi
manĝas buterpanon. . . . vojaĝas, mi aĉetas bileton. . . . aĉetas,
mi donas monon al la vendisto. . . . estas malpura, mi lavas min.
. . . lavas min, mi uzas **sapon** kaj akvon. . . . skribas sur la nigra
tabulo, mi uzas kreton. . . . skribas leteron, mi uzas paperon, plumon,
kaj inkon.

Variantoj. (i) Kion vi trinkas, kiam vi soifas ? (Mi trinkas
akvon.) (ii) Kiam vi trinkas akvon ? (Mi trinkas ĝin, kiam mi soifas.)
(iii) Se vi soifas, kion vi faras ? (iv) Ĉu vi trinkas akvon, kiam vi
soifas ? (v) Kiam vi soifas, ĉu vi trinkas brandon (manĝas akvon) ?
(vi) Kiu trinkas la akvon ?

381. (a) Kiam la ĉambro estas malvarma (tro varma), mi faras
fajron (malfermas la fenestron). . . . vento blovas, mi fermas la
pordon. . . . lernanto progresas, mi lin laŭdas. . . . suno tro brilas,
mi portas sunombrelon. . . . fajro estas tre malforta, mi ĝin blovas.
. . . infano falas, mi ĝin levas. . . . vizaĝo de la infano estas malpura,
mi ĝin lavas. . . . vetero estas malbela (bela), mi restas en la domo
(promenas sur la kampoj). . . . instruisto parolas, la malbona knabo
dormas.

(b) Kiam mia filo malobeas min, mi lin riproĉas kaj batas. Kiam
ŝi kantas, mi suferas. Kiam vi aĉetas objekton de mi, mi vendas
ĝin al vi.

ANY (=SOME)

382. The **I**-words (707) convey the idea *some* (*or other*).
Often (especially with a question, negation, or supposition;
e.g., after **ĉu, ne, se**) English uses *any* instead of *some*.

(a) **Io** (*something*) estas sur la tablo. Ĉu estas io (*anything*) sur la
tablo ? Ĉu vi vidas ion ? Se io restas . . . Nur tiu ne eraras, kiu
neniam ion faras.

(b) Li estas **ie** (*somewhere*) en la ĝardeno. Ĉu li loĝas ie (*anywhere*)
apud vi ? Se li estas ie en la domo . . . Cu vi vidas lin ie ?

(c) **Iu** (*someone*) kantas. Ĉu iu (*anyone*) kantas ? Mi ne vidas
iun alian (*anyone else*). Se iu ne komprenas . . .

(d) Venu **iam**. Ĉu vi iam (*at any time, ever*) pensas pri mi ? Se
iam li kantas . . .

(e) Ĉu vi havas **ian** (*any*) ideon ? Ĉu tio estas **ies** (*anyone's*) ?
Se **ial** oni ridas . . .

ONI

383. ONI=*one, people, they, men* (*in general*). **Oni diras,
ke** . . . *It is said* (*people say*) *that* . . . **Oni tion diras, Oni**

diras, ke jes, *So it is said, So people say, So they say, They say so.* **Oni diras, ke ne** ... *They say not. People say it isn't so.* **Kion oni diras?** *What do people say? What are people saying? What is being said?* **Onidiro,** *hearsay.*

384. Do not confuse **oni** with **unu** or with **popolo** (*a people*). Unu diras "Jes", alia "Ne". La popoloj de Afriko. Popolo diras, Dio diras.

385. The forms **onia, onin,** are possible, but not often used. Se onia patro venas al oni kaj batas onin ...

386. **Oni** is usually singular, but may be plural. **Kiam oni estas amikoj ...**

387. Kiam oni estas riĉa (or riĉaj), oni havas multajn amikojn· Ne ĉiam oni estas feliĉa, kiam oni estas riĉa. Ĉion novan oni ŝatas (*rates highly:* 323): malnovan oni forbatas. Oni diras, ke kato havas naŭ vivojn. Oni vivas ne kun mono, sed kun homo. Kies panon oni manĝas, ties vorton oni parolas. Diron oni neas, skribo ne **pereas** (*perish, be lost*). Oni parolas pri lupo, kaj vidas lian **voston** (*tail*).

388. *Enigmoj.* Kie oni kronas la reĝojn de Anglujo? Kiajn ŝtonojn oni trovas en riveroj? (1191).

El eseo. "Oni uzas algebrajn **simbolojn,** kiam oni ne scias, pri kio oni parolas."

La fiera patrino: "Oni diras, ke mia bebo tre similas al mi." *Amikino:* "Nu, ne malĝoju! Tio ne multe gravas, se nur li estas sana."

389. (a) Kian veteron oni havas en Novembro? Kiajn homojn oni punas? Kial oni kantas? Kiam oni dormas? Kie oni trovas konkojn? Kion oni uzas, kiam oni skribas?

(b) **Kion vi diras, kiam** iu donas ion al vi? (Kiam iu donas ion al mi, mi diras "Dankon".) —— vi petas servon de iu? (..."Mi petas".) —— vi renkontas iun? (..."Bonan tagon".) —— vi renkontas iun en la mateno (vespero)? —— vi faris eraron? (... "Mi petas pardonon".)

Varianto. **Kiam vi diras** "Dankon"? (Mi diras "Dankon", kiam ...).

PREPOSITIONS AS PREFIXES

390. A preposition may be used as a prefix. We have seen examples with **sen-** (206, 230) and **Envenu** (71).

Aliras, *goes to, approaches.* **Subiras,** *goes under, sinks.* **Migras,** *migrates;* **el-(en-)migras,** *emigrates, immigrates.* **En-(Sur-)skribo,** *inscription;* **subskribo,** *signature;* **trans-skribo,** *transcription.* **Spezo,** *money transfer;* **el-(en-)spezo,** *expenditure, receipts.* **Al-(de-el-en-inter-kun-) veno,** *arrival, origin, outcome, entrance, intervention, meeting.*

391. Verbs thus formed can take an object with **-n**. Li **eniras** (*enters*) la ĉambron; **suriras** (*mounts*) ĉevalon; **trairas** tunelon; **transiraṣ** (*crosses*) riveron. **Metas**, *puts*, *places*. Kiam mi eliras, mi **surmetas** (*put on*) ĉapelon. Kiam mi envenas denove, mi ĝin **demetas** (*take off*). **En-(El-)spiras**, *inhales, exhales*. Kiam la **drako** (*dragon*) elspiras fajron, la drakidoj elspiras fumon.

392. Li **venas al** mi, li **alvenas** (*arrives*). Ŝi **laboras kun** mi, ni **kunlaboras** (*collaborate*). Li **pensas pri** la **temo** (*subject, theme*), li **pripensas** (*considers*) la temon.

Sometimes, as a matter of taste, or for greater clarity in a long sentence, the preposition is repeated : thus : **alvenas al, kunlaboras kun, pripensas pri.** But the simple form is usually better.

393. Alvokas, *appeals.* Apudesto, *proximity.* Dependas, *depends.* Deprenas, *subtracts.* Dumviva, *life-long.* Ellaboras, *elaborates.* Enhavas, Entenas, *contains.* Interludo, *interlude*; interŝanĝo, *interchange*; intertempo, *interval.* Kunekzisto, *co-existence*; kunsido, *session.* Submara, *submarine*; subtera, *subterranean.* Superjaro, *leap-year.* Trablovo, *draught.* Transalpa, trans**atlanta.** Ĉio transmara estas ĉarma kaj kara. *Super-abundant (-human, -natural, -fluous).*

394. **Sen** - apetit (- bilet - difekt - dub - hav - interes - kuraĝ - pag - ŝuld-taŭg)a. *Care-(change-cloud-comfort-defence-dust-help-noise-pain-rain-rust-sound-spot-taste-thank-value-)less.*

395. **El** - fal (- kresk - kri - pren - puŝ - send - star - vok)as. **Inter**konsentas, *agree (with one another, reciprocally)*; inter-am(-batal -korespond-parol-vizit)as. **Kun**kantas, *sing together (unitedly)*; kunest (- help - kresk - lud - sent - viv)as. **Pri**-diskut (- kant - parol - plor - rid - silent - zorg) as. **Tra**-bor (- dorm - gut - leg - lern - pik - puŝ - vetur - viv) as. **Trans** - don (- paf - send - vetur) as.

396. *Place* **al, de, el, en, inter, kun, sub, sur, tra, trans,** *before each of the following:* fluas, flugas, kuras, metas, promenas, rampas, saltas, *and translate or use in sentences. Thus:* **tiras, draws, pulls. Altiras,** *attracts;* **detiras,** *draws from;* **eltiras,** *extracts;* **kuntiras,** *draws together, contracts;* **subtiras,** *pulls under;* **surtiras,** *pulls on;* **tratiras,** *pulls through;* **transtiras,** *pulls across.*

397. (a) Kial **magneto** similas **aeroplanon** ? (Ĉar ambaŭ altiras (al-tiras, alt-iras).

(b) **Kion** lando **enhavas** ? (Lando enhavas urbojn). *Similarly:* urbo ... stratojn; strato ... domojn; domo ... ĉambrojn; ĉambro ... meblojn. **Kion enhavas** biblioteko ? libro ? paĝo ? frazo ? vorto ? silabo ? mia (via) poŝo ? leterkesto ? ĝardeno ? la maro ? marakvo ? **Kio enhavas** akvon ? leterojn ? paĝojn ? urbojn ?

398 (a) Note the following idiomatic forms. **Aldonas,** *adds.* **Eldonas,** *publishes.* **Eltenas,** *holds out, endures.* **Elpensas, Eltrovas,** *discovers* (**trovas**=*finds*). **Subtenas,** *supports.* **Priskribas,** *describes* (*As in English, applied also to a spoken description*). **Lasas,** *leaves;* **forlasas,** *forsakes.*

(b) Li aldonas vorton (mustardon); eldonas gazeton (libron); eltenas doloron (provon) (1185); subtenas familion (tegmenton); elpensas lingvon (maŝinon); eltrovas metodon (sekreton); priskribas lokon (la veteron); forlasas la hejmon.

DIS-

399. The prefix **DIS-** denotes dis*persal* (=*to* or *in all directions; about; here, there, and everywhere*). **Pelas, dis**pels*;* dis*perses, scatters.* **Dissemas, dis**seminates.* **Dissendas, disdonas,** *distributes.* Cp. English *dis-* in this sense, and dis*cursive,* dis*rupt,* dis*sect,* dis*tort,* etc. (though not *dis-cuss*!).

(a) Dis-blov(-flug-ir-kur-laŭd-port-trumpet)as.

400. **Dis** denotes also *separation, division, breaking-up* (*into parts or pieces*). **Premas,** *presses;* **dispremas,** *crushes to pieces, squashes.* **Rompas,** *breaks;** **disrompas,** *smashes, breaks to bits.* **Tranĉas,** *cuts;* **distranĉas,** *cuts up, severs.* **Disbat(-fal)as. Disa,** *loose, scattered, apart, separated.*

401. **DE-, DIS-, FOR-.** Compare: **Deportas,** *carries from* (*one place to another*); **Disportas,** *carries here and there, in all directions;* **Forportas,** *carries away.*
Use **de-, dis-, for-,** *similarly with the roots* blov, flu, flug, ir, met, naĝ, pel, send.

THE VERB-ENDING -IS

402 (a) Just as verbs denoting action in the present time (" in the present tense ") end in **AS**, so verbs denoting action in the past (" in the past tense ") end in **IS**.

Cp. French *je vend*IS (=mi vendIS). At the end of a book you see *fin*IS: **mi finIS**=*I have finished.* *ExtAnt*=of the *present: ext*Inct=of the *past.*

Mi estis, *I was*	**Mi ne estis,** *I wasn't*
Ni estis, *We were*	**Ni ne estis,** *We weren't*
Ĉu vi iris? *Did you go?*	
Vi kantis, ĉu ne? *You sang, didn't you?*	
Vi ne kantis, ĉu? *You didn't sing, did you?*	

***Vekas** (*wakes*), rompas la dormon.

(b) **Mi iris** (*I went*) also=*I was going, I did go*. More precise forms for these shades of meaning are available if necessary and will be given later.

403. Iam estis reĝo. Mi venis, vidis, venkis. (Li) Diris, kaj foriris. Dio donis, Dio prenis. Li neniam venkis la alfabeton. Li diris " adiaŭ " al la mondo surtera. Kio pasis, nin forlasis. Ne en unu tago kreskis Kartago (*Carthage*). Venis fino al mia Latino ! Kiam pasis la aĝo, aperas la saĝo. Zamenhof estis homo granda, tamen tre **modesta**. Aperas prudento, kiam pasis la **momento**. **Nuksoj** venis, kiam dentoj elfalis. Tajloro **krimis**, botisto pendas. Se vi prenis la violonon, prenu ankaŭ la **arĉon** (*bow*). Kion vi ne **perdis** (*lost*), tion ne serĉu. Oni faris, oni **ĉesis** (*stopped, left off* 647); kaj ni ĉion forgesis. Kiu **pekis** (*sinned*), tiu pagas. Kiu ne pekis ! Kiu ne eraris ! Li multe **entreprenis** (*undertook*), sed ne multe eltenis.

404. " Kiu estis la patro de William Pitt ? " " S-ro Pitt."

" Ĉu via edzino iris al la marbordo por la somera **liber**tempo ? " " Jes : mi bezonis ripozon."

La edzo diris : " La edzino estas maldiligenta." " La edzo " diris la edzino " estas maldiligenta."

Ho patrino ! La floro en la ĝardeno promenis ! En la mateno ĝi estis en la sunlumo, kaj nun ĝi estas en la **ombro** (*shadow*).

Patrino: " Montru al mi vian langon." *Knabo:* " Tute ne ! Kiam mi faris tion al la instruisto, li min batis."

Instruisto: " Tiu eseo aspektas, kvazaŭ via patro skribis ĝin." *Knabo:* " Komprenenble, sinjoro. Mi uzis lian plumon."

Instruisto: " Iru al la mapo de la mondo, Tom, kaj montru al ni Amerikon." (*Tom tion faras.*) " Tio estas ĝusta. Nu, knaboj, diru al mi, kiu eltrovis Amerikon ? " *Knaboj:* " Tom."

Patro: " Kaj nun, mia filo, vi aŭdis, kion via patro faris dum la Granda **Milito**." *Filo:* " Diru al mi, patro : kial oni bezonis la aliajn soldatojn ? "

La malgaja letero. Angla knabino korespondis kun **negro**. Sur unu el liaj leteroj estis inka makulo. La knabino montris la leteron al amikino, kaj diris : " Li estas tre malfeliĉa. Rigardu la larmon, kiu falis el lia okulo, dum li skribis al mi ! "

Henriko: " Ĉu oni ĉiam rikoltas tion, kion oni semis ? " *Patro:* " Jes, mia filo." " Nu, mi **plantis** terpomojn (*potatoes*). Divenu, kio venis ? " " Terpomoj, komprenenble ! " " Tute ne ! Venis **porko** (*pig*), kiu formanĝis la terpomojn."

405. (a) *He came* (*crept, dwelt, fell, flew, forgot, fought, grew, lay, ran, sat, sat-down, shone, slept, spoke, stood, stood-up, swam, thought, wept*).

(b) Translate, and use in sentences with an object in **-on** after the verb. *Ate, began, bit, blew, bought, broke, built, caught, chose, drank, felt, found, gave, held, hid, kept, knew* (**kon, sci**), *led, saw, sent, shot, showed, sold, sowed, spent, struck, stung, taught, told, took, woke, wore, wrote.*

(c) *She was there, wasn't she ? She wasn't there, was she ? You were there, weren't you ? He didn't go, did he ? You've been asleep, haven't you ?* Translate the two meanings of *I read.*

(d) *Ludo de memoro kaj ripeto.* Kiam mi vizitis Belgujon, mi aĉetis valizon. —— valizon kaj du hundojn. —— valizon, du hundojn, kaj silkajn ŝtrumpojn . . .

MIA SONĜO

406. Iam mi havis sonĝon. En la sonĝo ĉiu, kiun mi **renkontis** (*met*), parolis Esperanton. Kiam mi iris al la lernejo, la infanoj kaj la instruistino parolis al mi en Esperanto dum la tuta tago.

Post la temanĝo mi vizitis amikinon, kaj ŝi diris al mi " Venu kun mi al la butikoj ! " Mi tre **miris** (*wondered, was surprised*), kiam ankaŭ ŝi parolis Esperanton. Sed ŝi diris " Ho jes, oni instruas Esperanton en nia lernejo."

Ni **atingis** (*reached*) la butikon, kaj tie la vendisto demandis al mi en Esperanto " Kion vi deziras, fraŭlino ? "

Kiam mi iris al la lito, mi diris " Bonan nokton ! " al mia patro, kaj li respondis " Bonan nokton, Katlino ! " Kaj la patrino diris " Bonan nokton, kara ! Dolĉan dormon ! "

Tio estis bela sonĝo, ĉu ne ?

THE SOUND UJ

407. The diphthong **UJ** sounds like *uj* in *Halleluja*, *oi* in *who is*, glided together, with the stress on the **u**. Like **AJ** (144), **EJ** (364), **OJ** (37), it counts as one syllable.

Compare **prujno**, *hoar-frost* (two syllables); **ruino** (three syllables).

PLURALS : -UJ

that

that

——

those

====

408. Like other adjectives, the words **iu, kiu** . . . (155) take **J** to agree with a plural noun. The addition sum in the margin shows that the plural of **tiu** (*that*) is **tiuj** (*those*). Similarly, the plural of **ĉiu** (*each*) is **ĉiuj** (*all, all the*). Accent the **i** : i-*uj*, ki-*uj*, ti-*uj*, ĉi-*uj*, neni-*uj*. **Kiuj** libroj ? *Which books ?* **Tiuj** pomoj, *those apples.* **Ĉiuj** floroj, *all (the) flowers.* **Iuj** homoj, *certain people.*

409. So also when these words are used as pronouns (157). **Kiu** estas tie ? *Who is there ?* **Kiuj** estas tie ? *Who are there ?* **Ĉiuj** estas, *All are.* **Iuj** estas, *some are.* **Tiuj** estas, *those are.* **Neniuj** estas, *None are.*

410. Where nothing is gained by using the plural, prefer the singular. Thus, to translate *All those that were there*, one could say (literally) **Ĉiuj tiuj, kiuj estis tie.** But it would be much better to say simply **Ĉiu, kiu estis tie**, or even **Ĉiu tie.** So also **Ne ĉiu frukto estas pomo** is usually preferable to **Ne ĉiuj fruktoj estas pomoj.**

411. Nun mi legas, vi legas, kaj li legas : ni ĉiuj legas. En la tuta mondo la Esperantisto havas amikojn, kiuj korespondas kun li. Mi suferis de multaj **afliktoj,** kiuj neniam **okazis** (*happened*). Kiam nokto **vualas** (*veils*), ĉiuj koloroj egalas.
Geometria difino. "Aferoj, kiuj egalas unu al la alia, egalas al ĉio alia."

> Bonan nokton, ĉiuj vi !
> Al la lito iras mi.

412. Unuj (or, **Iuj**; or, **Kelkaj**) . . . **aliaj**; *some . . . others.* **Unuj** (**Iuj, Kelkaj**) ridas, aliaj ploras. *Some laugh, others cry.*

413. Kiuj loĝas en Italujo (Svisujo . . .) ? Al kiuj plaĉas la pluvo ? Kiuj amas la gepatrojn ?
Instruistoj estas homoj, kiuj instruas. Kio estas laboristoj ? harpistoj ?

414. La PLEJ bona EL ĉiuj, *the best of all* (370). El ĉiuj miaj infanoj Ernesto estas la plej juna. Tamen li estas la plej saĝa el ĉiuj. El ŝiaj multaj infanoj unuj (iuj, kelkaj) estas bonaj, aliaj ne. *The longest* (*greatest, most beautiful*) *of all.*

-UJN

415. In the accusative **kiuj** becomes **kiujn**, etc. (Cp. *See* (y)*ou in* a minute). **Kiujn bildojn vi vidis ? Mi vidis iujn, sed ne ĉiujn. Mi ne vidis tiujn, kiujn vi vidis.**

416. Amo kovras ĉiujn pekojn. La morto ne **distingas** (*makes a distinction*) : ĉiujn egale atingas.

417. *Interparolo inter du malgrandaj knabinoj:* " Ĉu vi vidas tiujn du bovinojn, unu blankan kaj unu brunan ? " " Jes." " Nu, oni tiras lakton el la blanka bovino." " Kaj el la bruna, ankaŭ ? " " Ne. El ĝi oni tiras kafon." " Sed kie estas la bovino, kiu donas la sukeron ? "

418. *Complete with a word ending in* -iuj *or* -iujn : La personoj, . . . loĝas tie. La libroj, . . . mi aĉetis. La homoj, al . . . mi parolis. La ĉerizoj, . . . vi manĝis. . . . florojn vi deziras ? La birdoj, al . . . mi donis akvon. . . . libroj estas liaj. Mi ne amas . . . personojn. . . . hundojn mi aĉetis hodiaŭ. Ĉu la nunaj modoj superas . . . de la antaŭa jaro ?

419. Distingu inter **tuta libro,** *a whole (complete) book,* kaj **ĉiu libro,** *every book.* **Ili ĉiuj laboris dum la tuta tago,** All of them worked all the day (277).

420. *Insert* **tute, tuta, tutan, ĉiuj, ĉiun,** *or* **ĉiujn.** Ŝi estis . . . kontenta pri la . . . laboro de . . . lernantoj. Ni . . . atendis vin dum . . . horo. Ili . . . estis . . . feliĉaj. Mi legis . . . paĝon. Mi legis la . . . paĝon. El . . . landoj mi preferas nian. Mi amas . . . landojn. Mi vizitis . . . urbon en la . . . lando.

ĈI

421. **ĈI** (=*near here*), either before or after a **ti**-word, changes *that* to *this.* Other things being equal, it is better (for the sake of compounds, and the accent of the phrase as a whole) to put **ĉi** first. N.B. Two words. No hyphens.

422. **Ĉi tio** (or **tio ĉi**), *this thing.* **Ĉi tie** (or **tie ĉi**), *in this place, here* (cp. **jen** 119). **Ĉi tiu** (**tiu ĉi**)*, this (one), the one here* (cp. the English slang : " *This here* . . ."). **Ĉi tiuj,** *these.* **Ĉi tia,** *of this kind.* **Ĉi ties,** *this one's, belonging to this* (or, *to these*).

423. If a grammatical ending is added (making a compound word), use a hyphen. **La ĉi-tiea kutimo,** *the custom of this place.*

424. " Por via nasktago (*birthday*) mi donas al vi —— jen !—— perlan kolringon." " Sed, patro, perloj signifas larmojn." " Ne timu, kara; la perloj sur ĉi tiu kolringo estas falsaj."

425. **Tiu . . . ĉi tiu** (in contrast) =*the former . . . the latter* (*the last-mentioned*).

Jen Gertrudo kaj Mario : **ĉi tiun** (M) mi amas, sed ne **tiun** (G). Venis Rozo kaj Lilio : **tiu** (R) kantis, **ĉi tiu** (L) ne.

426. But when not contrasted with **ĉi tiu, tiu**=*the latter, the other one* (*not the subject*). Kiam A parolis kun B, **tiu** diris . . . *When A conversed with B, he (B) said . . .* A parolis kun B kaj lia (or, **ties**) (=B's) wife. (For *his own wife* see 832).

MORE PREPOSITIONS

427. **ANTAŬ**=*before, in-front-of* (*time or place*). **Antaŭ ĉio,** *first of all.* **La antaŭo,** *the front*; **antaŭa,** *previous, former*; **antaŭas,** *precedes.* **La antaŭlasta** (*penultimate*) **silabo.**

Antaŭ la domo staras arbo. Ne laŭdu la tagon antaŭ la vespero.

Kiu insulo estis la plej granda en la mondo antaŭ la eltrovo de Aŭstralio ? (1191).

Profesoro staris antaŭ la fajro. Li rigardis ovon, kiun li tenis en la mano. En **kaserolo** (*saucepan*) sur la fajro estis lia poŝ**horloĝo** (*watch:* horloĝo=*clock*).

428. (a) *In the Esperanto alphabet " g " comes before " ĝ ".* *Hold it in-front-of the donkey's nose.* *The change is-taking-place* (**okazas**) *before our eyes.* *Winter comes before spring.* *Await me in-front-of the theatre.*

(b) Antaŭpagas, *prepays*; antaŭjuĝas, *pre-judges*; antaŭparolo, *preface*; antaŭvido, *foresight*; antaŭtempa, *premature*. Antaŭ-aranĝ (- avert - dank - dir - ir - met - ripet - sent - tim - zorg) as. Antaŭ - ĉambr (- mast - part - sign - tuk - vesper) o.

(c) . . . estas (fluas, flugas, iras, kuŝas, marŝas, pendas, restas, sidas) antaŭ la arbo (heĝo, kurteno, lernejo, preĝejo, reĝo, tablo, urbo).

429. POST=*after (time or order)*. Post laboro venas ripozo. Ludo post laboro. Sunbrilo post la pluvo. Ripetu post mi.

Post konfeso venas forgeso. Post la batalo preĝo ne helpas. Bona ideo post la pereo. Saĝa hundo—post la vundo. Tio estas mustardo post la mango. Post brua vento, subita silento. De guto post guto disfalas granito. Post vetero malbela brilas suno plej hela. Post **sufero** venas prospero. **Hako** post hako estas la plej **efika** atako.

430. Juĝisto rigardis **kopion** de dokumento, kies **originalon** oni perdis. Li demandis : " Ĉu vi faris la kopion post aŭ antaŭ la perdo de la originalo ? "

Kiu numero venas post 9 ? antaŭ 3 ? Kiu monato venas post Februaro ? post Oktobro ? antaŭ Januaro ?

431. **Post** may also mean *behind (place)*. **La hundo kuras post** (*after* or *behind*) **la kato.** **Mi observis lin de post** (*from behind*) **arbo.** But it is more usual to translate *behind* by **malantaŭ**. **Rigardu post** (or, **malantaŭ**) **vi.**

(a) Kaŝu vin post (malantaŭ) la heĝo. Li staras malantaŭ (post) la pordo. Estas araneo malantaŭ la bildo. Malantaŭ la nuboj brilas la hela suno.

432. Postmorta, *post mortem.* **Postrestas,** *remains behind.* **Postrikoltas,** *gleans.* **Postskribo,** *postscript.* **Postvivas,** *survives.* **Posta,** *posterior, following, subsequent*; **la posto,** *the back, reverse.* **Plej posta,** *hindmost.*

433. Before an expression denoting length of time **antaŭ** =*ago.* **Antaŭ du tagoj,** *two days ago.* Cp. **Post du tagoj,** *after two days, in two days' time.*

434. (a) " Kie estas via patrino ? " "Antaŭ du horoj ŝi foriris por triminuta vizito al amikino."

(b) *One minute ago. Two days ago. Three weeks ago. Four months ago. Five years ago. Some* (kelka) *time ago. In a few days. After many months.*

435. ĈIRKAŬ=(*round, around*). Ili sidas ĉirkaŭ la tablo. Ŝia brako estas ĉirkaŭ la **talio** (*waist*) de la patrino. **Ĉirkaŭas,** *surrounds*; **ĉirkaŭa,** *surrounding.*

436. (a) *March round the yard. Wear it round your arm. Sit round the fire. Around the field is a hedge.*

(b) Ĉirkaŭ - brak (- flug - ir - pend - **lig** (*bind, tie*) - met - mord - naĝ-prem-promen-rigard-salt-star-vojaĝ)as.

(c) . . . staras (fluas, flugas, iras, rigardas, vagas) ĉirkaŭ la arbo (brako, ĉambro, domo, ĝardeno, kolo, mondo).

437. EKSTER=*outside* (*a limit, boundary*). Cp. **el,** *out of,* (*origin*). **Ekstera,** *external, outside.* **La ekstero,** *the exterior, outside.* **Fiŝo ekster akvo,** *a fish out of water.* **Ekster danĝero,** *out of danger.* **Ekster dubo,** *beyond doubt.*

. .(a) Mi loĝas ekster la urbo. La birdo flugas en la ĉambro ekster la kaĝo. La skolto dormas ekster la domo. Ne **rezonu** (*reason, argue*) pri tio, kio estas ekster via **metio** (*line of work, handicraft*).

438. (a) Eksterdoma vivo, eksterleĝa ago, eksterorda parolo, eksterordinara insekto.

(b) . . . atendas (estas, gardas, promenas, restas, sidas, staras) ekster la biblioteko (domo, kampo, lernejo, nesto, preĝejo, teatro, nia rondo).

439. KONTRAŬ=*opposite, facing, against, in-opposition-to, anti-.* **Vizaĝo kontraŭ vizaĝo,** *face to face.* **Du kontraŭ unu,** *two to one.* **Kontraŭmilitisto,** *antimilitarist.* **La por kaj la kontraŭ,** *the pros and the cons.* **Kontraŭa,** *opposite, contrary.* **La kontraŭo,** *the opposite.* **Kontraŭas,** *opposes, faces.*

440. Kiu ne estas kun ni estas kontraŭ ni. Ne ekzistas forto kontraŭ la morto. Se Dio estas por ni, kiu estas kontraŭ ni ? Bojas hundo eĉ kontraŭ la suno. Ne defendas oro kontraŭ doloro. Kontraŭ doloro ne helpas ploro. Kontraŭ doloro helpas bona **humoro.** Kontraŭ **kalumnio** (*slander*) helpas nenio. Ne **karesu** (*fondle, stroke*) katon kontraŭ la haroj.

441. (a) La domo staras kontraŭ ni. Kontraŭ nia domo estas **publika** ĝardeno. Li disputas kontraŭ la instruisto, **remas** (*rows*) kontraŭ la fluo, defendas nin kontraŭ atako, pekas kontraŭ la leĝo, sentas **antipation** kontraŭ katoj.

(b) Kontraŭ - ag (- batal - dir - met - ordon - parol - star) as· Kontraŭ-angl(-leĝ-natur-ord-**regul**)a. Kontraŭfolio.

442. We have seen (349-352) that the ending **N** often replaces a preposition. It is especially common for it to replace **al**, thus showing *motion towards, direction* (*from elsewhere*).

Kie vi estas ?	*Where are you ?* (position)
KieN (=**AL** kie) vi iras ?	*Whither* (=*TO where*) *are you going* ? *Where are you going TO* ? (direction)
Mi iras tieN (=**AL** tie)	*I am going TO there* (*thither*)
Ĝi kuras (kie ?)	*It is-running-about* (where ?)
Sub-la-lito	*Under-the-bed* (position)
Ĝi kuras (kieN ?=**AL** kie ?)	*It is-running* (where TO ?)
$\{$ **AL** sub-la-lito $\}$ $\{$ =(sub-la-lito)**N** $\}$	$\{$ *TO under-the-bed* (*from* $\}$ $\{$ *elsewhere*) (direction) $\}$
Ĝi saltas sur-la-tablo	*It jumps-about on-the-table*
Ĝi saltas $\{$ **AL** sur-la-tablo $\}$ $\{$ =(sur-la-tablo)**N** $\}$	*It jumps* $\{$ *TO ON-the-table* $\}$ $\{$ =*ON TO the table* $\}$
Mi naĝas en-la-maro	*I swim-about in-the-sea*
Mi naĝas $\{$ **AL** en-la-maro $\}$ $\{$ =(en-la-maro)**N** $\}$	*I swim* $\{$ *TO IN-the-sea* $\}$ $\{$ =*INTO the sea* $\}$

443. The difference between *on the table* and *on to the table*; *in the room* and *into the room*; is obvious. But English is not always so clear : we say *Where are you going*(*to*) ? omitting the last word. A boy bet he could jump *across the Thames* (**trans la Tamizon**) : he crossed by the bridge and then, being *across the Thames* (**trans la Tamizo**), he jumped.

444. Every preposition denoting position, e.g., **antaŭ, apud, ĉirkaŭ, ekster, en, inter, kontraŭ, post, sub, super, sur, trans,** and (rarely) **tra,** may thus be followed by **n** to show motion by something or someone *to*(*wards*) *that position from elsewhere.***

After prepositions that contain no idea of position (e.g., **de, dum, el, kun, pri, sen,** and **al** itself), the accusative of direction is not used, for it would be meaningless.

---

*These are not exceptions to the rule (96) that a preposition does not require **n** after it. The **n** here has no connection with the prepositions **sub, sur, en**. It merely replaces *another* preposition, **al**.

445. Li flustras (kie ?) en la preĝejo : (kien ?) en ŝian orelon. Versu (*pour*) akvon sur la florojn. En la mondon venis nova sento. Ne ŝovu la nazon en fremdan vazon. El la pato (*frying-pan*) en la fajron. Al Dio plaĉu, sed sur diablon (*devil*) ne kraĉu (*spit*). Ne metu ĉiujn ovojn en unu korbon.

446. Difinoj. *Donas:* metas objekton en la manon de alia homo. *Manĝas:* metas bonajn objektojn en la buŝon. *Montras:* metas antaŭ la okulojn. *Skribas:* metas vortojn sur paperon. *Vidas:* la bildoj venas en la kapon.

447. " Marsupialo " estas besto kun poŝo en la **stomako**, en kiun ĝi eniras, kiam oni ĝin atakas !

Domlaboro. *Mastrino:* " Ĉu vi **balais** (*sweep*) la polvon sub la tapiŝo ? " *Servistino:* " Komprenebleǃ Mi ĉiam balaas ĝin sub la tapiŝon ǃ "

448. Mi prenis seĝon. Mi metis la seĝon kontraŭ la muron. Ĝi staris kontraŭ la muro. Mi paŝis sur la seĝon. Mi staris sur la seĝo. Mi metis la manon en mian poŝon. Mi serĉis en mia poŝo, kaj eltiris **najlojn**. Mi elektis grandan najlon, kaj metis la aliajn denove en la poŝon. Mi metis la najlon sur la ĝustan lokon, tenis ĝin sur la ĝusta loko, kaj **martelis** (*hammered*) ĝin en la muron. Ĝi restis en la muro. Mi prenis bildon, kaj metis la **ŝnuron** (*cord*) de la bildo sur la najlon. La bildo pendis de la najlo. Mi saltis sur la plankon, staris sur la planko, kaj admiris mian laboron.

449. **Sur la tablo staris taso plena de teo. Sinjorino venis en la ĉambron. Ŝi soifis. Ŝi vidis la teon. Ŝi iris al la tablo, prenis la tason, kaj trinkis la teon. Ŝi metis la malplenan tason sur la tablon, kaj lasis ĝin sur la tablo.

450. **Mi sidas. Mi stariĝas. Mi iras al la tablo (al la pupitro). Mi prenas libron. Mi malfermas la libron. Mi legas unu paĝon. Mi turnas la paĝon. Mi legas alian paĝon. Mi fermas la libron. Mi metas la libron sur la tablon. Mi iras al mia seĝo. Mi sidiĝas.

Varianto. A : " Stariĝu." *B :* " Mi starıĝas." *A (al C) :* " Kion li faris ? " *C :* " Li starıĝis."

451. (a) *Translate both meanings.* Li naĝis (a) antaŭ ni, (b) antaŭ nin. *Similarly :* Ŝi vagis ekster la ĝardeno(n). La lampo brilis en la ĉambro(n). Li kuris inter ili(n). Li rapidis post la armeo(n). La infano rampis sub la sofo(n). La pupo falis sur la planko(n). La viro saltis trans la rivero(n).

(b) Levu (movu, portu, prenu, puŝu) ĝin (1) tie, (2) tien.

(c) Li kuras apud ŝi. Li kuras apud ŝin. *I swam across the river to her, for she was across the river.*

(d) Translate the two possible meanings of *The bird flew among the trees* and of *The mouse ran under the table.*

(e) Write sentences showing the use of **en, sub, super, sur,** (1) to show place, and (2) to show direction.

(f) Write sentences (1) with a preposition and no accusative (=indirect object); (2) with the accusative and no preposition (=direct object); (3) with a preposition and the accusative of direction (replacing **al**).

-ANTA

452. (a) The suffix -ANTA=the English adjectival endings -ing, -ant. **Dormanta infano**, a sleeping child (dormant). **Kuranta hundo**, a running dog (cp. current). **Militanta, fighting, militant. Mordanta, biting, mordant. Pendanta, hanging, pendant.

(b) Kiu estas la virino nun kantanta? Rigardu la falantajn foliojn! Esperanto ne estas teoria projekto: ĝi estas la vivanta lingvo de vivanta popolo. Ne ĉio brilanta estas diamanto. Dormantan hundon ne tuŝu. Mordantaj hundoj kuras ĉiam kun vundoj. Koko: vekhorloĝo vivanta, kiu havas grandan familion!

(c) "Ne timu la hundon. Ĉu vi ne scias, ke bojanta hundo ne mordas?" "Jes. Sed ĉu ankaŭ la hundo scias tion?"

-ANTO

453. The noun-form -ANTO=-anta homo, someone who is ... -ing, a ...-ing person, a ...-ant, a ...-er. **Defendanto,** a defendant. **Disputanto,** a disputant. **Dubanto,** a doubter. **Korespondanto,** a correspondent. **Lernanto,** a learner, student. **Loĝanto,** an inhabitant. **Plendanto,** one who is complaining, a complainant, a complainer. **Protestanto,** a protestant.*

454. La rikolto estas multa, sed la laborantoj estas malmultaj. Eminenta ŝuldanto, malbona paganto. Parolanto semas, aŭdanto rikoltas. La forestanto ĉiam estas malprava. Multaj **kompat**antoj (who pity, sympathizers), sed neniu helpanto. Ploranton oni **evitas** (avoid, shun), ridanton oni imitas. Ne estas pied-iranto **kolego** (colleague, fellow-worker) al rajdanto.

455. La ploramanto. "Estu bona infano!" "Li ne ĝenas (bother) min." Efektive, mi ĝojas, kiam infanoj ploras." "Ĉu vere?" "Jes, ĉar tiam oni forsendas ilin al la lito."

456. (a) Atendanto, batalanto, demandanto, flustranto, kuranto, preĝanto, ridanto, vidanto.

(b) Staranto estas homo staranta; homo, kiu staras. Kio estas atak - (festen - flug - kis - kuŝ - puŝ - sid - ten - tim - trov - viv - vok -) anto?

---

*The name **Esperanto** (from the root **esper**) was at first the penname of Dr. Zamenhof. Soon "the language of Dr. Esperanto" became known as "Esperanto".

(c) *Believer, day-dreamer, deceiver, eater, flatterer, grumbler, imitator, looker-on, lover, mocker, oarsman, passer-by, petitioner, questioner, smoker, stammerer, stroller, swimmer, thinker, wanderer. One-who-is-dying.*

(d) Dormantino, plorantino, sidantino, venantino, *etc.*

457. **-ISTO** shows *habitual occupation*, often *profession.* **-ANTO** is simply *one who is doing the action at the moment.* "*A writer* " may mean either **skribisto**, *a scribe*, or **skribanto**, *the person now writing.*

458. *Place* -isto *and* -anto *after the following roots, and translate:* aplaŭd, ekzamen, gard, gvid, help, instru, juĝ, kant, konduk, konsil, korekt, labor, lav, leg, lud, muzik, observ, parol, plor, predik, rakont, redakt, telefon, serv, vizit, vojaĝ, zorg.

-UL

459. The suffix **-UL**=*an individUaL characterized by or possessing the quality named.* **Belulo**=**bela persono**, *one who is beautiful;* **belulino**, *a belle.* **Avarulo**, *a miser.* **Surdmutulo**, *a deaf-mute.* **Malsanul(in)o**, *an invalid.* **Neĝulino**, *Snow-white.* **Aliulo**, *someone else.* **Karul(in)o**, *darling.*

460. Ne helpas spegulo al malbelulo. Maldiligentulo diras " Leono estas sur la vojo ". Fremdulo mi estas en lando fremda. Ĉiu estis junulo—ĉiu estis pekulo. Pekis junuloj kaj pekis maljunuloj. Riĉulo veturas, malriĉulo kuras. Saĝulo aŭskultas konsilon. Neniu sanktulo estas sen makulo. Al ĉiu sanktulo **apartan** (*special, separate, particular*) kandelon! Inter **piuloj** (*religious people*) ne mankas pekuloj. Inter blinduloj regas **strabuloj** (*those who squint*). Por saĝulo sufiĉas **aludo.** Por riĉulo **fasto**—por malriĉulo festo. Malriĉulo **rabiston** (*robber*) ne timas.

461. " Kial vi ploras, fraŭlino ? Ĉu ankaŭ via karulo formarŝis kun la **armeo** ? " " Jes, ĉiuj kvin ! "
" Kial vi donis katon al la viro, kiu gajnis la premion ? " " Ĉar ĝi estas gratulo (grat-ulo !)."
La sep aĝoj de virino: (1) Infano; (2) Knabino; (3) Junulino; (4) Juna virino; (5) Juna virino; (6) Juna virino; (7) Juna virino.
Instruisto, al la **stult**ulo (stulta=*stupid*) *de la klaso:* " Kiom da oreloj havas kato ? " " Du, sinjoro." " Kiom da okuloj ? " " Du, sinjoro." " Kaj kiom da kruroj ? " " Nu, sinjoro, ĉu vi neniam vidis katon ? "

462. (a) Sanulo, sanuledzino, sanulino, sanulinedzo, malsanulo, malsanulidino, frenezulisto, molkorulo. Senĉapelulino, senmonulino, sensaĝulo. Pekanto, pekulo.

(b) *Place* **-ulo, -ulino,** *after the following, and translate:* abomen, antikv, bon, ĉarm, elegant, eminent, feliĉ, grav, ĝentil, honest, impertinent, inteligent, kontent, kruel, lert, modern, modest, nobl, nov, pal, proksim, prudent, ruĝ, sol, strang, virt.

(c) *Blonde* (**blond**), *coward, dumb-man, late-comer, simpleton* (naiv), *thin-woman, weakling, youth* (*maiden*).

(d) Antaŭ - (apud - ekster - kontraŭ - kun - sub - super - trans - tiam-tie-)ulo.

GE-*

463. The prefix **GE-**=*of both sexes.* The ge-word (always in the plural) may denote two individuals, or any number more than two, both sexes being represented. **Gefratoj,** *brother(s) and sister(s),* one or more of each. **Gepatroj**=(a) *parents* (in general), or (b) *father and mother* (in a family). **Geavoj,** *grandparents.* **Gesinjoroj,** *ladies and gentlemen.* **Ges. (Gesinjoroj) Smith,** *Mr. and Mrs. Smith.*

464. (a) Obeu viajn gepatrojn. *La luno:* la lampo de la geamantojl

(b) Ge - amik (- edz - fil - kamarad - knab - kuz - mastr - najbar - nep-nev-onkl-reĝ-skolt-student)oj. Gebatalantoj. Geesperantistoj. Gejunuloj. Gemaljunuloj. *Make similar compounds before other words ending with* ant, ist, *or* ul.

465. **La knaboj prenas la lernolibrojn, kisas la gepatrojn, kaj lasas la domon. Ili transiras la stratojn, kaj post kelka tempo atingas la lernejon. Tie ili renkontas amikojn, demetas la ĉapelojn, salutas la instruistojn, kaj sidiĝas.

-EG, -ET

466. The suffix **-EG** (augmentative) *to a high degree strengthens, intensifies, the idea in the root*; it views it through a magnifying glass. **-ET** (diminutive) *to a high degree weakens the idea*; it views it through a diminishing glass. Cp. Om**ega** (=great O), m**ega**phone, with flower**et**, lanc**et**, pack**et**, statu**ette** turr**et**, book**let**. Mnemonics: **great, big, gigantic**; t**iny**, *little, petty.*

Sonoras, *rings*; sonoregas, *clangs, booms*; sonoretas, *tinkles.* Amo, *love*; ameto, *a liking* (" *a tiny seed of love* "); amego, *adoration.* Paŝas, *steps, paces*; paŝetas, *trips, toddles*; paŝegas, *strides.* **Pluvo,** *rain*; pluveto, *drizzle*; pluvego, *downpour, deluge,* " *cats and dogs* ". Ŝnuro, *rope, cord*; ŝnureto, *string*; ŝnurego, *hawser.* **Nebulo,** *fog*; nebuleto, *haze, mist*; nebulego, *dense fog.* Malsaneta, " *off colour* "; malsanega, *at death's door.* Verdeta, *greenish.*

---

*It is not obligatory to use **ge** if the context makes it clear that both sexes are intended, or if it is unnecessary to emphasize this (see 39†, 148*). Cp. **(ge)edziĝo,** *marriage* (619).

467. Compare **et** and **id**. A **hundeto** may be a full-grown dog, though a midget in size. A **hundido** (*puppy*) may be quite large. **Agleto**, *a very small eagle*; **aglido**, *an eaglet*.

468. Dronanto kaptas ĉiun herbeton. Por paro amanta ĉiu loko sufiĉas. Riveretoj fluas al riveroj. Vi ne estas la sola ŝtoneto sur la marbordo. Ne ĉiu papereto estas **bankbileto**. Amo kaj rideto (*smile*) ne konas land**limojn**. Ŝteletiston oni batas; ŝtelegiston oni ŝatas.

469. Kial viro kun amiko similas ĝirafon ? (Ĉar li havas kolegon (kol-egon).)

En la **menaĝerio**. *Onklino:* " Ne tuŝu la **papagon** (*parrot*) : ĝi mordas." *Nevineto:* " Nu, do ! VI tuŝu ĝin ! "

***La renkonto.* Li kaj mi promenis sur la strato. Mi vidis lin, kaj li vidis min. Mi ridetis al li, kaj li ridetis al mi. Mi premis lian manon, kaj li premis mian manon. Mi diris al li " Bonan tagon ! Ĉu vi estas sana ? " Li respondis al mi " Tre sana, dankon. Kaj vi ? "

Li estas bonegulo,
Konsentas ĉiuj ni.

(*Variantoj:* Ŝi estas bonegulino. Ili estas geboneguloj).

470. (a) Diketa. Detaleto. Lavetas, lumetas, moketas, supozetas. Eblete, iomete. Grandega, karega, kuraĝega, superega. Dentego. Ĝojegas, ŝategas. Multegaj. Eta, *tiny*. Etulo, etulino, ineto.

(b) *From* bel, fier, malbel, pal, riĉ, san, varm, *form adjectives*. *From* arb, best, bru, dom, har, infan, knab, leter, libr, mont, poem, river, ŝip, ŝton, urb, vent, voĉ, *form nouns*. *From* blov, bril, dorm, flu, frap, insist, kis, kri, kur, labor, laŭd, lern, manĝ, mensog, plend, plor, puŝ, rigard, salt, tim, trink, *form verbs*. *With each root use* (a) eg; (b) et.

(c) Hundidego, hundegido, ameganto, profitegisto, fortegulo, malsanegulino. Filineto, bovidineto, pianisteto, katideto, katetido, dormanteto, dormetanto, karulineto, brunetulino.

471. **Et** may sometimes convey the idea of affection or caress; and **eg** may suggest crudity, roughness. **Bubo**, *lad, mere boy, urchin*; **bubeto**, *little rogue*; **bubego**, *lout, lubber*. **Amiketo, patrineto, buŝeto, maneto. Eta Tim.**

LA MONATOJ DE LA JARO

472. En Januaro la vetero estas frosta kaj neĝa. En Februaro ĉio estas malgaja. En Marto blovegas la vento. En Aprilo la herbo verdas, kaj falas pluveto. En Majo ridetas la tuta Naturo. En Junio floras rozoj. En Julio la tagoj estas varmegaj. En Aŭgusto la fruktoj estas maturaj. En Septembro oni rikoltas la grenon. En Oktobro falas la folioj. En Novembro ĉion kovras nebulego. En Decembro ni festas Kristnaskon.

473. (a) En kiu monato vi **naskiĝis** (*were born*)? Nomu la nunan monaton. Kiun monaton vi preferas? Kial? Kiu monato venas antaŭ Novembro? post Aprilo? inter Novembro kaj Januaro? Kio okazas en Marto? Kiam venas la nebulegoj?

(b) Kial Kristnasko similas al la litero D? (1191).

THE VERB-ENDING I

474. When in English we put the word *to* before a verb, Esperanto translates *to* by the ending -**I**. Thus: **prosperi**, *to prosper*; **rifuzi**, *to refuse*; **suferi**, *to suffer*. **Li promesas rapidi**, *he promises to-make-haste*. **Li rapidas promesi**, *he hastens to-promise*. **Mi deziras provi lerni legi kaj skribi**, *I want to-try to-learn to-read and* (*to-*)*write*, The ending **I** is called the In*f*In*l*t*I*ve.

475. Ni konsentas malkonsenti. Esti en Romo, kaj ne vidi la Papon! La hundo ne bojas, kiam ĝi deziras kapti ŝafidon. Ĉion kompreni estas ĉion pardoni. Instruas mizero manĝi panon sen butero. **Rajdi** sur ĉevalo oni ne lernas sen falo. Vivu kaj **lasu** (*allow, let*) vivi. Eĉ kato rajtas rigardi al reĝo.*

476. DIVERSAJ ESPRIMOJ. Pagi por fremda festeno. Promesi orajn montojn. Havi varman lokon. Prediki al surduloj. Perdi la saĝon (la kuraĝon). Ne movi la buŝon. Diri la nudan veron. Fordoni la okazon (*occasion, chance*). Havi la okulojn sur la ĝusta loko. Alpremi iun al muro. Lasi fali la manojn. **Streĉi** la orelojn.

477. Rakontu al mi ion pri la familio de la **orkideoj.** " Pardonu, fraŭlino, sed mia patrino ne permesas al mi **klaĉi** (*gossip*) pri aliaj familioj."

La nova ĉapelo. Mastrino: " Kio! Vi permesas al vi surmeti mian novan ĉapelon?" *Ĉambristino:* " Pardonu, sinjorino. Mi nur deziras vidi, kia ĝi aspektas super bela vizaĝo."

Inteligenta respondo. " Kial oni metas blankan folion en la fino de la libro?" " Tio estas por la personoj, kiuj ne scias (*know how*) legi."

" Ĉu vi scias naĝi?" " Ho, jes." " Kie vi lernis?" " En la akvo."

Patro: " Kio estas tio?" *Filo:* " Letero de mi al Mario." " Sed vi ne scias skribi!" " Ho, tio ne gravas! Ŝi ne scias legi."

Patro al fileto: Ĉu vi iam vidis *min* **konduti** (*behave*) tiel, kiam mi estis knabeto?

---

*It is permitted to the feline race
To contemplate at ease a royal face.

478. **Kion vi diras, kiam vi deziras eltrovi,** ĉu oni komprenas vin ? ĉu oni parolas en Esperanto ? ĉu iu amas muzikon ? ĉu estas butero en la ŝranko ? kie via lernolibro estas ? kiu estas ie ? kiun vi vidis ? kies estas la ĉapelo ? kion amiko faras, kaj kial ? kiam letero alvenis ? (Kiam mi deziras eltrovi, ĉu oni min komprenas, mi demandas " Ĉu vi komprenas min ? ")

Varianto. **Kiam vi diras** " Ĉu vi komprenas min ? " (Mi diras " Ĉu . . .? ", kiam . . .).

479. **Ĉu vi preferas** manĝi pomon aŭ oranĝon ? lerni la Hispanan lingvon aŭ la Italan ? kanti aŭ desegni ? esti sana aŭ malsana ? trinki lakton varman aŭ malvarman ? dormi en domo aŭ en **tendo** *(tent)* ? ludi kartojn aŭ kriketon ?

Variantoj: (a) Kiun vi preferas manĝi : pomon aŭ oranĝon ? (b) Kion vi preferas fari : kanti aŭ desegni ?

480. (a) *Read the words in* 98, *changing* -as *to* -i. *Thus:* atendi, *to wait.*

(b) With the roots **brod, desegn, kudr, orl, pentr, trik,** translate : *We learn to embroider, to draw, to sew, to hem, to paint, and to knit.*

(c) *He forgot to-come. I am-learning to-sing. The child needs* (bezonas) *to-eat and to-drink. I refuse to-obey you. He is-afraid to-learn to-swim. I rejoice to-see you. To-see her is to-love her. On* (en) *a cold morning I love to-stay in bed. I hate to-sleep on the floor. We agreed to-forgive and to-forget.*

(d) *Use in sentences :* Am- (bedaŭr- dezir- esper- ĝoj- konsent-malam- malĝoj- memor- prefer- pretend- promes -rajt- rifuz- tim-)as -i.

481. Note the following English forms :

Li amas iri, *He loves (likes) going (to-go).*
Li malamas iri, *He hates going.*
Li insistas iri, *He insists on-going, He will go.*
Li persistas iri, *He persists in-going.*
Li riskas iri, *He risks going.*
Li timas iri, *He is-afraid of-going (to-go).*
Li aŭdis min iri, *He heard me (to-) go.*
Li ĉesis iri, *He left-off going.*

482. (a) *Instruisto:* " Ĉiu respondo en via hejm**tasko** (hejm**laboro**) estas malĝusta." *Knabo:* " Tion mi scias. Sed la patro insistis min helpi."

Kiu akvon evitas, droni ne timas. *I like listening to that story. I hate hearing you try to-sing. Why are-you afraid of-speaking ? She persists in-sitting near me, and insists on-smoking a pipe* (**pip**) *and on-blowing the smoke into my eyes. Don't be-afraid of-making a mistake.*

MIA KATO

483. Mia kato estas bela kaj nigra, kun longa vosto. Ĝi amas sidi sur mato antaŭ la fajro. Kiam ĝi deziras trinki, ĝi venas al mi kaj diras " Miaŭ ", kaj mi donas al ĝi varman lakton. En la piedoj ĝi havas pinglojn ! Tamen ĝi ne gratas min, ĉar ĝi amas min.

En la planko apud la muro estas truo (*hole*). Tie loĝas musoj, kaj en la nokto, kiam mi estas en la lito, la musoj elvenas kaj kuras tra la domo. Ofte la kato sidas apud la truo dum longa tempo kaj atendas. Jen ! muso rigardas el la truo. Ĝi ne vidas la katon. Ĝi kredas, ke ĝi estas sola. Subite (*suddenly*) la kato faras unu grandan salton, kaptas la muson, kaj ĝin manĝas.

En la nokto mia kato kantas sur la muro kun aliaj katoj. Tio vekas min, ĉar ilia kanto estas tre longa kaj laŭta. Do Paĉjo (*Daddy*) malfermas la fenestron kaj krias " Ŝŝ ! ", kaj tiam ili forkuras.

La kato amas kuŝi sur mia lito, ĉar la lito estas mola kaj varma. Sed kiam Panjo (*Mummy*) vidas ĝin tie, ŝi diras : " Ho, ne ! Tiu lito ne estas por vi. Iru for, kaj dormu en via korbo."

484. PROPRA, *one's own.* Respondi al la propra demando, *to answer one's own question.* Estu saĝulo en via propra domo (*in your own house*). Ne kredu al parolo sen propra **kontrolo** (*checking, verification, supervision*).

485. (a) Sufiĉa por la tago estas ĝia propra malbono. Oni malofte vidas la proprajn kulpojn. Propran ĝibon (*hump, hunch*) neniu vidas. Propran **vangon** (*cheek*) neniu batas.

(b) Dormi sur la propra lito. Resti inter la propraj amikoj. *To walk with one's own sister, to stand under one's own roof, to write over one's own name, to row one's own boat. Look at your own face.*

(c) Iu ĉambro havis ok angulojn. En ĉiu angulo sidis kato. Sep katoj sidis antaŭ ĉiu kato. Sur la vosto de ĉiu kato sidis kato. Kiom da katoj estis en la ĉambro ? (1191)

DEV, POV, VOL

486. Devo, *duty.* **Povo,** *power.* **Volo,** *volition, will.* Kie estas volo, tie estas povo. Granda parolo, sed malgranda volo. Kontraŭ volo de Dio helpas nenio. Devo vokas. Ĉies devo estas nenies devo.

Li estas sen volpovo. Fortvolulino. Ĉiopova, senpova, plenpova, parolpova, penspova. Senvola. Volforto. Bonvolo (*good will, benevolence*).

487. Mi devas iri, *I have-the-duty to-go. I* **must** *go. It is my duty (I am-obliged, am-bound, need, have) to-go.*

Mi povas iri, *I have-the-power to-go. I* **can** *go. It is in my power (I am-able) to-go.*

Mi volas iri, *I have-the-will to-go. I* **will** *go. It is my will to-go. I choose (have-a-mind, mean, am-willing, wish, want, like) to-go.*

[**105**]

488. Ĉiu devas morti. Por ĉiu plezuro devas esti mezuro.
Lernolibron oni devas ne tralegi, sed trastudi. Juĝanto devas
havi du orelojn. Mensoganto (*liar*) devas havi bonan memo-
ron. Kiu povas antaŭvidi ? Eĉ pinglo povas koron trapiki.
Tri povas sekreti, se du estas for. Granda bono povas veni el
granda malbono. Hundo povas boji, eĉ kontraŭ la reĝo.
Neniu konstruo povas esti sen bruo. Eĉ heliko (*snail*) povas
flugi sur la vosto de aglo. Se la maro estas trankvila, ĉiu
povas esti **piloto**. Ne voku diablon, ĉar li povas aperi.
Inter **pokalo** (*goblet*) kaj lipoj multo povas okazi.* Ne
rapidu insulti, volu (*have the goodness*) aŭskulti.

489. Mi faras, kion mi devas (povas, volas). Mi laboras, ĉar mi
devas (*have to*). Kiu devas, tiu povas. Ĉiu provas, kiel li povas.
Vi povas, se vi volas. Kiu volas, tiu povas. Voli estas povi. Mi
libertempas, kiam mi volas. Volu aŭ ne volu, elekto ne ekzistas.

490. *Bezonas:* devas havi. *Pardonas:* volas forgesi la malbonon.
Libera: (a) povas fari, kion li volas; (b) ne havas edz(in)on.

491. "Ekzistas momentoj en la vivo, kiam vorto eĉ de malsaĝulo
povas utili." "Jes, vere ! Do parolu : mi aŭskultas ! "

Patrino: "Se vi deziras ludi la pianon, vi devas lavi la manojn."
Filineto: "Sed mi tuŝas nur la nigrajn **klavojn** (*keys*) ! "

Kion oni povas havi en poŝo malplena ? (1191).

"Avino ! Ĉu oni devas respekti blankajn harojn ? " "Kom-
preneble, kara." "Do kial vi **tinkturas** (*dye*) viajn ? "

Mi devas **engluti** (*swallow*) ĉion, kion mia edzino diras." "Nu !
Mi devas engluti ĉion, kion mia edzino **kuiras** (*cooks*) ! "

492. (a) **Kion oni povas fari, se** oni havas plumon (broson,
kreton, martelon, monon) ? **Kion oni devas havi, se oni deziras**
skribi (aĉeti ion . . .) ? **Kiam oni devas havi** plumon ? . . .

(b) *Why are you reading ? (Because I want to learn). Why don't
you speak ? (Because I must think). Why must we wait ? (Because
I can't attend to you now).*

---

*Miscalculations multitudinous
 Co-operate with utter malice
 Twixt labial orifice and chalice
 To shatter all the hopes imbued in us.

(c) Ni volas diskuti la demandon. Vi devas suferi en silento. Oni povas pardoni al idioto. *Complete similarly:* volas konfesi, povas erari, devas instrui, volas fini, povas kredi, devas telegrafi, povas esperi.

(d) *Use in sentences six verbs ending in -i, preceded by* volas, povas, devas (*thus:* ŝi volas dormi, ŝi povas dormi, ŝi devas dormi), *and translate.*

493. **Mi devis iri,** *I had (was obliged, was bound) to go.*

      Mi povis iri, *I could (was able to) go.*

      Mi volis iri, *I chose (had a mind) to go.*

494. Dekjara knabo devis **verki** (*write, compose*) eseon pri la temo " Nia Hundo ". Jen estas la eseo, kiun li verkis. " Nia hundo mortis."

Guver*nistino:* " Kiam mi havis vian aĝon, mi povis respondi ĉiun demandon pri **gramatiko** (*grammar*)." *Knabineto:* " Nu, fraŭlino, vi havis malsaman instruistinon."

" Mi estas la sola knabo, kiu povis respondi la demandon de la instruisto." " Kion li demandis ? " " Li demandis ' Kiu rompis la fenestron de la klasĉambro ? '."

495. Kien vi iras, kiam vi devas aĉeti ion (panon, legomojn, ĉapelon, vestojn, botojn) ? lerni muzikon (Esperanton) ? **Kiam mi devas** . . . , mi iras al butiko (bakisto, legomisto, ĉapelisto, tajloro, botisto, muzikinstruisto, Esperanta **kurso** (*course of lessons*).

Varianto: Kial vi iris al . . . ? (Mi iris al . . . , ĉar mi devis . . .)

496. **Ne** negatives the word it precedes (221).

    Li **ne povas** iri,   *he is-not-able-to-go* (=*he cannot go*).

    Li povas **ne iri**,   *he is-able not-to-go* (=*he can avoid going*).

    Li **ne volas** iri,   *he does-not-choose (wish) to-go.*

    Li volas **ne iri**,   *he chooses (wishes) not to-go.*

    Li **ne devas** iri,*   *he is-not-obliged to-go* (=*he hasn't got to go, he need not go unless he wants to*).

    Li devas **ne iri**,*   *he is-obliged not-to-go* (=*he must not go*).

---

*In the case of **devas**, early writers ignore this distinction. But it is logical, and increasingly recognized.

497. Mi devas ne dormi, sed labori. Mi ne devas dormi, tamen mi povas, se mi volas. Kiu ne havas, ne povas doni. Pri la gusto oni ne povas diskuti. Oni ne povas vivi sen manĝo. Amo kaj saĝo ne povas kuniri. Ne povas ĉiu homo esti pap' en Romo. · Neniu povas pensi pri ĉio ! Se la monto ne volas iri al Mahometo, Mahometo devas iri al la monto. Aleksandro ne volas lerni, kaj tial mi batas Aleksandron.

498. " Kial vi iras al la lito ? " " Ĉar la lito ne povas veni al mi." —— " Kial oni devas porti ombrelon en pluva tago ? " " Ĉar ĝi ne povas marŝi." —— " Kial vi ne volas aŭdi la kanton de kato ? " " Ĉar ĝi estas **katastrofo** (kata **strofo**) ! "

" Kial vi ploras, kara ? " " Ĉar Dora ne volas ludi kun mi." " Kial ŝi ne volas ludi kun vi ? " " Ĉar mi ploras."

Vizitanto (*al malliberulo*): " Kial vi estas ĉi tie ? " " Ĉar mi ne povas eliri."

Talenta *knabo*. " Patro ! Mi povas fari ion, kion vi ne povas." " Kion do ? " " Kreski."

" Oni diras, ke virino ne povas gardi sekreton." " Ho jes, unu." " Kiu estas tiu ? " " Ŝia aĝo."

" Kvankam mi amas naĝi, tamen mi ne povas naĝi nun." " Kial ne ? " " Ĉar mi ne estas en la akvo."

" Ĉu vi deziras fromaĝon ? " " Ne, dankon. Kiam mi manĝas fromaĝon, mi ne povas dormi." " Nu—kiam mi dormas, mi ne povas manĝi fromaĝon."

" Kion vi faras, Petro ? Ĉu vi instruas la papagon **blasfemi** ? " " Ne, patrino. Mi nur instruas al ĝi pri tio, kion ĝi devas *ne diri*."

Patro: " Ĉu vi scias, kion signifas ' Estu bona ' ? " *Filo:* " Jes, paĉjo. Tio signifas ' Faru tion, kion vi ne volas fari '."

" Ĉu vi ne **hontas** (*ashamed*) trompi iun, kiu fidas al vi ? " " Sed mi ne povas trompi iun, kiu *ne* fidas al mi ! "

Boksinstruisto: " Tenu vian okulon sur lia dekstra **pugno** (*fist*)." *Lernanto:* " Mi ne povas : li tenas la dekstran pugnon sur mia okulo."

499. **Ĉu vi povas** movi viajn okulojn ? *etc.* **Ĉu vi volas** plendi pri io ? *etc.* **Ĉu vi devas** dormi, dum mi parolas ? *etc.* **Ĉu vi povas diri al mi**, kio estas ĉevalo ? kiam oni portas sunombrelon ? *etc.*

500. **Kial vi ne povas** tuŝi la plafonon ? (Mi ne . . ., ĉar ĝi estas tro alta.) levi la bibliotekon ? (. . . peza.) meti la tablon en vian poŝon ? vojaĝi al Usono en unu horo ? **Kial vi volas** (ne volas) labori ? ripozi ? manĝi kreton ? trinki nun ? esti riĉa ? **Kial vi devas** (ne devas) lerni dek lingvojn ? porti ombrelon ?

501. **Ĉu li devas (devis) iri?** *Must he (Did he have to) go?*
Ĉu li povas (povis) iri? *Can (Could) he go ?*
Ĉu li volas (volis) iri ? *Is (Was) it his will to go ?*
Li ne devis iri, ĉu ? *He didn't have to go, did he?*
Li povis iri, ĉu ne ? *He could go, couldn't he ?*
Li ne volis iri, ĉu ? *He didn't choose to go, did he?*

502. Can (Could) you forget ? Not quite. Can't (Couldn't) *you agree ? Not at all. Are (Were) you able to do it ? Of course not. Must you (Did you have to) wait ? Unfortunately I must (did). Do you wish to complain ? Yes, I do (Jes, mi volas). Were you obliged to pay ? As a matter of fact, I was. Can you see anything ? Perhaps I can. You didn't wish to come, did you ? You have to go now, haven't you ? Are you bound to go ? Are you bound not to go ? I want to sing. I can sing. I must sing. I am not able to stay. Do they wish to speak ? You must answer. You need not answer. You must not answer. We are obliged to complain. Was it her duty to go ?*

503. **Li   ne povas   ne iri,*** *He is-unable not-to-go*
(*=he can't help going, he can't stay away*).

Li   ne volas   ne iri, *He is-unwilling not-to-go*
(*=he doesn't wish to stay away*).

Li   ne devas   ne iri, *He is-not-bound not-to-go*
(*=he need not stay away*).

(a) *I don't-want not-to-speak. I can't refrain from speaking. If you can't help speaking, you are-not-bound not-to-speak.*

ELLIPTICAL PHRASES

504. **Kion fari ?=Kion mi (ni, vi, oni,** etc.) **povas (devas, volas) fari ?** *What is one (am I) (are you) to do ? What can (must, shall) I (we) do ? What is to be done ?* etc., according to the context.

(a) Kie stari ? Kial atendi ? Kiun peti ? Kiun sendi ? Kiam skribi ? Kion diri ? Kion aĉeti ? Kian elekti ? Kies preni ? Ĉu silenti ? Ĉu protesti ? Ĉu esti, aŭ ne esti ?†

---

*Alternatives : **Li ne povas eviti iri, Li ne povas resti for.**

†When the " Tube " underground railway was opened in London, Esperantists asked themselves : " **Ĉu tubi** aŭ ne tubi ? "

(b) **Kion fari, kiam** la edzo koleras ?   la vetero estas malvarma ?
katoj kantas en la nokto ?   la filino ludas la violonon ?   oni havas
kapdoloron ?   oni ne povas dormi ?

POR -I

505. **POR . . . -I,** *in order to . . .*   **Venu, por plaĉi al mi,**
Come (in order) to please me (1048).

Oni devas mangî por vivi, ne vivi por mangî.   Peti de
Petro, por pagi al Paŭlo.   Por havi amikon, estu amiko.
Por kapti birdon, salu ĝian voston.*   Por **konservi** sekreton,
diru nenion.   Por ŝafon formangî, lupo trovas **pretekston.**
Fari rabon kaj ŝtelon, por **oferi** (*sacrifice*) al Dio kandelon.

506. "Kia malbela hundo !   Ĝiaj kruroj estas tro mallongaj ! "
"Tute ne !   Ili estas sufiĉe longaj, por atingi la teron."

Sinjorino : " Mi konstante perdas la harojn.   Kion fari, por ilin
konservi ? "   *Amikino* : " Metu ilin en skatolon."

Profesoro : " Mi forgesis preni mian ombrelon kun mi en la mateno."
Profesoredzino : "Kiel vi eltrovis, ke vi ĝin forgesis ? "   " Kiam la
pluvo ĉesis fali, mi levis mian manon, por fermi la ombrelon."

507. Por ĉio estas sezono, kaj tempo por ĉiu afero sub la suno.
Estas tempo por detrui, kaj tempo por konstrui; estas tempo por
plori, kaj tempo por ridi; estas tempo por serĉi, kaj tempo por perdi;
estas tempo por silenti, kaj tempo por paroli; estas tempo por ami,
kaj tempo por malami.   (*One may write also* : . . . por detruo, . . . por
konstruo, etc.)

508. **Por kio oni uzas** plumon ?   (Oni uzas plumon, por
skribi).   **Kion oni devas havi, por** skribi ?   **Kion oni devas fari,
por** lerni Esperanton ?   dormi ?   esti sata ?

THE LETTER C

509. The Esperanto **C** has the sound *ts* (Cp. *tse-tse fly* in
English).   **Peco** (pr. *petso*), *piece.*   **Penco,** (pr. *pentso*),
penny.   **Ekzerco,** (pr. *ekzertso*), *exercise.*   We have met it
in the word *Decembro* (113).

---

*Observe yon plumed biped fine !
To effect his captivation
Deposit particles saline
Upon his termination.*

acida	dancĭ	komenco	necesa	princo
anonci	decidi	komerco	palaco	senco
certa	diferenco	nacio	preciza	sincera

agaci, *to set on edge (teeth, etc.)*	**kuraci,** *to treat (medically)*	**pacienco,** *patience*
citi, *to quote*	**laca,** *tired*	**paciento,** *a patient*
donaco, *donation*	**ofico,** *post, position*	**parenco,** *a relative*
facila, *easy*	**paco,** *peace*	**potenco,** *might*
		ricevi,* *to receive*

510. **Kaj ceteraj (k.c.),** *et cetera, and the rest.* **Kies vico estas ?** *Whose turn is it ?* **Mi celis vin helpi,** *I aimed at-helping you.*

511. Words beginning with **c** may be practised at first after **la,** thus : (la) **cigano** (pr. *latsigano*), *the gypsy.* **Cerbo,** *brain,* **centro, ceremonio, cigaro, cigaredo.**

512. *Ekzerco por* **prononco.** Alico, Florenco, Francisko, Laŭrenco, Maŭrico, Barcelono, Francujo, Pacifika **Oceano,** Sicilio, Venecio, **Cindr**ulino (*Cinderella*). Mi decidis komenci lerni ludi la pianon. Tiu danco estas **valso.** La paciento ne estas pacienca. Mi restas, kara princino, via sincera amikino Beatrico.

513. Internacia, simpla, preciza, **logika,** regula, **fonetika,** belsona, Esperanto estas la vera **solvo** de la lingva **problemo.** Ĝi estas necesa kaj potenca helpo al paco. La **praktika** internaciisto estas Esperantisto.

514. Lia cerbo iris promeni. Venas proverbo el popola cerbo. Sola kuranto—certa venkanto. Juĝanto decidas, kion li vidas. Nenio estas malfacila por amanto. Ĉiu komenco estas malfacila. Tio estas la komenco de la fino. Tempo estas la plej bona kuracisto. Konsento konstruas, malpaco detruas. Geedzoj en paco vivas en palaco. Laboro kaj pacienco kondukas al potenco. Kie estas pano, ne mankas panpecetoj. Malriĉulo parencojn ne havas. Kiu pencon ne tenas, al ŝilingo ne venas. Granda ofico, grandaj zorgoj. Plej granda potenco kuŝas en la komenco. Imito estas la plej sincera formo de flato.

---

*Do not mispronounce this word.

(b) Esti en acida humoro. Celi anseron, trafi aeron. Paroli sen penso estas pafi sen celo. Fari virton el neceso. Fordoni paseron, por ricevi anseron.

(c) Eĉ **bagatelo** (*trifle*) povas servi al celo. Oni **lekas** (*lick*) la manon, sed celas la panon. Kapo **majesta,** sed cerbo modesta . Ne kvanto, sed kvalito, decidas pri **merito.** Inter pasero kaj **najtingalo** estas diferenco. Oni **invitas,** venu !—oni donacas, prenu ! Lecionoj al profesoro estas **vana** laboro. Neceso estas la patrino de **invento.**

515. *Difinoj. Cigaro :* dika bruna objekto en la buŝo de riĉa sinjoro. **Cirklo :** ronda rekta linio, kun truo en la mezo. *Korespondas :* sendas leterojn kaj ricevas respondojn. *Ricevas :* la objekto venas al ni. *Vetero :* la plej grava temo de interparolado (**konversacio**).

516. *Enigmoj.* Kiuj literoj venas post A.B.C. ? (La ceteraj). Kiun lecionon (*lesson*) vi plej amas ? (La lastan). —Kiun floron preferas komercisto ? (**Lavendon** (la vendon), kompreneble !). —Kial infano ne timas, kiam ĝi komencas marŝi sola ? (Ĉar ĝi havas la kur-aĝon).

517. " Ĉu la demando estis malfacila ? " " Ne la demando, sed la respondo."

" Mi povas aŭdi ĉiujn **radio-staciojn.**" "Ankaŭ ni—se ni malfermas la fenestron."

Onklino : " Kiam mi havis vian aĝon, mi neniam mensogis." *Neveto :* " Kiam do vi komencis ? "

" Jen donaco por viaj infanoj." " Sed mi neniam havis infanojn." " Por viaj nepoj, do."

" Sed kion ŝi diris al vi ? " " Pardonu : mi ne volas in-citi ! " (**inciti,** *to aggravate, tease*).

" Ĉu la kaŭzo iam sekvas la rezulton ? " " Jes, kiam la kuracisto sekvas la ĉerkon (*coffin*) de la paciento."

518. *Inter junaj geedzoj.* Ŝi : " En la **recepta** libro estas multaj eraroj." *Li :* " Jes, mi ofte **gustumis** (*tasted*) ilin."

Aŭtoro : " Kio estas via **kritiko** pri la fino de mia **romano** (*novel*) ?" *Redaktisto :* " Ĝi estas tro malproksima de la komenco."

Kio estas la diferenco inter la filino de **Faraono** (*Pharaoh*) kaj laktovendisto ?—El akvo unu ricevis **profeton,** la alia ricevas profiton.

Ekster la teatro. Ŝi : " Mi timas, ke vi devis atendi por mi. Kiam vi efektive alvenis ? " *Li :* " Mi forgesas la precizan **daton.**"

La kelnero : Ĉu vi deziras manĝi por 1/6 (unu kaj ses) aŭ por 2/6 ? " *La kliento :* " Kio estas la diferenco ? " " Unu ŝilingo."

519. *Gasto*: " Mi foruzis la dent**pulvoron** en la banĉambro, ĉar mi ne povis trovi mian." *Mastrino*: " Sed estis nenia dentpulvoro tie. Tio estis la avino, kiun oni **kremaciis** antaŭ dek jaroj."

Amika helpo: Sur strato unu viro renkontis alian, kaj petis: " Bonvole direktu min al butiko, kie oni povas manĝi por unu ŝilingo." " Rigardu ! Jen **restoracio** bona kaj malkara." " Mi vin dankas. Kaj nun, ĉu vi povas montri al mi, kie trovi ŝilingon ? "

Kurioza *bilardo*. Sur la fenestro de restoracio estis **afiŝo** (*poster*, *placard*): KAFO KAĴ BILARDO. Patro kaj filo el apuda vilaĝo legis la afiŝon. Oni demandis al ili " Kion vi deziras ? " La filo respondis " Mi deziras kafon sen sukero." La patro diris " Kaj mi, bilardon kun sukero."

520. Kiuj loĝas en Francujo ? Ĉu **glacio** (*ice*) estas varma ? Ĉu la Angla lingvo estas facila ? Ĉu la modernaj dancoj estas belaj ? Al kiu nacio vi apartenas ? Ĉu vi preferas **biciklon** aŭ aŭton ? Se mi donas ion al vi, kiu estas la ricevanto ? la donanto ? Kiu lingvo estas facila por la Francoj ? Via malbona prononco agacas miajn **nervojn.**

CI, *THOU*

521. En poemoj oni ofte legas la vorton **ci**, kaj de tempo al **tempo** oni ĝin uzas en intima konversacio. Tamen en la ordinara vivo, eĉ en preĝo, oni pli ofte uzas *vi*. La uzo aŭ neuzo de *ci* estas afero de **stilo** kaj gusto. Mi cin amas. Donu al mi cian maneton. Kial ci ploras ? Kial vi cias min ?

THE ADVERB-ENDING -E

522. Words that add to the meaning of verbs (answering the questions *Where ? When ? How much ? How ?*) are "Adverbs" (of place, time, degree, manner). Many English adverbs end with *-ly* (524).*

In Esperanto some adverbs are " primary words " (=complete in themselves). E.g., **for, iom, nun, nur, tiam, tiel, tre, tro.** But any Esperanto root may be made into an adverb by adding **-E.** We have already seen examples in the words **bedaŭrinde, denove, eble, efektive, egale, kompreneble, multe, ofte, parte, subite, tute, vere.**

523. Li parolis **rapide,** sed **klare,** *quickly but clearly.* Respondu **ĝuste,** *Answer correctly.* Mi restas **ame (fidele, kore, sincere)** via (*lovingly, faithfully, heartily, sincerely*) *yours.* **Evidente** jes, *Evidently it is so.* **Certe** ne, *Certainly not.*

---

*But not every English word ending with *-ly* is an adverb. E.g., *lovely* **bela;** *holy* **sankta;** (*holily,* **sankte**).

524. (a) Agrabl- (diskret- ideal- inteligent- kruel- kviet- nobl- perfekt- preciz- publik- sekret- seren- sol- strang-) e.

(b) *Angri- (blind- happi- heavi- hoarse- impertinent- mad- modest- part- polite- proud- right- simpl- soft- sweet-) ly.*

(c) Abomen- (di- entuziasm- envi- erar- esper- glor- help- idiot- insist- interes- intim- kares- komfort- lert- logik- majest- metod- mok- pac- praktik- respekt-san-util-zorg-) e.

(d) *Preferably, naturally, abundantly, similarly, hesitatingly, moderately, persistently, thankfully, alphabetically, significantly, beautifully, noisily, flatteringly, dubiously, instructively, dangerously, individually.*

525. (a) Bela estas tiu, kiu bele agas. El fremda poŝo oni pagas facile. El fremda ledo oni trancâs larĝe. Bonfaron oni facile forgesas. Ni facile forgesas (tion), kio nin ne interesas. Honesta homo agas honeste. Barelo malplena sonas plej laŭte. Aŭskultas prudente (tiu), kiu aŭskultas atente. Malbona herbo kreskas rapide. Rapidu malrapide! Pripensu malrapide, kaj agu decide. Kiu iras trankvile, iras facile. Ne rapidu : trankvile decidu. Akvo profunda kuras trankvile.*

(b) Plej facile promeso **rimas** kun forgeso. Preĝu kore, laboru **fervore.** Kontrolu cîon, tenu **firme** tion, kio estas bona. La afero iras **glate** (*smoothly*). Vivi sate kaj glate. Vivi larĝe kaj lukse (*luxuriously*). Malbona **famo** (*rumour, report*) kuras rapide.

526. " Vi parolas Esperanton **tro** rapide." " Tute ne ! Vi aŭdas ĝin tro malrapide ! "

" Kiel vi progresas en la lernejo ? " " Bonege ! Eĉ la instruisto diras, ke li povas instrui al mi nenion."

Sir Isaac Newton eltrovis la **graviton.** Oni **rimarkas** (*notice*) ĝin **precipe** (*especially, principally*) en la aŭtuno, kiam la pomoj falas de la arboj.

Kuracisto. " Via koro batas tro malforte. Mi timas, ke vi estas grave malsana. Ĉu vi deziras iun vidi ? " *Paciento* : " Jes, alian kuraciston."

Ĝentila respondo. " Pardonu min, sinjoro. Vi estas ĝuste simila al (*exactly like*) persono kiun mi iam konis." " Kaj vi estas ĝuste simila al persono, kiun mi neniam konis, kaj neniam volis koni."

---

*Where fluvial aggregations lie
Uncorrugated to the eye,
Their currents, one infers, may be
Impressive in profundity.

527. Senpense, *thoughtlessly, without thinking.* Senlime. Senpacience. *Aim-* (*care- cause- change- end- fear- help- noise- painsense- sound-*) *lessly.* (206).

"Mia edzino neniam parolas senpense." " Ho **ve** (*Alas*) I Mia edzino neniam pensas senparole."

528. Sometimes it is easier to translate an Esperanto adverb by an adverbial phrase, than by one word in -*ly*.

Infane, *as-a-child, like-a-child, in-the-way-a-child-would; childishly.* Similarly : **amike, ave, bebe, elefante, file, fratine, fulme, kamarade, knabe, patrine.**

Similarly : Hejme, *at-home.* Poŝte, *by-post* (**bicikle, letere, ŝipe, telefone**). Momente, *for-a-moment.* Matene, *in-the-morning* (**detale, gratule, imite, skribe, vespere**). Garde, *on-guard* (**alte**). Krajone, *with-a-pencil* (**admire, bedaŭre, fingre, inke, mane, pene, plezure**).

529. Alie, *otherwise.* Bone, *well* (cp. **nu, puto, sana** !) : **malbone,** *badly.* Cetere, *for the matter of that.* Dise, *separately, here and there.* Fine, *at last.* Jene, *as follows.* Jese (Nee), *in the affirmative (negative).* Kutime, *usually, habitually.* Male, *on the contrary.* Sekve, *accordingly.* Kaj simile (k.s.), *and the like.* Treege, *exceedingly.* Troe, *in excess.* Vole-ne-vole, *willy-nilly.*

530. Ludo aparte kaj afero aparte. Kiu bone agas, timi ne bezonas. Kiu bone ŝmiras (*an allusion to* "*palm-oil* "), bone veturas.* Mi hejme sidis, nenion vidis. Eĉ hundo estas leono hejme. Granda **kranio** (*skull*), sed **interne** nenio. Agrabla estas gasto, se ne longe li restas. Inter lupoj kriu lupe. Grandaj fiŝoj naĝas profunde. Nenia **pak**eto restas longe sekreto.

531. Malgranda aspekte, sed granda **intelekte.** Feliĉo venas gute, malfeliĉo flue. Kiu mensogas kutime, mensogas sentime. Rido matene, ploro vespere. Vivu mizere, sed vivu libere. Pence saĝa kaj **punde** malsaĝa.

---

*Despise not wealth, nor heap on it abuse,
For cash and filthy lucre have their use.
Pecuniary agencies have force
To stimulate to speed the female horse.*

[115]

532. " Ĉu vi estas edzo ? " " Ne, mi estas fraŭlo." " Ĉu de longe ? "

" Vidi estas kredi, ĉu ne ? " " Ne ĉiam. **Ekzemple** (*for example*), mi vidas vin."

La malgranda ovo. " Tiu ovo estas tre malgranda ! Evidente la kokino ne sidis sur ĝi sufiĉe longe."

" Ĉu F-ino Grant estas hejme ? " " Bedaŭrinde, ne." " Ĉu vi estas certa pri tio ? " " Ĉu mi povas dubi ŝian vorton ? "

Enigmoj. Kiun filon oni vidas nur flanke ? (**Profilon**). —**Kiumotive** oni iras Londonon ? (**Lokomotive**). —Kial bonulo ne veturas omnibuse ? Ĉar li pied-iras (**pie diras**).

" Kion vi kredas ? " " Mi kredas tion, kion la **eklezio** kredas." " Kaj kion la eklezio kredas ? " " Kompreneble, kion mi kredas." " Nu, kion vi ambaŭ kredas ? " " Ni ambaŭ kredas same."

533. **Ambaŭflanke,** *on both sides.* **Ambaŭmane,** *with (in) both hands.* Rigardu **ambaŭokule.** Aŭskultu **ambaŭorele.**

Oni parolas **Esperante,** *Esperanto spoken.* Sidu (**mal**)**dekstre** de mi . . . *on my right (left).* Li loĝas (**mal**)**proksime** de mi . . . *close to (at a distance from) me.* **Antaŭ longe,** *long ago.* **Antaŭ ne longe,** *not long ago.* **Post ne longe,** *in a little while, after a short time.*

534. **Prunte,** *on loan.* **Prunti (prunte doni) al,** *to lend.* **Prunti (prunte preni) de,** *to borrow.*

" Pruntu al mi dek ŝilingojn." " Sed mi ne konas vin." " Ĝuste tial mi petas. Ĉiu, kiu min konas, rifuzas."

" Vi konis min dum multaj jaroj, ĉu ne ? " " Jes, certe." " Do pruntu al mi ombrelon." " Tute ne." " Kial ne ? " " Tial, ke mi konis vin dum multaj jaroj."

Mensa kalkulo. Vi promesis prunti al mi dek ŝilingojn. Sed vi efektive donis al mi nur kvin. Vi do ŝuldas al mi kvin. Sed mi ankaŭ ŝuldas kvin al vi. Do ni estas **kvitaj** (*even, square*).

535. (Li parolas) **Plej saĝe,** *most wisely;* **plej bone,** *best;* **plej malbone,** *worst;* **malplej bone,** *least well;* **malplej malbone,** *least badly.* Plej bone ridas, kiu laste ridas.

Tiu, kiu manĝas malplej multe, plej malsatas. Nu, tiu, kiu plej malsatas, manĝas plej multe. Do tiu, kiu manĝas malplej multe, manĝas plej multe !

536. *Aŭtomobilo* : Ĉambreto, kiu iras rapide sur la strato kaj faras malbonan odoron. *Dancas* : elegante levas la piedojn. *Deziras:* malforte volas. *Volas* : forte deziras. *Ĝentila* : parolas kaj agas elegante. *Kontrolas* : rigardas : " Ĉu ĝi estas bona ? " *Kato* : la besto, kiu kantas nokte sur la tegmento.

537. *** *Printempe* (en la printempo) la vetero estas bela. Ĉio estas juna kaj dolĉa. **Alterne** brilas la suno kaj falas pluveto. La kampoj verdas, la arboj **burĝonas** (*bud*), la birdoj kantas. Mi enspiras la freŝan aeron. Mi **flaras** (*smell*) la florojn. Mi rigardas la ŝafidojn. Mi aŭskultas la birdojn. Mia koro kantas kun ili.

538. *** *Somere* la tagoj estas longaj; la suno brilas hele. La ĉielo bluas. La vetero estas tre varma, sed la vesperoj estas agrablaj kaj eĉ malvarmetaj. Mi libertempas (**ferias**). Mi ripozas post jara laboro. Mi promenas, naĝas, remas, kaj ludas tenison. Vespere mi legas Esperantajn librojn. Mi **ĝuas** (*enjoy*) la vivon. Mi ĝojas vivi.

539. Sur la ĉevaleto
Rajdas la knabeto (*knabineto*)
Rajdas li (*ŝi*) sentime
For kaj malproksime;

Rajdas sur ĉevalo
Trans la mont'* kaj valo.
Hi, ho, hi !
Sur ĉevalo rajdas li (*ŝi*) !

540. Ĉiu-tag (-jar -monat -nokt)e. Tiumaniere, tiumomente. Aliloke, alimaniere, alivorte, bonvole, iumomente, kiuhore, propravole, ver-dire.

541. *Answer by adverbs ending in* -e. Kiulingve vi parolas ? Kiuj parolas Estone ? Ĉu vi preferas dormi tage aŭ nokte ? **Kiam** vi matenmanĝas (vespermanĝas) ? la tagoj estas longaj ? la neĝo falas ?

ADVERBS FORMED FROM PREPOSITIONS

542. (a) Compare : Li kuris **apud** mi (preposition) (96); li kuris **apude** (*near by*) (adverb).

Li marŝis **antaŭe** (*in front*). Laboru **antaŭe** (*beforehand*), ludu **poste** (*afterwards*). Ne staru **ĉirkaŭe** (*all round*). **Dume** (*meanwhile*) paciencu. Atendu min **ekstere** (*outside*). **Kontraŭe** (*on the contrary*). Ili kantis **kune** (*together*). Venu **kune kun** (*along with, together with*) mi. **Ĉi-kune** (*herewith*) mi sendas la monon. **Sube** (*underneath*) estas karbo. Ili loĝas **transe** (*on the other side*).

---

*In verse the ending -o may be replaced by an apostrophe, thus : **kat', katin', mont'** (=kato, katino, monto). **Por hom' inteligenta, ĝi estas evidenta.** The accented syllable remains the same.

(b) Malantaŭe mizero—antaŭe malespero ! Nun promeso
—poste forgeso. Antaŭe kion vi devas, poste kion vi volas.
Forfluis infano kune kun la bano. Ekstere honoro, interne
doloro. Bovo estas danĝera antaŭe, ĉevalo malantaŭe,
malsaĝulo ĉiuflanke. Antaŭe **intencu,** kaj poste komencu.

543. Kial ne meti du **komojn** kune ? Ĉar komparo (kom-**paro**)
estas malagrabla.

Elefanto : oblonga besto, kun unu vosto antaŭe kaj unu malantaŭe.

" Kial vi portas la ŝtrumpojn kun la interno ekstere ? " " Ĉar
aliflanke estas truo."

Kiom da kruroj havas ĉevalo ? Dek du. Nome : du antaŭe, du
malantaŭe, du dekstre, du maldekstre, kaj unu en ĉiu angulo.

" Vi malbona infano ! Kial vi batas vian etan fraton ? " " Ĉar
li trinkis la inkon, kaj poste rifuzis manĝi la sorban paperon, kiun
mi donis al li."

Li : " Ĉu vi memoras tiun nokton, kiam mi konfesis al vi mian
amon ? " *Ŝi* : " Jes, karulo." " Ni sidis kune tutan horon, kaj
vi nenion diris. Ho ve ! tiu estis la plej feliĉa horo en mia vivo."

THE ENDING -EN

544. **-EN** (=*ward, -wards, towards, in the direction of*) is
simply the accusative of direction (442) after an adverb of
place. We have already used **kieN** (= **AL kie**) (=*whither,
TO where*); **tieN** (=**AL tie**) (=*thither, TO there*).

545. **Ien,** *somewhither.* **Nenien,** *nowhither* (2 Kings 5/25).
Ĉien, *everywhither.* **Venu ĉi tien,** *Come here (hither).*
Aliloken, *somewhere else.* **La hejmena vojo** (or, **La vojo
hejmen**), *the homeward road.*

546. Li iris (rigardis) **antaŭen,** *forwards;* **ĉielen,** *heavenwards;*
ĉirkaŭen, *all round;* **eksteren,** (*to*) *outside, outwards;* **enen, inter-
nen,** *inwards;* **flanken,** *to the side;* **foren, malproksimen,** *to the
distance;* **hejmen,** *home(wards);* **malantaŭen, posten,** *backwards,
to the rear;* **malsupren, suben,** *downwards;* **maren,** *seawards;*
mezen, *to the middle;* **norden,** *towards the north;* **orienten,** *to the
east, eastwards;* **supren,** *upwards;* **transen,** *towards the other side;*
valen, *towards the valley.*

547. Kiu tro alten **svingas,** nenion atingas. Ĉiam
antaŭen ! Kun Dio ĉien; sen Dio nenien. Liberulo iras
(tien), kien li deziras. Li tenas la nazon supren ! Kien
iri ? (504).

548. *Butiko* : loko, kien oni eniras kun mono kaj eliras sen mono.

" Kial la kato suprenlevas la voston ? "   " Ĉar la vosto ne povas levi la katon."

" Mia edzino neniam demandas, kien mi iras."   " Mi tute komprenas. Mia edzino same akompanas min ĉien."

" Kial vi ne iris hejmen ? "   " Ĉar mia edzino estas **furioza**."
" Kial ŝi furiozas ? "   " Ĉar mi ne iris hejmen."

549. La patrino rigardis la filon. Liaj haroj estis malordaj. Ŝi vokis lin. Ŝi **kombis** liajn harojn. Ŝi enfrotis **brilantinon**. Ŝi kombis liajn harojn antaŭe, malantaŭe, kaj flanke. Ŝi brosis ilin flanken (dekstren kaj maldekstren) kaj malantaŭen. Fine ili estis ordaj.

550. Jack promenis sur la trotuaro.   Li rigardis antaŭen, kaj vidis Tom sur la kontraŭa trotuaro. Li vokis " Tom ! Tom ! ", sed la strato estis tre brua, kaj Tom ne aŭdis lin. Do li vokis denove. Tom aŭdis la voĉon, rigardis ĉirkaŭen kaj malantaŭen, kaj fine vidis la kamaradon. Li respondis " Kion vi volas ? Mi ne aŭdas ". Jack metis ambaŭ manojn al la buŝo, kaj kriis " Venu kaj ludu kun mi. Ĉu vi estas surda ? ".   Tom metis la manon al la orelo, kaj respondis " Nun mi aŭdas tute bone : mi ne estas surda ".

551. *Where are you running (to) ? That road leads nowhere. March northwards. Row in-the-direction-of-the-sea. Go upwards. Call him across. I must go somewhere. Look heavenwards ! Aim high !*

EACH OTHER, ONE ANOTHER

552. **Ni amas unu la alian** (*each other*) (*two persons*). Ni amas **unu la aliajn** (*one another*) (*more than two*).   Ni amas nin **reciproke** (*reciprocally, mutually*).   Ili ne parolis **unu al la alia** (*to each other*).

553. (a) La **kverelo.**   *Etelo* : " Kial vi kaj Tom ne parolas unu al la alia nuntempe ? "   *Doro* : " Ni havis **teruran** (*terrible*) disputon pri la demando, kiu el ni pli amas la alian."

(b) Ni ne povas aŭdi unu alian (aŭdi nin) paroli. Vi ne similas unu la alian. Kial vi portas la ĉapelojn unu de la alia ?

(c) *Stand near each other* (unu apud la alia). Similarly : *They are fighting one another. They are ready to die for each other. They fall one after another. Don't complain about one another. Why stand in front of one another ?*

THE KIEL FAMILY (*MANNER*)

554·

-EL=" *in . . . manner* "
(think of " ele*gant
manner,*" or " *Well-
mannered.*" Kiel=
kiumaniere, etc.

" EL *doth tell*
HOW *it befell.*"

KIEL, *in what way, how, as, like,
by what means.*

TIEL, *in that way, thus, so, like
that, by that means.*

IEL, *in some (any) way, somehow or
other, by some means.*

ĈIEL, *in every way, in all sorts of
ways.*

NENIEL, *in no way, nohow, not at
all, no wise, by no means.*

555. Ni **iel** (*in some way*) aranĝis la aferon. Ĉu mi povas
iel (*in any way*) vin helpi (382) ? Mi **neniel** povas kompreni,
I can nohow understand. Ĉiel (*in every way*) tio estas bona
plano. Ĉi **tiel,** *in this way, like this.*

KIEL (*HOW*). Li instruas fiŝon, kiel naĝi. Kiel bona
estas vorto en la ĝusta tempo ! Ne rigardu la vinon, kiel
ruĝa ĝi estas, kiel ĝi brilas en la pokalo, kiel bone ĝi eniras !

556. Amiko, kiu renkontas ĝemelinon (*twin*) : " Bonan tagon,
F-ino Brun. Kiel ĉarma vi (aŭ via fratino) aspektas ! "

Kapitano montris al sinjorino **kompason.** " Sed, kapitano," ŝi
diris " ĝi montras nur al la **nordo.** Kiel vi scias, kie estas la **sudo** ? "

Inter pianinstruistoj. " Kiel progresas via lernantino ? " " Ŝi
sekvas la konsilon de la **Evangelio** : ŝia maldekstra mano ne scias,
kion faras la dekstra."

La lasta vorto. " Kiam mi disputas kun la edzino, mi ĉiam
havas la lastan vorton." " Kiel vi aranĝas tion ? " " Mi diras
' Mia kara, vi estas tute prava.' "

557. **Kiel** oni progresas, se oni estas diligenta ? plaĉas al vi Esper-
anto ? la vento blovas ? maristo vojaĝas ? abelo laboras ? la
suno brilas ? aglo flugas ? rano saltas ? F-ino D. dancas (legas,
parolas, marŝas, kantas) ? vi alvenis (bicikle, piede, omnibuse, trame,
vagonare)?

558. **KIEL** (*AS*). Faru, kiel mi diras, ne kiel mi faras.
Li komprenas predikon, kiel bovo muzikon. Ne vivu kiel vi
volas; vivu kiel vi povas. Ĝi tuŝas lin, kiel akvo anseron.
Li vivas sur la tero, kiel en infero.

559. **KIEL** (*LIKE*). Kunvivi kiel kato kaj hundo. (N.B. **Kiel** *transposed=like*). Vivi kiel kuko en butero. Grati kiel kato. Kuri kiel fulmo. Trinki kiel fiŝo. Malaperi kiel vaporo, kiel ŝtono en maron. Mensogi kiel **funebra** (*funeral*) parolo.

Tremi (*tremble*) kiel aŭtuna folio. **Barakti** (*struggle*) kiel fiŝo ekster akvo. Ĝi mordas kiel serpento kaj pikas kiel **vipuro** (*viper*).

560. **TIEL** (*THUS, SO*). Tiel forpasas la gloro de la mondo. Tiel estas, tiel restas. Bojas hundido, ĉar tiel faras la hundo. Vi sekretas al edzino, ŝi sekretas al fratino, kaj tiel la sekreto promenas sen fino.

561. Mi miras, ke vi portis la knabeton al la funebra ceremonio. Kian plezuron povas ricevi el tio infano tiel juna ?

La vento estas tiel forta, ke se mi ne tenas mian ĉapelon sub la brako, ĝi ne restas sur la kapo.

Vi estas tiel simila al via frato, ke vere mi ne scias, kiu el vi mortis. Ĉu ĝi estis vi aŭ li ?

La polvaj seĝoj. *Mastrino* : " Kial la polvo kuŝas tiel dike sur la seĝoj ? " *Servistino* : " Ĉar neniu sidis sur ili dum la lasta semajno."

" Kial vi marŝas tiel frue en la mateno ? " " Mi serĉas apetiton por mia manĝo. Kaj vi ? " " Mi ? Ho, mi serĉas manĝon por mia apetito."

" Kial vi estas tiel malpura ? " " Mi falis en la **koton** (*mud*)." " Sed kun via nova pantalono ! " " Nu, mi ne povis ĝin forpreni, dum mi falis."

" Tiu **simio** (*monkey*) iel similas la avon, ĉu ne, patro ? " " Silentu, kara ! Ne parolu tiel malĝentile." " Sed la simio ne vidis la avon, ĉu ? "

Paciento : " Kion fari ? Mi ne povas dormi, ĉar kiam mi komencas dormi, mi **ronkas** (*snore*) tiel laŭte, ke mi vekas min." *Kuracisto* : " Dormu en alia ĉambro, do."

" Kial vi estas tiel malĝoja ? " " Ĉio okazas malĝuste ! Mia filino, kiu ludas la pianon, havas malsanan **gorĝon** (*throat*), kaj mia edzino, kiu kantas, vundis la manon."

" Kiam Schiller estis junulo, li kutimis (*used*) ludi la harpon. Amiko diris al li : " Vi muzikas kiel David, sed ne tiel bone." Li **respondis** : " Vi parolas kiel Salomono, sed ne tiel saĝe."

562. LA **KORVO** (CROW) KAJ LA PAVO

Al korvo iam diris pavo :	" Nu ! Mian vost on mi konservas,"
" Vi estas tre malbela !	Respondis ĝi sen flato;
Rigardu min, kun vosto kiel	" Sed viajn plumojn oni vendas
La ĉielarko hela ! "	Sur ĉiu urba strato."

563. Sinceraj vortoj en la klasĉambro. *Begin, please. The lesson is not at all difficult. Why do you not pronounce correctly* (ĝuste) *! Are you tired ? Or don't you remember easily ? Usually your pronunciation is pretty* (sufiĉe) *bad, but now it is atrocious. Mr. C's pronunciation is too national : too English* (too German, too French)*. Certainly it is not international. Unfortunately your vowels* e *and* o *are not pure. What terrible pronunciation ! You are-murdering* (**murd**) *the language. You set my nerves on edge. I almost lose patience when I hear you.*

How well you read ! What perfect speech ! You pronounce like Zamenhof, not like a beginner at all ! I sincerely congratulate you. Your progress is really extraordinary.

TIEL . . . KIEL (*DEGREE*)

564. **Tiel** . . . **kiel,** *as* . . . *as.* **Ne tiel** . . . **kiel,** *not so* . . .*as.* (Ta**k**e **K**are to say **Tiel** . . . **Kiel** normally in this order.)

Mi estas **tiel** alta, **kiel** vi (*as tall as you*), sed **ne tiel** alta, **kiel** ŝi (*not so tall as she*). Agneso estas **tiel** bela, **kiel** Klaro; sed **ne tiel** bela, **kiel** Margareto.*

565. Neniu estas tiel blinda, kiel tiu, kiu ne volas vidi. Neniu estas tiel stulta, kiel tiu, kiu ne volas lerni. La diablo ne estas tiel malbela, kiel oni lin pentras. Kiel li meritis, tiel li profitis. Kiel oni **sternas** (*spreads, lays out*), tiel oni dormas. Kiel oni vin vidas, tiel oni vin **taksas** (*rate, judge the value of*).

566. " Oni devas skribi en Esperanto tiel same, kiel (*just in the same way as*) oni parolas." " Sed kiel fari tion, se oni parolas tra la nazo ? "

567. (Tiel) klara, kiel **kristalo,** (*as*) *clear as crystal.* Malpeza, kiel plumo. Malriĉa, kiel Ijob (kiel muso preĝeja). Malsaĝa, kiel ŝtipo (*block of wood*). Mola, kiel **vakso.** Nigra, kiel **fulgo** (*soot*). **Obstina,** kiel kapro (mulo). Peza, kiel **plumbo** (*lead*). Ruĝa, kiel **bero.** Saĝa,kiel Salomono. Sobra, kiel juĝisto. Vera, kiel vorto de profeto.

568. (*As*) *deep as the sea, faithful as a dog, firm as a rock, free as the wind, fresh as the morning, good as gold, happy as a king, quick as lightning, smooth as silk, soft as butter, strong as a lion, sweet as honey, welcome as the flowers in May, white as snow.*

---

*In these *comparisons of degree* some would say : **tiom** *alta,* **kiom** *vi.* This is not advisable.

KIEL EBLE PLEJ

569. (a) Ĝi estas **kiel eble plej** bona, *as good as possible.*
Li agas **kiel eble plej** bone, *as well as possible.* (Common
abbreviation : **k.e.p.**).

(b) *She is as quick as possible. Read as fast as possible. Finish
the work as quickly as possible. Come as often as possible.*

PLI, MALPLI

570. **PLI**=*more*, *-er* (comparison between two objects).
Pli bela, *more beautiful.* **Pli akra**, *sharper*; **pli malakra**,
blunter. **Pli sana**, *better (in health)*; **pli bona**, *better (in
quality).* **Pli malsana (malbona)**, *worse.* **Pli juna**,
younger; **pli nova**, *newer*; **pli maljuna (malnova)**, *older*
(according to sense). **Pli kaj pli**, *more and more.*

571. **MALPLI**=*less.* **Malpli akra**, *less sharp* (both are
sharp). **Malpli malakra**, *less blunt* (both are blunt). **Malpli
bona**, *less good*; **malpli malbona**, *less bad.* **Pli aŭ malpli**,
pli-malpli, *more or less.*

572. **Li parolis pli saĝe**, *more wisely*; **pli bone**, *better*;
pli malbone, *worse*; **malpli bone**, *less well.*

573. Mi amas la pacon, sed mi pli amas la veron. Pli
bona estas malamiko de bona Amiko estas kara, sed vero
pli kara. El du malbonoj elektu la malpli grandan. Malpli
esperu; pli **konsideru.** *Mortas* : iras en pli bonan mondon.

574. " Mi ripetas : Unu homo estas tiel bona, kiel alia." " Kom-
preneble ! Kaj eĉ multe pli bona ! "

Kuracisto : " Via tuso ne plaĉas al mi." " *Paciento* : " Bedaŭrinde,
mi ne havas pli bonan." " Tamen vi aspektas pli sana." " Ho,
jes ! Mi sekvis vian averton : mi lasis la korkon firme en la
medikamenta botelo."

575. (a) *Clearer, staler, blacker, shallower, freer, noisier; more
competent, less windy.*

(b) *Paper is white, but snow is whiter. Read more clearly, more
often, and a larger amount* (pli multe). *That is better. Your work*

cannot be worse. You are speaking worse and worse. Cannot you do better? Speak more clearly, more grammatically, less hesitatingly. Read a-little more slowly and carefully.

(c) Bela, pli bela, malpli bela, pli malbela, malpli malbela. *Repeat, changing* bela *to* bele. *Repeat with the root* fort.

OL

576. PLI . . . OL, *more . . . than.* **MALPLI . . . OL,** *less . . . than.* Cp. **Plej . . . el** (370).

577. (a) Pli bona io, ol nenio. Pli bona pano sen butero, ol dolĉa kuko sen libero. Pli bona amiko intima, ol parenco malproksima. Pli bone malfrue, ol neniam. Pli feliĉa estas donanto, ol prenanto. (*The comma is optional, but in long sentences adds to clarity*).

(b) Afabla vorto pli atingas, ol forto. Volo kaj sento faras pli, ol prudento. Simio al simio plaĉas pli, ol ĉio. Unu vido taŭgas pli, ol dek aŭdoj. Pli tiras virina haro, ol ĉevala paro. Unu amiko malnova pli valoras, ol du novaj. Pli valoras interkonsento, ol juĝa dokumento. Du okuloj vidas pli, ol unu. Pli zorgas unu patrino pri dek infanoj, ol dek infanoj pri unu patrino. Rusto **konsumas** pli multe, ol uzo. Virina rideto pli kaptas, ol **reto** (*net*). Okuloj pli grandaj, ol la **ventro** (*belly*). Lakto estas pli **nutra,** ol **vino** (wine).

578. Kial blankaj ŝafoj manĝas pli multe, ol **nigraj?** (Ĉar ili estas pli multe-nombraj).

Nenio estas pli bona, ol saĝo. Nu : pan**krusto** estas pli bona, ol nenio. Do pankrusto estas pli bona, ol saĝo.

La ĝentila botisto. " Unu el miaj piedoj estas pli granda ol la alia, ĉu ne ? " " Tute male, sinjorino : unu estas pli malgranda, ol la alia ! "

Profesoro : " La cerbo de viro estas pli granda, ol la cerbo de virino. Kion tio pruvas ? " *Lernantino* : " Ke gravas ne kvanto, sed kvalito."

" Kiel vi progresas en la lernejo ? " " Bonege ! Mi nun lernis diri *Dankon* kaj *Mi petas* en la Franca lingvo." " Nu, tio estas pli, ol vi lernis diri Angle ! "

Episkopo (*bishop*) tre maljuna ne povis facile leviĝi el la seĝo. Malgranda knabino proponis al li helpon. " Vi estas kara knabineto!" li diris. " Sed ĉu vi estas sufiĉe forta ? " " Ho, jes ! Mi helpas paĉjon, kiam li estas multe pli **ebria** (*drunk*), ol vi."

579. (a) *I have fresher bread than you. My tea is warmer than hers but less warm than yours. In the winter the night is longer than the day : but in the summer, on the contrary, it is less long than the day. Wisdom is better than strength. Better a man without money, than money without a man. A daughter more lovely than the lovely mother ! Thought is deeper than speech. The looker-on sees more than the player. My uncle's house is newer than ours, but ours is larger.*

(b) *Modelo* : Vi estas **pli** aĝa, **ol** mi. (*Use a different adjective or adverb in each case.*) Aglo . . . kanario. La nepo . . . la avo. Hundo . . . ĉevalo. Nenio . . . neĝo. Kokino flugas . . . aglo. Kanario kantas . . . papago. La lernanto skribas . . . la instruisto.

(c) Aŭstralio estas **pli** granda, **ol** Skotlando. Do S. estas **malpli** granda, **ol** A. *Same* : La suno . . . granda . . . la luno. Fero . . . peza . . . ligno. Kartono . . . dika . . . papero. Glacio . . . malvarma . . . akvo.

Varianto. Skotlando estas malpli granda, ol Aŭstralio. Do . . .

(d) **Kiu** (el la du) iras pli rapide : biciklo aŭ **aeroplano ?** Vaporŝipo aŭ velŝipo ? Kiu lumas pli hele (donas pli helan lumon) : la suno aŭ la luno ? la luno aŭ la steloj ? kandelo aŭ **elektra** lampo ?

(e) **Kiu estas pli** *granda* : elefanto **aŭ** muso ? li aŭ ŝi ? *facila* : la Latina lingvo aŭ Esperanto ? *forta* : vi aŭ mi ? *inteligenta* : knabo aŭ knabino ? *komforta* : benko aŭ brakseĝo ? *longa* : krajono aŭ plumo ? *profunda* : la maro aŭ rivero ? *proksima* : Aŭstralio aŭ Islando ? *valora* : amo aŭ mono ?

Varianto : Kiu estas **pli malgranda ?** (**malpli granda ?**)

580. OL may follow words like **alia, malsama, prefere,** which contain the idea of comparison. **Alia ol mi,** *other than I.* **Ne alie, ol piede,** *not otherwise-than* (*only*) *on foot.* **Prefere ol fari tion,** *rather than do that.* **Mi preferas (plivolas) panon ol** (*to*) **kukon. Mi opinias malsame, ol** (*from*) **vi.**

581. (a) *Place* pli, malpli, plej, malplej, *before the following words, and translate* : utila, malgranda, rapide, klare.

(b) En la klaso ĉiu knabino estis bona. Hildo estis pli bona ol Filiso, kiu estis la malplej bona el la ĉiuj. Tamen, kvankam ŝi estis tiel bona, kiel ŝi povis esti, ŝi estis malpli bona, ol (aŭ, ŝi ne estis tiel bona, kiel) Matildo, kiu estis kiel eble plej bona : efektive, la plej bona el la ĉiuj.

Kontraŭe, ĉiu knabo estis malbona. Danielo estis pli malbona ol Roberto, kiu estis la malplej malbona el la ĉiuj; sed li estis malpli malbona, ol (aŭ, ne tiel malbona, kiel) Edmundo, kiu estis kiel eble plej malbona : efektive, la plej malbona el la ĉiuj.

(c) *Repeat, substituting* laboris (mal)bone *for* estis (mal)bona.

582. **PLU**=*further, more (duration, continuance, as to time or space).* **Mi NE PLU povas kanti,** *I can sing no more (no longer).* **Neniam plu,** *nevermore.* **Kaj tiel plu (k.t.p.),** *and so on.* **Unu paŝo plu,** *one step further.*

Compare **PLI** *(comparison of quantity).* **Mi ne trinkis pli (multe), ol vi.** But **Mi ne plu trinkis** (=*mi ĉesis trinki*).

Plie, plue, *moreover* (**plie**=*in addition, to a greater degree*; **plue**=*furthermore, in continuation*). The difference is slight, and often either word is equally applicable.

583. **Faru tion, kaj ne plu diskutu pri ĝi. Ne plu parolu.** **Formorti, dormi, kaj nenio plu. La plua iro de la afero ne interesis min. Sen plua parolo.**

584. " Tiuj du amikoj similas **parafinon,** ĉu ne ? " " Kial ? " " Nu, ili malpacis, kaj ne plu iras kune." " Do, *para fino* ! "

585. *You are no longer young. I don't wish to say (any) more. Don't say more than you wish. She is no longer a girl, but one of the most beautiful of women. Her eyes are bluer than the sky, and her hair(s) more golden than the sun. She is even more beautiful than her mother was, when she (tiu) (426) was a girl. And she sings more beautifully than an angel.*

MORE ELLIPTICAL PHRASES

586. **Mi amas lin pli, ol (mi amas) vin,** *I love him more than (I love) you.* **Mi amas lin pli, ol vi (amas lin),** *I love him more than you (do).* **Mi amas vin tiel varme (a) kiel mia frato (amas vin),** *as my brother does;* (b) **kiel (mi amas) mian fraton,** *as (I love) my brother.* **Vi traktas min** (*You treat me*) (a) **kiel infano,** *as a child (would treat me);* (b) **kiel infanon** (*like a child*=*as you would treat a child*).

587. **Mi amas vin pli, ol** (a) **mia frato**; (b) **mian fraton.** **Efektive, mi vin amas kiel** (a) **fratino**; (b) **fratinon. Mi ŝin helpis kiel** (a) **patrino,** (b) **patrinon.** **Li min petis kiel** (a) **instruisto,** (b) **instruiston.** **Li parolis al mi kiel** (a) **edzo;** (b) **al edzo.** **Ili ludis kun ni kiel** (a) **katoj,** (b) **kun katoj. La scion ŝatu pli, ol plej puran oron** (Sent. 8/10).

588. *I love you (a) as a brother (would); (b) as I (should love) a brother. She treats us better than (a) children (would); (b) (she would treat) children. He guided me (like) (as) a blind man (both meanings). She follows him (like) (as) a dog (both meanings).*

589. Translate, using " n " when necessary. *She treated the patients like babies. I can read you like a book. He wore it as a hat. He ate like a pig. She drank like a fish. She drank wine like water. You talk like a professor. You must behave like a good boy. We sold them like hot cakes. I admire her more than (a) the others (do); (b) (I admire) the others.*

ĈE

590. **ĈE** (prep.)=*at*, etc. It shows COINCIDENCE.

(a) OF PLACE (Cp. **apud**=merely *close to*). **Stari ĉe la pordo** (*at the door*). **Sidi ĉe la fajro** (*by the fire*). **Maldika ĉe la talio** (*at the waist*). **Ĉe la apoteko**, *at the chemist's*. **Teni ion ĉemane** (**ĉe la mano**), *at one's hand*. **Kaptu lin ĉe la gorĝo** (*by the throat*). **Aĉetu tion ĉe li** (*of him*). **Weston ĉe la maro** (*on-sea*). **Koro ĉe koro**, *heart to heart*. **Ĉeesti kunvenon**, *to attend (be present at) a meeting*.

Ĉe ni may mean *at our house, with us* (e.g., **loĝi ĉe ni**), but it does not necessarily mean this. **Ĉe ni**, *in our case (country, house, circle, etc.)* **oni tion ne faras**. **Ĉe la Grekoj**, *amongst the Greeks*.

(b) OF SOME OTHER CIRCUMSTANCE. **Ĉe lia veno**, *on (at) his arrival*. **Ĉe tio** (*on that*), **li forkuris**. **Mi lin kaptis ĉe la ago** (*in the act*). **Ĉe lumo de lampo**, *by lamplight*. **Ĉe** (*in the case of, with*) **tro ĝentila ekstero mankas ofte sincero**.

591. Ĉe botisto la ŝuo estas ĉiam kun truo. Komencu ĉe la komenco. Restu, tajloro, ĉe via laboro. Ĉio estas **justa** ĉe amo kaj milito. Ĉe la puraj ĉio estas pura, sed ĉe la malpuraj nenio estas pura. Ĉe kiu estas malpaco ? . . . Ĉe tiuj, kiuj sidas malfrue ĉe vino. Ĉe vulpoj naskiĝas nur vulpoj. Neniu rivero estas granda ĉe la fonto.

592. Sidu ĉe la tablo (fenestro, muro). Atendu min ĉe la teatro. Mi loĝas ĉe mia onklo. Li staris ĉe mia dekstra mano. Si libertempas ĉe la maro. Ĉe lia vizito ĉio estis en ordo. Aĉetu la libron ĉe la B.E.A. Tian **esprimon** (*expression*) oni ne trovas ĉe aŭtoro bona.

593. If in doubt whether to use ĉe or en, choose en. Li naskiĝis en Skotlando, sed loĝas nun en Londono. Li estas profesoro ĉe la Universitato. Ĝi estas ĉe mia mano, sed ne en mia mano.

594. Like its German equivalent *bei*, ĉe does not take the accusative of direction. Write Iru al li (al lia domo), not Iru ĉe lin.

595. *Enigmoj.* Kial ĉevalo ne volas iri al la montoj ? (Ĉar ĝi devas resti *ĉe valo*). —Kion signifas " Kulpoj viro malpaco edzino kulpoj " ? (1191).

Ĉe la telefono. "Nu, Gertrudo, kion vi faras ? " "Ĝuste nun mi telefonas, paĉjo."

Patro: " Kial vi ĉiam estas ĉe la malsupro de via klaso ? " *Filo*: " Ho, tio ne gravas, ĉar ambaŭfine ni lernas la samajn aferojn."

Patrino: " Vi neniam vidis *min* **konduti** (*behave*) malbone ĉe la tablo." *Filino*: " Nu ! Mi ne konis vin, kiam vi estis eta knabino."

En ekspozicio. Oni montris la kranion de Cromwell. "Ĝi estas falsa," protestis ĉeestanto. " Cromwell havis kapon grandan, kaj tiu kranio certe apartenis al infano." " Nu ! " respondis la montristo. " Tio estas la kapo de Cromwell, kiam li estis infano ! "

596. *La familio.* Vespere (en la vespero) la avo sidas ĉe la fajro kaj fumas pipon. La avino portas okulvitrojn kaj trikas ŝtrumpojn. La patro sidas ĉe la tablo kaj skribas en granda libro. La patrino silente kudras. La filo lernas aritmetikon. La filino brodas poŝtukon. La infaneto kuŝas sur la planko kaj ludas kun katido.

597.   " Ba, ba, ŝafo ! Ĉu vi havas lanon ? "
        " Jes, tri sakojn : prenu en la manon !
        Unu por la mastro, unu por mastrin',
        Kaj unu por la eta knabo ĉe la strata fin'.' "

PRO

598. **PRO** (prep.)=*on-account-of, by-reason-of, owing-to, because-of, (in-exchange-)for.* Cp. *quid pro quo.* Generally

      Por looks *forward* : to the result.

      Pro looks *backward* : to the cause.

Multe ŝi ploris pro li (*on his account, owing to him*). **Pro ĉielo !** *For heaven's sake !* **Pro kio** (=kial) **vi venis ?** *Why did you come ? What made you come ?* **Por kio vi venis ?** *What did you come for ?* **Pro tio, ke** (*or*, Tial, ke) . . . *because, for the reason that* . . . (stronger than ĉar).

599. *Zamenhof* usually *prefers* **de** *for direct cause* (*agent*). Morti **de** glavo, morti **pro** la patrolando. Salti **de** surprizo, morti **de** ĉagreno, tremi **de** malvarmo. Malpura **de** laboro. Often, when **pro** is used, **de** would be better.

600. Post tio, sed ne pro tio. Batali pro̍honoro. Mi vin dankas pro via letero. Pro manko de tempo mi ne povis respondi antaŭe. Mi venis pro serioza afero. Mi amas Anglujon pro ĝiaj heĝoj. Okulon pro okulo, kaj denton pro dento. Kio doloras, pro tio **ni** ploras. Pro vorta ludo li eĉ patron ne **domaĝas** (*spare*).*

601. "Vi do konfesas, ke vi murdis viajn gepatrojn?" "Jes. Sed mi petas **indulgon** (*let off lightly*) pro tio, ke mi estas **orfo**."

"Kial ĝirafo havas longan kolon?" "Ĝi estas necesa pro tio, ke la kapo de la ĝirafo estas tiel malproksima de ĝiaj ŝultroj."

La **ruza** *knabo.* "Ĉu vi punas infanon pro ago, kiun li ne faris?" "Kompreneble ne. Kial vi demandas?" "Nu, mi ne lernis mian lecionon."

602.   INFANA PREĜO

Kara Dio,	Dank' pro pano,
Mi vin dankas,	Dank' pro sano,
Ke nenio	Haleluja !
Al mi mankas.	Amen.

603. *I have-come owing-to your telegram. On-account-of my promise I must be-silent. You deserve praise for your tireless work. Don't run away because-of the danger. He was chosen* (Oni elektis lin) *by-reason-of his age.*

KOLOROJ (127)

(*The new words in this chapter are for reference : they need not all be learned at once*)

604. (a) Blanka, blua, blonda, bruna, flava, griza, **iriza** (*rainbow-coloured*), **karmezina** (*crimson*), nigra, **punca** (*poppy-red*), purpura, ruĝa, **skarlata**, verda.

(b) *Black cloth, blue sky, blond head, brown horse, crimson dahlia, grey cloud, green grass, poppy-red flower, purple silk, rainbow silk, red book, scarlet ribbon, white paper, yellow tulip.*

*****Domaĝi**=*to wish to keep intact* (*unspoiled, whole*), *fear to damage* (*lose, spend*). **Domaĝi** (*begrudge*) **la monon** (*tempon*). **Li restis hejme en pluva vetero ĉar li domaĝis** (*did not wish to spoil*) **la ĉapelon. Dio domaĝis** (*spared*) **Nineven** (Jona 4/10). **Cp. difekti**, *to damage.*

605. (a) Names of colours may be formed from objects, thus: **linkolora**, *flaxen*; **malvkolora**, *mallow-coloured, mauve*; **pulkolora**, *flea-coloured, puce*; **pajlkolora**, etc. Often it is sufficiently clear to omit **-kolor-**, thus: **malva, roza,** etc.

(b) *Form names of colours from* ardez, arĝent, brik, ĉeriz, ĉokolad, **ebon**, flam, **gumigut** (*gamboge*), **heliotrop, indig,** kaf, kanari, **karmin,** karot, **kaŝtan** (*chestnut*), krem, lavend, limon, mus, mustard, **okr,** oliv, or, oranĝ, plumb, **primol** (*primrose*), **ruben** (*ruby*), **safir, safran, salm, salvi** (*sage*), **sepi, siring** (*lilac*), **smerald** (*emerald*), **tan,** viol.

606. Verdo (verdkoloro) konsistas el flavo kaj bluo.   Bruno . . . purpuro . . . oranĝo.   Ardezo . . . purpuro . . .verdo.   Olivo . . . oranĝo . . . verdo.   El kio konsistas verdo ?   purpuro ?   oranĝo ? bruno ?   ardezo ?   olivo ?

607. (a) Compound words. **Bluverda, blue verda,** *bluish green*; **verdblua, verde blua,** *greenish blue*, etc.   **Flavbruna,** *fawn*; **brungriza,** *drab*; **ruĝbruna,** *bay, russet*; **ŝtalgriza,** *steel grey*; **avelbruna,** *hazel brown*; **gagate nigra,** *jet black*; **sangruĝa,** *blood red*; **ĉielblua** (or **lazura**), *azure*.

(b) *Yellowish green, greenish yellow, blackish blue, bluish black, canary yellow, sea green, apple green, snow white, ebony black, brick red, olive green, olive brown.*

608. **Blueta,** *bluish*; **bluega,** *deep blue*; **palblua, pale blua,** *pale* (*faint, light*) *blue*; **helblua** (**hele, lume**) **blua,** *bright blue*; **malhele** (**mallume, nigre**) **blua,** *dark blue*. Other colours similarly.

609. (a) Ruĝnaza viro, flavroba sinjorino, blupapera libro, brunokula knabino, sunhela rideto, blondhara knabo, helverda folio.

(b) *Mustard-yellow stocking, grey-haired professor, green-eyed cat. white-haired dog, pale-faced child.*

(c) **Kia estas** (la koloro de) . . . . (objektoj en la ĉambro) ?

PRONUNCIATION : KC*

610. Notice the combination **KC** (pr. *kts*) in **akcento, akcepti, akcidento, sukceso.** Divide the letter **c** into *t-s*, and join the *kt* on to the preceding vowel: *akt-sento, akt-septi, akt-sidento, sukt-seso.* Cp. "*packed seat, facts are, looked so.*" **Akceli,** *to accelerate, make faster*; **fikcio,** *fiction*; **kokcinelo,** *a ladybird* (Cp. *birdino* !); **okcidento,** *west.*

---

*Kc corresponds to English *cc, ct*; **ks** and **kz** to *x*.

611. Ĉe Esperanta vorto la akcento estas sur la antaŭlasta silabo. Unu orienten—alia okcidenten. Kiu tro pelas, nur malakcelas. Se malriĉulo sukcesas, li ĉiujn forgesas.

612. *Post akcidento.* " Ĉu vi mortis ? " " Ne. Sed mi estas senparola."

" Sinjoro, la kuracisto venis." " Diru al li, ke mi estas malsana, kaj ne povas lin akcepti."

Kial kontraŭvakcinisto evitas la virinojn ?—Ĉar li timas inokulon (in-okulon) !

" Kial vi malsukcesis ĉe la ekzameno ? " " Nu, ĉiu malsaĝulo povas fari demandojn, kiujn saĝulo ne povas respondi." " Tamen, kiel vi sukcesis ĉe aritmetiko ? " " Bonege ! " " Kiom da kalkuloj vi faris malĝuste ? " " Nur unu." " Nu, mi gratulas ! Kaj kiom da demandoj oni faris entute ? " " Dek." " Do ĉiujn aliajn vi respondis ĝuste ? " " Ho, ne ! Ilin mi tute ne respondis."

GRAMATIKAJ TERMINOJ (*TERMS*)

613. En la frazo " *Ha* ! *Vi kaj mi ofte povas vidi la belajn rozojn en lia ĝardeno,*" *ĝardeno*=substantivo; *la, bela*= adjektivoj; *povas*=verbo as-tempa; *vidi*=verbo i-moda (infinitiva); *vi, mi, li*=pronomoj; *lia*=pronomo poseda; *ofte*=adverbo; *en*=prepozicio; *kaj*=konjunkcio; *ha*= interjekcio. La fina litero *j* montras la pluralon, kaj *n* la akuzativan kazon (la rektan komplementon). Ĉe la vortoj *belajn rozojn* oni vidas, el la ripeto de la literoj *j* kaj *n*, ke la adjektivo akordas nombre kaj kaze kun la substantivo.

Knabo diris " *Pantalono* estas singulara supre, sed plurala malsupre ! "

PRONUNCIATION : SC

614. The combination SC (pr. *sts*) should be practised as with KC, by joining the *st* on to the preceding vowel. Li scias (pr. *list sias*), *he knows.* Cp. *least seen.* We have already had this word (102), but extra practice will be helpful. Compare Mi ne scias (pr. *nest sias*) : *Will the bird in the nest see us ? best seat, West Central, rest centre.* Kaj scias (pr.

kajst sias), *high-priced seat*. **La sceno**=*the scene* (Cp. *last seen, last Saturday*). **Oni neniam scias**! Sound the *t* in *sts*, and you will have no difficulty.

615. (a) Tiu, kiu ne scias, kaj ne scias, ke li ne scias, estas malsaĝa : kompatu lin.

Tiu, kiu ne scias, kaj scias, ke li ne scias, estas **humila** : helpu lin.
Tiu, kiu scias, kaj ne scias, ke li scias, dormas : veku lin.
Tiu, kiu scias, kaj scias, ke li scias, estas **tedulo** (*bore*) : evitu lin. !

" Kial vi tiel ploras ? " " Ĉar mi ne scias plori alimaniere."
Edzino : " Mi scias, kion mi scias." *Edzo* : " Vi scias efektive nenion, kaj eĉ tion vi lernis de mi."

616. **Escepto**, *exception*; **eksciti**, *to excite*; **konscienco**, *conscience*; **oscedi**, *to yawn*; **scienco**, *science*.

Kiu scias, ne parolas; kiu parolas, ne scias. Saĝa homo scias, kion li diras—malsaĝa diras, kion li scias. Pri la ŝtrumpa truo scias nur la ŝuo. Ne demandu scienculon, demandu spertulon. Konscienco senmakula estas kuseno plej mola. Ne ekzistas regulo sen escepto. Nur vintre ni **konscias**, ke la **pino** ĉiam verdas. De tro multa scio **krevas** (*burst*) la kranio.

617. Ĉiu regulo en Esperanto estas sen escepto. En Esperanto estas granda tutmonda literaturo : **proza**, poezia, historia, fikcia, religia, filozofia, kaj scienca; originala aŭ traduka. Ĉe Esperanta kongreso kunvenas kuracistoj, sciencistoj, radiistoj, poŝtistoj, instruistoj, edukistoj, k.a. En tiu ekscitoplena semajno okazas Diservoj, koncertoj, festenoj, paroloj, diskutoj, **ekskursoj**, kunsidoj de ĉiu **speco**. Oni faras ĉion en Esperanto, kaj ĉiu persono komprenas sen traduko aŭ **interpreto**. Neniu oscedas de **enuo** (*boredom*).

618. " *How did you get on* (sukces) *at the examination* ? " " *I answered every question*." " *What did you answer* ? " " *I replied* : ' I do not know.'. And you ? " " Oh, I am certain that I gave at least one correct* (ĝust) *reply*." " *What was the question* ? " " *The examiner asked* ' *Can you name the apostles* (apostol) *?* ' *and I answered* ' *No* '."

IĜ

619. The suffix **-IĜ**=*become* (*grow, get, turn, come to be*). **Blankiĝi** (or, **iĝi blanka**), *to become* (*grow, get, turn*) *white*. **Blindiĝi**, *to go* (*become*) *blind*. **Malsaniĝi**, *to fall ill*. **Ruĝiĝi**, *to redden, blush*. **Plibeliĝi**, *to grow more beautiful*. **Ĉe la tagiĝo**, *at daybreak*. **Stariĝi**, **Sidiĝi** (211). N.B. Verbs in **-iĝi** are intransitive (take no direct object).

Ĉu la mondo **pliboniĝas** (*improve*) ? Nuntempe ĉio **plikariĝas** (*gets dearer, rises in price*). La modo **aliiĝas** (*fashion changes*). Mi deziras **edz(in)iĝi** (*marry*) al (or, kun) vi.

620. Laŭdu edziĝon, sed restu fraŭlo. Ĉiuj riveroj iras al la maro, sed la maro ne pleniĝas. Fianĉiĝo (*engagement*) ne estas edziĝo. De zorgoj, ne de jaroj, blankiĝas la haroj. De plendo kaj ploro ne foriĝas doloro. Post alkutimiĝo doloras disiĝo. Ne kalkulu la kokidojn antaŭ la eloviĝo.*

621. Kiu turo altiĝas kaj malaltiĝas ? (La **temperaturo**).

Novedzino : " Multaj viroj malĝojis pro mia edziniĝo."
Amikino : "Al kiom vi edziniĝis, do ? "

Mi supozas, karulino, ke mi devas peti la konsenton de via patro al nia fianĉiĝo. Ĉu vi konas lian telefonan **numeron** ?

" De varmo ĉio **vastiĝas**, kaj de malvarmo ĉio malvastiĝas."
" Ekzemple ? " " Nu, somere la tagoj estas longaj, kaj vintre mallongaj."

" Oni diras, ke vi ne plu havas parencojn. Ĉu ili mortis ? "
" Ne, ili riĉiĝis." " Evidente vi estas tiel granda malsaĝulo, kiel antaŭe." " Ho ne, mi maldikiĝis."

" Jes ! " diris la aferisto. " Maljuna Jenkins iĝis grizhara ĉe mia servo." " Tio estas nenio " diris amiko. " Unu el miaj komizinoj iĝis flavhara, brunhara, kaj ruĝhara, ĉe mia servo."

622. (a) The meal *is-getting-cold*, and my wife *is-becoming-furious*. The fruits *are-ripening* on the trees. A wise man does not *get-drunk* too often. My head *is-going-grey*. Her hands *turn-blue* with (de) the cold. That blue ink *blackens* in (post) one day. Don't *make-friends* with him.

(b) *Ludo*. Unu post alia diras : " *Mi donas al vi . . . -on por via naskiĝa taĝo.*" Poste : " *Kion . . . donis al vi ?* " " *. . . donis al mi -on.*"

623. With a transitive verbal root **iĝ** forms an intransitive verb. La ondoj **balancis** (*rocked up and down*) ĺa ŝipon; la ŝipo **balanciĝis**. Mi perdis la libron, la libro **perdiĝis** (*was* or *got lost*). Ne **sufoku** min; mi **sufokiĝas.** N.B. Often (as with *rock, suffocate*, above), the English verb has both meanings : transitive and intransitive.

---

*Who sums the yet unfractured shells of bipeds gallinaceous
Is apt to find his calculations woefully fallacious.*

624. Mi **vekas** (*wake*) la infanon; la infano **vekiĝas** (*wakes*). Make similar pairs of sentences with the roots

ban	ekscit	kolekt	mov	sving	vend
ĉagren	etend	komenc	nask	ŝanĝ	vest
detru	ferm	montr	renkont	turn	vund

625. Li ekscitiĝas kiel **bol**anta akvo. Kie ne estas ligno, **esting**iĝas (*goes out*) la fajro. Nevo de papo facile fariĝas **kardinalo**. Komenciĝas **proceso** (*lawsuit*); mono fluas sen ĉeso. Eĉ ŝtono verdiĝas, se ĝi longe ne moviĝas. Ofte kuraĝo naskiĝas el timo. Kia naskiĝis, tia grandiĝis. Naskiĝu, edziĝu, kaj mortu—ĉiam monon alportu ! Pro vorto pika ofte perdiĝas amiko. Se la **kaliko** (*chalice*) tro pleniĝas, la vino elverŝiĝas.

626. Mi **leviĝas** (=*min levas*), *I rise, get up*. Frue leviĝu kaj frue edziĝu. Sincera opinio **montriĝas** (*appears, is shown*) en ebrio. En ĉiu objekto **troviĝas** (*is to be found, there is*) difekto. Eĉ sur la suno troviĝas makulo. Eĉ kontraŭ prediko troviĝas kritiko. Antaŭ ni **vidiĝas** (*is to be seen*) monto.

627. Blanko signifas ĝojon. Ĉe edziĝo la virino vestiĝas blanke, la viro ne.

"Tommy, vekiĝu !" " Mi ne povas." " Kial ne ? " " Ĉar mi ne dormas."

" Ĉu la romano finiĝas feliĉe ? " " Mi ne scias. La fino temas nur pri edziĝo."

Instruisto: " Trovu la plej altan **komunan faktoron**." *Lernanto:* " Kio ! Ĉu tiu mizera afero perdiĝis denove ? "

En homplena omnibuso. La konduktoro (*al viro sidanta en angulo*): " Vekiĝu ! " " Mi ne dormas." " Kial do vi fermas la okulojn ? " " Ĉar mi malamas vidi virinon starantan."

La fratino de Tommy edziniĝis. Post kelka tempo ŝi skribis, por diri, ke naskiĝis al ŝi infano. " Nu ! " demandis lia patro. " Ĉu ĝi estas knabo aŭ knabino ? " " La letero nenion diras pri tio," respondis Tommy " do mi ne scias, ĉu mi estas onklo aŭ onklino."

628. ****Mi laboris en mia ĉambro. Sonis frapo sur la pordo. Mi kriis " Envenu ! ". La pordo malfermiĝis. Amiko eniris, kaj diris " Bonan matenon ! ". Mi leviĝis kaj premis lian manon, kaj respondis " Bonan tagon ! Kiel vi ? " " Bone, mi dankas (vin). Kaj vi ? " " Tute sana, dankon. Kaj via familio ? " Mi alŝovis brakseĝon, kaj diris al mia amiko " Bonvole sidiĝu " (aŭ " Bonvolu sidiĝi "). Li sidiĝis, kaj ni parolis kune.

629. **Mia tago** Frue en la mateno mi kuŝas sur la lito. Mi vekiĝas, leviĝas, vestiĝas, kaj matenmanĝas. La tutan matenon mi laboras. Mi legas kaj skribas. Tagmeze (en la mezo de la tago) mi manĝas denove. Vespere mia laboro finiĝas, kaj mi vespermanĝas. Poste mi promenas aŭ ludas. Fine mi iras al mia dormoĉambro, senvestiĝas, enlitiĝas, kaj dormas.

630. **Aŭtuno.** La somero finiĝas. La ĉielo griziĝas. La vetero nebuliĝas. La floroj senviviĝas. La folioj bruniĝas. La arboj nudiĝas (**nuda**, *bare*). La fruktoj maturiĝas. La tagoj mallongiĝas. La vesperoj mallumiĝas. La matenoj malvarmiĝas.
Mi aliĝas al (*join*) vesperaj kursoj. Mi lernas paroli Esperante. Mi lernas skribi **stenografe.** Mi pretiĝas por la vivo.

631. **Vintro.** En la vintro la birdoj silentas. La neĝo falas. La vento blovas. Ĉio bela formortas. La suno leviĝas malfrue kaj subiras frue. La tagoj estas mallongaj. La noktoj estas longaj. La ĉielo estas griza. La aero estas frosta. La stratoj estas glaciaj.
Miaj manoj malvarmiĝas. Mia tuta korpo tremas. Mia nazo bluiĝas. Miaj piedfingroj sensentiĝas. Mia kapo "rondiras" (turniĝas). Mi **ternas** (*sneeze*) kaj **tusas** (*cough*). Mi suferas de la **gripo** (*flu*). Mi estas tute malgaja. Mi **sopiras al** (*long for*) la somero.

632. Amik-(brun-en-kun-neni-sub-)iĝi. Altabl-(deĉeval-ellit-elŝel-enam-enŝip-senhar-senesper-subakv-subter-surĉeval-)iĝi. Esperantistiĝi, varmegiĝi, flavetiĝi, paliĝanto.

-IG

633. The suffix **-IG**=*make, cause to be, render.* **Blankigi** (or, **igi blanka**), *to make white, whiten, bleach.* **Blindigi,** *to (make) blind.* **Plibeligi,** *to make more beautiful.* **Plibonigi** (*make better, improve*) **la mondon. Plialtigi** (*raise*) **la prezon.** N.B.—Verbs in **-igi** are transitive (take a direct object).

Mnemonic. **IG**=*make,* **IĜ**=*become.* By passing a pig through a sausage-machine you *make* a *p*IG *become* saus*IĜ.*

634. **-IGI**=*-ify* in bel-(cert-divers-**gas-ident**-klar-mol-nul-pac-pur-sankt-sat-simpl-)igi; -*itate* in facil-(neces-)igi; -*ize* in utiligi.

635. In many English words the ending *-en*=both **pli-igi** and **pli-iĝi.** E.g., *lengthen:* in ŝi **plilongigas la robon,** and **la tago plilongiĝas.** Similarly : *sharpen, shorten.*

636. Kiu ludas kun koto, malpurigas la manojn. Antaŭparolo liberigas de postparolo. Kontentigi la katon, kaj kune la raton. Eĉ lavo ne blankigas karbon. Vortoj sakon ne

plenigas. Sakon kun truo oni ne povas plenigi. Promeso ne satigas. Ĝoja koro estas saniga, sed malĝoja spirito sekigas la ostojn. Oni povas konduki ĉevalon al la akvo, sed oni ne povas igi ĝin trinki.* Riĉigas (onin) ne enspezo, sed prudenta elspezo. **Milda** respondo kvietigas koleron. Por kapti **ezokon** (*pike*), bongustigu la hokon. Senlanigu, sed ne senfeligu (**felo**, *hide, skin*).

637. *Patrino:* " Ĉu vi estas certa, ke vi nigrigis la okulon de Tom nur akcidente ? " *Ned:* " Ho jes, panjo ! Mi celis lian nazon."
Profesoro: " Kio estas **vakuo** ? " *Studento:* " Vakuo estas—— Nu, mi ne povas ĝin klarigi (*explain*), sed mi havas ĝin en la kapo."
" Vi petas la manon de mia filino ? Plezure ! Sed ĉu vi scias kudri, purigi la domon, kaj kuiri ? " " Tute ne ! Kial vi demandas?" " Ĉar ankaŭ la filino ne scias."

638. Vi portas la veston kun la interno ekstere, kaj la ekstero interne. Tio estas eksterordinara ! Kial vi eksterigis la internon kaj internigis la eksteron ? Ne metu la eksteron internen : la ekstera flanko devas eksteriĝi. Metu ĝin eksteren, kaj internigu la internan flankon.

639. **La patrino vokis la filon. Liaj manoj estis malpuraj. Ŝi prenis **spongon**, kaj malsekigis liajn manojn. Ŝi prenis sapon, kaj lavis ambaŭ manojn. La sapo **ŝaŭmis** (*foamed, frothed*). Ŝi lavis la fingrojn (nome, la dikajn, la montrajn, la mezajn, la ringajn, kaj la malgrandajn). Ŝi lavis ankaŭ la manradikojn (*wrists*). Ŝi prenis tukon kaj sekigis liajn manojn. Same ŝi lavis ankaŭ lian vizaĝon—la **frunton** (*forehead*), okulojn, orelojn, vangojn, nazon, buŝon, **mentonon** (*chin*), kaj kolon. Fine la filo estis pura. La patrino for-metis la tukon, la spongon, la sapon, kaj la akvon, kaj ordigis la **tualetan** tablon. Post du minutoj la filo denove malpuriĝis !

640. Cp. **plenigi**, *to fill, make full*, with **pleniĝi**, *to fill, become full*. Make similar pairs with the roots **alt, bel, blind, ebri, fort, furioz, matur, mol, soif,** and use in sentences. E.g., **San : Frukta dieto sanigas la suferanton, kiu rapide saniĝas. Varm : Mi varmigas la lakton; la lakto varmiĝas.**

641. With an intransitive verbal root **igi** forms a transitive verb. **Mortigi** (=**igi morti**), *to make to die, to kill.* **Timigi,** *to frighten.* **Venigu kuraciston,** *Fetch (procure, send for, get) a doctor.*

**Thinking thine equine friend in noontide heat
Draughts from the cool and rippling rill desires,
Stand not amazed, if the ungrateful beast
Merely to see his mirrored face aspires.*

642. Modelo : La ligno **brulas** (*burns, is on fire*) : la fajro **bruligas** (*burns, consumes*) la lignon. Here (and in some of the following roots) the English verb has both meanings, intransitive and transitive. Make similar pairs of sentences with the roots :

bol	fal	kur	okaz	pens	sonor
dorm	kresk	kuŝ	pas	sid	star
dron	krev	mir	pend	son	sufer

643. Por muŝon mortigi, oni pafilegon ne uzas. La litero **mortigas**, la spirito **vivigas**. Laboro fortigas: ripozo putrigas. Ekzameni **ne** devigas (*oblige one*) preni. Demando ne devigas. Antaŭ mortigo de urso, ne vendu ĝian felon.

644. " Kiun vi bezonas ? " " Neniun." " Kial do vi sonorigas (*ring*) ? " " Ĉar la **butono** diras ' Premu !' "
" Kion signifas la mallongigo *k.c.*? " " Ĝi celas kredigi al aliaj, ke oni scias pli multe, ol oni efektive scias."
" Mi mortigis du virmuŝojn kaj tri muŝinojn." " Kiel vi povis distingi la **seksojn** ? " " Du estis sur la mangotablo, kaj tri sur la spegulo.

645. *Angligu:* Elterigi trezoron, enboteligi frukton, en**dokigi** ŝipon, enlitigi infanon, senkapigi vorton, buterigi lakton, surtabligi manĝon, forkurigi malamikon. Ali-(el-en-kun-sen-sub-neni-)igi. Dompurigistino, koleregigi, varmetigi, mortiganto.

646. **DAŬRI,** *to last, continue, endure, go on* (*in this sense*). **La ludo daŭras. Li daŭre ludas. Li daŭrigis la ludon** (*went on playing*) (Not : li daŭris ludi !). **Daŭrigu !** *Go on !* *Continue !*

647. **ĈESI . . . -i,** *to stop, leave off, desist from* (*doing something*). **Ĉesiĝi,** *to stop* (*come to*) *an end*. **Li ĉesis drinki, kaj ĉesigis la malbonan vivon : tiam lia mizero ĉesiĝis.** *He ceased to booze* (*left off boozing*), *and discontinued his evil living: then his misery ceased.* Cp. **HALTI,** *to halt, pause,* (*come to a*) *stop.* **La aŭto haltis** (=ĉesis kuri) : **mi ĝin haltigis.**

648. *Patro* (krianta de la supra etaĝo (*floor, storey*) : " Kia bruego ! Ĉesigu la radion ! " *Filo* (*sur la teretaĝo*): " Ĝi ne estas la radio : panjo havas vizitantinon."

-ITA

649. The suffix **-ITA**=-*ed, -d, -t, -en.* It makes an adjective showing that the action indicated is *finished, completed; a thing of the past.* **Dirita,** *said;* **finita,** *ended;* **perdita,** *lost;* **skribita,** *written;* **vestita,** *dressed.* **Farita,** *done, made* (362). **Fermita,** *shut;* **malfermita,** *opened;* **nefermita,** *open.* **Kunmetita vorto,** *compound word.* Do not say *-iĝita.*

650. Pli valoras vinagro donacita, ol vino aĉetita. Bono farita ne estas perdita. Sukcesa venkanto de pordoj malfermitaj! Nefermita kelo **tentas** (*tempts*) al ŝtelo. Tablo kovrita faras amikojn. Ordonita kiso havas guston maldolĉan. Mono perdita, nenio perdita; honoro perdita, ĉio perdita! Frukto malpermesita estas la plej bongusta. Por gasto ne petita mankas kulero. Promesita trezoro estas sen valoro. Akvoj ŝtelitaj estas dolĉaj, kaj pano **kaŝita** (*hidden*) estas agrabla. Por ŝafo **tondita** (*shorn*) Dio venton moderigas.*
Brulvundita infano timas la fajron.

651. Kiuj dentoj aperas laste ? (La arte faritaj).
"Se via hundo estas perdita, kial vi ne **reklamas** (*advertise*) ? "
" Ne parolu sensence ! La hundo ne scias legi."
Mastrino: "Plua telero rompita! Kiel vi faris tion?" *Servistino:*
" Mi ne rompis ĝin, sinjorino : ĝi falis kaj rompiĝis. Ĝi estis tute sendifekta, kiam ĝi lasis mian manon."

652. Translate : **amuzita, arestita, atakita, prenita,** *acquired, caught, destroyed, photographed, translated.* **Amegita kato, vundetita fingro.**

653. **-IGITA. Enterigita,** *buried*; **plenigita,** *filled*; **senkapigita,** *beheaded*; **timigita,** *frightened.* Esperantigu *Blinded, coloured, deafened, facilitated, killed, put-to-bed, simplified, strengthened, utilized.*

654. Oni faras brikojn el **argilo** (*clay*); tasojn el **fajenco** (*china*) aŭ **porcelano.**
(a) El kio glasoj **estas faritaj** (**fariĝas** glasoj ? oni faras glasojn) ? Ili estas faritaj (Ili fariĝas; oni faras ilin) el vitro. El kio **konsistas glacio ?**
(b) *Ask and answer similar questions about objects in the room, etc.,* using the roots argil, bakelit, brik, drap, fajenc, felt, karton, katun, kaŭĉuk, lan, led, lign, metal (arĝent, fer, lad, **latun** (*brass*), or, ŝtal), morter, ost, pajl, paper, pluŝ, porcelan, sabl, silk, tol, velur, vitr (363).

DE, *BY*

655. After **-ita** the word **de** means *by* (denoting the *doer of the action*).† **Ŝtelita de li** el la ŝranko (aŭ, **for de la ŝranko),** *stolen by him from the cupboard.*

---

*Observe yon ovine innocent
When stripped of his integument !
For him kind Providence ne'er fails
To moderate hiemal gales.

†**De** thus means *of* (45), *from* (122), or (after **-ita**) *by*. These are all variants of one idea : that of *origin*.

656. (a) *El eseoj.* La sango en la **pulmoj** (*lungs*) estas putrigita de inspirita aero. —La **dramoj** de Shakespeare estis verkitaj ne de Shakespeare, sed de alia viro kun la sama nomo.

(b) Jen letero, kiun mi skribis al mia filo. Al kiu ĝi estas adresita ? De kiu ĝi estas skribita ?

(c) *Captured by the enemy. Eaten by a tiger. Praised by father. Sown by the wind. Stung* (pik) *by a wasp. Blinded by lightning.*

-IL*

657. The suffix **-IL** denotes *that by which an action is performed*; *tool, instrument, means*, etc. **Tranĉi**, *to cut*; **tranĉilo**, *knife.* **Mueli**, *to grind*; **muelilo**, *mill.* **Balancilo**, *see-saw* ; **svingilo**, *swing*; **liniilo**, *ruler*; **ŝlosilo**, *key.* (Cp. *utens*il, *tool*, *stip*ple, *chis*el, *hand*le, *sadd*le, *spind*le, *tread*le, *ped*al, etc., and Fr. *out*il; Ger. *schlüss*el, *flüg*el).

658. (a) Krajono, kreto, plumo, **paŝtelo** (*crayon*), estas diversaj skribiloj. Jen viŝilo por la nigra tabulo. Ĉu vi havas korktirilon, por malŝtopi la botelon ?

659. Nova balailo bone balaas. Sidi kiel muso sub balailo (=silente). Konscienca trankvilo estas bona dormilo. Mono havas flugilojn, kaj flugas rapide. Kiam falis la arbo, ĉiu alkuras kun hakilo. Kia la poto, tia la kovrilo. **Fadeno** (*thread*) iras, kien kudrilo ĝin tiras. Ĝi estas akvo al lia muelilo. Ora ŝlosilo malfermas ĉiun pordon.

660. " Ho panjo ! Ni devas veki paĉjon ! " " Kial ? Li bone dormas." " Jes, sed li forgesis trinki la dormigilon."

Edzo: " La mano, kiu movas la lulilon, regas la mondon." *Edzino:* " Venu, do, kaj regu la mondon."

---

*When the root names the *action*, the *tool* is formed from it by **-ilo**. Some roots name the tool itself. E.g., **broso**, *brush*; **pioĉo**, *pick-axe.* N.B. **Broso kaj kombilo.**

If the term with **-ilo** is too wide in meaning, the technician may need a more precise root. E.g., **Ŝpato** (*spade*) is more definite than **fosilo** (*digging instrument*). Nevertheless **fosilo** is more used in ordinary life.

En la nokto. *Servistino:* "Ellitiĝu, mastro; ŝtelisto estas en la domo." *La mastro (sub la litkovriloj):* "Diru al li, ke mi ne estas hejme."

Komercisto montris al kliento tasojn. Ŝi diris, malkontente: "Vi ne havas tion, kion mi deziras. Mi bezonas tason kun la tenilo metita ne kiel ĉe viaj, sed sur la kontraŭa flanko de la rondo ! "

661. (a) *With the roots* aŭskult, batal, blov, demand, direkt, **fajl, falĉ** (*mow*), **fend** (*split*), **fiks, friz,** invit, konduk, kurac, pren, pres, raz, rem, rikolt, **seg** (*saw*), solv, sonor, ŝtop, **ŝraŭb** (*screw*), tond, trik, *translate: Bell, bellows, card-of-invitation, cleaver, curlers, enquiry-form, file, helm, knitting-needle, oar, plug, printing-press, razor, reins, remedy, saw, scissors, screw-driver, scythe, sickle, solvent, telephone-receiver, tongs, vice, weapon.* (For *bellows, curlers, reins, scissors, tongs,* see par. 39 (footnote).)

(b) Akr - (aper - buter - **digest** - dorm - sendolor - senfebr - **(febro,** *fever*) - ĝust - halt - (nuks) krev - kviet - **pint** - regul - san - sensent-(birdo)tim-(pied)varm-)**igilo.**

(c) Ilo, ileto, tondilego, sonorileto. Direktilisto de ŝipo. Defluilo de tegmento. Enkudriligi fadenon.

(d) **Ĉu** fajlilo estas glata aŭ malglata ? **Kiel** oni tenas tason ? **Por kio** oni uzas viŝilon ? blovilon ? ŝlosilon ? kudrilon ? **Kion oni uzas, por** tranĉi panon ? tondi harojn ? blovi fajron ? movi boaton ? fari rektan linion ? sanigi februlon ? **Kion oni uzas, kiam oni** eltiras korkon el botelo ? enigas ŝraŭbon en lignon ? senpolvigas tapiŝon ? **Kiu estas pli** akra, razilo aŭ tranĉilo ? **Kiu havas** flugilojn ? frizilojn ? presilojn ? naĝilojn ? **Kiun** skribilon oni uzas por leteroj ? Kiun korektilon oni devas uzi por malbona infano ? Kiun kuraĝigilon por bona ? **Kiujn** manĝilojn oni bezonas por **tagmanĝo ?**

PER

662. **PER** (prep.)=*by means of, with, by.* **Ni mordas per la dentoj. Ni flaras per la nazo** (vidas per la okuloj, aŭdas per la oreloj, palpas (*feel*) per la fingroj, gustumas per la palato). **Ĉerpi akvon per kribrilo,** *to draw water with a sieve.* **Peranto (peristo, perulo),** *middleman, agent.* Cp. *Reply per bearer.*

663. Per Esperanto la mondo fariĝas unu granda rondo familia. Mi povas marŝi **per helpo de (pere de)** bastono. Sur la nigra tabulo oni skribas per kreto; sur papero per plumo, krajono, aŭ paŝtelo; sur sablo per bastono; sur ardezo **per grifelo** (*slate-pencil*). Ŝi kombas la harojn per arĝenta kombilo. Per hakilo ni hakas; per segilo ni segas; per fosilo

ni fosas; per kudrilo ni kudras; per tondilo ni tondas. Per Esperanto ni **kontaktas** la penson de la tuta mondo; ĝi estas tutmonda komprenilo.

664. Parenco per Adamo. Ne karesu per mano, karesu per pano. Per vorto ĝentila ĉio estas facila. Bela per vizaĝo, sed ne per saĝo. Per lango (li) flatas, per mano batas. Trafi du birdojn per unu ŝtono. Komenci per ŝteletoj, kaj fini per ŝtelegoj. Nutri per promesoj. Kontraŭstari per ĉiuj fortoj. Teni iun per forta mano. La **amaso** (*crowd*) malsaĝa juĝas per okulo, ne per kapo. Per promesoj estas **pavim**ita (*paved*) la vojo al la **infero**.

665. *Batas:* Tuŝas forte kaj malelegante per mano aŭ bastono. *Diras:* montras per vortoj, kio estas en la kapo aŭ en la koro. *Flaras:* trinkas la odoron per la nazo. *Kisas:* montras amon per liptuŝo. *Nazo:* la parto de la vizaĝo, per kiu oni tuŝas la florojn. *Reto:* truoj kunligitaj per ŝnureto.

666. Per kiu litero oni faras juvelon ? (*Per L*).—— Kial vi amas tiun kantiston ? Ĉar li estas ĉarma persono (*per sono* !).
"Kion fari, por telefoni ? " " La afero estas tute simpla. Prenu la aŭskultilon per unu mano, kaj parolu per la alia."
Kial vi ne atentas ? Per unu orelo vi aŭskultas al mi : per la alia vi rigardas tra la fenestro !
"Rigardu ! La kato lavas la vizaĝon per la piedoj ! " " Ne, panjo. Ĝi lavas la piedon, kaj viŝas ĝin per la vizaĝo ! "
Profesoredzino: " La infaneto trinkis la inkon. Kion fari ? " *Profesoro:* " Skribu per krajono, do."
Instruisto: " La skribo de via hejma tasko tre similas al tiu de via patro." *Fred:* " Jes : mi skribis ĝin per lia plumo."
"Kiel vi **kapablas** legi kaj manĝi samtempe ? " "Ho, tre simple ! Mi legas per unu okulo, kaj manĝas per la alia."

667. Dum mia tuta vivo mi estis kvazaŭ knabo ludanta sur la bordo de la maro, kaj de tempo al tempo min amuzanta per trovo de ŝtoneto pli glata aŭ konko pli beleta, ol aliaj; dum antaŭ mi, tute ne **esplorita**, kuŝis la granda oceano de la vero.—(Newton). (Interesa *konk-ludo*, ĉu ne ?).

668. LA MORTO DE LA **RUBEKOLO** (*ROBIN*)

Kiu lin mortigis ?
" Mi," diris papago,
" Per arko kaj sago—
Mi lin mortigis."

Kiu vidis lin morti ?
" Mi," diris pulo,
" Per mia okulo—
Mi vidis lin morti."

Kiu faras **kitelon** ?
" Mi," diris **grilo** (*cricket*),
" Per mia kudrilo—
Mi faras kitelon."

Kiu fosas la tombon ?
" Mi," diris porko,
" Per **trulo** kaj forko—
Mi fosas la tombon."

*Kaj la birdoj **lamentis** kaj ploris sen konsolo*
Pro la morto de l' kara rubekolo.

669. **Pomo kuŝas sur telero. Prenu la pomon per la mano. Rigardu ĝin per la okuloj. Flaru ĝin per la nazo. Palpu ĝin per la fingroj. Mordu ĝin per la dentoj. Gustumu ĝin per la lango kaj la palato. Ĉu ĝi estas bongusta ?

670. (a) **Per kio oni** skribas ? (Oni skribas per plumo) ... vidas ? palpas ? flaras ? aŭdas ? pensas ? gustumas ? manĝas ?

(b) **Per kio** la avino trikas ? birdo flugas ? fiŝo naĝas ? vi venis ĉi tien ?

(c) **Kion oni povas fari per** plumo ? la lipoj ? la nazo ? ...

671. *Do not confuse* per *with* kun (150) *or* de (655). Mi vojaĝis **kun** li **per** ŝipo. La ĉapelo estis ornamita **de** ŝi (*was ornamented by her*) (ŝi ornamis la ĉapelon) **kun** gusto **per** floroj. La knabo estis batita **de** la patro (la patro batis la knabon) **per** bastono **kun** bedaŭro.

672. La lago estis kovrita **de** (*by*) folioj (=folioj kovris la lagon). La lago estis kovrita **per** (*with*) folioj (=iu kovris la lagon per folioj). La monto estis kovrita **de** (*or,* **per**) neĝo, *according to the meaning in the mind of the speaker.*

-AR

673. The suffix **-AR** denotes a *collection, group, set* (of units of the same kind, combined to form a whole, or regarded as a whole). **Aro,** *a collection, group,* etc.

Himnaro, *hymn*ary; **libraro,** *libr*ary; **vortaro,** *vocabul*ary, *diction*ary. (Cp. **arr**ay, *constabul*ary, *formul*ary, *comment*ary, *statu*ary).

Arbaro, *forest.* **Homaro,** *mankind.* **Kamparo,** *country.* **Klavaro,** *keyboard.* **Ŝtupo,** *step, stair;* **ŝtuparo,** *staircase;* **ŝtupetaro,** *ladder.* **Vagono,** *railway-carriage;* **vagonaro,** *train* (150). **Maparo,** *atlas.*

674. N.B.—An **ar**-word denotes a complete thing. A haphazard group of words is not a **vortaro**; nor is any haphazard group of railway-carriages a **vagonaro**.

675. Arbaro aŭdas, kampo vidas. Ne voku lupon el la arbaro. En arbaro (li) sidis, kaj arbojn ne vidis ! Li portas lignon al la arbaro. Guto en maro —— homo en homaro. Dio faris la kamparon, la homo faris la urbojn. Ŝafaro harmonia lupon ne timas.

676. " Mi malamas avaron." "Av-aron ? Kiom da avoj vi havas,
do ? — Kial eniro en malĝustan liton similas la alfabeton ? Ĝi
estas lit-eraro (liter-aro).

Laboristo (al kamarado sur tegmento): " He, Bill ! Ne paŝu sur
la ŝtupetaron ĉi tie; mi formovis ĝin."—" Ĉu via filino ludas la
pianon ?" " Ne, la servistino purigas la klavaron."

El eseo: La Piramidoj estas montaro, kiu apartigas Francujon de
Hispanujo.

Kial nin ĝeni, por servi la poste-ularon *(posterity)* ? Kion ĝi faris
por ni ?

Instruisto: " Se domo havas kvar ŝtuparojn, kaj ĉiu ŝtuparo havas
dek ŝtupojn, kiom da ŝtupoj oni devas supreniri, por atingi la supron?"
Petro: " Ĉiujn."

677. Astronomia profesoro prenis lampon kaj klarigis : " Imagu, ke
tio estas la suno, kaj mia kapo la tero. Nu, kiam mi tenas la lampon
super mi, ĉe la loĝantaro de mia kapo estas tagmezo."

Instruisto: " Ni pruntis niajn numeralojn de la Araboj, nian
kalendaron de la Romanoj, kaj nian bank**sistemon** de la Italoj.
Daŭrigu !" *Ned:* " Nian kudromaŝinon de Ges. Jones, nian
falĉmaŝinon de la Smith'oj, kaj nian ŝtupetaron de F-ino Brown."

Hotelo brulis, kaj la gastoj ariĝis en la ĝardeno. " Kial ekscitiĝi ?"
fanfaronis *(bragged)* unu viro. " *Mi* estas tute trankvila. Mi
vestis min malrapide. Mi kombis la harojn. Mia kravato estis
malĝuste ligita, do mi ligis ĝin denove. Jen kia *mi* estas !" " Mi
tion vidas " diris apudstaranto. " Sed kial vi ne surmetis la
pantalonon ? "

678. Flugas **mevoj** super maro—
   Blankaj, blankaj mevoj.
   Post ilia ĝoja aro
   Flugas miaj revoj.

Blankaj mevoj flugas **alte**,
Alte super **ondo**,
Kaj senlace kaj sen**halte**
Al la vasta **mondo**

   Flugas miaj revoj,
   Kiel blankaj mevoj.

Dolĉe nun vesperaj ombroj kovras valon en silento,
Sunradioj malaperas en la fora okcidento.
Venta spiro dorme lulas lacajn birdojn en arbaro,
Steloj en senfina nombro brilas al senonda maro.

679. (a) Adres-(dent-foli-insul-)aro. Arego, areto, arigi, ariĝi.
Dormantaro, montegaro, arbetaro, arbareto, kokidaro, bovinaro,
muzikistaro, junularo, arbarego, ŝtupetaro, vortaristo. Ilaro. Manĝ-
ilaro, ŝlosilaro.

(b) *Band of brothers, bevy of girls, brood of chicks, circle of friends,
cluster of stars, code of regulations, company of actors, congregation of
worshippers* (**ador**), *covey of partridges* (**perdrik**), *drove of oxen, fleet of
ships, flight of doves* (**kolomb**), *flock of sheep, galaxy of beauties, gang of
thieves, herd of cattle* (**brut**), *host of angels, list of names, litter of puppies,*

pack of wolves, peal of bells, school of whales (**balen**), *set of works, sheaf of arrows* (**sag**), *shoal of fishes, staff of teachers, suite of rooms, swarm of bees, troop of monkeys, troupe of dancers.**

(c) Ĉu vi preferas loĝi en urbo aŭ en kamparo ? Ĉu vi preferas vagonaron vaporan aŭ elektran ? omnibuson aŭ vagonaron ? Ĉu oni povas vojaĝi de Londono al Parizo vagonare ?

-ER

680. The suffix **-ER** denotes *one of the units of the same kind that together form a whole: a small part, element, atom, drop, particle, grain, speck,* etc. **Ero,** *a unit, element,* etc.

Grenero, *grain of corn*; **hajlero,** *hailstone*; **karbero,** *lump of coal*; **monero,** *coin*; **pavimero,** *paving-stone*; **polvero,** *speck of dust*; **programero,** *item of a programme*; **rozariero,** *bead of a rosary*; **spiralero,** *whorl of a spiral*; **ŝaŭmero,** *fleck of foam*; **tritikero,** *grain of wheat.*

An er-word usually denotes a thing complete in itself. For *fragment (broken china),* and the like, one may use also **fragmento, peco, splito** *(splinter),* etc.

681. El malgrandaj akveroj fariĝas grandaj riveroj. Penco estas **kupra** monero (kuprero); ŝilingo estas arĝenta monero (arĝentero). De ŝafo senlana eĉ lanero taŭgas. Tio estas la lasta pajlero, kiu rompas la **dorson** *(back)* de la kamelo.

682. (a) *Bead of perspiration* (**ŝvit**), *blade of grass, chip of wood, drop of water, snowflake, flock or shred of wool, foot of verse* (**vers**), *grain of sand, link of a chain* (**ĉen**), *smut of soot, snatch of song, wisp of cloud, splinter of bone.*

(b) Monerego, ĉenereto, erigi, eriĝi.

(c) Kial la kasisto *(treasurer)* forkuris ? Estis mon-eraro ĉe lia moner-aro. — Kion diras vespo, kiam ĝi pikas ? " Bonan vesperon " ! — Ne konstante diru " er—er— " ! Tio estas er-aro !

NUMERALOJ (II)

683. 12, **dek du** (two words, 10+2); 13, **dek tri,** etc. 20, **dudek** (one word, 2×10); 30, **tridek,** etc. Cp. *twoty, threety, fourty,* etc. N.B. Two words for addition, one word for multiplication. Cp. 16, **dek ses,** with 60, **sesdek.**

---

*Other English words meaning -aro (" nouns of multitude ") are listed in Nuttall's Dictionary, 1929 edition, page 92 of Appendix (followed, incidentally, by the Esperanto grammar).

684. 100, **cent**; 102, **cent du** (not *unu* **cent** *kaj* **du**); 200, **ducent**; 300, **tricent**; etc. 896, **okcent naŭdek ses** (one word for each figure). It is as if one said : **ok** in the **cent** column, **naŭ** in the **dek** column, and **ses**.

685. 1,000, **mil**; 2,000, **du mil**, etc. 1919, **mil naŭcent dek naŭ**. 6,010, **ses mil dek**. The principle " one word one figure " does not extend beyond the hundreds, because this would involve such awkward forms as 25,000 **dudek kvinmil** (better : **dudek kvin mil**). **Miliono,** *a million.* **Du milionoj. Milionulo,** *a millionaire.*

686. These numbers* do not take the accusative **n** (347e). **Mi havas unu** (not, **unu***n*) **katon kaj tri** (not, **tri***n*) **hundojn.**

687. *Unu, du*—Manĝu plu.   Unu, du, tri, kvar,
Tri, kvar—Vagonar'.   *Fiŝoj naĝas en la mar'.*
Kvin, ses—Diru jes.   Kvin, ses, sep, ok,
Sep, ok—Tick, tock !   *Birdoj staras sur la rok'.*
Naŭ, dek—Kia **blek**'! (*howl*)   Vidu ilin ! naŭ, dek,
                               Unu fiŝ' en ĉiu **bek'.**

688. Antaŭ sesdek jaroj Zamenof donis Esperanton al la mondo. Oni vendis Jozefon por dudek arĝentaj moneroj. Ekzistas kvin mil verkoj en Esperanto, kaj la nombro **konstante** kreskas.

"Nomu du gravajn aferojn, kiuj ne ekzistis antaŭ cent jaroj." "Vi kaj mi."

El eseo. Perkin Warbeck naskiĝis en Market Drayton, Shropshire, kiam li havis dek ok jarojn.

"Kio okazis en la jaro 1564 ? " "Shakespeare naskiĝis." "Kaj en 1570 ? " "Shakespeare estis sesjara."

Profesoro de historio (*al nova servistino*): "Kiam vi naskiĝis ? " "En la jaro 1895." "Antaŭ Kristo aŭ post Kristo ? "

"Kial vi malfermis la fenestrojn en tia vintra vetero ? " "Por varmigi la ĉambron. Interne estis 14 gradoj, kaj ekstere 5; do nun ni havas 19."

Mastrino: "Mario, ĉu vere la leterportisto kisis vin ? " *Servistino:* "Jes, sinjorino. Mia patrino sendis al mi mil kisojn per poŝtkarto, do li transdonis ilin al mi."

689. Tridek tagoj en Septembro,   (Dudek naŭ ĉe superjaro) :
En April', Juni', Novembro;   Restas sep monatoj, kiuj
Dudek ok en Februaro   Havas tridek unu ĉiuj.

690. **Kiam mi marŝas, mi levas unu piedon. Mi metas ĝin sur la teron antaŭ mi. Tio estas unu paŝo. Poste mi levas la alian piedon, kaj metas ĝin ankaŭ sur la teron antaŭ mi. Tio estas du paŝoj. Same mi faras tri, kvar, . . . cent paŝojn. Fine mi atingas la celon.

---

*Except **nulo, miliono,** which are nouns.

691. (a) *Repeat the numbers 1 to 100 forwards and backwards. Say aloud the numbers on pages of a book opened at random, on houses passed on a walk or a ride, etc., without thinking of the English words. Say the even (paraj) numbers and the odd (neparaj) numbers forwards and backwards from 1 to 20.*

(b) Kiu numero venas post 19 ? antaŭ 80 ? inter 16 kaj 18 ? Ĉu mi tenas unu plumon aŭ du ? Kiom da tagoj estas en monato ? du semajnoj ? unu jaro ? Kiom da sekundoj en du minutoj ? unu horo ?

(c) *Write or say in Esperanto words:* 13 ŝilingoj, 30 paĝoj. 200, 502, 3,020, 5,400, 680, 782, 190, 2,061, 1,930, 5,001.

(d) **Adicio (sumigo).** 2+4 : Du kaj kvar (du **plus** kvar) faras (*aŭ,* estas) ses. 5+6=, 4+9=, 5+16=, 3+18=, 5+15=, 54+63=, 16+8=.

(e) **Subtraho (depreno).** 5−2 : Du de kvin (Kvin sen du, kvin **minus** du) lasas tri. Deprenu (subtrahu) ankaŭ : 15−6, 33−10, 23−19, 39−7, 72−28, 91−47.

(f) Adiciu la jaron de via naskiĝo, la jaron en kiu vi komencis lerni Esperanton, la nombron da jaroj post tiu dato, kaj vian aĝon. La sumo=3894 (en 1947), 3896 (en 1948), k.s. (*Aldonu 2 por ĉiu jaro.*)

(g) Would you say : " Kvin kaj naŭ *estas* dek tri," or " . . . *faras* dek tri ? " (1191).

(h) *Ludo (Varianto de* 405d). Mi iris al Parizo kaj prenis kun mi unu libron. —— unu libron kaj du **gantojn.** —— unu libron, du gantojn, kaj tri fratinojn.

(i) *Ludo:* " Buzz."

DA

692. DA (prep.)=*(quantity) of.* Between two words **da** shows that the first measures the second. The first word may be :

(a) A word of measure or quantity. **Funto da teo,** *a pound of tea;* **sumo da mono,** *a sum of money;* **guto da pluvo, peco da pano.**

(b) **(Plen)** . . . **o** (= . . . *ful*) : **Plenbrako da pajlo,** *an armful of straw.* **Plenbuŝo da kuko,** *a mouthful of cake.* **Plenmano da cindro,** *a handful of ashes.* **(Plen)glaso da lakto,** *a glass(ful) of milk.* **Botelo da vino, kulero da medikamento, sako da karbo, sitelo** (*pail, bucket*) **da akvo, telero da supo.**

In the formula **A da B,** what we are talking about chiefly is B. **Mi trinkas tason da teo**=I drink the tea, not the cup !

(c) A time-word. **Horo da plezuro, sekundo da doloro, vivo da mizero.**

(d) A word not usually denoting measure. **Karavano da Iŝmaelidoj, maro da mizeroj, marĉo** (*swamp*) **da sango, torento da pluvo.**

(e) An indefinite numeral. **Kelke da perloj,** *some pearls*; **multe da mono,** *plenty of money, much money*; **sufiĉe da tempo,** *enough time*; **pli da lumo,** *more light*; **tro da sukero,** *too much sugar*; **iom da salo,** *some salt.*

(f) A word of quantity omitted but understood. **Donu al mi (iom) da butero. Ĉu vi havas da mono ?**

693. Between **kelkaj, multaj** (*individuals*), and **kelke da, kelka, multe (multo) da, multa** (*collective*), the difference is that between *twelve* (*individuals*) and *a dozen* (*in the lump*); between *twenty* and *a score.* **Kelke da homoj,** *a few* (*some, a certain number of*) *people* (taken all together); **kelkaj homoj,** *several* (*some, certain*) *men* (as individuals). **Multe (or multo) da vino,** *much* (*a lot of, plenty of*) *wine*; **multaj vinoj,** *many wines.* **Multe da homoj,** *a number of men*; **multaj homoj,** *many men* (individuals).

694. **Da** is used after words indicating a quantity or portion of some indefinite whole. It implies the idea **da ia (taso da kafo=taso da ia kafo).** It describes quantity but not individuality. Do not, therefore, use **da** before defining words (like **la, tiu,** numbers), unless in some rare case where its use is beyond doubt required by the sense. **Taso de la kafo (de tiu kafo, de mia kafo); sumo de tri ŝilingoj.** This does not rule out such expressions as **peco da (ia) silka ŝtofo; peco da (ia) seka pano.**

695. (a) Li sidas en amaso da embaraso. Amo kovras amason da pekoj. Amaso da fianĉoj, sed la ĝusta ne venis. Kapo kun herbo, sen guto da cerbo. Post horoj da ĝojo venas horoj da malĝojo. Malpli da posedo, malpli da tedo. Pli da bruo, ol da faro. Pli da mono, ol da bezono. Pli da mono, pli da zorgo. Tro da libero kondukas al mizero. De tro da pano venas malsano. Tro da kuiristoj difektas la supon.*

---

*A futile superfluity of culinary aid
Will mar the gastronomic juice of osseous tissues made.

(b) Multe da bruo. Multaj bruoj. Sen ombro da dubo la uzo de Esperanto ŝparas multe da tempo, mono, kaj laboro. Rapidu ! ni ne havas tro da tempo. Ne rapidu ! ni havas multe da tempo. Vi faras pli da parolo, ol da progreso.

696. Kiu pli pezas : funto da plumoj (*feathers*), aŭ funto da plumbo ? (1191).

"Al kio vi **atribuas** vian grandan aĝon ? " "Al la fakto, ke post mia naskiĝo pasis multe da jaroj.

" Kio estas tiu **bulo** da **graso** (*lump of grease*) ? " " La kandeloj estis malsekaj ; do mi metis ilin en la **fornon** (*oven*) por sekiĝi."

Neniu kato havas du vostojn. Nu, unu kato havas pli da vostoj, ol neniu kato. Do unu kato havas pli ol du vostojn ; t.e., almenaŭ tri vostojn.

Juĝisto : " Mi rimarkas, ke vi ŝtelis ne nur cent pundojn, sed ankaŭ multe da ringoj, horloĝoj, kaj juveloj." *La akuzita viro* : " Jes, sinjoro. Mi scias, ke mono sola ne donas feliĉon."

Instruisto : " Kiam vi verkas eseon, ne skribu **fantazie** : skribu simple tion, kio estas en vi." *La eseo* : " En mi estas koro, stomako, pulmoj, **hepato** (*liver*), du piroj, tranĉo da **torto,** tri pecoj da ĉokolado, sukerita pomo, kaj mia tagmanĝo."

697. **La patrino iris al la ŝranko. Ŝi malŝlosis la pordon de la ŝranko. Ŝi elprenis panon kaj buteron, kaj metis ilin sur la tablon. Ŝi prenis tranĉilon, kaj detranĉis per ĝi kelkajn pecojn da pano. Ŝi buteris la panpecojn, kaj metis ilin sur teleron. Ŝi metis la buteron kaj la panon denove en la ŝrankon, fermis ĝin per la ŝlosilo, kaj alvokis la familion : " Venu ! la manĝo estas preta."

THE **KIOM** FAMILY (*QUANTITY*)*

698.

-OM="*. . . quantity.*" (Think of 'ow **m**uch, 'ow **m**any. Cp. **som**e, Fr. com**bien**.

Kiom=kiu kvanto, etc.

KIOM, *what quantity, how much, how many ?*

TIOM, *that quantity, so much, so many, as much, so far, to that extent, that number.*

IOM, *some (any) quantity, a little, somewhat, rather.*

ĈIOM, *the whole quantity, all of it, the whole, all.*

NENIOM, *no quantity, none at all, none of it, not a bit.*

---

*The preposition after these words is usually **da** ; but not necessarily. **Kiom el vi povas legi ? Kiom de tiu pano ?** (694).

699. Kiom da homoj, tiom da gustoj (*So many . . . , so many*). Kiom da kapoj, tiom da opinioj. Kiom da juĝantoj, tiom da juĝoj. Kiom la koro deziras! Neniom da oro, sed bona gloro! Multe da peno, neniom da pano. En ĉiu malbono estas iom da bono. Li esploris iom la **fundon** (*bottom*) de la glaso.

Iom post iom, *little by little, gradually*; iom-post-ioma progreso, *gradual progress*. Manĝu kiom vi volas. Mi ne havas tiom da mono, kiom vi : efektive, mi havas neniom. Ĉu vi deziras (havi) iom da teo ? Neniom plu, dankon. Mi havas ĉiom, kiom mi bezonas. Ne tiom kriu. Ludu iom (149) pli kviete. Post ioma (iom da) peno mi komprenis vian leteron. Tioma (tiom da) bruo estas malagrabla.

700. *Ŝi* : " Bela edzo ! " *Li* : " Kiom da mono vi volas ? "
" Kiom da mono vi havas ? " " Neniom. Mia edzino prenis ĉiom, dum mi dormis."
" Se de glacimonto dudek **futoj** (*feet*) estas super la akvo, kiom estas sub la akvo ? " " La cetero."
Dronanto : " Helpon ! Mi ne scias naĝi." *Amiko* (*sur la ponto*) : "Ankaŭ mi ne scias. Sed mi ne tiom krias pri la afero."
" Vi havas du blankajn harojn, panjo." " Jes : pro tio, ke vi estas tiel malĝentila knabineto." " Ho panjo ! Kiom (*How*) malĝentila vi estis al la avino, kiam vi estis knabino ! "

Kio post la montoj kuŝas,
Tio nin neniom tuŝas.

701. **Kiom da** (*how much*) **butero vi bezonas ?** (Mi bezonas) **Unu funton. Kiom da** (*how many*) **infanoj vi havas ?** (Mi havas) **Du filojn. Kiom da jaroj vi havas ?** (Mi havas) **Ok jarojn. Kiomjara vi estas ?** (Mi estas) **Okjara.** (62).

702. " Kiom longe oni povas vivi sen cerbo ? " " Mi ne scias. Kiomjara vi estas ? "
La aĝo de Mario. " Kiom da jaroj vi havas, Mario ? " " Hejme ses, sed en la tramo tri."
" Mi lernis ludi la violonon, kiam mi estis sesjara." " Kaj kiom-jara vi estis, kiam vi forgesis kiel ludi ? "
En la tramo. Sinjorino eniras kun knabeto. *La konduktoro* : "Kiom da jaroj havas la knabo ? " *La patrino* : " Kvar." *La knabeto* : " Kaj panjo havas tridek ses ! "

[149]

703. (a) **Kiom da** libroj (kretoj, seĝoj) estas tie (vi povas vidi) (mi havas) ?—Tie estas . . . (Mi povas ˇidi . . .) (Vi havas . . .).— **Kiom da** homoj (viroj, virinoj, infanoj, enkoj) estas en la ĉambro (la ĉambro enhavas) ? Kiom da pordoj (fenestroj, anguloj) ĝi havas ? En du futoj, kiom da **coloj** (*inches*) ?

(b) **Kiom da** brakoj (fingroj, manoj, okuloj, nazoj, oreloj, haroj, jaroj, kapoj, edzinoj, infanoj, mono) vi havas ? dormo (manĝoj) vi bezonas ĉiutage ? poŝoj estas en via vestaro ? butonoj sur via **veŝto** (*waistcoat*) ? literoj troviĝas en via familia nomo (en via antaŭnomo) ? paĝoj havas via lernolibro ? Esperantaj kongresoj vi ĉeestis ? infanoj havas viaj gepatroj ? pomoj oni povas aĉeti por ses pencoj ? ĉambroj enhavas la lernejo ?

(c) Kiom longe (Dum kiom da tempo) vi lernis Esperanton ? Antaŭ kiom da semajnoj (monatoj, jaroj) vi komencis lerni ? Kiom-jara vi estas ? Demandu al mi pri mia aĝo, la nombro de miaj infanoj. Se tridek du pomoj dividiĝas egale inter ok knaboj, kiom ĉiu ricevas ? Prenu 2 de 9, kiom restas ? Kiam okazis la Granda Fajro de Londono ?

JU . . . DES*

704. **Ju pli . . ., des pli,** *the more . . ., the more*
Ju malpli . . ., des malpli, *the less . . ., the less.*

Ju pli oni posedas, **des pli** oni **avidas** (*craves*). **Ju pli** granda la bezono, **des pli** granda la prezo. **Ju pli** oni premis, ilin, **des pli** ili multiĝis. **Ju pli** oni trinkas, **des malpli** oni soifas. **Ju pli** da bruo, **des malpli** da ĝuo. **Ju malpli** li pensas, **des pli** li parolas. **Ju malpli** ŝi kantas, **des malpli** ni suferas. **Ju malpli** juna oni estas, **des malpli** facile oni memoras. **Des pli bone** (aŭ **Tiom pli bone**)! *So much the better* !

705. **Ju pli** da havo, **des pli** da pravo (honoro . . . laboro). **Ju pli** da vortoj, **des malpli** da ideoj (folioj . . . fruktoj). **Ju malpli** da silento, **des pli** da pento (*repentance, remorse*) (bezonoj . . . feliĉo).

*The following may help the memory : " Ju (*you*) first, des (*that's*) right."

706. *The more I see her, the more I love her. The more thirsty men are (one is), the more they drink. The more he thinks, the less he talks. The less he speaks, the more I respect him. The less (of) danger, the less (of) honour.*

THE 45 CORRELATIVES : RECAPITULATION

707. We have now learned a series of 45 words, called *The Table of Correlatives*. These are made up of 5 beginnings and 9 endings, each with a definite meaning, (p. 274).

some	I-	-A	*of . . . kind* (168)
		-AL	*for . . . reason* (258)
what	KI-	-AM	*at . . . time* (374)
		-E	*in . . . place* (110)
that	TI-	-EL	*in . . . manner* (554)
		-ES	*. . . one's* (252)
no	NENI-	-O	*. . . thing* (106)
		-OM	*. . . quantity* (698)
every	ĈI-	-U	*. . . one* (154)

708. (a) *Translate the following sentence* : Iam ie ial iu iel ŝtelis iom da io ies.

(b) *Verku frazojn, kiuj enhavas la vortojn* : ia, kial, tiam, ĉie, neniel, ies, kio, tiom, ĉiu, nenia, ial, kiam, tie, ĉiel, nenies, io, kiom, tiu.

(c) *Use one word instead of the words in black* : **Dum ĉiu momento** la suno brilas **en iu loko.** Ne estas iu tempo, en kiu li ĉesis paroli. **Homo (mi ne diras precize, kiu li estas)** vin vokas. La patrino amas infanojn : **ne estas unu, kiun ŝi ne amas.** Diru al mi **la sumon da mono, kiun** mi devas pagi.

AJN

709. AJN after a **k**-word corresponds to the English *-ever.* **Kia ajn** (two words : no hyphen), *whatever kind of*; **kial ajn,** *why ever*; **kiam ajn,** *whenever, whensoever*; **kie ajn,** *wherever, wheresoever*; **kien ajn,** *whithersoever*; **kiel ajn,** *however*; **kies ajn,** *whose-ever, whosesoever*; **kio ajn,** *whatever, whatsoever ;* **kiom ajn,** *however much or many ;* **kiu ajn,** *whoever, whosoever, whichever*; **kiun ajn,** *whomever, whomsoever.*[*]

710. Mi iras, kia ajn (estas) la vetero. Kial ajn li tiel parolis ?[*] Li venis, kiam ajn li volis. Kie ajn rano iras, ĝi marĉon sopiras. Kie ajn ŝi estas ?[*] Kien ajn mi pafas, ĉio maltrafas. Kiel ajn vi faris tion ?[*] Kion ajn vi faras ?[*] Ĝi rifuzas iri, kiom ajn oni ĝin batas. Kiu ajn li estas ?[*]

---

[*]Some say that **ajn** should not be used in a question.

711. Sometimes *any* in English means not *some* (382), but *any whatever*. Thus : *What will you have ? Oh, anything (whatever)*. This *any (whatever)* is represented in Esperanto

(a) Usually by **ajn** after an **i**-word. **Donu al mi ion ajn,** *Give me anything (you like, it does not matter what)*. **Venu iam ajn,** *Come at any time (you like)*. **Kiu devas iri ? Iu ajn.** *Who is to go ? Anyone (whatever) (it doesn't matter who)*. (N.B. Two words, no hyphen.)

(b) Sometimes by **ajn** after a **k**-word. **Donu al mi kion ajn** (short for **ion, kion ajn vi volas**). **Venu kiam ajn (vi volas)** ! This is the ordinary usage of Zamenhof.

(c) Sometimes by a **ĉ**-word. **Kiel ĉiu virino scias,** *As any (=every) woman knows*. **Vi ĉiam benvenas,** *You are welcome at any time*.

Thus, *Anyone can do that* may be translated **Iu ajn** (or **Kiu ajn**, or **Ĉiu**) **povas tion fari.**

712. *Draw an oblong figure of 45 squares (5×9), write the 45 correlatives from memory, one in each square, and translate. Use every word in a sentence. Which of these words may have the accusative **n** added to it ? What is the effect of adding (a) **ĉi** to the **t**- series, (b) **ajn** to the **k**- and **i**- series ?*

713. Occasional uses of **ajn**.—**Nenio ajn,** *nothing at all*. **Ĉio ajn,** *absolutely everything*. **S-ro Ajnulo,** *Mr. So-and-So*. **En ajna (=iu ajn) triangulo ABC . . .** *in any triangle ABC . . .* **Mi neniam eraras.—Neniam ajn ?—Nu, preskaŭ neniam !**

714. Loĝadis brava muelist'   Alaŭde dum la tuta tag'
    Ĉe la rivero Dee;   Li kantis tion ĉi :
Kaj de mateno ĝis vesper'   "Atentas mi pri neniu ajn,
    Laboris gaje li.   Kaj neniu ajn pri mi !"

715. (a) Kia bela floro ! Mi amas tiajn personojn. Ekster ĉia dubo. Ial ŝi ploras, mi ne scias kial. Li estas ĉial feliĉa. Ĉu vi neniam finos tiun laboron ? Mi serĉis ĉie, sed nenie trovis. Iru ien ajn. Mi faris ĝin iel, sed kiel, mi forgesas : certe ne tiel. Ties opinio valoras. Ĉu vi vidas ion ? Nenion ajn ! Li havas ĉiom, kaj mi neniom.

(b) *That is something. I see something. Do you see anything?*
They do not see anything. Take anything you wish. Who is there?
Who are there? Whom do you see? (a) sing., (b) plural. *I do not*
read (a) *that book,* (b) *those books,* (c) *such a book,* (d) *such books.*

NUMBERS AS ADJECTIVES

716. Numbers may be made into adjectives by adding the
ending -A. Thus: **La unua tago,** *the first day;* **la tria**
libro, *the third book;* **ĉiu dua paĝo,** *every other page.*

Divide the numbers into words, as already shown (683-5),
but join separate words by hyphens to show that the final
a belongs to the whole number. **Sepdek ok,** 78; **La ducent-**
sepdek-oka paĝo, *the 278th page.*

717. Nia strato estas la kvara maldekstre, kaj mi loĝas
en la sepa domo dekstre. La verko, kies trian **volumon**
mi nun legas, staras sur la sesa breto. Hodiaŭ estas la dudek-
oka (tago) de Septembro. Mia naskiĝa tago estas la dudek-
naŭa de Februaro.

718. Du militas, tria profitas. Kiam du malpacas, la tria
ĝojas. Sen penco unua ne ekzistas la dua. Unua venis,
unua prenis. Kutimo estas dua naturo. Unua paŝo iron
direktas. **Ŝiru** (*tear*) vin en du pecojn, la mondo trian
postulos (*ask for, demand, require*).

719. El kio fariĝis la unua parolmaŝino? (1191).

Gramatika demando. " Difinu ' la unuan personon '." "Adamo,
sinjoro."

" Kiel nomiĝis la unua viro ? " "Adam." " Kaj la unua
virino ? " " Madam."

El kiu vorto kvarlitera oni povas forpreni unu literon kaj lasi nur
unu? (1191).

" Ĉu vi bone laboris, filineto ? " " Jes, patrino. Mi trikas la
duan ŝtrumpon." " Bone. Sed kie estas la unua ? " " Nenie.
Mi komencas per la dua."

Gazetvendisto kriis " Granda **trompo** (*fraud*)! 56 **viktimoj**! "
Iu aĉetis gazeton kaj plendis " Mi trovas en ĝi nenion pri la vik-
timoj." " Vi estas la 57a " estis la respondo.

Tri botistoj loĝis en la sama strato. Unu reklamis : *La plej bonaj*
botoj en la urbo. La dua : *La plej bonaj botoj en la mondo.* La tria :
La plej bonaj botoj en ĉi tiu strato.

Onklo: "Nu, knabetoj, kiel vi progresas en la lernejo ?" *Jack*: "Mi estas la unua ĉe aritmetiko." *Bob*: "Mi estas la unua ĉe geografio." *Tommy*: "Kaj mi estas la unua sur la strato, kiam sonas la sonorilo."

720. **Mi malsatas. Mi iras al la tablo kaj sidiĝas. Mi prenas buterpanon kaj mangas ĝin. Mi prenas duan pecon, kaj trian. Poste mi soifas. Mi elverŝas tason da teo, aldonas lakton kaj du pecojn da sukero, **kirlas** (*stir*) la teon per kulero, kaj trinkas ĝin. Mi trinkas duan tason. Mi stariĝas, kaj lasas la tablon.

721. **Mi iras al la ŝtuparo. Mi staras ĉe la subo, kaj metas la manon sur la **balustradon** (*banisters*). Mi metas la dekstran piedon sur la unuan ŝtupon, kaj staras sur la unua ŝtupo. Mi metas la maldekstran piedon sur la duan ŝtupon, kaj staras sur la dua ŝtupo. Same mi supreniras la trian (kvaran . . . , dek-okan) ŝtupon. Mi atingas la unuan (duan, trian) etaĝon, . . . la supron de la domo.

722. (a) *Ludo*: "*Frazfaro*." Elektu vorton : ekzemple, *amo*. Ĉiu devas fari frazon, ĉe kiu la unua litero de la unua vorto estas *a*, de la dua *m*, kaj de la tria *o*. Ekzemple : *Aĉetu Morgaŭ Ovojn. Arestu Mian Onklon. Arturo Migras Ofte. Advokato Mangas Orangon*, k.s.

(b) Januaro estas la unua monato de la jaro. La dua monato estas . . . (Daŭrigu ĝis Decembro). Kiu estas la kvina monato ? la dek-unua ? Kiu estas la unua sezono de la jaro ? Kiun sezonon ĝi sekvas ? Kiu estas via naskiĝa tago ? Kiu dato estas hodiaŭ ?

723. **Unutaga laboro,** *one day's work, the work of one day.* **La unuataga laboro,** *the first day's work, the work of the first day.* **Duklasa vagonaro. Duaklasa hotelo.**

"Triaklasan bileton, mi petas." "Kien vi iras ?" "Mi iras viziti amikon."

KIOMA

724. A question with **Kioma ?** (*What number in a series ? How-manyeth ?*) requires a number with the adjective-ending as the answer. **Sur kioma etaĝo vi loĝas ?** (**Sur la tria**).

725. **Kioma monato** de la jaro estas Marto ? **Kioma tago** de la semajno estas lundo ? **Kioma infano** vi estas en la familio ? **Kioman jaron** vi atingis ? (La dek-trian). **Sur kioma seĝo** vi sidas en la vico ?

NUMBERS AS ADVERBS

726. **Unue,** *firstly, in the first place, first of all.* **Due,** *in the second place, secondly.* **Trie,** *thirdly.* **Dek-sepe,** 17*thly.* **Sepdeke,** 70*thly.* Por pendigi ŝteliston, unue lin kaptu.

727. Mi havas bonegan memoron. Nur tri aferojn mi forgesas. Unue, nomojn. Due, vizaĝojn. Trie— Nu ! la trian aferon mi forgesas.

728.

Junulo en urbo Tifliso	*There was a young man in Tiflis*
Salutis fraŭlinon per kiso.	*Who greeted a girl with a kiss.*
Unue, ŝi miris,	*It at first turned her head,*
Sed poste ŝi diris,	*But she afterwards said*
" Mi havas la tempon por	" *I've time for another like this* ! "
biso ! "	

NUMBERS AS NOUNS

729. Unuo, *a unit.* **Duo,** *a couple.* **Trio,** *a trio.* **Seso,** *half-a-dozen.* **Dek-trio,** *a baker's dozen.* **Dudeko,** *a score.* Dek **dekoj** faras centon. The difference between **dek du** and **dek-duo** is that between *twelve (individuals)* and *a dozen (in the lump).*

La maljuna reĝo mortis en la unua jaro de la dudeka jarcento. Pencon ŝtelis : Ho ! ŝtelisto ! —milojn ŝtelis : Financisto !

TIME OF DAY : **LA HORO** (I)

730. Kioma horo estas ? *What is the time ?* *What time is it ?* 2.00 : (Estas) **La dua** (horo). *It is 2 o'clock.* (The word " it " is not translated (974)).

2.06 : (Estas) **La dua** (kaj) **ses** (=la dua horo kaj ses minutoj), *aŭ,* ses (minutoj) post la dua.

2.58 : **La dua** (kaj) **kvindek ok,** *aŭ,* du (minutoj) antaŭ la tria.

JE

731. The preposition **JE** has no definite meaning. It may stand for any prepositional relation implied by the context. It is best to use it only when no other preposition seems to meet the case. The over-use of **je** is one mark of the beginner. **Ridi je,** *to laugh at;* **kredi je,** *to believe in.* **Je kioma horo vi venos ?** *At what time will you come ?* **Je la sesa,** *At* 6.0. **Mi tenis (kaptis, prenis) lin je** (or, **ĉe**) **la brako per la dekstra mano,** *I held (caught, took) him by the arm with my right hand.*

[155]

732. " Je kioma grado bolas akvo ? " " Je la centa precize."
" Sed kiel la akvo scias, kiam ĝi atingis la centan gradon ? "

Sinjorino (aĉetanta **termometron**) : " Bonvole fiksu ĝin je 65 gradoj, ĉar tio estas la numero, kiun la kuracisto **rekomendis** por la ĉambro."

733. (a) **Je kioma horo** vi ellitiĝas ? tagmanĝas ? finas vian laboron ? enlitiĝas ? Je kioma horo nia leciono komenciĝas ? finiĝas ?

(b) *Legu laŭte :* Vagonaroj iras **akurate** (*punctually*) je 8.45, 9.02, kaj 10.33 ; kaj alvenas je 9.12, 9.29, kaj 11.0 **respektive.**

THE LETTER Ĵ

734. The letter Ĵ=s in *pleasure* (Fr. *j* in *je*). Do not dot the **ĵ**. **Ĵaluza,** *jealous*; **ĵeti,** *to throw*; **ĵuri,** *to swear* (*take oath*); **ĵurnalo,** *newspaper*; **korsaĵo,** *bodice.*

735. Kiu sidas en vitra domo, tiu ne ĵetu ŝtonojn.* Ĵeti perlojn antaŭ la porkojn. Amo perfekta elĵetas timon. Ju pli da ĵuroj, des pli da suspekto. Ĵeti polvon en la okulojn. Amo kaj ĵaluzo estas gefratoj. Ĵeti bastonon en la **radon** (*wheel*). La ĵeto estas farita (ĉe ludo kun ĵet**kuboj).**

736. *Voĉo el la fenestro :* " Ĉu vi ne havas la ŝlosilon ? " *Ebriulo :* " La ŝlosilon, jes ! Sed ĵetu al mi la seruron."

El Irlanda ĵurnalo : " Kiam la adorantaro stariĝis por la **unua** himno, neniu seĝo **vakis** (estis vakanta) en la tuta preĝejo."

" Vane vi neas la krimon. Jen tri personoj, kiuj juras, ke ili vidis vin ŝteli." " Nur tri ? Sed mi konas cent, kiuj povas ĵuri, ke ili ne vidis min."

Kiel balai ĉambron. Kovru la meblojn per tukoj, kaj sternu malsekajn tefoliojn sur la tapiŝon. Tiam zorge balau la tutan ĉambron, kaj ĵetu ĝin el la fenestro.

737. LA TAGOJ DE LA SEMAJNO estas **dimanĉo, lundo, mardo, merkredo, ĵaŭdo, vendredo, sabato.** " En la triĵaŭda semajno " (=neniam). Kion vi formanĝis en merkredo, ne serĉu en vendredo. Ĉiulunde, ĵaŭdvespere, ĉiudimanĉmatene.

---

*Inhabitants of domiciles of vitreous formation
With lapidary projectiles should make no rash jactation.

738. **Dimanĉe mi vizitas la preĝejon. Lunde mi komencas labori. Marde mi daŭrigas mian laboron. Merkrede mi libertempas posttagmeze. Jaŭde mi laboras denove. Vendrede mi ankoraŭ laboras, sed antaŭrigardas al sabato. Sabate mi libertempas kaj min amuzas.

739. **Mia edzino bone laboras. Ĉiumatene ŝi leviĝas frue, faras la fajron, preparas la matenmanĝon, vekas, lavas, kaj vestas la infanojn, purigas la ĉambrojn, kaj senpolvigas la vazojn sur la **kamen**breto (*chimney-piece*). Plue, ŝi faras la jenon : lunde ŝi lavas; marde ŝi **gladas** (*irons*); merkrede ŝi kudras; jaŭde ŝi **flikas** (*patches*); vendrede ŝi aĉetas en la vendejo; sabate ŝi bakas panon kaj kukojn. Dimanĉe ŝi prizorgas la infanojn, dum mi ripozas.

740. (a) **Kiu tago venas** post lundo ? antaŭ jaŭdo ? **inter** vendredo kaj sabato ?

(b) Nomu la kvinan tagon de la semajno. Kiu estas la kvara ? la sepa ? Kioma tago estas vendredo ? **En kiu tago** oni vizitas la preĝejon ? la patro revenas hejmen frue ? la butikoj fermiĝas posttagmeze ? la patrino laboras ?

(c) *Ripetu* : Dimanĉo estas la unua tago de la semajno, lundo . . .

Simile : La unua (dua) tago de la semajno estas . . .

THE LETTER Ĥ

741. **Ĥ** has the sound of Scottish and Welsh *ch*, Irish *gh* (Cp. loch, lough). It is found in most European languages except English and French. Get your throat ready to say " *k* ", and then say " *h* " by mistake ! **Eĥo,** *echo*; **ĥaoso,** *chaos*; **ĥoro,** *choir*; **paroĥo,** *parish*; **Ĥinujo** (or, **Ĉinujo**), *China*; **Ĉeĥo,** *Czech*.

This letter is especially useful for transliterating words with this sound in other languages : e.g., **Don Kiĥoto**; and many Biblical names (**Miĥa, Naĥum** . . .). **Trafi el Scilo al Ĥaribdo** (*Scylla, Charybdis*). **Formeti en arĥivon** (*records*).

742. " Ĉu li estas bona vendisto ? " " Jes, efektive ! Li povas vendi eĉ eĥon al surdmutulo."

LA ALFABETO ESPERANTA

A	B	C	Ĉ	D	E	F
ah	*bo*	*tso*	*cho*	*do*	*eh*	*fo*
G	Ĝ	H	Ĥ	I	J	Ĵ
go	*Joe*	*ho*	*kho*	*ee*	*yo*	*zho*
K	L	M	N	O	P	R
ko	*lo*	*mo*	*no*	*oh*	*po*	*ro*
S	Ŝ	T	U	Ŭ	V	Z
so	*sho*	*toe*	*oo*	*wo*	*vo*	*zo*

This may be sung to any hymn tune marked " 7.7.7.7."

744. Read the letters of the alphabet horizontally, vertically, and obliquely, forwards and backwards, giving to each its name as indicated (*ah, bo, tso*, etc.). Learn the alphabet by heart (**parkere**). Practise spelling Esperanto words, thus : *ko ah sho eh*, **kaŝe** (11).

745. In telegrams ĉ ĝ ĥ ĵ ŝ ŭ may be written **ch gh hh jh sh u.**

Most typewriter manufacturers supply a machine with the Esperanto accents without extra charge. Or they may be added on a " dead key " at the cost of a few shillings.

THE SOUND EŬ

746. The diphthong EŬ (*EH*∞) sounds like (*m*)*ay oo*(*ze*), (*m*)*e*(*n*) (*wh*)*o*, (*th*)*ey* (*w*)*ou*(*ld*), said quickly, with the accent on *e*. Eŭ counts as one syllable. **Eŭropo, neŭralgio, neŭtrala, reŭmatismo.**

747. Esperanto estas lingvo neŭtrala : ĝi apartenas egale al ĉiu homo kaj al ĉiu popolo, sen **rilato** al **raso**, religio, **rango**, aŭ politiko. Oni diras, ke Esperanto estas " artefarita ". Artefarita estas ankaŭ ĉio utila kaj bona en la moderna vivo : domoj, libroj, telefono, aŭtomobilo, radio . . . Esperanto tamen obeas al **principoj** naturaj; ĝi konsistas el elementoj naturaj, kunmetitaj en harmonian tuton. Ĝi estas **bazi**ta sur radik *j* komunaj al la **ĉefaj** lingvoj de Eŭropo, sed ĝia gramatika **strukturo** estas orienta. Ĝi estas " vivanta lingvo de vivanta popolo ".

VOWEL GLIDES

748.

	AJ	EJ	OJ	UJ	AŬ	EŬ
as in	aisle	vein	coin	ruin	out	they would

N.B. Although, for the counting of syllables, **j** and **ŭ** are regarded as consonants, in these combinations they are equivalent to the English short vowels *i* in *it* and *oo* in *good* respectively.

749. (a) *What English words are these (English sounds with Esperanto spelling)?* Ĝorĝ, Ĉarlz, ŭi sed leĵurli, hŭaj liv jor sŭic ? Goŭ sloŭ naŭ, maj dir bojz, aj du prej ju.

(b) *Write similarly the following English sounds with Esperanto spelling*: Rule, mule. Shed, shade, shied. Rice, rise. Whose house ? How d'you do ? My fine wife. Eighty nine, Leigh Road, Newquay. Rows (*two ways*). Lead (*two ways*). Buoy, draught, league, sewed, tomb, ache, why, joint, vouchsafe, joy, qualm, beau, shrewd, quaint, lyre, bough, route, gauge, aisle, beauty, height, choir, Cambridge, Psyche, view, baize, Wemyss, knead, days, bowled, outside.

750. The student should now be able to read aloud any Esperanto text, with the certainty that he can pronounce every word correctly.

THE VERB-ENDING -OS

751. The ending -OS denotes the *future*, and corresponds to the words *shall, will*, in that sense.

Mi iros, *I shall go.*   **Ĉu ni iros ?** *Shall we go ?*

Vi iros, *You will go.*   **Vi ne iros,** *You won't go.*

Ni iros, ĉu ne ? *We shall go, shan't we ?*

In the endings **AS, IS, OS**, note that **A**=*present*, **I**=*past*, **O**=*future*, **S**= *simple tense* (time-form).   To remember **O** in **OS** think of *coming, morrow, post-mortem.*

752. Kiu amas la liton, ne akiros profiton. Vi restu en via domo, kaj mi restos en mia. Faru vian aferon, Dio zorgos ceteron. Kion vi semas, tion vi rikoltos. En puton ne kraĉu, ĉar vi trinki bezonos. Per iliaj fruktoj vi konos ilin. Montru moneron : ĉio fariĝos. Mi blinde pafos—eble trafos. Elmetu mielon, muŝoj alflugos. La tempo venos : ni ĉion komprenos. Dio donis buŝon, Dio donos manĝon. Difektojn de naturo ne kovros veluro. Vi min manĝigos : mi vin trinkigos. Por ŝafon formanĝi, lupo trovos pretekston. Nigran **kornikon** (*crow*) sapo ne blankigos. Mi ne povas **mendi** (*order*) sukceson, sed mi ĝin meritos.

Oratoro: "Eble vi havos infanojn. Se ne, eble viaj filinoj havos infanojn."

Patro: "Ĉu vi scias, kial mi batos vin ? "   *Filo:* "Ĉar vi estas pli forta, ol mi."

753. *Ŝi:* "Renkontu min ekster la kinejo je la sepa." *Li:* "Certe. Kiam vi venos ?"

"Ĉu vi vespermanĝos kun mi ? "   "Kun plezuro."   "Mi ĝojas ! Je la oka—en via domo."

Patro: "Kio estas al vi ? "   *Infano:* "Mi englutis pinglon." "Nu, ne ploru ! Mi donos al vi alian."

"Ĉu vi edziniĝos kun mi ? " demandis li. "Neniam ! " ŝi respondis. Kaj ĉiam poste ili vivis feliĉe.

Oratoro deklaris, ke la unuiĝo de Irlando kaj Anglujo "ŝanĝos la nudajn montojn en fruktoplenajn valojn."

"Ĉu vi scias la numeron de la domo, en kiu loĝas S-ro Smith ? " "Ne, sinjoro. Sed vi vidos ĝin sur la pordo."

Patrino (al la fileto): "Ne parolu, kiam mi parolas." *Patro (bonkore):* "Lasu lin, kara ; alie li eble forgesos kiel paroli."

Novedzo: "La edzino preferas kafon, sed mi preferas teon." *Malnova edzo:* "Ne ĉagreniĝu ! Post kelka tempo vi kutimiĝos al la kafo."

"Ĉu via patrino estas en la domo ? "   "Ne, sinjoro, ŝi foriris." "Ĉu vi scias, kiam ŝi revenos ? "   "Atendu momente ! Mi demandos al ŝi."

Sinjorino invitis amikon al festeno. "La kunveno estos tre agrabla. Ĉeestos multaj belulinoj."   "Nu, sinjorino.   Mi ne iros por vidi belajn vizaĝojn : mi deziras vidi *vin*."

"Via edzo multe vizitas la ĉeval-kurojn. Ĉu li estas spertulo ? " "Ho, jes. Antaŭ la kuro li ĉiam scias, kiu ĉevalo venkos; kaj post la kuro li ĉiam povas klarigi, kial ĝi ne venkis."

Du leteroj. *Li:* "Kara Violeto ! Kio estas por ni la vivo ? Nur mizero ! Ĉi-kune mi sendas al vi **pistolon**. Ĉu vi volas morti kun mi ? "   *Ŝi:* "Kara Adolfo ! Jes, mi volas. Unue mi pafmortigos vin, kaj poste vi min."

754. En omnibuso sidis du virinoj. Unu diris "Konduktoro! Fermu la fenestron : mi mortas de la trablovo." La konduktoro obeis. Tiam la alia diris "Konduktoro] Malfermu la fenestron : mi mortas de la varmo." La konduktoro ĝin malfermis. Tiam la virinoj kriis unu kontraŭ la alia "Fermu !"   "Malfermu !" La konduktoro gratis la kapon, kaj ne sciis, kion fari. Fine aŭskultanto diris "Fermu la fenestron, kaj unu sinjorino mortos. Poste malfermu ĝin, kaj la alia mortos. Tiam ni havos pacon."

755. Mi revas pri ĝardeno
　　Kaj hela bluĉiel',
　Kaj floro rave dolĉa
　　De am' kaj bel'.

　Mi vidas la ĝardenon,
　　La floron trovos mi;
　Kaj floros ĝi eterne
　　Por mi, por vi !

Dormu, infano, sur ârba lulilo;
Vénto vin svingos en ĝoja trankvilo.
Kiam la branĉo rompiĝos, ho, kio— ?
Falos la branĉo, lulilo, kaj ĉio !

Mi amas katidon
　Kun varma vesteto;
Ĝi amas min ankaŭ,
　La ĉarma besteto.

Mi certe ne kaŭzos
　Doloron al ĝi,
Kaj tial kontente
　Ĝi ludos kun mi.

Jen ! antaŭ la fajro
　La kara katido
Manĝetas kaj trinkas
　Kun plena konfido.

756. (a) *Write ten sentences in the future tense: i.e. with the verbs in* -os.

　(b) *She will be there, won't she ? We shan't go, shall we ? I shall sing, shan't I ? They won't sleep, will they ?*

757. Mi **devos** iri, *I shall have to go.*

Mi **povos** iri, *I shall be able to go.*

Mi **volos** iri, *I shall wish to go.*

" Kiam mi povos esperi la pagon de mia kalkulo ? " " Ĉiam, amiko kara ! Ĉiam ! "

Terura **situacio.** " Mi havas eĉ ne unu pencon, kaj por povi manĝi mi devos **lombardi** (*pawn*) mian artefaritan dentaron. Sed ankaŭ tiam mi ne povos manĝi ! "

Patrino: " Vi batalis denove ? Rigardu— Kia terura **stato** ! Denove ni devos aĉeti por vi novan vestaron." *Fileto:* " Ho, sed vi rigardu Petron ! *Lia* patrino devos aĉeti tute novan knabon ! "

-OS (LOGICAL TENSE)

758. Note the following use of the future in Esperanto where English uses the present : **Se vi penOS, vi sukcesOS,** *If you (will) try (in the future) you will succeed.* **Se vi penAS** . . . would mean : *If you are trying (now).*

Mi esperas, ke li estos tie, kiam mi ven**os** (*when I come*). Se la vetero est**os** (*is*) malbona, mi ne ir**os**. Kion vi far**os**, kiam mi forir**os** (*go away*) ? Mi labor**os**, dum vi lud**os** (*while you play*). Se iu ven**os** (*if anyone comes*), diru, ke mi malsanas. Diru al mi, kiam vi dorm**os** (*when you are asleep*) ! Kiam li ven**os** (*when he comes*), mi ĝoj**os**. Kiu viv**os**, tiu vid**os**. Se blindulo konduk**os** (*leads*) blindulon, ambaŭ fa!os en **kavon**. Kiom ajn vi pen**os**, nenio elven**os**.

759. *Vizitanto, al knabeto:* " Kiam vi tagmanĝos ? " " Ni tagmanĝos— panjo diras— kiam vi foriros."

" Kiu estas pli aĝa; vi aŭ via frato ? " " Mi. Tamen, se mia frato vivos tri jarojn plu, ni estos samaĝaj."

Ges. Blank **adoptis** Hungaran bebon. Ĝi estas orfo. Nun ili studas la Hungaran lingvon, por povi ĝin kompreni, kiam ĝi komencos paroli.

Viro en plenplena restoracio ne trovis sidlokon. "Aŭskultu ! " li diris al la kelnero. " Se ĉiam estos tiom da homoj en via restoracio, neniu ĝin vizitos."

" Kion vi faros, kiam vi estos plenaĝa ? " " Mi estos soldato." " Sed eble oni mortigos vin." " Kiu ? " " La malamiko." " Do mi estos la malamiko."

F-ino Klavo (ĉe la piano): " Oni diras, ke vi tre amas bonan muzikon." *Amiko (ĝentile):* " Jes. Tamen ne ĝenu vin, mi petas. Ludu tiel longe, kiel vi volos."

Mario **turmentis** la katon. Fine ŝia patrino diris " Se vi batos la katon, mi batos vin : se vi tiros ĝiajn orelojn, mi tiros viajn." Mario pensis momente, kaj diris " Do mi tiros ĝian voston."

" Se vi povos diveni, kiom da ovoj mi tenas en la mano, mi donos al vi ambaŭ." " Vi havas du." " Nu, vi estas prava. Jen la du ovoj. Sed kiel vi sciis la ĝustan nombron ? "

La du **sprituloj** *(wits):* " Tri birdoj sidas sur branĉo. Se mi pafos unu, kiom restos ? " " Neniu, ĉar la aliaj forflugos. Nun vi respondu al mi. En iu ĉambro brulas tri kandeloj. Se mi estingos unu, kiom da kandeloj restos ? " " Nur unu, ĉar la aliaj forbrulos."

760. *Kuracisto:* " Kiel **fartas** (*fare, get on, ' is '*) mia paciento ? " **Flegistino***:* " Vi promesis, ke se li sekvos vian konsilon dum tuta monato, li saniĝos. Sed post du semajnoj li mortis." " La stultulo ! Kial li ne daŭrigis la kuracon dum tuta monato, kiel mi ordonis ? "*****

Militista disciplino. *La kolonelo (al soldatoj starantaj en vico):* " Kiam mi diros ' Unu ', vi ĉiuj saltos en la aeron. Kiam mi diros ' Du ', vi ĉiuj malsupren iros al la tero denove."

" Mi portos vin kaj vian edzinon; " diris la **aviad**isto (*airman*) " sed nur, se vi promesos, ke vi ne parolos dum la flugo." Post la surteriĝo la aviadisto diris al la **pasaĝero** : " Mi vin gratulas, ke vi silentis." " Efektive," respondis la pasaĝero " mi ne diris unu vorton— eĉ ne, kiam mia edzino falis el la maŝino."

---

*Flegi, *nurse, tend (as a hospital nurse).* **Varti,** *nurse, look after (as a nursemaid).*

[162]

HIERAŬ, HODIAŬ, MORGAŬ

761. **Hieraŭ**, *yesterday.* (Cp. *hi*ER*aŭ, y*Est*ER*day
   hodiaŭ, *to-day.* *h*OD*iaŭ, t*OD*ay*
   morgaŭ, *to-morrow.* MOR*gaŭ, t*oMOR*row.*)
Note the accent : *hieraŭ, hodiaŭ,* **mor***gaŭ.*

Hieraŭ mi irIS. Hodiaŭ mi irAS. Morgaŭ mi irOS.

hieraŭ		matene	yesterday		morning
*hodiaŭ	}	vespere	this	}	evening
morgaŭ		nokte	to-morrow		night

Posttagmeze (ptm.), *in the afternoon.* **Antaŭhieraŭ,**
the day before yesterday. **Postmorgaŭ,** *the day after to-morrow.*

762. Hodiaŭ forto, morgaŭ morto. Hodiaŭ supre, morgaŭ
malsupre. Hodiaŭ ĉe verko, morgaŭ en ĉerko. Hodiaŭ al
mi, morgaŭ al vi. Morgaŭ frue venos plue. Pli bona estas
malgranda " Jen, prenu ! ", ol granda " Morgaŭ venu ! ".
Ankaŭ morgaŭ estas tago. Mi ne naskiĝis hieraŭ. Pli bona
estas ovo hodiaŭ, ol kokido morgaŭ.

763. Hieraŭa pluvo. Hodiaŭa prezo. Morgaŭa festo.
Hodiaŭa revo—morgaŭa **realo.** Burĝonas la morgaŭo en la
plej profunda nokto.

764. " Kiam vi komencis lerni Esperanton ? " " Nur hieraŭ."
" Nu—montru al mi viajn poemojn ! "

   " Ĉiumatene mi ĝuas malvarman banon." " Kuraĝulo ! Kiam
vi komencis ? " " Hodiaŭ matene."

Oni povas **deponi** monon en la bankon hodiaŭ, kaj eltiri ĝin morgaŭ
per semajna antaŭ**avizo.**

   " Kial vi malĝojas, kara ? " " Ĉar hodiaŭ estas la lasta tago, en
kiu ni povos esti kunaj, antaŭ morgaŭ."

Karlo: " La instruisto diris hodiaŭ, ke ni devenis de simio." *La
patro,* **indigne:** " Nu! Eble vi, sed ne mi."

Ĵurnalisto, al **rivalo :** " Ha ! Mi vidis ion bonan en via ĵurnalo
hieraŭ." " Ĉu ? Kio ĝi estis ? " " Funto da butero."

   " Nomu kvin tagojn de la semajno, sen uzo de la vortoj dimanĉo,
lundo . . ." " Facile ! Antaŭhieraŭ, hieraŭ, hodiaŭ, morgaŭ, kaj
postmorgaŭ."

---

*Occasionally met : **ĉi-** (short for **ĉi-tiu-**) : **ĉi-matene** (=**hodiaŭ
matene**), **ĉi-vespere, ĉi-nokte.**

Voĉo ĉe la telefono: " Tom Smith estas malsana, kaj ne povos viziti la lernejon hodiaŭ." *Instruisto:* " Kiu parolas ? " " Mia patro."

Knabeto: " Ĉu la letero atingos Bristolon morgaŭ ? " *Poŝtisto:* " Certe, mia knabo." " Nu ! Mi miras pri tio, ĉar ĝi estas adresita al Londono."

" Hieraŭ mi falis en la riveron, kaj preskaŭ dronis." " Tamen vi povas naĝi, ĉu ne ? " " Ho jes, bonege ! Sed oni malpermesas naĝi en tiu parto de la rivero."

" Kara ! " diris novedzino al la edzo. " La kuiristino bruligis la **lardon** (*bacon*). Do vi devos esti kontenta pri kisoj por matenmanĝo hodiaŭ." " Bone ! " li respondis. " Envoku ŝin ! "

Moderna edzino: " Dum du monatoj mi ne povis eltrovi, kie mia edzo pasigas la vesperojn. **Hazarde** (*by chance*), hieraŭ vespere mi iris hejmen, kaj trovis, ke li restas hejme."

765. " Mia kato parolas Esperanton. Jes, vere. Kial vi ridas ? Hieraŭ vespere ĝi sidis sur mia skribotablo. Mi diris al ĝi ' Iru for ! ' Tamen ĝi ne moviĝis. Do mi puŝis ĝin, kaj diris ' Ĉu vi aŭdas ? ' Kaj ĝi respondis ' *Mi-aŭ-das, mi-aŭ-das* ! '."
" Ho, tio estas nenio. Mi diris al mia kanario ' Ĉu vi preferas cigaron aŭ pipon ? ' Ĝi respondis ' *Pip* '. La akuzativon ĝi ne lernis ĝis nun."

766. Ĉe kuracista atendejo pendis avizo: "*Ne Malŝparu Vortojn* ! " Envenis fraŭlino. Jen la interparolo. *Kuracisto:* Kio ? *Fraŭlino:* Brako. — Grato ? Mordo. Hundo ? Kato. Hieraŭ ? Hodiaŭ. **Bandaĝo** ! Dankon. Doloras ? Ne. Sinjorino ? Fraŭlino. Sola ? Jes. Libera ? Tute. Edziniĝos ? Eble. Kun mi ? Plezure. Dankon. Same !

767.
Boju, boju, hundo,	Li donos al vi oston,
Morgaŭ estos lundo,	Kaj vi svingos vian voston,
L'a patro tiam venos vidi nin.	Por montri, ke vi multe amas lin.

768. Ni morgaŭ **konsolos** al iu la koron—
    Sed kiun ni helpis hodiaŭ ?
Ni prince donacos arĝenton kaj oron—
    Sed kion ni donis hodiaŭ ?
Ni penos forpeli de ĉiu mizeron,
    Forviŝos ni larmojn, kaj plantos esperon,
Ni semos kuraĝon kaj amon kiel veron—
    Sed kion ni semis hodiaŭ ?

769. " Kiu tago estas hodiaŭ ? " " Mi diros al vi ! Hodiaŭ estas hodiaŭ hodiaŭ ĝi estos hieraŭ morgaŭ kaj antaŭhieraŭ postmorgaŭ, kaj ĝi estis morgaŭ hieraŭ kaj postmorgaŭ antaŭhieraŭ. Hieraŭ estis hodiaŭ hieraŭ kaj morgaŭ antaŭhieraŭ; morgaŭ estos hodiaŭ morgaŭ kaj hieraŭ postmorgaŭ. Antaŭhieraŭ estis hieraŭ hieraŭ, kaj postmorgaŭ estos morgaŭ morgaŭ." " Dankon. (*Flanke*) Kia tedulo ! Mi neniom komprenas el tio. Ĉu vi ? "

770. (a) Beginners sometimes translate *to-day* by **al tago** or by **tagi**. Why are these wrong ?

(b) Ĉiutage mi iras al la stacidomo (instruas, skribas al mia amiko). Do hieraŭ mi . . . ? Morgaŭ mi . . . ?

(c) Legu laŭte : Mi alvenos akurate je 2.30 aŭ 2.57.

(d) **Kiam mi diris** "Hieraŭ estis (Morgaŭ estos) lundo ?"
"Antaŭhieraŭ estis (Postmorgaŭ estos) vendredo ?" (Vi tion diris . . .

(e) **Je kiu dato mi diris** "Hieraŭ (Antaŭhieraŭ) estis la 3a de Marto ?" "Morgaŭ (Postmorgaŭ) estos la 9a de Aprilo ?" (Vi tion diris je la . . .).

ĜIS

771. **ĜIS** (prep.)=*till, as far as, down to, up to.* Ĝis la **fundo** de la maro. Ĝis la **supro** de la monto. Ĝis la **fino** de la strato. Ŝi vadis (*waded*) **ĝisgenue**. Mi amos vin **ĝismorte**. Ŝiaj haroj pendis **ĝistalie**. **Ĝis kiam ?** *How long ?*

Al montras *direkton*, **ĝis** *atingon*.

772. Estu fidela ĝis la morto. Li sidas en laboroj ĝis super la ŝultroj. Ne **prokrastu** ĝis morgaŭ, kion vi povas fari hodiaŭ. Ĝibulo ĝis morto restos ĝibulo.

773. *Ŝi:* "Ĉu vi mortigos vin pro mia rifuzo ?" *Li:* "Mi kutime faris tion ĝis nun."

Post longa vizito. "Ne ĝenu vin akompani min ĝis la pordo." "Tio ne estos ĝeno, sinjoro; ĝi estos plezurego."

"Kia homo estas S-ro Smith ?" "Nu, kiam vi vidos du personojn kune, kaj unu aspektas ĝismorte tedita, la alia estas Smith."

Recepto por dormi. Sinjorino ne povis dormi. La kuracisto donis al ŝi medikamenton, kaj diris : "Se vi trinkos **dozon** ĉiudekminute dum la tuta nokto, vi dormos profunde ĝis la mateno."

"Mia edzino konstante petas de mi monon. Matene, kiam mi leviĝas; vespere, kiam mi venas hejmen; kaj eĉ en la nokto." "Kion ŝi faras per tiom da mono ?" "Vere, mi ne povas diri, ĉar ĝis nun mi donis al ŝi neniom."

•774. **Ĝis** may be used also as a conjunction (*until, till*). E.g., **ĝis** (**la tempo, kiam**) li venis=**ĝis lia veno.** **Mi ne kredis, ĝis mi venis kaj ĝis miaj okuloj vidis.**

[165]

775. *Epitafo.* **Vidv**ino mendis jenan **epitafon** por la **tombo** de la edzo : " Ripozu pace, ĝis mi venos."

Kuracisto (al sinjorino, kiu babilas senĉese): " Montru al mi vian langon." (*La sinjorino obeas*) " Bone ! Nun lasu ĝin ekstere, ĝis mi finos paroli."

" Kial vi ne lernis la lecionon pri geografio ? " " Vi diris, ke la mapo de la mondo konstante aliiĝas. Do mi atendos, ĝis aferoj estos fine decilditaj."

" Vi estas tre malgaja ! " " Jes, Mi perdis la okulvitrojn; kaj mi ne povos ilin serĉi, ĝis mi trovos ilin."

776. VERSOJ POR ALBUMO	Fraŭlino en centra Londono
	Muzikis per granda **trombono.**
Belulin',	Ŝi blovis kaj blovis,
Mi amas vin.	Ĝis oni eltrovis
Diru : Ĉu vi amas min ?	Mil fendojn sur ĉambra plafono.
Certe, se	
Vi diros " Ne ",	Nia diligenta kolegaro
Baldaŭ mortos mi. Ho, ve !	En laboro paca ne laciĝos,
Estos mi malgaja, ĝis	Ĝis la bela songô de l'homaro
Jesos vi per dolĉa kis'.	Por eterna ben' efektiviĝos.

777. **Ĝis kioma paĝo (Ĝis kie)** (*How far*) vi legis en la libro ? (Mi legis ĝis la . . .) **Kion vi demandas, kiam vi deziras eltrovi, ĝis kiam mi** legos ? parolos ? forestos ? restos en Parizo ? estos ĉi tie (malsana ? kolera) ? (Kiam mi deziras eltrovi, ĝis kiam vi legos . . . mi demandas " Ĝis kiam vi legos ? ")

BALDAŬ, ĴUS, NEPRE, TUJ

778. **BALDAŬ,** *soon, shortly.* **Baldaŭ poste,** *soon (shortly) afterwards.* **Kiel eble plej baldaŭ,** *as soon as possible.* **Baldaŭa pago,** *prompt (early) payment.* (Be careful to pronounce the first syllable of this word correctly).

Mi baldaŭ venos. Mi ne atendis vin tiel baldaŭ. Kiu tro rapide saltas, baldaŭ haltas. Kiu tro ripozas, baldaŭ **almozas** (*begs alms*).

779. **ĴUS,** * *just (now), a moment ago (past time).* **Mi ĵus kantis,** *I have just sung.* **Li ĵus elrampis el la ova ŝelo.**

---

*Cp. **ĝusta** (201), *correct, right, just so;* **justa** (591), *just, fair;* and **tuj** (783). **Ĝuste kiam,** or **Tuj kiam** (NOT **ĵus kiam**), *at the precise moment when, just when, directly . . .*

Kritikisto: " Mi ĵus legis vian libron." *Aŭtoro:* " La lastan ? ' " Mi esperas, ke ĵes."

Malgranda infano, kiun la patro ĵus batis. " Panjo, via edzo ne plaĉas al mi."

" Ĉu vi estas la estro de la domo ? " " Ne. Oni ĵus metis lin en la lulilon."

A: " Ĉu via edzino estas blondhara ? " *B:* " En la momento mi ne scias, ĉar ŝi ĵus iris al la frizisto."

" Kiun vi atendas, mia knabeto ? " " Panjon. Ŝi aĉetas novan ĉapelon en tiu butiko." " Nu, do, ŝi baldaŭ venos : la lastan oni ĵus prenis el la fenestro."

780. **Kion mi ĵus** prenis ? tuŝis ? malfermis ? faris ? instruis ? (Vi ĵus . . .) Al kiu mi ĵus parolis ?

781. **NEPRE,** *without fail, in any case, come what may, certainly, surely, positively.* **Nepre venu,** *Be sure to come, you really (absolutely) must come.* **Mi nepre respondos,** *I shan't fail to answer.* **Nepra devo,** *a positive (inevitable) duty.* **Nepre ne,** *certainly not; positively " No ".* Mi nepre devos foriri baldaŭ.

782. Mi ĉiam rimarkis, ke se mi sukcesas vivi ĝis la fino de Marto, mi nepre vivas dum la tuta jaro.

" Ĉu vi venos baldaŭ, doktoro ? " " Jes, nepre. Morgaŭ mi devos viziti alian pacienton sur la sama strato, do mi povos (kiel oni diras) mortigi du birdojn per unu ŝtono."

783. **TUJ** (a) (time) : *immediately, at once, instantly, forthwith, just (in the future).* **Li tuj iris,** *he went at once.* **Mi tuj iros,** *I shall go at once.* **Li tuj venos,** *he is just coming.* **Tuj kiam li venos,** *as soon as (directly) he comes* (779*). **Tuja respondo,** *an immediate reply.*

(b) (place) : *just, right, quite.* **Tuj post la pordo,** *just behind the door.* **Tuj apud la muro,** *quite close to the wall.* **Tuj antaŭ via nazo,** *Right in front of your nose.*

784. " Ĉu anĝeloj havas flugilojn, panjo ? " " Certe, mia kara." " Kaj ĉu ili povas flugi ? " " Kompreneble." " Do kiam flugos la servistino ? " " Nu ! Ŝi ne estas anĝelo." " Sed jes : la patro tion diris al ŝi." " Ha ! Do ŝi flugos tuj."

785. Ankoraŭ=*still*; **Jam**=*already*. **Ankoraŭ** shows no change : **jam** shows change*. Compare :
Li **ankoraŭ** manĝas, *He (was, and) is still eating.*
Li **jam** manĝas, *He (was not, but now) is already eating.*

786. ANKORAŬ (Fr. *encore*)=*still, as yet, till* (or, *up to*) *now, till then* (*the time in question*). **Li estis (estas, estos) ankoraŭ tie,** *He was still (is still, will still be) there.* **Mi ankoraŭ atend-is (-as, -os) por ŝi.**

787. Esti ankoraŭ ĉe la komenco de la vojo. Li ŝvitas ankoraŭ super la alfabeto. Li havas ankoraŭ printempon en la koro. Li havas ankoraŭ la lakton sur la lipoj. Ĝi estas ankoraŭ pasero en aero. Ĝi havas ankoraŭ **signon** de demando.

788. " Ĉu vi ankoraŭ min amos, eĉ kiam mi vojaĝos malproksimen de vi ? " " Komprenebdle. Ju pli malproksimen vi vojaĝos, des pli forte mi vin amos."

" La pomoj en mia ĝardeno neniam maturiĝas." " Ĉu la klimato do estas mal**favora** ? " " Ne, sed la knaboj ŝtelas la frukton, kiam ĝi estas ankoraŭ verda."

" Kial vi estas tiel malĝoja ? " " Mia edzino **bombardis** min per floroj." " Tamen tio ne estas motivo por plendo." " Sed ili estis ankoraŭ en la vazo ! "

789. JAM=*already, by now, by then* (*the time in question*).†
Li estis (estas, estos) jam preta, *He was (is, will be) ready already.* **Mi jam havas,** *I already have (some).* **Se li jam venis** . . . *If he has already come (has come by now)* . . . **Mi jam diris, ke** . . . *I have already (previously) said that* . . . **Jam dirita,** *aforesaid.* **Jam de longe,** *for a long time past now.* **Mi devas jam iri,** *It is now time (the time has now come) for me to go.*

790. Bone kreskas la herbo, sed la ĉevalo jam mortis. Li faris jam la lastan spiron. Plej juna katido musojn jam pelas. Li jam estas trans montoj kaj maro.

---

*Mnemonic : *Jam* is *changed* fruit !

†Do not confuse **jam**, *already*, with **tute preta**, *all ready* (*quite ready*).

791. En Irlanda hotelo. " Estas la oka, sinjoro." " Jam ! Kial vi ne diris tion al mi antaŭe ? "

Edzino: " Ĉu vi scias, ke jam tri semajnojn vi ne kisis min ? " *Profesoro:* " Kiun do mi kisis tiel ofte ? "

" Mi ne scias, kion donaci al la edzo por lia naskiĝa tago." " Eble bonan libron ? " " Nu, tion li jam havas ! "

Paciento (al kuracisto): " Vi ne devos (*won't have to*) malpermesi ion al mi, ĉar jam de longe la edzino malpermesis al mi ĉion."

"Ne donu al la infano tiel multe da **prunoj** (*plums*); ĝi havos doloron en la stomako." " Ho, tio ne gravas; ĝi jam havas tion."

Patro: " Mi ne povas kompreni, kial mia horloĝo ĉiam haltas. Eble ĝi bezonas purigon." *Fileto:* " Ho, ne, patro. Mi estas certa, ke ne; ĉar mi lavis ĝin jam hodiaŭ matene en mia bankuvo (*tub*)."

Iu renkontis Skotan amikon en Venecio. " Kion vi faras ĉi tie ? " li demandis. " Mi ĝuas la mielmonaton " estis la respondo. " Sed kie estas via edzino ? " " Ŝi restas hejme en Skotlando, ĉar ŝi vizitis Venecion jam antaŭe."

792.   Krepuska (*twilight*) grizo venas nun,
          Subiris jam la roza sun',
          La mondon banas **fea** (*fairy*) lum'
          En palarĝenta helo !

Jen la lasta rozeto
  De fora somero;
Ĝiaj belaj kunuloj
  Jam **velkis** sur tero.
Ne restas parenco,
  Neniu rozfloro
Kunsentas kompate
  Pri ĝia doloro !

Jen, Aprilo venas nun !
  Kantas ĉiu koro,
Brilas la matena sun',
  Dancas ĉiu floro.
Ĝoju, do, malgaja kor',
  En la lumo hela !
Jam la vintro pasis for,
  Ĉio estas bela !

793. In a negative sentence **ankoraŭ** and **jam** go before the **ne** (or other negative word). The **ne** goes before the verb (221).* Compare :

Li ankoraŭ **ne manĝas**, *He (was not, and) is still not eating; He is not eating yet.*

Li jam **ne manĝas**, *He (was eating, but now) has already left off (has stopped) eating; has ceased to eat* (785).

*The forms **ne jam** (=**ankoraŭ ne**) and **ne ankoraŭ** (=**jam ne**), though logically possible, are confusing, and better avoided.

794. **ANKORAŬ NE,** *not yet.* **Li ankoraŭ ne estas preta,** *He is not yet ready.* **Li ankoraŭ ne venis,** *he has not come yet.* **Mi ankoraŭ neniam vidis lin,** *I have never yet seen him.* **Mi ankoraŭ nenion scias,** *I know nothing yet, I still know nothing.* **Ankoraŭ neniu plaĉis al ĉiu,** *No one has ever yet pleased every one.*

Ankoraŭ Dio ne dormas. **Ankoraŭ** la ezoko **ne** estas sur la hoko. La **sigelo** *(seal)* **ankoraŭ** ne estas metita.

795. " Ĉu vi loĝis ĉi tie dum via tuta vivo ? " " Ankoraŭ ne ! "

" Kial vi ploras, knabeto ? " " Mia frato havas libertempon, sed mi ne." " Kial ne ? " " Mi **ankoraŭ ne** vizitas la lernejon."

Ĉu vi donis freŝan akvon al la or-fiŝoj ? " " Ne, sinjorino. Ili **ankoraŭ ne** fortrinkis la akvon, kiun ili jam havas."

" Vi devas nun iri liton." " Sed panjo **ankoraŭ ne** iris ! " " Nu, la kokidetoj dormas jam de longe." " Jes, sed ankaŭ la kokino ! "

" Ĉu vi jam scias Esperanton ? " " Nu—mi lernas de kelka tempo." " Pruntu al mi ŝilingon." " Pardonu, sed kelkajn vortojn mi **ankoraŭ ne** komprenas."

Artisto montris al amiko pecon da blanka papero. " Tiu bildo," li diris, " **prezentas** *(represents)* la pason de la Izraelidoj tra la Ruĝa Maro." " Sed kie la maro (estas) ? " " Ĝi jam foriris." " Kaj la Izraelidoj ? " " Ili jam pasis." " Kaj la Egiptoj ? " " Ili **ankoraŭ ne** venis."

796. Edzino demandis al la edzo " " Kioma horo, kara ? Ĉu batis jam la deka ? " Li rigardis la poŝhorloĝon kaj respondis "Ankoraŭ ne; mankas ankoraŭ tri minutoj; estas nur la naŭa kvindek sep (Estas la deka precize. Baldaŭ estos la deka dek. Estas preskaŭ la deka kvindek. Tuj venos la noktomezo)." " Ĉu via horloĝo estas ĝusta ? Ŝajne ĝi (mal)fruas ! " " Ne, ĝi estas tute ĝusta. Mi jam kontrolis tion, kiam mi ĝin streĉis."

797. **JAM NE** (cessation of action or state), *no longer, not any more, no more.* **Li jam ne esperas,** *he has ceased to hope.*

798. Compare **NE PLU** (non-repetition of an action, it did (does), will) not occur again). **Li jam ne manĝas,** *he has now left off eating.* **Li ne plu manĝis,** *He ate no more.* **Li ne plu manĝos,** *He will not eat again.* **Jam neniam** (or **Neniam plu**), *never more, never again.*

799. " Kiam mi povos ricevi pagon ? Ĉu morgaŭ ? " " Ne, tiam mi **ankoraŭ ne** havos monon." " Do, postmorgaŭ ? " " Ho ne ! Tiam mi **jam ne** havos monon."

800. ** Infano dormas. La patrino frapas ĉe la pordo, kaj diras
"Vekiĝu, kara !" Sed la infano ankoraŭ dormas. Do la patrino
eniras la ĉambron, skuas (*shakes*) lin kaj vekas lin. Nun la infano
jam ne dormas. Li malfermas la okulojn, kaj vidas la patrinon. Li
sin kisas, kaj diras "Bonan matenon, panjo !" Li oscedas, streĉas
la brakojn, frotas la okulojn, kaj saltas el la lito. Li surtiras pantalonon,
kaj iras al tualeta tablo. Li prenas kruĉon, kaj verŝas akvon en la
pelvon (*basin*). Li lavas la manojn kaj la vizaĝon, brosas la dentojn,
kombas la harojn, kaj vestiĝas.

801.

Se vi nur rigardas al mi,
Tiam estas mi feliĉa,
Kiel floroj de la **stepo**
Kiam **roso** (*dew*) ilin banas.

Kiam vi malgaja estas,
Mia koro mallumiĝas—
Kiel mallumiĝas lago
Kiam ombras ĝin la nuboj.

Se ridetas vi, karega,
Tiam ĝojas mia koro,
Kiel brilas ondetaro
Sur riveroj en sunlumo.

Ridas tero, ridas akvoj,
Ridas la ĉielo suna—
Sed mi jam ne povas ridi
Se vi estas malproksima.

802. Jam pasis pli ol jaro, de **kiam** (*since*) mi perdis la poŝhorloĝon
(*watch*). De **tiam** (*since then*) mi estas malgaja. Mi **ankoraŭ** ĝin
serĉas, sed **ankoraŭ** ne trovis ĝin. Mi **jam** ne esperas (*I no longer
hope*) vidi ĝin denove. Post dek minutoj li **jam** solvis la problemon,
sed lia fratino **ankoraŭ ne** sukcesis ĝin solvi. Kial vi **ankoraŭ**
intermiksas G kaj Ĝ ? Ĉu vi **jam** ĉion forgesis ? Aŭ ĉu vi
ankoraŭ nenion lernis ?

803. *The sun is still shining. The sun is shining already. The sun
is not shining yet. The sun has already stopped shining.*

Vary similarly : (a) **Li mangas pomon.** (b) **La hundo dormas.**
(c) **Ŝi trinkas teon.** (d) **La infano ludas.**

804. By extension of meaning **ankoraŭ**=*still* (*yet*) *another*
(*more*), *besides*. **Ankoraŭ kelkaj vortoj,** *still* (*yet*) *a few words
more*. **Mi mangos ankoraŭ unu** (*yet another, still one more*).
Cp. **mi mangos denove** (*again, once more*). **Ni bezonas
ankoraŭ du,** *We* (*still*) *need another two* (*two more*). **Ankoraŭ
multe vi devos vojaĝi,** *you have still a long way to go.* **Kiom
ankoraŭ ?** *What else ?* **Ankoraŭ pli pala,** *even* (*still*) *paler.*

"La letero estas tro peza : mankas al ĝi ankoraŭ poŝt**marko**
(*stamp*)." "Sed kun tio ĝi estos ankoraŭ pli peza !"

PRESKAŬ, APENAŬ, ALMENAŬ, JA

805. **PRESKAŬ**, *almost, nearly, all but, well-nigh, not
much less than*. **Preskaŭ neniam,** *scarcely ever*. **Preskaŭ
nenie,** *hardly anywhere*. **Mi preskaŭ ne povis stari,** *I
could hardly stand.*

Neprobablaj aferoj okazas preskaŭ ĉiutage. Sed tio, kio okazas preskaŭ ĉiutage, estas afero tre probabla. Do afero neprobabla estas afero tre probabla !

806. **ALMENAŬ**=*at least* (Cp. AL*menaŭ*, At *Least*). **Mi restos almenaŭ** (*at least*=*not less than*) **tri horojn. Eble aliaj cedos, sed almenaŭ mi** (*I, at least*=*at any rate, anyway, at all events*) **staros firme.**

"Ĉu virinoj vivas pli longe, ol viroj ?" "Sendube ! Almenaŭ, la vidvinoj !"

807. **APENAŬ**=*scarcely, hardly, barely, only just.*

(a) (Of achievement)=*preskaŭ ne, only with difficulty* (Cp. *kun* pen*o*; F *à* pe*i*ne). **Mi apenaŭ povas vidi** (=**mi preskaŭ ne povas vidi**), *I can hardly* (*scarcely, only just*) *see; I can see only with effort.* [Conversely, **apenaŭ ne**= *preskaŭ*]. **La ventego apenaŭ ne dronigis la ŝipon,** *the gale almost* (*all but, well-nigh*) *sunk the ship.*

(b) (Of time). **Apenaŭ ŝi venis,(kiam)** .. *she hardly had* (*only just*) *come, when* . . . **Apenaŭ li ricevis ĝin, li tuj ĝin vendis,** *No sooner did he get it than he sold it.*

(c) (Of measure)=*not more than, at the most.* **Tio kostas apenaŭ tri pencojn. Mi restos apenaŭ tri horojn.**

808. La tempo estas rapida rivero—kureganta torento el ĉio venanta kaj ĉio pasanta. Apenaŭ venis io, kaj jen ! ĝi jam forpasis : alio fluas post ĝi, kaj same forportiĝas ankaŭ tio.—*Marcus Aurelius.*

809. **JA**=*indeed, assuredly, to be sure, really and truly* . . . It is used to confirm or strengthen a statement, and generally implies remonstrance or expostulation. **Tio ja estas vera,** *indeed it is true (whatever you say) (although . . ., in spite of . . .).* **Mi ja povas tion fari,** *why, I can do that.* **Mi ja skribas,** *Don't you see I am writing !* **Mi ja tion diris,** *I said that, I told you so.* **Vi ja scias, ke** . . . *you know very well (of course) that* . . . **Li estas ja kulpa, tamen** . . . *He is guilty, of course, nevertheless* . . . **Li ne povos veni, li ja estas edzo** (*He's married, you see*).

810. "Kial vi ne iris ?" "Mi ja iris, sinjoro (*But* I did *go*)." "Mi ne vidis vin." "Nu, mi ja estis tie (*Well,* I was *there*)." "La lokomotivo estas tre scivola." "Mi ne komprenas." "Jes, ja ! Ĝi konstante diras Ĉu, ĉu, ĉu, ĉu !"

811. Mi promenis sur la kamparo, kaj vidis ion tre malproksime. Mi apenaŭ povis ĝin distingi. Mi rigardis atente, kaj demandis al mi " Kio ĝi povas esti ? " Mi daŭrigis la promenon, kaj pli kaj pli proksimiĝis. Mi metis la manon al la okuloj kaj rigardis denove. Ankoraŭ mi apenaŭ povis ĝin vidi klare, sed mi diris al mi, " Mi estas preskaŭ certa, ke ĝi estas ia besto. Ĉu eble ĉevalo.? " Mi ankoraŭ pli proksimiĝis, ĝis mi preskaŭ povis ĝin tuŝi. Mi jam vidis la beston tute klare. Mi vidis la kolharojn kaj la voston. Tiam mi diris al mi " Ĝi ja estas ĉevalo ! "

PO

812. **PO** (preposition)=*apiece, at the rate of, at, @.* **Mi donis al ili po ses pencoj,** 6*d. apiece.* **Ni legas la libron po dek paĝoj en ĉiu leciono.** PO is never followed by the accusative.

813. **Li pagis po du pencoj por (ĉiu) funto; li veturis po dek mejloj en (ĉiu) horo.** *He paid (at the rate of) 2d. a lb.; he travelled* 10 *miles an hour.* You can say also **li pagis du pencojn por funto; li veturis dek mejlojn (ĉiu)hore.** But do NOT say **du pencojn po funto, li iris dek mejlojn pohore** (=2*d. at the rate of a lb. each; he went ten miles at the rate of an hour a mile* !). This misuse of **po** is a common mistake, and a bad one. Remember that **po**=@ : this should keep you right.

814. **PO, POR.** **Mi aĉetis tri pomojn po du pencoj** (*at* 2*d. each*). **Mi aĉetis tri pomojn por du pencoj** (*for* 2*d. the three*).

815. **Vendi po funto (pofunte),** *by the pound, a pound at a time.* **Pagi popece,** *by the piece;* **pohore,** *by the hour.* **Verŝi pogute (pobarele). Pomalgrande, podetale,** *retail.* **Pograndisto,** *a wholesaler.*

816. Juna arbo havis sep branĉojn. En Majo ĉiu branĉo havis dek foliojn. Novaj folioj kreskis po dek monate sur ĉiu branĉo. Kiom da folioj estis sur la arbo post ok monatoj ? (1191).

Du vagonaroj iris de Belurbo ĝis Verdmonto kaj revenis. La unua iris po 60 mejloj hore kaj revenis po 30 mejloj. La dua iris po 45 mejloj ambaŭdirekte. Kiu revenis unue ? (1191).

" Kion vi faras ? " " Ni ludas esti (*at being*) leterportistoj. Al ĉiu domo en la strato ni portas po unu letero, kaj ĵetas ĝin en la leterkeston." " Sed kie vi trovis tiom da leteroj ? " " En la ŝranko de panjo : ili estis kunligitaj per rozkolora rubando."

[173]

817. Mi dissendis po unu **ekzemplero** (*copy*). El ĉiuj bestoj enkonduku po unu paro en la **arkeon**. Mi prenis el vi dek du virojn, po unu viro el **tribo**. Levu ĉiu po unu ŝtono. Al ĉiu el la infanoj mi donis po tri pomoj. Elektu po tri homoj el ĉiu tribo. Staru en du vicoj, po ses en vico. La viro havis sur la manoj kaj sur la piedoj po ses fingroj, sume dudek kvar. Se mi legos en ĉiu tago po dek kvin paĝoj, mi finos la tutan libron en kvar tagoj. Obadja kaŝis la profetojn en **kavernoj** po kvindek homoj.

818. (a) Pears are sold at 6d. a lb. He ran at the rate of six miles an hour. Give them six apples apiece. I ran at the rate of eight miles an hour. I work eight hours a day. Take three books each. Read this book at the rate of two chapters daily. Buy me three shillingsworth of tea at 2s. a lb.

(b) Kiom kostas afranki poŝtkarton (leteron al Francujo) ? Kiom kostas sendi telegramon ? Po kiom da mejloj oni povas iri en unu horo piede (bicikle, aŭtomobile, vagonare, aeroplane) ?

THE ACCUSATIVE -N (RECAPITULATION)

819. We have already seen that the letter **n** may show

(a) *THE DIRECT OBJECT OF A VERB* (295, 306).

(b) *MOTION TOWARDS* (*almovo*). Here **n** replaces the preposition **al** (442, 544).

It may show also

(c) *TIME* (*date, hour, duration*); *MEASURE* (*distance, height, length, quantity, weight, etc.*); *VALUE* (*cost, etc.*). Here **n** replaces **je** or some other preposition (**dum, ĝis, po,** etc.).

820. As a matter of fact, all these three uses of **n** are merely various applications of one principle : *THE LETTER N REPLACES AN OMITTED PREPOSITION.* (Examples of **n** replacing **al, dum, pri, por,** have already been met in 349).

This is true even in the case of (a) Cp. **Mi manĝas pomon,** *I eat an apple*=**Mi manĝas je pomo,** *I am eating OF* (*nibbling AT*) *an apple*; *I am eating* (*as regards*) *an apple.*

821. If both forms are equally clear, it is possible to use either a direct object (**n** and no preposition), or an indirect object (a preposition and no **n**) (350). If, for example, as a translation of *She laughed at him*, neither **Ŝi ridis al li,**

kontraŭ li, pri li, nor **pro li,** expresses your exact meaning, or if you are not sure what you do mean, or if you do not wish to be too precise, you can say **Ŝi ridis je li,** or **ŝi ridis lin** (Cp. *She derided him*).

Similarly : **li sopiris al (por, je) la hejmo,** or, **li sopiris la hejmon,** *he longed for home.* **Ŝi lamentis pri (pro, je) la perdo,** or, **Ŝi lamentis la perdon,** *she bewailed the loss.*

822. Ŝi restis du horojn (**dum** du horoj), *she stayed two hours.* La infano ploris la tutan nokton (**dum** la tuta nokto), *the child cried all night.* Li kuris tri mejlojn (**je, tra,** tri mejloj), *he ran three miles.* La pomoj kostis ses pencojn (**po** ses pencoj) por funto. *The apples cost sixpence a pound.* Li naskiĝis la sepan (**en** la sepa) de Marto. Iru lundon (**je** lundo, **en** lundo). La skatolo estis longa du futojn (**ĝis** du futoj), larĝa unu futon, kaj alta naŭ colojn (*2ft.× 1ft.×9in.*). La bebo pezis (*weighed*) dek funtojn. Mi restos ok monatojn.

823. Lavu tutan jaron, **negro** ne blankiĝos. Li havas ĉiun **horon** alian moron. Sidas gasto minuton, kaj vidas la tuton.

824. " Kiam mia patro naskiĝis, li pezis nur du funtōjn." " Vere ! Kaj ĉu li vivis ? "

Mi preferus esti timulo kvin minutojn, ol **kadavro** (*corpse*) la ceteron de mia vivo.

" Ĉu mi redonis vian herbfalĉilon al vi lastan aŭtunon ? " " Ne." " Nu, kion fari ? Mi deziras pruntepreni ĝin denove ! "

Longa fasto. " Ĉu vi povus ne dormi dudek noktojn, kaj ne manĝi dudek tagojn ? " " Facile. Mi manĝus en la nokto, kaj dormus en la tago."

Puto (*well*) estis profunda 30 futojn. **Limako** (*slug*) ĉe la fundo supren rampis tri futojn ĉiutage, sed malsupren glitis du futojn ĉiunokte. Kiom da tagoj ĝi bezonis, por atingi la supron ? (1191).

En malvarma nokto la mastrino konsilis al la servistino : " Metu botelon en vian liton ". La postan matenon la mastrino demandis " Kiel vi dormis ? " " Sufiĉe bone ! " estis la respondo. " La botelo estis preskaŭ varma, kiam mi leviĝis."

Ŝnuro pendis de ŝipo tiamaniere, ke ĝia fino pendis du futojn super la **nivelo** de la maro, kiu estis tute trankvila. La tajdo tamen leviĝis po unu futo hore. Post kiom da tempo la maro atingis la finon de la ŝnuro ? (1191).

825. ****Mi leviĝas kutime je la sepa. Je la sepa tridek mi malsupreniras, matenmanĝas, kaj eliras. Mi iras al mia laboro piede, omnibuse, aŭ vagonare. Mi skribas en la oficejo la tutan matenon. Je la unua mi tagmanĝas. Poste mi laboras la tutan posttagmezon, de la dua ĝis la sesa. Je la sesa mi ĉesas labori. Mi lasas la **oficejon** (*office*) kaj pasigas la vesperon hejme. Mi laboras lunde, marde, . . . kaj sabate, ses tagojn : t.e., preskaŭ la tutan semajnon. Sed la unuan **tagon** de la semajno mi ne laboras.

826. He stayed with us two days. I shall come on Tuesday. It weighs ten pounds. The books cost twopence each. She spoke all day. One day I shall go. One day I *shall* go ! I saw him on the tenth of June. We shall ride for a day and a night, though usually I ride by day, not by night. The river is ten feet deep.

827. Koncerne tion (**je** tio) (*concerning that*), konforme tion (**al** tio) (*in conformity with that*), proksime vin (**de** vi, **al** vi), responde vian demandon (**al** via demando), rilate vian leteron (**al** via letero), spite lin (**al** li).

828. Li pendis, la kapon (**kun** la kapo) malsupre, *He hung head downwards.* Li marŝis manojn (**kun** manoj) en la poŝoj. Ĝi falis malsupron supre.

829. Tagon post tago pluvadis. Ni progresas paŝon post paŝo. Fojon post fojo mi korektis tiun eraron. Jaron post jaro ili loĝis en la sama domo. Ili sidis vizaĝon kontraŭ vizaĝo, *They sat face to face.* Vizaĝon ĉe vizaĝo, *cheek to cheek.* Horon post horo mi atendis por ŝi.*

> Kune laboru ni por la homaro,
> Amo instigu nin jaron post jaro.

SI†

830. SI, SIN=*himself, herself, itself, themselves, oneself.*
SIA=*his own, her own, its own, their own, one's own.*

RULES

(I) **Si** can not be the subject of the sentence.
(II) **Si** refers to the subject.
(III) **Si** is used only when the subject is of the third person. In other words :

> (I) The pronoun **sia (sin, or si)**
> Can not itself the subject be,
> (II) But to the subject it refers
> Of sentences where it occurs.
> (III) Remember, too, this final word :
> Restrict its use to " person third ".

---

*In such phrases one meets sometimes the nominative (**paŝo post paŝo**), sometimes the accusative (**paŝon post paŝo**). Z. used both forms, though more often the nominative. The accusative is now more usual. Often either form is defensible. E.g., **la pluvo falis; guto** (falis) **post guto**, or **guton** (=po guto) **post guto.**

†**Si** relates to the Subject (it is a " reflexive " pronoun).

[176]

831. This form is used to avoid the ambiguity of such sentences as *John loves his brother and his (whose ?) children; He took the watch out of his (whose ?) pocket.*

It is not used when the subject of the sentence is in the "1st person" (*I, we*) or the "2nd person" (*thou, you*), because here no such ambiguity can arise. (There can be no doubt as to who is meant by *I* or *you*; but there are innumerable *he's* and *she's*). Hence, in the 1st and 2nd persons, we have (Rule III):

Mi legas al **mi** en **mia** lito, por amuzi **min**
Ni „ „ **ni** „ **nia** „ „ „ **nin**
Ci „ „ **ci** „ **cia** „ „ „ **cin**
Vi „ „ **vi** „ **via** „ „ „ **vin**

832. But in the "third person" we have (Rule II):

(a) **Li** legas al **si** en **sia** lito, por amuzi **sin**=*He reads to himself in his own bed to amuse himself.* But

(b) **Li** legas al **li** en **lia** lito, por amuzi **lin** would mean *He reads to him (some one else) in his (that person's) bed, to amuse him (the other man).* So also

Ili legas al **si** en **sia** lito, por amuzi **sin**=*They read to themselves in their own bed to amuse themselves.*

Similarly : **Ŝi (ĝi, oni, iu,* ĉiu, neniu)** legas al **si** . . .

833. Repeat the following in all persons and numbers. Model :
Mi vidas min; vi vidas vin; li (ŝi, ĝi, ili, oni, ĉiu) vidas sin.
Mi parolis al mi. Mi pensas pri miaj infanoj. Mi iris al mia domo. Mi atentas miajn aferojn. Mi lavos miajn manojn.

834. (a) Li estas granda homo en sia domo. Ĉiu besto zorgas pri sia nesto (*nest, lair, den*). Saĝa filo estas ĝojo por sia patro. Oni ne pagas per gloro al sia tajloro. Li vidas nur ĝis la pinto de sia nazo. Li estas la portreto de sia patro. Se ĉiu balaos antaŭ sia pordo, tiam en la tuta urbo estos ordo. Neniu estas profeto en sia urbeto. Li estas **brav**ulo (*a fine fellow*) en sia angulo. Malsaĝulo malŝatas la instruon de sia patro.

---

*The **-u** correlatives are 3rd person. **Ĉiu sin amas,** *everyone loves himself,* equally whether this means **ĉiu el ili, el ni,** or **el vi.**

(b) Ĉio havas sian " sed " kaj " se ". Ĉiu havas sian guston. Ĉiu havas sian kaŝitan mizeron. Ĉiu vulpo sian voston laŭdas. Ĉiu " li " havas sian " ŝi ". Sian **sorton** (*lot, fate*) neniu evitos. Kiu gardas sian buŝon, tiu gardas sian **animon** (*soul*). Ĉiu familio havas sian **kriplulon**.

(c) Ĉiu por si estas la plej kara. Ĉiu sin gvidas, kiel li vidas. Se **regno** (*kingdom*) estas **dividita** kontraŭ si, tiu regno ne povas stari. **Spiko** (*ear of corn*) malplena plej alte sin tenas.

Esti sub la ŝuo de sia (*one's*) edzino. Timi sian propran ombron. Teni sian langon en la buŝo. Atingi la vesperon de sia vivo. Esti en sia **elemento.** Pafi sin for.

835. *Inspektisto* : " Kie la **struto** (*ostrich*) demetas siajn ovojn ? "
" En nia lerneja **muzeo.**"

" La plej altaj **societoj** malfermas por mi siajn pordojn." " Jes, por jeti vin eksteren ! "

" Kial la fiŝoj ariĝas sub la ponto ? " " Por ŝirmi (*shield, shelter*) sin kontraŭ la pluvo."

Infano vidis **testudon** (*tortoise*). " Rigardu ! " li kriis. " Ĝi metas sian kapon en la (*or*, sian) buŝon."

" Kion faras la edzino, kiam vi venas hejmen malfrue ? " " Ŝi skuas la kapon." " Sian aŭ vian ? "

" Ĉu via edzo kutimas paroli al si, kiam li estas sola ? " " Mi ne scias. Mi neniam estis kun li, kiam li estis sola."

" En kiu batalo Nelson mortis ? " " En sia lasta, mi kredas."— " Kies ostojn la Izraelidoj forportis kun si el Egiptujo ? " " Siajn." (*Or*, " la proprajn ").

Du amikoj ŝtelis botelon da viskio, kaj ĝin kaŝis en sia litĉambro. En la nokto unu el ili leviĝis kaj fortrinkis la viskion. Iom poste la alia leviĝis, kaj serĉis la botelon. La unua demandis : " Kion vi serĉas ? " " Ho, nenion " respondis la dua. " Nu, vi trovos tion en la botelo ! " diris la unua.

836. (a) **Kompletigu** la frazojn : Henriko amas . . . patrinon. Alico amas . . . geavojn. Li pensis pri . . . fianĉino. La nevoj parolos al . . . onklo. La gepatroj laboras por . . . infanoj.

(b) *My uncle has arrived with his sister. My aunt lives near her brother. The dog runs by its master. Our friends talked about their horse. The father loves his child. The mother called her daughter. A good dog will defend its master. My friends sold their garden. One does not easily forget one's first love.*

(c) Kies ĉapelon mi (S-ino B, D-ino D) portas ? Per kies krajono li skribas ? Kies plumojn ni (niaj amikoj) uzas ?

837. (a) In the sentence **Tom kantas al si,** the word **si** refers to the subject, **Tom,** and the meaning is *Tom sings to himself.* **Tom kantas al li**=*Tom sings to him (someone else), not the subject*) (832). Similarly :

La knaboj kantas al **si** (*themselves*).

La knaboj kantas al **ili** (*them, the other persons*).

(b) **Li amas sin kaj lin** (*himself and him=the other man*). **Ili servas ilin kaj sin,** *they serve the others and themselves.* **Mia fratino havas amikinon, kiu faras ĉion por si** (*herself*) **kaj nenion por ŝi** (*her*). **Georgo promenas kun sia** (*his own*) **filo, kaj lia** (or, ties) (426) (*the son's*) **amiko.**

(c) Paŭlo ludis kun Johano, kaj vundis lin kaj sin. Petro parolis (i) al si. (ii) al li. Petro kantis kun Johano kaj kun (i) sia edzino; (ii) lia (*or,* ties) edzino. Petro renkontis Johanon, kaj demetis (i) lian ĉapelon; (ii) sian ĉapelon.

(d) *The father spoke to his* (sia) *son and his* (*own*) (siaj) *friends : he spoke also to his* (*the son's*) (liaj) *friends. After the death of my aunt, my mother educated her children with her own. Mr. Verd invited his friend and his* (*the friend's*) *family. Rose walked with Lily and with her* (*own*) *brother; also with her* (*Lily's*) *brother. Henry opened his window, and saw his sweetheart, who opened her window at the same time. My friends love their children. I also love their children. My friend went with his wife to their country house, to visit her parents and their* (*the parents'*) *relations and his uncle.*

838. *The father's pen is in his pocket*=**La plumo de la patro estas en lia poŝo.** Not **sia,** which would mean *in its own* pocket ! (Rule II), because the subject is **plumo.** **Petro kantis kun Gertrudo kaj ŝia kuzo,** *Peter sang with Gertrude and her cousin.* (Here **sia** would mean *his own cousin* (Rule II).)

She went with Robert and his mother. I walked with my dog and its pup. He will visit my neighbour and her daughter. We met Charles and Thomas with their friend.

839. In the sentence **Petro kantis kun sia edzino** we use **sia,** not **lia,** because the pronoun refers to the subject **Petro** (Rule II). But in **Lia edzino kantis kun li** we use **lia,** not **sia,** because **lia edzino** is the subject (Rule I).

840. *John greets his friend* (Johano salutas **sian** amikon—Rule II). *His friend* (**Lia** amiko—Rule I) *greets him. The child learns its lesson. Its lesson is easy. The mother loves her daughter, but her daughter*

does not love her. The ladies left their house, because their house was too small. The father wrote to his son, and his son replied. The child lost its doll. I showed (to) the child its doll.

841. In the sentence **Petro kaj lia edzino kantis,** however, we use **lia,** not **sia,** because the subject is **Petro-kaj-lia-edzino.** It is really two sentences packed into one : (a) **Petro kantis,** and (b) **Lia edzino kantis;** and **sia** cannot be the subject (Rule I). Similarly : **Petro kantis, sed ne lia edzino** (=sed lia edzino ne kantis).

N.B. A conjunction (e.g., **kaj, sed**) introduces a new sentence : a preposition (e.g., **kun** in 839) does not.

842. (a) **Si** relates to the whole subject, not to a part of the subject only. **Ŝi-kaj-li vizitas sian** (*their*) **avon. Petro-kaj-lia-edzino kantis kun lia** (*his*) **patro kaj ŝia** (*her*) **patrino kaj sia** (*their common*) **amiko kaj ties** (*the friend's*) **kuzino.**

843. (a) *My friend and his brother love their sister. My friend goes with his brother and helps their sister.*

(b) Translate the four meanings of *P told J that he would have to leave* (**devos lasi**) *his house,* translating *he* by **li** to denote *P*, and by **tiu** to denote *J*.

(c) The advanced student may find out and translate the forty possible meanings of *When P met J, he was with his friend and his cousin,* using **ties** (426) to translate *the latter's* (*the friend's*) *cousin* (1191).

844. Use **si** only when you are sure that is in order. It is a bad mistake to use **si** when it should not be used. And even where **si** is correct, there are cases where it may be clearer not to use it. *When in doubt, leave it out.*

845. Such sentences as *He loves me more than his father* and *He loves me like a father* are ambiguous (586). Compare **Li amas min** (1) **pli ol** (li amas) **sian patron** (=*more than he loves his father*) (**sian,** not **lian,** Rule II); (2) **pli ol lia patro** (amas min) (=*more than his father loves me*) (**lia,** not **sia,** Rule I); (3) **kiel** (li amas) **sian patron,** *as* (*he loves*) *his father*; (4) **kiel lia patro** (amas min), *as his father* (*does*). **Li estas tiel bona al mi, kiel** (1) (li estas) **al sia filo;** (2) **lia filo** (estas).

MORE DIFFICULT CASES

(846-7 may be omitted if desired).

The following sentences cover most cases likely to arise. The principle to note is that **si** *relates to the subject of the sentence or clause (sub-sentence) in which it occurs*. A subject implied but unexpressed should be supplied mentally (even if this alters the construction).

846. (a) An *INFINITIVE* (**-i**) is regarded as a verb, forming a new sentence with its own subject.

Petro petis Markon **viziti** (=*ke li viritu*) **lian** (P's) domon kun **sia** (M's) edzino. Jozefo ordonis al siaj servistoj **balzami** (=*ke ili balzamu*) **lian** patron, *Joseph ordered his servants to embalm his father* (**sian** would mean *their father*).

(b) So also with a *PARTICIPLE* (**-anta**) :

Li vidis anĝelon, **starantan** (=*kiu staris*) kun glavo en **sia** mano. Mi aŭdas iun, **parolantan** (=*kiu parolas*) al **li**, *I hear someone talking to him* (al **si**=*to himself*).

(c) *MISCELLANEOUS.* Lia amo (=*la amo, kiun li sentas*) al **si** kaj al **sia** edzino estis granda. Li scias la amon de Mario (1) al **si** (=*ke M amas sin*), (2) al **li** (=*ke ŝi amas lin*). Li scias sian amon (1) al **ŝi** (*to her*); (2) al **si** (*to himself*).

Li vidis antaŭ **si** la seĝon. But we also meet Li vidis la seĝon (kiu staris, starantan) antaŭ **li** (Here the word-order is the deciding factor.

847. *WHEN* SI *IS NOT REFLEXIVE* the rules do not apply.

(a) " Si " **estas utila vorto.** Here si is used as a noun.

(b) Sometimes **sia**=*one's own* (*propra*), with no reflexive idea. **Sia** estas kara, pli ol najbara. Ĉio **sia** estas plej ĉarma. Al ĉiu **sia** propra estas ĉarma kaj kara. Metu ĉion en **sian** lokon.

(c) With a **sin**-compound (852). Lia **sinamo** estis granda (Cp. 846c).

(d) With the stereotyped adverbial expressions **inter si, per si** (mem). Ili parolis **inter si** (*reciproke*). A kaj B estas du malsamaj objektoj, kiujn miksi **inter si** oni ne devas. Volapuk pereis **per si** mem (*proprakulpe*). Tion li ne faris **per si** mem (*propramove, off his own bat*). **Per si** mem (*In itself*) tio ne estas malbono (848).

MEM

848. **MEM,** *self, selves* (throws emphasis on *-self*). **Mi vestis min,** *I DRESSED myself*. **Mi vestis min mem,** *I dressed mySELF*. **Mi mem faris ĝin,** *I did it mySELF*.

Legu mem, Vi mem legu, *read (for) yourSELF.* **Ŝi vidis la pupon mem,** *she saw the doll itSELF.* **Ŝi mem vidis la pupon,** *she saw the doll herSELF.*

849. (a) Se vi volas, ke io fariĝu, faru ĝin vi mem. Gardu min Dio kontraŭ amikoj—kontraŭ malamikoj mi mem gardos min. Kion mi mem faras, tion mi ĉie flaras. Al vi mem pardonu nenion : al alia multon. Kuracisto, sanigu vin mem. Alian ne mallaŭdu, vin mem ne aplaŭdu.

(b) Sonorilo vokas al preĝejo, kaj mem neniam iras. Li aliajn gvidas, kaj mem ne vidas. Ne pelu tiun, kiu mem forkuras. Ne venas rato mem al kato. Kiu fosas sub alia, falos mem en la foson. Malsaĝuloj kreskas mem, sen **plugo** (*ploughing*) kaj sem'! Ĉiun demandu, sed mem al vi **komandu. Kaldrono** (*boiler*) ridas pri poto, kaj mem estas kota. La kompaso montras la vojon, sed oni devas mem fari la vojaĝon.

850. Venkas tiu, kiu venkas sin mem. Gardu la pencojn, la pundoj gardos sin mem. Oni mem estas sia plej granda flatisto. Ĉiu por si mem! Kiu multe babilas, al si mem malutilas.

851. " Kial vi parolas al vi mem ? " " Ĉar mi amas paroli al saĝulo."

Patrino: " Iu mordis la orelon de Tommy. Ĉu vi ĝin mordis, dum vi batalis ? " *Ned:* " Ne, ne mi ! Li mem mordis ĝin."

Viro, kiun oni ne invitis al festeno, diris kolere : "Atentu ! Iam mi mem donos grandan festenon, kaj tiam mi invitos neniun."

SIN AND MEM AS PREFIXES

852. **SIN** and **MEM** as prefixes translate the English prefix *self-*.

(a) If the idea is reflexive, prefer **sin-. Sindefendo,** *self-defence* (=**oni defendas sin**); **sindono,** *devotion*; **singardo,** *caution*; **sinmortigo,** *suicide*; **sinrego,** *self-control*; **sinsekva,** *consecutive*; **sinteno,** *attitude*; **sintrompo,** *self-deception.*

Such compounds may be used with all persons. **Via sindono. Mi estis singarda (Vindono, mingarda,** would be possible, but unusual) (847c).

(b) If the idea is not reflexive, use **mem-**. **Memevidenta,** *self-evident.* (One could not say " oni evidentas sin " !). **Memstara,** *independent.*

853. **SIN-am(-aprob** (*approve*) - deten - ekzamen - fid - flat - forges - help - humilig - instru - kaŝ - klarig - konserv - kontraŭdir - laŭd - ofer - **protekt** - respekt - riproĉ)o. **MEM - ag** (-centr - ekzistant-kontent-opini-sufiĉ-vol)a.

THE VERB-ENDING -US

854. The endings **IS, AS, OS,** deal with *facts* (past, present, future). **Se li venis, li pagis,** *if he came, he paid.* **Se li venas, li pagas,** *if he comes, he pays.* **Se li venos, li pagos,** *if he comes (in the future), he will pay.* All these are statements of actual fact. **IS** records what happened, **AS** states whát is happening, **OS** prophesies what will happen.

855. The ending **US** (Cp. *shoUld, woUld*) denotes *hypothesis, supposition.* It speculates about a state of affairs presumably non-existent. It has no time value. Supposing that (in the past, present, or future) something *were* (**us**) the case (which is doubtful), then something else *would be* (**us**) the case. The supposition and its consequence form a pair (*If* **us**, *then* **us**). **Se li venus, li pagus,** *Supposing he were to come, he would pay*; or (according to the context) *Supposing he had come, he would have paid.* **Se vi kantus morgaŭ, mi ĝojus,** *If you sang (supposing you were to sing) to-morrow* (which may not occur) *I should rejoice.*

Sometimes the second **us** is not expressed, though understood. **Mi ĝojus iri,** *I should be delighted to go (if . . .)*

Mi irus, *I should go (if).*   **Mi ne irus,** *I shouldn't go (if).*
Ĉu ni irus ? *Should we go (if . . .) ?*   **Ĉu vi ne irus ?** *Wouldn't you go (if . . .) ?*
Li kantus, ĉu ne ? *He would sing, wouldn't he ? (if).*
Li ne kantus, ĉu ? *He wouldn't sing, would he ? (if).*

856. Se haroj ne mankus, oni **kalvon** (*baldness*) ne havus. Se ne estus " se " kaj " tamen ", mi al ĉio dirus "Amen ". Ne diru " Mi lernos Esperanton, kiam ĉiu alia ĝin lernos ". Se ĉiu parolus same, neniu ĝin lernus. Ekzistas neniu homo sen ĉagreno; kaj se ekzistus tia, li ne estus homo.

857. *El eseo:* Se la tero ne turniĝus, la tago kaj la nokto estus egalaj.

" Ĉu via dento doloras ? Nu, se ĝi estus mia, mi eltirigus ĝin."
"Ankaŭ mi, se ĝi estus via."

Kial la **cikonio** (*stork*) staras sur unu piedo ? " " Ĉar se ĝi levus ambaŭ piedojn, ĝi falus."

" Se vi havus kvin ĉokoladojn, kaj mi petus de vi unu, kiom restus al vi ? " " Kvin, ĉar mi donus al vi neniom."

Ŝi: " Se mi saltus en la maron, ĉu vi **savus** min ? " *Li:* " Se mi respondus ' Jes ', ĉu vi saltus en la maron ? "

" Kio estas **deficito** ? " " Deficito estas tio, kion oni havas, kiam oni ne havas tiom, kiom oni havus, se oni havus nenion."

Mi ne komprenas, kial la suno brilas en la tago, kiam ni ne bezonas ĝin. Se ĝi brilus en la mallumaj noktoj, ĝi estus pli utila !

Ŝi: " Ĉu vi ne hontas, veni hejmen je tia horo ? Estas jam la tria matene." *Li:* " Sed, kara mia, se mi kuŝus en la lito, estus nun la tria tute same ! "

Viro rigardis valizon en butiko. La butikisto diris al li " Ĉu vi deziras ĝin ? " " Por kio ? " diris la viro. " Por enmeti viajn vestojn." " Sed tiam mi estus nuda ! "

" Mi supozas, ke iom da pluvo faros multe da bono ? " " Ho, jes ! Horo da pluvo nun farus pli da bono en kvin minutoj, ol monato da pluvo alitempe farus en semajno."

858. " Ĉu la **patriarko** Jakob estis riĉa aŭ malriĉa ? " " Malriĉa, sendube." " Kial vi supozas tion ? " " Ĉar la Biblio diras, ke li dormis kun siaj patroj. Se li estus riĉa, li havus liton por si mem."

Ŝi: " Ne malĝoju pro mia rifuzo. Estas ja multe da knabinoj en la mondo. Ekzemple : Etelo, Klaro, Mabelo—iu ajn el ili estus al vi pli bona edzino, ol mi." *Li :* " Mi tion scias, kara; sed mi jam petis ilin."

Knabeto ploregis. Iu kompatis lin kaj diris " Kio okazis al vi ? " " Mi perdis pencon." " Nu—jen alia; prenu ĝin, kaj silentu." La knabo prenis la duan pencon, sed ankoraŭ ploris. " Kial vi ploras nun ? " " Ĉar se mi havus ankaŭ la unuan pencon, mi nun havus du ! "

Oratoro : " Rigardu min ! Mi neniam trinkis bieron, kaj mi havas 85 jarojn." (Aplaŭdo.) *Kontraŭulo:* " Tamen rigardu min ! Mi trinkas glason da biero ĉiutage, kaj mi havas 86 jarojn." (Aplaŭdo de la kontraŭa partio.) *Oratoro:* " Sed se vi trinkus sole akvon, vi jam havus 87 jarojn." (Longa aplaŭdego.)

" Se via patro ŝuldus al mi tridek ŝilingojn en la komenco de la jaro, kaj promesus pagi al mi du ŝilingojn ĉiumonate, kiom li ŝuldus en la fino de la jaro ? " *Knabo:* " Tridek ŝilingojn, sinjoro." " Mi vidas, ke vi ne scias la plej simplan regulon de la aritmetiko." " Kaj mi vidas, ke vi ne konas mian patron."

859. ✱✱ Mario ludas per **pilko** (*ball*). Ŝi ĵetas la pilkon. Ĝi falas.
Ŝi kaptas ĝin per la manoj, kaj ĵetas ĝin denove.   Dume ŝi kalkulas :
Unu, du, tri, . . . dek, dek unu, . . . dudek, . . . tridek, . . . cent.   Ŝi ludas
ĉiutage, kaj ne nur matene, sed ankaŭ posttagmeze kaj vespere.   Se
nur vi ekzercus vin pri Esperanto kun la sama diligento !

860. ✱✱ Se mi volus legi libron, mi irus al mia libroŝranko, kaj
prenus libron de unu el la bretoj.   Mi sidiĝus, kaj malfermus la
libron.   Mi legus unu linion, du liniojn, ĉiujn liniojn—la tutan
paĝon.   Kiam mi atingus la finon de la paĝo, mi turnus ĝin, kaj legus
duan paĝon, trian paĝon, ĉiujn paĝojn—la tutan libron.   Mi fermus
la libron, kaj remetus ĝin ĝustaloke."

861.
Pomo, pomo,
Bela nomo,
Dolĉa frukto vi !

Brilu, brilu, eta stel',
Diamanto sur ĉiel' !
Diru, kio estas vi,
Tiel alta super ni ?✱

Kiam pasis taga glor',
Kaj la suno iris for,

Ho, se sur vasta **erike**j' (*heath*)
Mi trovus vin,
Per mia ŝalo kontraŭ vent'
Mi ŝirmus vin.
Aŭ se mizero kaj dolor'
Turmentus vin,
Mi premus vin al mia kor',
Por gardi vin.

Se mi estus reĝo,
Mi sidus sur seĝo,
Kaj manĝus pomojn tri !

Venas via lumigil',
Kara eta nokta bril'.

La maristo dankas vin,
Ĉar vi nokte gvidas lin.
Ĉu la vojon vidus li,
Se ne tiel brilus vi ?

Se forlasita en dezert'
Troviĝus mi,
Ĝi tamen estus **Paradiz'**
Por mi, kun vi.
Se reĝo de la tuta ter'
Fariĝus mi,
Plej bela mia kronjuvel'
Brilegus vi.

862. (a) Se la infano dormus, lia patrino frapus ĉe la pordo . . .
Kaj se la infano ankoraŭ dormus, la patrino enirus la ĉambron, skuus
lin, kaj vekus lin . . . (800).

(b) Kiel vi respondus al tio ?   Se vi kantus, mi estus feliĉa.   Ĉu
vi kantos kun mi ?   Ĉu vi kantus kun mi, se . . . ?   Mi ĝojis, kiam li
dormis.   Mi ĝojas, kiam li dormas.   Mi ĝojos, se li dormos.   Mi
ĝojus, se li dormus.

(c) *Should we be happy if we were there ?   I doubt if we should* (ĉu
jes).   *Would you reply like-that ?   You would prefer to stay there,
wouldn't you ?   Would you come if I asked* (petus) *you ?   How would
you reply if I did ?   If I did not write, would you lose hope ?   What
would you do if you had £1,000 ?*

(d) Kion vi uzus, se vi volus skribi leteron ? . . . (670).   Kion vi
respondus, se oni demandus " Ĉu vi edziĝos kun mi ? "

✱*Scintillate, scintillate, globule lucific,
Fain would I fathom thy nature specific.
Loftily poised in aether capacious,
Strongly resembling a gem carbonaceous.*

863. **Mi povus iri,** *I could (should be able to) go (if . . .).*

Mi volus iri, *I should wish (like) to go (if . . .)*

Mi devus iri, *I should have to go (if . . .).*

864. " Kial fiŝoj ne parolas ? " " Nu, ĉu *vi* povus paroli sub akvo ? "

" Ĉu vi volus edziniĝi kun viro simila al mi ? " " Nu, jes—se li ne estus tro simila ! "

" Vidu ! Se oni donus al ni ovojn, ni povus manĝi ovojn kun lardo —se ni havus lardon ! "

El **recenzo** (*review*): " Ĝi tute ne estas tia libro, kian mi volus legi en la mallumo."

Domestrino (*kolere*): " Dum mi instruas al vi, kiel fari la laboron, mi povus mem fari ĝin." *Servistino:* " Jes, sinjorino. Kaj se mi ne devus aŭskulti al vi, mi ankaŭ povus ĝin fari."

865. Mi povos kanti, kiam mi devos. Mi povus kanti nun, se mi devus. Mi volas kanti, sed ne povas. Mi volis kanti, sed ne povis. Ĉu vi volus kanti, se vi povus ? Mi tre volus. Se vi volus povi kanti, mi vin helpus. Mi devas kanti, sed mi ne volas. Vi ne devos kanti morgaŭ, se vi ne volos. Vi kantus, se vi povus, ĉu ne ? Kion mi devus uzi, se mi volus skribi leteron ?

(b) *You couldn't go now, could you ? Couldn't you go yesterday ? Could you be silent if you tried ? I shouldn't go, if I were you.* Translate the two meanings of *You could go.*

(c) *I am able to go. He must come. It can wait, Do you wish to speak ? I do not want to know her. I have to punish you. They are not obliged to agree.* Repeat these sentences with **is, os** and **us.**

(d) *You must do it. We shall have to go, shan't we ? If you were to go, you would have to sing. How could I know that ? You will be able to go soon. Wouldn't you like to sing ? Should I have to sing, if I were asked ? If he told you to* (tion ordonus), *you would have to.*

866. **Devus** is also used for *ought, should.* **Vi devus iri,** *You ought to go, you should go.* (This is sometimes termed a " softened " form of **vi devas iri**). **Vi devus ne iri,** *You ought not to go.* **Vi devus paroli pli klare. Mensogulo devus havi bonan memoron.**

Ni ne faris tion, kion ni devus fari; kaj ni faris tion, kion ni devus ne fari.

867. Similarly, **Mi volus iri**, *I should like to go* (" softened "
form of **Mi volas iri**). **Kion vi volus fari ?** *What would
you like to do ?*

" Mi volus esti vi dum du horoj " diris edzino al la edzo. " Kial ? "
" Nu ! Se mi estus vi, mi aĉetus belegan ĉapelon por mia edzineto."

CORRELATIVE CONJUNCTIONS

868. **AŬ . . . AŬ,** *Either . . . or* (mutually exclusive alterna-
tives). (Mi deziras) **Aŭ ĉion, aŭ nenion,** *either all or
nothing.*

Mi povas paroli aŭ France aŭ Germane. Aŭ festo, aŭ fasto. Aŭ
unu, aŭ alia. (Mi prenos) Aŭ tiun, aŭ neniun. Li estas aŭ surda
aŭ muta. Vi devos aŭ iri, aŭ skribi. Aŭ vi aŭ mi estas malprava.
Aŭ finu, aŭ ne komencu. Aŭ venkon, aŭ morton !

La Duko de Marlborough estis fama generalo. Li ĉiam batalis kun
la firma decido, aŭ venki aŭ morti.

869. **ĈU . . . (AŬ) ĈU,** *Whether . . . (or) whether* (in either
case, whichever it may be, the statement is valid). **Ĉu ĝi
estas bovo, ĉu azeno, ĉu ŝafo,** *whether it be ox, or ass, or
sheep . . .*

Ĉu France li parolos, (aŭ) ĉu Germane, mi rifuzos lin aŭskulti.
Ĉu (vi estas) Franco, (aŭ) ĉu Germano, vi estas bonvena. Ĉu pro
timo, ĉu pro fiero, li nenion respondis. Ĉiu devas morti—ĉu mal-
granda, ĉu granda; ĉu viro, ĉu virino. Li diros, ĉu ĝi estas bona,
ĉu malbona.

870. Do not use **ĉu . . . ĉu** instead of **aŭ . . . aŭ** or **jen . . . jen**
(a common fault). E.g., do NOT say " Li estas ĉu Franco ĉu
Germano " or " Li parolis ĉu France ĉu Germane ".

871. **EBLE . . . EBLE,** *Perhaps (it may be) . . ., perhaps*
(uncertainty between alternatives). Eble jes, eble ne. Eble
mi iros, eble mi restos ĉi tie : mi ankoraŭ ne scias, kion mi
faros.

872. **JEN . . . JEN,** *At one time . . . at another; Sometimes . . .
sometimes (at other times); Now . . . now* (both things true, but
alternatively).

Li parolas jen France, jen Germane. Li jen krias, jen silentas.
Jen marŝanta, jen kuranta.

Ekzamenisto: " Ĉu la suno iras ĉirkaŭ la tero, aŭ la tero ĉirkaŭ la
suno ? " *Nerva kandidato:* " Jen unu, jen alia ! "

[187]

873. **KAJ ... KAJ,** *Both ... and* (=*ne nur, sed ankaŭ*) (both things affirmed). **Kaj mi kaj mia frato,** *both my brother and myself.* The same usage (kai ... kai) is found in Greek, from which the word **kaj** has been taken.

Li parolas kaj France kaj Germane. Ĉeestis kaj Petro kaj Paŭlo. Mi amas kaj Rozon kaj Lilion. Vi estas kaj bona kaj bela. Nia lando estas ĉarma kaj vintre kaj somere. Kaj ilia amo, kaj ilia malamo, jam de longe malaperis.

874. **NEK ... NEK,** *Neither ... nor* (both things denied). **Nek io, nek alio,** *neither one thing nor the other.* **Nek mi ankaŭ,** *nor I either.*

Li parolas nek France nek Germane. Nek pro amo, nek pro mono. Nek tage, nek nokte. Restas nek konsilo, nek konsolo. Nek eniro, nek eliro. Nek ĝojo nek malĝojo daŭras eterne. Mi estas nek eminenta nek riĉa. Li havas nek rajton nek forton. Nek mi havu, nek vi : dishaku ! Faru nenian laboron; nek vi, nek via filo. Mi havas pri tio nek scion nek supozon. Ĝi estas nek **viando** nek fiŝo. Li taŭgas nek por **studo**, nek por ludo. Nek por **baki**, nek por haki.

875. Mi supreniris la **peronon** de mia domo. Tie estis frapilo kaj sonorilo. Tamen mi nek frapis, nek sonorigis. Mi prenis ŝlosilon el mia poŝo, metis ĝin en la **seruron,** turnis ĝin, kaj malfermis la pordon. Mi eniris la domon, eltiris la ŝlosilon, enpoŝigis ĝin, kaj fermis la pordon.

Nek plezuro, nek sufero,	Sed per vivo sur la tero
Estas nia fina celo;	Proksimiĝi al ĉielo.

876.   LA DONACO

Grafo alvenis: ĝentile li diris:	Reĝo lin sekvis, kronon donacis
" Jen bela floro ! "	De grandvaloro :
Al la sinjoro dankon mi donis	Pro la trezoro mire mi dankis
Sen mia koro.	Sen mia koro.
Poste **markizo**: al mi li proponis	Fine, junul', nek **nobela,** nek riĉa,
Ringon el oro :	Sed kun adoro—
Pro la honoro dankon mi donis	Pro lia koro dankon mi donis
Sen mia koro.	Kun mia koro.

877. **Nek** sometimes follows other negative words.

Ne deziru la domon de via proksimulo, **nek** lian kampon. **Ne** naskas porko leonidon, **nek** korniko aglidon. **Nenia** kulpo **nek** krimo estas en li. Aperis **nenia** voĉo **nek**

respondo. Vi havas **nenian** parton **nek** rajton **nek** memoron en Jerusalemo. Oni estas **neniam** tiel feliĉa, **nek** tiel malfeliĉa, kiel oni supozas. Tie estas **neniu** homo **nek** voĉo de homo.

878. Li trinkas (a) nek teon nek kafon; (b) aŭ teon aŭ kafon; (c) kaj teon kaj kafon; (d) jen teon, jen kafon; (e) eble teon, eble kafon, eble alion. Ĉu kafon li trinkas, ĉu teon, li ankoraŭ soifas.

879. *Can I wear either the blue or the green ? Sometimes I wear the blue, sometimes the green. Whether I wear the blue, or the green, I still look a fright. I do not want to wear both the blue and the green at the same time. I fear I must wear neither the blue hat nor the green, but the black. Possibly the blue hat is better, possibly the green; I cannot decide.*

880. In Esperanto, as in English, it is desirable that both items in these word-pairs should be followed by the same part of speech. So also with similar pairs : **Kvankam . . . tamen; Ne . . . sed; Ne nur . . . sed ankaŭ; Parte . . . parte; Same kiel . . .tiel ankaŭ; Se . . . tiam.**

Li parolis ne nur **klare** (adv.), sed ankaŭ **vere**; ne nur **antaŭ** (prep.) la familio, sed ankaŭ **en** publika kunveno. Lia parolo estis ne nur **bela** (adj.), sed ankaŭ **saĝa**. Li ne nur **parolis** (vb.), sed ankaŭ **agis**. Parolis ne nur **li** (pron.), sed ankaŭ **ŝi**.

881. *Correct the following faulty sentences*...Li estis aŭ stulta, aŭ li laboris malbone. Jen li kantas, jen kantas ŝi. Mi estas nek poeto teorie nek praktike. Via sukceso estas nek la **rezulto** de merito aŭ laboro. Ŝi ne nur estis bela, sed ankaŭ bona. Li kaj parolis Angle, kaj Esperante. Eble li venos morgaŭ, eble postmorgaŭ. Ĉu somere, ĉu en vintro; iam li nepre venos.

882. *ENCOURAGING* (Kuraĝigaj) *WORDS IN THE ESPER-ANTO LESSON. Either you shout, or you whisper; at one time you speak too fast, at another too slowly; you stammer and hesitate both when you read and when you speak; and neither my friend nor I can understand you. Whether you really can do better, or whether you are only stupid, I do not know. I am listening very attentively, but I can scarcely hear you. No ! I still hear almost nothing. As a matter of fact, I don't hear you at all. You are speaking much too softly. Speak much louder. I can't hear even one word. Can you hear him, Miss S ? (No; I'm sorry to have to say that even I can't.) Nor I. We both don't hear you. Perhaps you are tired, or hoarse; perhaps actually ill. Or are you*

merely careless or inattentive ? I am indeed sorry to reproach you. At least you must without fail endeavour to improve very soon. You really and truly must. If you are not heard (Se oni . . .), your speech is quite useless. Nevertheless, that is your worst fault, though it is by no means a trifling matter. Well now, I will say no more now. Possibly I have already said more than enough.

-AN

883. The suffix **-AN** (English *-an*, *-man*) denotes :

(a) *Member, one belonging to.* **Akademiano,** *academici*an; **civitano,** *citiz*en; **kolegiano,** *collegi*an.

Eklezi- (famili- klas- **klub-** komitat- kongres- kurs- **parlament-**regiment-regn-**senat-**ŝip-ŝtat-trib-)ano, -anino.

(b) *Inhabitant of, dweller in.* **Bristolano,** *Bristoli*an; **urbano,** *towns*man. So with all roots naming places : **Aŭstraliano, Kentano, Parizano . . .**

Ciel- (dom- insul- **koloni-** mont- **provinc-** val- vilaĝ-)ano, -anino.

(c) *Follower, disciple, adherent, partisan, one on the side of.* **Kristano,** *Christi*an; **Luterano,** *Luther*an. **Samideano,** *fellow-thinker.*

Idol-(Kalvin-parti-**respublik-vegetar-**)ano, -anino.

884. **Ano, anino,** *a member, adherent.* **Anaro,** *group, party, circle.* **Aniĝi,** *to join.*

885. (a) Kiel kantas la pastro, tiel respondas la **sakristiano** (*sexton, clerk*).

Irlandano aniĝis al la 75a regimento, por esti apud sia frato en la 76a.

" Ĉu en via hotelo oni parolas fremdlingve ? " " Ho, jes." " Kiuj, do ? " " La alilandanoj."

Knabeto sur la strato perdis la patron. Li ploris, kaj fine demandis al **policano** " Ĉu vi vidis viron sen knabeto kia mi ? "

Vilaĝano eniris vagonaron. En la **kupeo** (*compartment*) sidis ses personoj : ĉiuflanke tri. Li sidiĝis, ĉirkaŭrigardis, kaj diris " Nu ! Ĉi tie estas kvar personoj, kaj aliflanke nur tri." Do li leviĝis kaj sidiĝis aliflanke.

Kalimako diris " La Kretanoj (*Cretans*) ĉiam estas mensogantoj ". Sed Kalimako mem estis Kretano, do li ankaŭ mensogis. Sekve la Kretanoj *ne* estas mensogantoj. Tial ankaŭ Kalimako ne mensogis. Do li diris la veron : la Kretanoj ĉiam estas mensogantoj !

Policano glitis sur oranĝa ŝelo, kaj falis. " Kiu tion forĵetis ? " li kriis. Knabeto respondis " Tion mi diros, se vi donos al mi unu pencon." " Jen du pencoj ! Kiu tion faris ? " " Tiu, kiu manĝis la oranĝon " respondis la knabo, kaj forkuris.

Kamparano rimarkis, ke multaj portas okulvitrojn, kiam ili legas. Li do iris al okulisto, por aĉeti paron. Li provis multajn, sed post ĉiu provo diris : "Ankoraŭ mi ne povas legi." Fine la okulisto demandis " Ĉu vi scias legi ? " " Kia demando ! Se mi scius legi sen okulvitroj, mi ne aĉetus ilin."

886. *Enigmoj.* Kiu rano havas nur du piedojn ? La kampa rano (kampar-ano). Kiu naciano estas la plej pura ? Tiu, kiu ĉiam iras Albano (al bano). Kial fervora Esperantisto similas al taso ? Ĉar li estas porcelano (p'or-cel-ano). Kiu urbo havas la plej grandan literaturon ? Romo, ĉar ĝi estas plena de *Romanoj*...

887. (a) **Aliklasano, samklasano.** *Prefix similarly* **ali-** *and* **sam-** *to* cel-(ĉambr-dom-eklezi-grup-kurs-land-lernej-parti-regn-religi-trib-urb-vilaĝ-)ano, -anino.

(b) Kamparano, edziĝanaro, domanaro, vilaĝanidino, societaniĝo, gelondonanoj.

RE-

888. The prefix **RE-** (like English *re-*) denotes :

(a) *AGAIN,* a second time (=repetition of the action). **Refari,** *repeat, remake.* **Rekanti,** *sing again.* **Ĝis la revido !,** *Au revoir !* (Colloquially : **Ĝis re !** or even **Ĝis !** *So long* !).

Re-adres(-dir-komenc-kuir-leg-**produkt**-skrib-trov-vid)i.

(b) *BACK* (=return to the point of departure or to the original state). **Reaĉeti,** *buy back;* **redoni,** *restore, return;* **rejunigi,** *rejuvenate;* **resalti,** *recoil, rebound;* **reviv-igi, -iĝi,** *revive.*

Re-pag(-pel-met-ricev-send)i.

889. Whether the meaning is *again* or *back* is shown by the context. **Mi reĵetas la pilkon,** *I throw the ball again* (or, *back*) (in either case the action is repeated). **La suno rebrilas** (*shines again*) **post longa nokto.** **La suno rebrilas** (*shines back*) **de la akvo.** So, similarly :

Re-frap(-invit-ir-port-pren-ven-vend-vetur-vok)i.

890. If the double meaning of **re** is felt to be vague, one can say **denove** for *again,* and **returne** for *back.** Do not say **rememori** (*call back to remembrance*) if you mean **memori** (*keep in mind*).

891. Vi amas preni, amu redoni. Iro kaj reveno estas bona vojaĝo. (Li) Forveturis malsaĝa, revenis nur pli aĝa. Forveturis azenido, revenis azeno. Oni prenas avide, oni redonas malrapide. Kia sono, tia resono. Kio pasis, ne revenos. Kiu forprenis de mi horon, tiu prenis ion, kion li neniam povos redoni. Revenos la suno, sed ne la tago. Servo postulas reservon. **Maĉi** (*chew*) kaj remaĉi.

892. " Kion vi deziras ? " " Reven-bileton." " Kien ? " " Ĉi tien, kompreneble."

" Kio okazas ? " " Mia edzino havas feston. Hodiaŭ estas la deka reveno de la trideka reveno de ŝia naskiĝa tago."

El eseo. Milton estis poeto. Li edziĝis. Li verkis *Paradizo Perdita.* Lia edzino mortis. Li verkis *Paradizo Regajnita.*

Fotografisto: "Aspektu bela kaj agrabla ! " (Sekvas la **klak**eto (*click*) de la **kamero**). " Kaj nun vi povas repreni vian kutiman aspekton."

" Mi amas manĝi **cepojn** (*onions*), sed ili larmigas min, kiam mi tranĉas ilin." " Nu ! Tranĉu ilin sub akvo." " Mi timas, ke mi ne povus reteni la spiron sufiĉe longe."

Mastrino: " Mi jam diris al vi, ke vi devas renovigi la akvon en la fiŝujo ĉiumatene." *Servistino:* " Sed la fiŝoj ankoraŭ ne fortrinkis la akvon, kiun mi enmetis hieraŭ."

" Bonvole redonu al mi la libron, kiun mi pruntis al vi." " Bedaŭrinde, mi pruntis ĝin al amikino." " Ho ve ! Jozefo, de kiu mi ĝin pruntis, diras, ke la amiko kiu pruntis ĝin al li deziras ĝin rehavi."

Vojaĝanto, al knabo: " Mia vagonaro foriros post du minutoj. Kuru por vidi, ĉu en mia ĉambro mi lasis nigran valizon." *La knabo* (*post reveno):* " Jes, sinjoro. Ĝi estas sur la breto en la ŝranko."

S-ino Teo: " Kial vi ploras ? " *S-ino Kafo:* " Hodiaŭ estas la datreveno de nia geedziĝo, kaj la edzo diris al mi hodiaŭ matene ' Mi havas la senton, ke hodiaŭ antaŭ kelkaj jaroj okazis al mi io malagrabla; sed kio ĝi estis, tion mi jam ne memoras '."

Kiam mi malsanas, mi vizitas la kuraciston, ĉar li ja devas vivi. Kiam mi ricevas la recepton, mi iras al la apotekisto, ĉar ankaŭ li devas vivi. Kaj kiam mi revenas al mia hejmo, mi jetas la kuracilon el la fenestro, ĉar ankaŭ mi deziras vivi."

---

*The prefix **retro-** (unofficial, but sometimes met, especially in technical writings) denotes *backwards : with action (order, motion) reverse or counter to that customary* (cp. *retroactive, retrospective*). **Retropedali,** *back-pedal.* **Retropaŝi,** *take a retrograde step.* **Retroen !** *Back !* **Retroigi** (*reverse*) la movon de maŝino.

Patro sendis la filineton kun letero al la poŝto, kaj donis al ŝi monon por aĉeti poŝtmarkon survoje. Post kelka tempo ŝi revenis, redonis la monon al li, kaj diris " Paĉjo ! Mi ŝparis al vi la monon por la marko, ĉar mi sukcesis meti la leteron en la keston, kiam neniu min rigardis."

893. ** Mi lasis mian domon kaj eniris la ĝardenon. Mi promenis en la ĝardeno, kaj vidis tie arbon kun bela floro. La floro odoris dolĉe. Ĝi estis rozo. Mi haltis antaŭ la rozo, flaris ĝin, prenis tranĉilon el la poŝo, malfermis ĝin, kaj detranĉis la rozon. Poste mi refermis la tranĉilon kaj reenposigis ĝin. Mi foriris de la rozarbo, kaj portis la rozon en mia butontruo.

894. ** Skatolo kuŝis sur la tablo. En la skatolo estis ludilo. Mia fileto venis en la ĉambron. Li iris al la tablo, forprenis la ludilon de la tablo, iris al la seĝo, kaj metis la skatolon sur la seĝon. Li malfermis la skatolon, kaj elprenis la ludilon. Li ludis per ĝi dum kelka tempo, kaj foriris. Mi bedaŭras diri, ke li ne remetis la ludilon en la skatolon, sed lasis ĝin sur la planko.

895. Reeldoni, rekunigi, remalsaniĝi, resaniĝantino.

-AD

896. The suffix **-AD** denotes *ACTION*.

(a) With a noun or an adjective root **-ADO** adds the idea of *action* (=-*ation*, -*ing*). **Krono,** *a crown*; **kronado,** *coronation, crowning.* **Brosado,** *brushing*; **literado,** *spelling*; **pulsado,** *pulsation*; **rapidado,** *hurrying*; **sangado,** *bleeding.* Inter **semado** kaj rikolto oni devas atendi.

(b) Afiŝ- (flor- fum- genu- martel- najl- ond- telefon- verk-)o, -ado.

897. With a verbal root **-ADO** denotes *action in general,* as distinct from an isolated act or an abstraction. **Bato,** *a blow*; **batado,** *beating.* **Kanto,** *a song*; **kantado,** *singing.* **Pafo,** *a shot*; **pafado,** *shooting.* **Penso,** *a thought*; **pensado,** *contemplation.* **Spiro,** *a breath*; **spirado,** *breathing, respiration.* **Vivo,** *life*; **vivado,** *living.*

898. (a) La kvin **sensoj** estas aŭdado, flarado, gustumado, palpado, kaj vidado. Ni lernas legadon, skribadon, kaj kalkuladon. Legado plenigas, parolado fluigas, skribado precizigas. Ankaŭ dum ridado povas dolori la koro. Hakado de ligno donas lignerojn. Al kavo senfunda ŝtopado ne helpas.

(b) *El eseo.* La **cirkulado** de la sango estis inventita de Harvey. *Enigmo.* Kio estas la plej grava regulo ĉe librotenado ? (1191).

" Ĉu vi progresas ĉe via lernado de Esperanto ? " " Jes, bone. Mi nun povas pensi en Esperanto." " Ha ! Tio estas pli, ol vi povas fari Angle."

Laplandano vivas per fiŝado kaj ĉasado (*hunting*). Se li kaptas balenon, li portas ĝin al sia tendo, kaj lia edzino kuiras ĝin por lia vespermanĝo.

(c) Danc- (demand- desegn- dorm- dub- flug- instru- kri- manĝ-milit-naĝ-progres-rev-ŝtel-tim-uz-vol-)o, -ado.

899. The form **-ADI** *reinforces the idea of action.* It denotes that the action is

(a) *Continued, persistent* (="*kept on* ", in this sense). **Rigardadi,** *to gaze, stare.* **Li kuradis, ĝis li falis.**

(b) *Repeated* (="*kept on* ", in this sense). **Vizitadi,** *to frequent, haunt.* **Li sin turnadis kaj returnadis.**

(c) *Habitual, customary* (="*was accustomed to, used to, would often* "). **En la junaj miaj tagoj mi amadis kaj kantadis.**

900. La tutan tempon ĝi saltadis de loko al loko. Neĝo faladis ĉiuflanke. (Li) Elektadis sen fino, edziĝis kun porkino. Batadi la venton. Bataladi kontraŭ la sorto. Montradi al si reciproke la dentojn.

901. *Enigmo.* Kio ĉiam iradas sur la kapo ? (1191).

" Ĉu la horloĝo haltis (*do not mispronounce* haltis), kiam vi ĵetis ĝin en la kelon ? " " Kompreneble, ĝi haltis ! Ĉu vi supozas, ke ĝi faladis ĝis Aŭstralio ? "

Pesimisto kaj **Optimisto** estis du muŝoj. Ambaŭ falis en sitelon da lakto. Pesimisto nenion faris por sin savi, kaj dronis. Optimisto naĝadis, ĝis la batado de liaj kruroj faris bulon da butero. Li sidiĝis sur la butero, sekiĝis, kaj forflugis.

902. ** Janko iris al preĝejo. Dum li sidis tie, la sonorigisto foriris por matenmanĝi. La ŝnurego ankoraŭ svingiĝadis tien-reen. Ĝi frapis la kapon de Janko. Li forpuŝis la ŝnuron, sed ĝi revenis kaj frapis lin denove. Li ree forpuŝis ĝin, sed la ŝnuro ankoraŭ lin frapadis. Fine Janko koleriĝis. Li **grimpis*** la ŝnuron, kaj atingis la supron. Tiam li eltiris poŝtranĉilon, por tratranĉi la ŝnuron. Se li tranĉus ĝin super si, li falus. Do li tranĉis ĝin sub si. Se amiko ne venus por liberigi lin, li ankoraŭ tie pendadus !

*Grimpi, *clamber* (*hand over hand*), *climb up.* Cp. **rampi,** *creep, crawl.*

903. (a)   Post nigra nokto, hela mateno;
            Post la ventego, bela sereno;
            Gajno post perdo; rav' post doloro;
            Krono post **kruco** (*cross*); laŭdo post ploro.

Klara kompreno sekvas misteron ;   Amo solecon; forto malforton;
Dolĉo **amaron**; ĝojo suferon;   Suno nebulon; vivo la morton;
Lacon ripozo; garboj semadon;   Certa espero longan timadon;
Paco batalon; rido ploradon;   Hejmo ĉiela foran vagadon.

(b)   Maljuna virino loĝadis en ŝuo,
        Kun multaj infanoj kaj multe da bruo :
        Ŝi donis al ili nur supon sen pano,
        Kaj sendis al lito per batoj de l' mano.

(c)   Mi vagadis, mi vagadis, sur la herbo en mateno,
        Kaj la roso ĉepiede estis brila perla ĉeno.
        Mi vagadis, mi vagadis, apud rozo kaj lili',
        Kaj la florojn bonodorajn en la haroj portis mi.
        Mi vagadis, mi vagadis, kie rampis **lonicero** (*honeysuckle*);
        Ĝi kisetis miajn lipojn per la spiro de somero.

904.   Mario havis ŝafideton,
              Ĝi portis blankan lanon;
            Kaj kien ajn Mario iris,
              Ĝi sekvis ŝian manon.

Ĝi iris kun ŝi al lernejo,   Feliĉe tiam kuris ĝi,
  Sed kontraŭ la regulo;   Por meti sian kapon
Kaj la infanoj multe ridis   Sur ŝian brakon; kaj de ŝi
  Pro vido de l' novulo.   Neniam timis frapon.

La instruisto ĝin forsendis,   " Pro kio, do, ĝi amas ŝin ? "
  Sed ĉe la pordo ĝi   La infanaro miris—
Kun pacienco atendadis   " Nu ! ĉar Mario amas ĝin "
  La venon de Mari'.   La instruisto diris.

905. (a) Manĝ-(parol-promen-rakont-rest-)i, -adi.   Bat-(demand-dir-frap-)i, -adi.

(b) Laboregadi, bruetadi, pretigadi, plibeliĝadi, Li ade (=daŭre) laboris.

EK-

906. (a) The prefix **EK-** denotes the *commencement* (*start, beginning, first moment*) *of an action*. **Ekbatali,** *join battle*; **ekbruli,** *catch fire*; **ekdormi,** *fall asleep*; **ekflami,** *burst into flames*; **ekflori,** *open*; **ekflugi,** *take wing*; **ekiri,** *start off*; **ekkanti,** *strike up*; **ekloĝi,** *take up residence*; **ekpensi,** *come to think*; **ekplori,** *burst into tears*; **ekreĝi,** *come to the throne*; **ekvidi,** *catch sight of.*

(b) Sometimes **ek** denotes that the action is *sudden or momentary, not prolonged*. **Ekbrili**, ekfulmi, *flash*; **ekbruligi**, *light*; **ekkapti**, *snatch*; **ekkrii**, *exclaim* (Fr. *écrier*); **ekpreni**, *grasp, seize*; **ekrigardi**, *glance*; **eksalti**, *start*; **ekskui**, *jog, jerk*; **ektremi**, *shudder, shiver*.

(c) Do not say **ekkomenci** (*begin to begin*), if you mean **komenci**.

907. Petro rifuzas, Paŭlo ekuzas. Kiu levis la piedon, devas ekpaŝi. Valoron de objekto ni ekkonas post difekto. Fendita ligno facile ekbrulas. Ankaŭ al ni la suno eklumos. El klara ĉielo tondro ekbatis ! Ekulo komencas, adulo potencas.

908. " Ĉu ekzistas kuracilo kontraŭ amo je unua ekrigardo ? " " Jes; dua ekrigardo ! "

Iu profesoro eliris el sia lito kaj ekbruligis alumeton, por kontroli, ĉu li estingis la kandelon.

" Se mi donus naŭ nuksojn al via frateto, kaj poste forprenus de li kvin, kio sekvus ? " " Li ekplorus."

Se vi havus nur unu alumeton, kaj enirus malluman ĉambron kun kandelo, gasforno, kaj cigaredo, kiun vi ekbruligus unue ? (1191).

Li perdiĝis en nebulo. Ĝoje li ekvidis vojmontrilon kun surskribo. Li grimpis al la supro por ĝin legi. Ĝi diris " Malseka farbo."

Inspektisto, al amiko: " Hodiaŭ matene mi demandis al knabo ' Kiu verkis Hamleton ? ' Li ekploris kaj respondis ' Ne estis mi, sinjoro '." *La amiko:* " La friponeto ! Mi supozas, tamen, ke li vere estis la kulpulo ? "

En la vagonaro. *Pasaĝero:* " Konduktoro, kial ni haltas ĉi tie ? " *Konduktoro:* " Trankviliĝu, sinjoro, ni baldaŭ ekiros denove. Bovino staras antaŭ la lokomotivo." (*Post unu horo la vagonaro denove haltas*). " Kio nun ? " " Pardonu, sinjoro : tiu sama bovino ree baras la vojon."

909. Vagonaro ekiris de Londono al Glasgovo je 9.0 matene. Samhore vagonaro ekiris de Glasgovo al Londono. La **distanco** de London al Glasgovo estas 400 mejloj. La vagonaro iranta norden vojaĝis po 40 mejloj hore : la vagonaro iranta suden po 60. Kiam ili renkontiĝis, kiu vagonaro estis pli proksima de Londono ? (1191).

910. **La servistino portas lampon. Ŝi levas la ŝirmilon, forprenas la vitran tubon, malŝraŭbas la ĉapon, kaj enverŝas **petrolon.*** Poste ŝi viŝas la lampon, surŝraŭbas la ĉapon, purigas kaj tondas la **meĉon** (*wick*), kaj ekbruligas ĝin. Tiam ŝi remetas la tubon kaj la ŝirmilon, kaj reguligas la flamon. Nun la lampo brilas hele.

---

*Parafino=*paraffin* hydrocarbon (in general). **Parafina vakso**, p.wax. **Petrolo**=petroleum in wide sense : (a) crude mineral oil (**kruda petrolo**); (b) Paraffin (lamp) oil, kerosene (**lampoleo, lampa petrolo**). **Petrola lampo**, paraffin lamp. **Benzino**, motor spirit, petrol (for car). **Benzeno**, benzene (C_6H_6).

911. ** La suno subiris. Mia ĉambro mallumiĝis. Mi ne povis vidi. Mi iris al la gaslampo, serĉis en mia poŝo, kaj eltiris skatolon. Mi malfermis la skatolon kaj elprenis alumeton. Mi refermis la skatolon. Mi frotis la alumeton sur la skatolo, kaj ĝi ekbrulis. Mi etendis la brakon kaj turnis la kranon (*tap*). El la krano fluis gaso. Mi almetis la alumeton al la gaso, kaj la gaso ekbrulis. La ĉambro relumiĝis. Mi povis vidi klare, kaj mi rekomencis mian laboron.

912.
Ni inter popoloj la murojn detruos,
Kaj ili ekkrakos, kaj ili ekbruos,
Kaj falos por ĉiam; kaj amo kaj vero
Ekregos sur tero !

Falas ombroj de vespero, regas ĉie la trankvilo;
Lacaj floroj ekripozas en aera ventlulilo.
Jen mistera milda lumo tutan teron banas nun;
Sur arĝenta tron' sidante, pace brilas fea lun'.

913. Ek - bol (- dir - est - flu - gut - hav - kur - labor - leg - lern - manĝ - parol - rid - silent - spir - trink - vojaĝ)i. Ek - flam (-flor - plor-rigard)adi. Ekforiri, ekmalami, ekredormi.

914. *Rare uses.* Li **eke** laboris. **Ek** al Philadelphia ! (*Off to P., Now let us start for P.*). **Ek** de tiam, *since then.* **Ekis** (=*komenciĝis*) diskuto. **Ek** ! *Forwards* ! *On* ! *Up* ! *Now* !

-AĴ

915. The suffix **-AĴ**=*thing* (*stuff, matter, object*). It presents the idea in concrete form. It denotes :

(a) With an adjective root : *something possessing the quality.* **Bluaĵo**, *something blue.* **Molaĵo**, *something soft.* **Novaĵo**, *news, a novelty.*

(b) With a verbal root : *something -ed, suffering the action.* **Diktaĵo**, *dictation.* **Heredaĵo**, *heritage.* **Pakaĵo**, *package.* **Kotizaĵo**, *subscription* (contribution to a common fund).

Or, rarely : *something used for the action.* **Nutraĵo**, *nourishment.* **Ŝmiraĵo**, *ointment.*

(c) With a noun root : *something related to, characterized by.* **Ruinaĵo**, *a ruin.* **Sensencaĵo**, *nonsense.* **Teatraĵo**, *a play.*

Something made from. **Lanaĵo,** *woollens.* **Ovaĵo,** *an egg dish.* Particularly : *the flesh of an animal used for food.* **Porkaĵo** (or, **porka viando**), *pork.* **Bovaĵo,** *beef.* **Helikaĵo,** *a dish prepared from snails.*

Something belonging to, done by. **Araneaĵo** (or, **aranea reto**), *spider's web.* **Amikaĵo,** *a kindness.* **Infanaĵo** (I Kor 13/11).

916. Neniu novaĵo, bona novaĵo. Malbona novaĵo rapide kuras. Ne donu sanktaĵon al hundoj, nek ĵetu perlojn antaŭ porkojn. Pakaĵo kaj havaĵo (Cp. *bag and baggage*). Tolaĵon malpuran lavu en la domo. Ĉio estas **vant**aĵo kaj ventaĵo (Pred. 2/11). Fluidaĵo sen difino—nek vinagro, nek vino. Akvon senmovan kovras putraĵo. Kutimo estas unue araneaĵo, poste **kablo.**

917. *Bonaĵo* estas *io bona*, bona afero; *bonulo* estas *iu bona*, bona persono. Pano (butero, frukto, legomo) estas *manĝaĵo*. Akvo (kafo, kakao, **limonado**, teo) estas *trinkaĵo*. Domo (**hospitalo**, kastelo, **katedralo**, muzeo, teatro) estas *konstruaĵo*. Ne parolu sensencaĵon ! Esperanto estas nenies posedaĵo. Li flustris al ŝi dolĉajn neniaĵojn.

918. Kial novaĵo similas al virina **figuro** ? (Ĉar ĝi estas *informo*).

La nova leĝo malpermesis **eksporti** komercaĵojn al la lando en kiu ili **fabrikiĝis.**

" Tro da bonaĵo ! " diris la kato, kiam ĝi falis en sitelon da lakto.

Amiko: " Ĉu tio estas la **paletro** (*palette*), sur kiu vi miksas la farbojn ? " *Artisto:* " Kia demando ! Tio estas mia **majstraĵo** (*masterpiece*).

" Kial vi diris pri mia pentraĵo ' Ĝi povus esti pli malbona ' ? " " Nu, se vi tion preferas, mi diros ' La pentraĵo ne povus esti pli malbona '."

Irlandano ricevis leteron en **koverto** (*envelope*) kun nigra rando, kaj diris " Mi timas, ke ĝi venas por diri, ke mia frato mortis : mi rekonas lian skribon sur la koverto."

Snob parolis pri la belaĵoj de la lago Ĝeneva kaj la lago Lemana. " Sed ili estas **sinonimaj** ! " diris Bob. " Mi scias tion " Snob respondis. " Sed unu estas pli sinonima, ol la alia."

Knabo petis pencon de la patrino. " Kion vi faris per la penco, kiun mi donis al vi hieraŭ ? " " Tiu ? Ho, mi donis ĝin al malriĉa virino." " Vi bona knabo ! Jen ! Prenu du pencojn." La knabo dankis, kaj komencis forkuri. Sed la patrino plue demandis : " Kial vi interesiĝis pri tiu virino ? " " Ŝi vendas **bombonojn** (or, sukerajojn) (*sweets*).

919. LA LEPORO (*HARE*) KAJ LA TALPO (*MOLE*)

Leporo mokis iam talpon:
" Vi estas stranga besto,
Ĉar loĝas vi en mia kelo—
Subtera, nigra nesto!"

La talpo diris: " Min ne plaĉas
La pluvo kaj la vento:
Sed loĝas vi sur la suprajo
De mia dom-tegmento!"

920. ** Sur la tablo kuŝas ĵurnalo. Mi iras al la tablo, prenas la ĵurnalon, malfaldas ĝin, kaj legas la novaĵon. Poste mi refaldas la ĵurnalon, lasas ĝin sur la tablo, kaj foriras.

** Sur la strato mi vidis omnibuson. Mi deziris trafi la omnibuson, do mi kuris al ĝi; sed mia piedo glitis, kaj mi falis. Mi dolorigis la manojn kaj la genuojn. Mi restariĝis, kaj rigardis la manojn kaj la vestaĵon. Ho, ve! Miaj manoj malpuriĝis, mia vestaĵo ankaŭ. Ĉu mi ploris? Tute ne! Mi eltiris poŝtukon, forviŝis la malpurajon, kaj trafis la postan omnibuson.

** Se mi skribus leteron, mi prenus inkon, plumon, paperon, kaj koverton. Mi sidiĝus ĉe la tablo. Mi skribus mian adreson, la daton, la komencon de la letero, la mezon, kaj la finon. Poste mi subskribus mian nomon, tralegus la leteron, kaj korektus erarojn. Eble mi aldonus postskribon. Mi sekigus la skribaĵon per sorba papero, faldus la leteron, metus ĝin en la koverton, lekus la **gumon** sur la koverto, fermus la koverton, kaj premus ĝin. Mi adresus la koverton. Mi skribus la antaŭnomon de mia korespondanto, lian familian nomon, la numeron aŭ nomon de la domo, la straton, urbon, kaj landon, laŭ tiu ordo. Mi **afrankus** la leteron (t.e., surmetus poŝtmarkon), portus ĝin al la poŝta kesto, kaj metus ĝin en la keston.

921. (a) Ajo, ajeto (*aŭ* etajo). Brul-(frukt-glaci-malklar-neni-oft-or-send-solv-strang-ŝaf-tro-)ajo. Antaŭ-(ĉirkaŭ-ekster-kontraŭ-sub-)ajo.

(b) Belegaĵo, briletaĵo, bovidaĵo, refreŝigaĵo, vidvinaĵoj, arĝentaĵaro, pakaĵejo, perdaĵejo, brilaĵeto, lignaĵisto, sukeraĵistino, fruktaĵujo.

(c) *An absurdity, bedding, a belonging, a courtesy, a cruelty, green stuff, an imitation, an injustice, ironing, a luxury, a necessity, a novelty, a painting, printed matter, a purchase, reading-matter, a reminder, a saying, sweepings.*

-EC

922. (a) The suffix **-EC** denotes *quality, state*. It presents the idea in abstract form, and corresponds to the English *-ness, -ety, -ity, -ty, -nce, -cy, -ship, -tude*, etc. **Amikeco,** *friendliness, friendship.* Ĉiameco, *permanence.* Ĉieeco, *ubiquity.* **Diseco,** *scatteredness.* **Gajeco,** *gaiety.* **Infaneco,** *childishness, childhood.* **Ofteco,** *frequency.* **Reĝeco,** *kingship,* *royalty*. **Riĉeco**, *wealth*. **Soleco**, *solitude*. **Vireco**, *manliness, virility*. **Eco**, *a quality, characteristic*. **Aneco**, *membership*.*

(b) The form **-eca** often =-*aceous* : **argil-(herb-kret-)eca**

923. Unueco donas forton. Sapo blankecon ne havas, tamen blanke ĝi lavas. Ĝentileco kostas nenion. Ju pli da okuloj, des pli da certeco. Juneco ne scias, maljuneco ne povas. Seka panpeco, sed en libereco ! Peko kaj eraro estas ecoj de l' homaro. Peko malnova perdas pekecon. Sciencon oni ne mendas, **klerecon** (*education, culture*) oni ne vendas. **Fleksu** (*bend*) arbon dum ĝia juneco.

924. " Pripensu ! Ĝentileco kostas nenion." " Sed jes ! En la tramo ĝi kostas al mi mian sidlokon."

Junulino konfesis al pastro la pekon de fiereco. " Kial vi kredas, ke vi faris tiun pekon ? " li demandis. " Nu—ĉiumatene, kiam mi rigardas en la spegulo, mi pensas ' Kiel bela mi estas ! '." " Ne timu, mia knabino. Tio ne estas peko : ĝi estas nur eraro."

925. *Translate, noticing the many English equivalents of* **-eco** : Viv*acity*, episcopa*cy*, patron*age*, comic*ality*, abund*ance*, sultan*ate*, grad*ation*, colonel*cy*, depend*ence*, fluen*cy*, slave*ry*, opal*escence*, pi*ety*, God*head*, orphan*hood*, avari*ce*, sobri*ety*, acri*mony*, sal*inity*, perfec*tion*, hero*ism*, opposi*tion* (kontraŭ-), certi*tude*, acidi*ty*, content*ment*, blind*ness*, pallor, pompos*ity*, ard*our*, riva*lry*, admira*lship*, cruel*ty*, perfid*y*. (Esperanto roots : **admiral, ard, kolonel, komik, opal, patron, perfid, pomp, sklav, sultan.**)

926. (a) Ecaro, dankeco, pureco, Kristaneco, bonegeco, patrineco, pianisteco, kunuleco, senamikeco, malsupereco.

Antaŭ-(apud-kontraŭ-kun-sen-sub-super-)eco.

(b) To ten of the adjectives in 130, 194, add (1) **ajo**, (2) **eco**, and translate. E.g., **sprita**, *witty*; **spritajo**, *a witticism*; **spriteco**, *wittiness*. **Maloftajo**, *a rarity*; **malofteco**, *rarity*. (Note that **ajo** and **-eco** are respectively *concrete* and *abstract*.)

(c) Ĉu larĝa frunto signifas intelektecon ? Kiu estas pli bona, edzeco aŭ fraŭleco ? Kio kaŭzas la bluecon de la ĉielo ?

---

*With an adjectival root, simple **-o** is often more appropriate than **-eco** or **-ajo**. **Vero kaj belo**, *truth and beauty* (in general). **Vereco**, *trueness, veracity*; **beleco**, *beautifulness*. **Verajo**, *something true, a truth*; **belajo**, *a beautiful thing*.

ANSTATAŬ

927. **ANSTATAŬ** (prep.)=*instead of, in place (lieu) of, for.*
Li iras **anstataŭ** mi. Li min **anstataŭas,** *he is in (fills, takes) my place, acts for me.* Li estas mia **anstataŭanto** (or **anstataŭulo**), *he is my substitute (proxy).* **Anstataŭigi** A per B, *to replace A by B, put B in place of A, substitute B for A.* Ne havante kafon, ni uzas **cikorion anstataŭe** (*instead, as a substitute*). **Anstataŭa,** *vicarious, proxy.* Ne diru " ej " anstataŭ " e ", nek " oŭ " anstataŭ " o " : viaj vokaloj devus esti puraj.

KROM

928. **KROM** (prep.) treats the object following it as *separate (apart, distinct) from, independent (without speaking) of, other things.* It may mean :

(a) *EXCLUSION=except, save, but, not counting* (usually after a negative or a universal word). Mi neniam ploris krom tiam, (*except then*). Mi akceptos nenion **krom** oro (*nothing but gold*) (Cp. nenion, **alian ol** oro : *nothing other than gold*). Profeto ne estas sen honoro, krom en sia propra lando. Via eseo estas perfekta, krom unu frazo. Ĉiu krom li forkuris. Mi estos tute sola, **krom** se (*unless*) vi venos (=**se** vi **ne** venos).

(b) *INCLUSION=in addition to, besides* (often the word **ankaŭ** follows in the sentence). Ŝi estas bela, kaj **krom tio** (*besides, moreover, to boot, in addition to (apart from) that*), tre riĉa. Krom Esperanto mi scias ankaŭ la lingvojn Francan kaj Anglan. Li perdis krom sia mono ankaŭ amikon.

If necessary (a) may be expressed more precisely by **kun escepto de*,** **esceptinte** (1126), or **ekster**; and (b) by **aldone al, ne nur . . . sed** ankaŭ, or **inkluzive de.** Both (a) and (b) are seen in **Timu Dion, krome nenion.**

929. **Aksiomo.** Du rektoj ne povas enfermi **spacon,** krom se ili estas **kurbaj** (*curved*).

" Kion povas fari simio ? " " Suprengrimpi arbon." " Kaj krom tio ? " " Grimpi denove malsupren."

---

*Escepte does not translate the preposition *except.* It is an adverb, meaning *exceptionally, as an exception, etc.* **Kutime mi venas je 3.0 ; sed hodiaŭ, escepte, mi venos je 2.0.**

930. **LAŬ** (prep.), *according to, in accordance with*. **Laŭ
la strato,** *along the street.* **Laŭdezire,** *as wished.* **Laŭvole,**
at will. **Laŭvice,** *by turns, in turn.* **Laŭ la nomo,** *by name.*
Laŭ ordono (de), *by order (of).* **Laŭflue,** *downstream, with
the stream.* **Laŭ mia opinio,** *in my opinion.* **Laŭ mezuro,**
to measure. **Laŭlonge,** *lengthwise;* **laŭlonge de,** *along, by
the side of.* **Laŭiri (laŭkuri)** *(traverse)* **vojon.**

931. Ne juĝu pri afero laŭ ĝia ekstero. Ne juĝu la enhavon
laŭ la vazo. Estu ĉapo laŭ la kapo. Ĉiu birdo kantas laŭ sia
beko. Ne respondu al malsaĝulo laŭ lia malsaĝeco. Koniĝas
majstro laŭ sia verko. Ŝatu amikon laŭ la dato de akiro.
Vivu stomako laŭ stato de l' sako. Ĉiu mezuras aliajn laŭ
sia mezurilo. Faru la ĝustan aferon laŭ la ĝusta maniero en
la ĝusta momento.

Manĝi " laŭ la karto "; agi laŭ ies konsilo; helpi laŭ praktika
maniero; trakti laŭ merito; labori laŭ modelo; aranĝi laŭ-
alfabete; raporti laŭvorte; danci laŭ ies **fajf**ilo *(whistle).*

932. " Ĉu multe da grandaj homoj naskiĝis en via urbo ? " " Ne.
Laŭ mia memoro, nur infanetoj."

Inter amikinoj. " Sed kiel vi scias, ke li amas vin, se li nenion diras
al vi ? " " Mi tion vidas el la maniero, laŭ kiu li rigardas min, kiam
mi ne rigardas lin."

Edzo: " Ĉu io brulas ? " *Edzino:* " Jes, la kuko en la forno. Sed
mi ne povas ĝin elpreni, ĉar laŭ la recepta libro ĝi devas resti tie
ankoraŭ dek minutojn."

Iu profesoro havis tri skribmanierojn. La unuan el ili nur li
povis legi. La duan povis legi nur lia sekretario. La trian nek unu
nek la alia. Kutime li skribis laŭ la tria maniero. Iam la **prezid**anto
de societo skribis al li por demandi, ĉu li konsentos fari paroladon al
la **membr**oj. Kiam la respondo venis, neniu povis legi, ĉu li respon-
dis " jes " aŭ " ne ". Do oni skribis ree : " Kara Profesoro. Ni
ne komprenas el via letero, ĉu vi konsentas paroli, aŭ ne. Bonvole
skribu rondon, se jes, kaj krucon, se ne." Dua respondo venis, sed
oni ne povis decidi, ĉu la profesoro skribis krucon aŭ rondon !

933.　　　Pli multe da dono, kaj malpli da vendo;
　　　　　Pli multe da danko, kaj malpli da plendo;
　　　　　Pli multe da floroj dum viva malĝojo,
　　　　　Kaj malpli surtombe en fino de l' vojo.
　　　　　Pli multe da amo ni sentu (939) en ni,
　　　　　Kaj malpli vivadu laŭ " Ĉiu por si ".

MALGRAŬ, SPITE

934. **MALGRAŬ** (prep.)=*Notwithstanding, in spite of.*
Malgraŭ ĉio, *after all.* **Malgraŭ tio,** *in spite of that,
nevertheless.* **Li sukcesis, malgraŭ grandaj malfacilajoj.**

Compare with **SPITE,** *in spite of, in defiance of,* which is
stronger, and is an adverb formed from **spiti,** *to defy (brave,
flout).* **Malgraŭ la pluvo mi spitis la kuraciston** (*In spite
of the rain I defied the doctor*) **kaj eliris.** **Spite al la leĝo** (or,
spite la leĝon), *in defiance of the law.*

935. *Edzo:* " La nova kuiristino bonege kuiras. La tagmanĝo
estis perfekta." *Edzino:* " Jes, jes ! Sed ne forgesu, ke mi mem
helpis al ŝi." *Edzo:* " Malgraŭ tio ! "

PRETER

936. (a) **PRETER** (prep.) =*past, beyond, by.* **Mi loĝas
preter la preĝejo,** *I live (in a place which is) past* (i.e., *beyond*)
the church. **Li pasis preter la domo, preter la muro (la
fenestro),** *He passed (at a place) by, beyond, the house,* etc. **Mi
pasis preter vian fenestron (mi preterpasis vian fenes-
tron),** *I passed by your window (to a place beyond it).* Mi iris
preter la preĝejon; rigardis preter la insulon, ĵetis **ponardon**
(*dagger*) preter la celon (442).

(b) **Preterpafi la celon,** *to overshoot the mark.* **Preterlasi
la okazon,** *to miss the opportunity.* **Preterkuri, pretermarŝi,
preternaĝi.**

(c) **Preter**=*past (beyond),* outside the range of, a point or
limit. **Trans**=*across (over, on the other side of) a space.*
(Cp. *preternaturally, transatlantic*).

LIST OF PREPOSITIONS

937.

Al	de	je	po	sub
anstataŭ	dum	kontraŭ	por	super
antaŭ	ekster	krom	post	sur
apud	el	kun	preter	tra
ĉe	en	laŭ	pri	trans
ĉirkaŭ	ĝis	**malgraŭ**	pro	(minus)
da	inter	per	sen	(plus)

(a) Test your memory of these words. Use them in sentences.

(b) Remember that, except to show *motion towards* (444), prepositions do not take the accusative after them (347d). Use the following prepositions (1) with the nominative (i.e., not followed by **n**), to show *position*, (2) with the accusative, **n**, to show *motion towards:* (**mal**)-**antaŭ, apud, ĉirkaŭ, ekster, en, inter, kontraŭ, post, preter, sub, super, sur, tra, trans.**

(c) **Plus** and **minus**, as mathematical synonyms of **kun** and **sen**, may perhaps be regarded as prepositions.

938. After a preposition ending with a vowel (**ĉe, de, je, pri, pro, tra**) **la** may be written **l'**. See remarks on **de l'** (46), which apply to all. Why not **da l'** ? (694).

THE VERB-ENDING -U (II)

939. The ending **-U** is used with all persons and numbers. **Venu** (=**vi venu**), (You) Come (70). **Li venu,** *Let him come* ! *May he come* ! *He is to come* ! **Mi pensu,** *Let me think* ! *I must think* ! **Ili ne kantu,** *Let them not sing* ! **Tiel estu** ! *So be it* ! **Vivu Esperanto** ! **Dio vin benu** ! **Dio kompatu** !

(a) Ni laboru kaj esperu ! Li ripozu trankvile ! Ĉiu rapidu aŭdi, malrapidu paroli, malrapidu koleri. Se iu ne volas labori, tiu ankaŭ ne manĝu. Eĉ oston senviandan oni proponu ambaŭmane.

(b) Kiu rompis, tiu pagu. Kiu min amas, tiu min sekvu. Kiu donis **garantion**, tiu pagu la ŝuldon. Kiu **kaĉon** (*porridge, pap*) kuiras, tiu ĝin manĝu.

(c) Kiu bone sidas, ne ŝanĝu lokon. Kiu timas bestaron, ne iru arbaron. Kiu aŭdis unuan, aŭdu ankaŭ la duan. Kiu amas honoron, amu ankaŭ laboron. Kiu rompis la glason, ordigu la **kason** (*till*).

(d) Alia vin laŭdu, sed ne **via** buŝo; fremdulo, sed ne viaj lipoj. Matene semu vian semon, kaj vespere via mano ne ripozu. La suno ne subiru sur via kolero. Lerneja sekreto ne iru al gazeto. La lipoj ne montru, kion manĝis la buŝo. Bona estas fremdlando, sed aliaj tie loĝu. Se ezoko piiĝis, **gobio** (*gudgeon*) ne dormu.

(e) Dancu diabloj, sed ne en mia arbaro. Sidu lango malantaŭ la vango. Ne iru fadeno antaŭ kudrilo. Post mia malapero renversiĝu la tero (**renversi**, *turn upside down, overthrow*).

940. " Ne faru tian bruon, kara." " Kian bruon mi faru, do ? "

Aŭtoro: " Diru al mi senkaŝe : Kion vi opinias pri mia lasta libro ? "
Amiko: " Ho, ne ! Ni restu amikoj."

Vilaĝano, al apotekisto: " Skribu klare, kiun medikamenton trinku la edzino, kaj kiun la bovino. Mi ne donu la malĝustan al la bovino ! "

Sur telero kuŝas kvin ovoj. Kiel dividi ilin inter kvin knaboj, tiel, ke ĉiu knabo ricevu ovon, kaj tamen unu ovo restu sur la telero ? (1191).

Urba konsilantaro en Irlando faris la jenajn **rezoluciojn** : (1) Oni konstruu novan juĝejon. (2) Oni uzu la materialon de la malnova juĝejo, por konstrui la novan. (3) Oni ne malkonstruu la malnovan juĝejon, ĝis la nova estos finita."

941. Jen en rondo tie ĉi   Unu, du : du kaj tri :
Ĉiuj kune kantu ni !   Ĉiuj kune dancu ni !

942. *NOS GALAN (Kimra kanto: " New Year's Eve ")*

Baldaŭ mortos jaro nuna,
Morgaŭ venos nova, juna ;
Ni renkontu ĝin sen ploro—
For mizero, for doloro !

Eble ĝojo kune venos,   Timo pri la morgaŭaĵo
Eble multo nin ĉagrenos :   Estas pura malsaĝaĵo ;
Tamen, kun espera koro   Ĉiu do senzorga estu,
Ni salutu ĝin en ĥoro.   Novan jaron gaje festu.

PAROLU NUN

Se vi ŝatas ies farojn,   Kiam li en ĉerko kuŝos,
Ne atendu longajn jarojn,   Via helpo ne lin tuŝos,
Ĝis li venkos ĉiajn barojn   Nek al plua peno puŝos
Ĉe la tasko.   Danka vorto.
Jam nun sonu via vorto   Sonu *nun* la laŭd' amika !
Kuraĝiga. Pli da forto   Vana estos plej efika
Havos ĝi, ol—post la morto—   Epitafo **retorika**
Flora **fasko** (bundle).   Post la morto.

943. (a) *Kompletigu la frazojn:* Li memoru, ke . . . Ni supozu, ke . . . Kial ŝi kredu, ke . . . ?

(b) *Let me listen. Let us thank him. Let us not sit down there. Let him be careful. She is not to do that. They must not know. Let people* (oni) *say what they like*

KE . . . -U

944. (a) The ending **U** may show not only a direct *command* or *order* (70), but also *wish* or *desire*, of any degree, expressed or understood (*exhortation, entreaty, request, advice,*

permission, resolve, intention, necessity, expediency, etc.). **Mi konsilas, ke li venu,** *I advise him to come (that he come).* **Ĉu mi telegrafu, ke li venu ?** *Shall I telegraph him to come ?* **Ordonu al ili, ke ili ne babilu,** *Order them not to chatter.* **Mi skribis al ŝi, ke ŝi vizitu min baldaŭ,** *I wrote (telling) her to visit me soon.* **Mi deziras (-is, -os, -us), ke vi venu,** *I want (wanted, shall want, should want) you to come.* **Li atendas, ke la okazo venu al lia nazo.** Note the comma before **ke** (280).

(b) **Ĉu vi preferus, ke leono manĝu vin, aŭ** (1) **tigro ?** (2) **tigron ?** (586).

945. **Demandi,** *to ask a question, enquire;* **peti,** *to ask a favour, to petition;* **postuli,** *to ask as a right, to demand;* **preĝi,** *to pray (say a prayer).*

Mi postulas, ke ili pagu nun, *I require them to pay (that they pay) now.* Mi demandas, ĉu ili pagos, *I ask whether they will pay.* Petu, ke ili pagu, *ask them to pay.*

946. *Tedulo:* Iu, kiu parolas, kiam mi deziras, ke li aŭskultu.

" Kion vi preĝis ? " " Ke mi povu vivi dum mia tuta vivo."

" Kion vi kaŝas en tiu poŝtuko ? " " Se mi volus, ke vi sciu, mi ne ĝin kaŝus."

" Mi venis, por **agordi** (*tune*) vian pianon." " Sed mi ne petis, ke vi venu." " Ne vi, sed viaj najbaroj."

" Ĉu mi ne diris al vi, ke vi portu kun vi bonan spongon ? " " Jes. Sed hejme troviĝas eĉ ne unu bona : ĉiu estas plena de truoj."

" Mi ne permesas al vi ludi kun Johano, ĉar li estas malbona knabo." " Nu, ĉu vi permesas, ke li ludu kun *mi* ?—ĉar mi estas bona knabo ! "

Sinjorino: " Ĉu vi memoras min ? Antaŭ dek jaroj vi petis, ke mi edziniĝu kun vi." *Profesoro (kiu pensas pri alio):* " Ho, jes. Kaj ĉu vi tion faris ? "

Ideala lernejo. *Filo:* " Ho patro, mi tre deziras, ke nia lernejo estu ronda." *Patro :* " Kial ? " " Nu, se ĝi estus ronda, oni ne povus min starigi en angulo."

Filino: " En la lernejo mi nun studas **biologion, psikologion,** kaj **fiziologion.**" *Patro:* " Mi preferus, ke vi studu kuirologion, lavologion, kaj kudrologion."

" Mi foriros dum kelke da horoj " diris la profesoro. " Mi ne scias, ĝis kiam. Do se mi venos hejmen dum mia foresto, diru, ke mi atendu en la **salono** (*drawing-room*), ĝis mi revenos."

Ĉu vi ne scias, kio estas **frakcio** ? Nu ! Supozu, ke vi kun via fratino trovis pomon sub arbo. Vi dezirus, ke via fratino ricevu tiom, kiom vi, ĉu ne ? Kion vi farus ¿ ” “ Mi faligus duan pomon.” *En balo:* “ Fraŭlino, mi kuraĝas peti al vi, ke . . .” “ Mi bedaŭras, sinjoro, sed mi jam forpromesis ĉiun dancon.” “ Pardonu, fraŭlino, mi petas ne dancon, sed nur, ke vi stariĝu : vi sidas sur mia ĉapelo.”

Irlandano skribis al kuracisto, ke tiu vizitu lian malsanan edzinon. Sed dum li skribis, la edzino plisaniĝis. Do li aldonis postskribon : “ La edzino nun pli sanas, do ne necesas, ke vi venu.”

947. *Laviĝo.* Oni lavis la knabineton, kaj—kiel kutime—ŝi forte protestis. “ Mi volus,” ŝi diris “ ke mi neniam, neniam, laviĝu denove.” “ Eble ! ” respondis la patrino. “ Sed dum vi estos sub mia zorgo, vi laviĝos ofte kaj plene.” “ Nu, do,” diris la etulino post iom da konsidero “ mi intencas edziniĝi tre juna.”

Avarulo petis, ke kuracisto vizitu lian malsanan edzinon, kaj promesis “ Mi donos al vi £5, egale ĉu vi ŝin mortigos aŭ resanigos.” La edzino mortis, kaj la kuracisto petis sian monon. “ Kiun monon?” demandis la avarulo. “ Ĉu vi resanigis mian edzinon ? ” “ Ne.” Ĉu vi ŝin mortigis ? ” “ Kompreneble ne.” “ Do kial vi petas monon ? ”

Impertinenta knabo demandis al longharulo “ Kioma horo estas ? ” “ Dek antaŭ la sepa ” respondis la viro. “ Se jes,” diris la knabo “ je la sepa vizitu **barbiron** ”, kaj tuj forkuris. La viro kuris post li. Policano demandis “ Kio okazis ? ” “ Tiu knabo diris, ke mi vizitu barbiron je la sepa.” “ Nu, kial kuri ? ” diris la policano. “Ankoraŭ restas kvin minutoj.”

Kanibala ĉefo petis, ke la pastro **baptu** lin. “ Kiom da edzinoj vi havas ? ” demandis la pastro. “ Du ” respondis la sovaĝulo. “ Do mi ne povas bapti vin, ĉar nia religio ordonas, ke oni ne havu pli ol unu edzinon.” Post kelka tempo la sovaĝulo revenis kai diris “ Vi povas bapti min nun, ĉar mi jam havas nur unu **edzinon**.” “ Kio okazis al la dua ? ” “ Mi ŝin manĝis ”

948.   **Strigo** (*owl*) maljuna sur **kverko** (*oak*) sidadis;
Kaj ju pli li aŭdis, des malpli diradis.
Ju malpli li diris, li aŭdis des pli.
Mi volus, ke ĉiu similu al li !

949.   En granda movado
Mi estas helpanto,
Ĉar de Esperanto
Mi estas lernanto.
Ĝi estas helplingvo
Por tuta la mondo,
Kaj ligas la homojn
Fratare en rondo.

Mi iras al kurso
Kun ĝojo en koro,
Kaj faras progreson
Per bona laboro.
Mi amas la lingvon,
Kaj petas, plenfide,
Ke vi, aŭskultanto,
Ĝin lernu rapide.

950. (a) Ili preferis, ke mi ne venu hodiaŭ. Mi ne konsilas, ke vi legu tiun libron. Li diris, ke vi venu. Mi konsilis, ke li ne skribu al vi, sed vizitu vin.

(b) *Kompletigu la frazojn:* Mi deziras, ke la infano . . **La patro ordonas, ke mi** . . . La lernantoj petas la instruiston, ke . . . **liber-tempon.** Diru al via frato, ke li . . .

(c) *She wrote him to go. I ask you to stay. He begged her not to leave him. We want you not to forget. I agree to his remaining. We advise you to write. Tell her to go.* (Do not forget the comma before **ke.**)

(d) *Make other similar sentences, using* ke . . .-u *after the verbs* aranĝ, atend, bezon, dezir, insist, intenc, invit, konsil, ordon, permes, pet, postul, prefer, propon, rekomend, skrib, telefon, vol.

(e) Mia edzino faras ĉion, kion mi volas. **Se mi petas, ke ŝi venu** (foriru, kantu, *etc.*), **tiam ŝi venas** (foriras, kantas). *Simile:* —petos . . . venos, —petus . . . venus.

(f) **Kiam vi deziras, ke mi venu** (skribu al vi, parolu, legu poemon, silentu, stariĝu), **kion vi diras?** (Kiam . . ., mi diras "Venu".) **Kiam vi diras "Venu"?** (Mi diras "Venu", kiam . . .)

(g) **Kiam vi deziras, ke mi NE venu** (forgesu ion, rompu tason, timu, parolu Angle), **kion vi diras?** *Varianto!:* Kiam vi timas, ke mi venos . . .; Se vi deziras, ke mi ne venu . . . (. . ., mi diras "Ne venu".) **Kiam vi diras "Ne venu"?**

(h) **Petu, ke mi** venu—parolu Esperante, fermu la fenestron, donu al vi ŝilingon. (Venu, mi petas. Bonvole venu. Bonvolu veni. Ĉu vi bonvolos veni? Tre plaĉus al mi, se vi venus. Ĉu malplaĉus al vi veni? Vi ja povus veni! Ĉu vi konsentas veni? Mi tre petas, ke vi venu. Vi venos, ĉu ne?) **Petu, ke mi ne venu.**

951. Instead of **Mi petas, ke vi venu,** it is possible to say **Mi petas vin veni.** The first form is more usual.

952. Instead of **Mi malpermesas (ne permesas, mal-konsentas,** etc.), **ke vi venu,** it is perhaps better to say **Mi malpermesas** (etc.) **al vi veni** or **Mi malpermesas vian venon,** because **ke -u** shows that which is desired, not that which one wishes to prevent.

POR KE

953. The expression **POR KE,** *in order that, so that,* implies a desire, and is therefore followed by **-U. Li parolis (parolas) malrapide, por ke oni kómprenu lin,** *in order that one might (may) understand him, in order to be understood.* **Voku laŭte, por ke li aŭdu,** *so that he may hear, for him to hear.*

954. Mi venos, por ke mi vidu la aferon per la propraj okuloj. Mi studas, por ke mi sukcesu ĉe la ekzameno. Parolu Esperante, por ke ĉiu povu vin kompreni. Dio al vi donis, por ke vi povu doni. Ekzistas ezoko, por ke fiŝetoj ne dormu.

955. " Kial vi purigas la fenestrojn nur interne ? " " Por ke mi povu rigardi elen, sed ne aliaj enen."

Kial tiu preĝeja turo havas du horloĝojn ?—Por ke du personoj povu vidi la horon samtempe.

Kial vortoj en Esperanto havas radikojn ?—Por ke la lingvo kresku.

" Diru al mi, doktoro, kion mi faru, por ke mia edzo ne parolu dum la tuta nokto ? " " Donu al li ŝancon diri unu vorton dum la tago."

La modernaj pentraĵoj. " Kial pentristoj skribas sian nomon sube de pentrajo ? " " Por ke oni sciu, kiu fino estas la supro."

U IN A QUESTION

956. Just as questions with **as, is, os,** or **us** take **as, is, os,** or **us** respectively in the answer, so a question may be asked and answered with **u.**

Cp. (a) **Ĉu mi iros ?** *Shall I go ? Is it true that I shall go ?* (query as to what will happen in the future: *Ans.* **Jes, vi iros; Ne, vi ne iros.** *Yes, you will; No, you will not*), with (b) **Ĉu mi iru ?** *Shall I go ? Am I to go ?* (explainable as short for **Ĉu necesas,** or, **Ĉu oni volas, ke mi iru ?** *Ans.* **Jes, iru; Ne, ne iru,** *Yes, do; No, don't*). Cp. **Ĉu li ne kantos ?** *Won't he sing ?* **Ĉu** (vi konsilas, *or* deziras, ke) **li ne kantu ?** *Isn't he to sing ?* **Ĉu li pagu ?** *Is he to pay ? Must (should, shall) he pay ?* with **Ĉu li pagos ?** *Will he pay ?* **Kiom li pagu ? Kiom li pagos ? Ĉu ĝi estu ronda ?** *Must it (should it) be round ? Ans.* **Jes, ĝi estu ronda.**

957. Kial **katakombo** estu subtera ? Ĉu oni ne povus kombi katon surtere ?

Aŭtoro: " Kiel mi nomu mian novan poemon ? " *Amiko:* " Voĉo el la paperkorbo."

" Se S-ro S venos, diru al li, ke mi revenos vespere." " Kaj kion mi diru al li, se li ne venos ? "

" Ĉu vi ne hontas, bati knabon, kiu estas multe pli juna ol vi ? " " Kial mi hontu ? Mia patro ne hontas bati min."

" Kion mi faru, doktoro, por ke mi ne sentu konstante pikadon ĉe la vangoj ? " " Vi mem faru nenion, fraŭlino; sed via fianĉo pli ofte sin razu."

Ĉe salona festo (drawing-room party, reception): " Ho ! Kiom oni enuas ĉi tie ! " " Terure ! Vi estas prava." " Ĉu ni do eliru ? " " Mi tre volus ! Sed bedaŭrinde mi devas resti ĉi tie." " Kial ? " " Mi estas la gastiganto (host)."

958. Montojn kisas bluĉielo,
    Ondoj unu la alian;
    Ĉiu floro, ĉiu stelo,
    Amas fraton sian;

Suna lumo kisas teron,
    Maron kisas lunradi'—
Kial ne la samaferon
Faru ci al mi ?

959.   LA MELKISTINO (*MILKMAID*)

    " Kien vi iras, ho bela fraŭlino ? "
    " Mi iras por melki " respondis la ino.
    " Ĉu kune ni iru ? Permesu al mi—"
    " Jes, certe, sinjoro, se plaĉos al vi."

"Kio la patro de vi, belulino?"
"Li estas **farm**isto" respondis la ino.
"Ĉu mi, karulino, edziĝu kun vi?"
"Vi farus honoron al mi" diris ŝi.

"Kiom da doto por vi, belulino?"
"Mia dot' la vizaĝo" respondis la ino.
"Ha! Ne povos mi, do, edziĝi kun vi."
"Neniu ĝin petis, sinjor'" diris ŝi.

960. (a) Ĉu ŝi venu nun ? Jes, ŝi venu. Ĉu ŝi venos ? Jes, ŝi venos. Ĉu ni komencu ? Ĉu mi iru kaj vidu ? Kial mi iru ? Kiam ŝi venu ? Kie mi kantu ? Kiel mi faru ĝin ? Kiom ili manĝu ? Kion mi skribu ?

(b) *To what questions are these the answers ?* Jes, li iros. Jes, li iru.

(c) *Shall she (is she to) sing ? Will she sing ? Shall he stay ? Will he stay ? Are they to come ? Will they come ? Shall he die ? Will he die ? Shall we do that ?* (both senses). *How much shall they give ? What am I to do ? He asked whether she* (a) *should come,* (b) *would come* (future), (c) *would come* (conditional). (Students who do not understand the words *shall* and *will* may leave this question.)

-ANTE

961 (a) We have already learned the adjectival form **-anta** = ing (452) and the noun form **-anto** = *a person -ing* (453). E.g., **Kantanta,** *singing ;* **kantanto,** *a person singing.*

(b) The adverbial form **-ante** is used to replace an adverbial clause : **kantante**=*while singing, when singing, in singing, by singing,* etc., according to the context.

(c) This adverbial form (**-ante**) always relates to the subject of the sentence. **Selante ĉevalon, oni ĝin karesas,** *When saddling a horse one strokes it* (**oni** is the subject). **Sidante, mi vidis kurantan knabon,** *I saw a running boy while I was sitting* (**mi** is the subject).

(d) **Instruante** (*When teaching, By teaching*), oni lernas. Silentu **donante** (*Be silent when you are giving*), parolu **ricevante. Ne konante** (*Not knowing*) la profundecon, ne iru en la riveron. Mizero faras viziton, **ne atendante** (*without waiting for*) inviton. (Subjects : **oni, (vi), (vi), mizero**).

(e) Ne fanfaronu irante, fanfaronu revenante. En infero loĝante, kun diabloj ne disputu. Ne trovante bovinon, oni ŝtelas kokinon.

(f) Mi vidis knabon (i) rigardantan (*who was looking*) (ii) rigardante (*while I was looking*) el la fenestro.

962. Sinjorino, starante en omnibuso, al sidanta sinjoro : "Permesu, ke mi proponu al vi mian lokon."

"Nu !" demandis la policano, rigardante du aŭtojn post **kolizio.** "Kiu el ili frapis la alian unue ? "

Milionulo petis al sia servisto : "Bonvole helpu al mi dormi, kalkulante por mi mil ŝafojn saltantajn trans heĝon."

"Ĉiam estas loko ĉe la supro." "Jes. Tamen vi ne trafos ĝin sidante, kaj atendante **lifton.**"

"Ĉu vi estas certa, ke vi amas min ? " "Nu, ĉu vi supozas, ke mi sidadus ĉi tie, aŭskultante vian sensencan babiladon, se ne ? "

Du Irlandanoj, piedirante, demandis "Kiom da mejloj ankoraŭ al Londono ? " Kiam oni respondis "Dek", unu diris "Kuraĝu ! Tio signifas nur po kvin mejloj por ĉiu."

Noktomeze virino sonorigis ĉe la domo de kuracisto, kaj de sur la strato vokis al li " Venu rapide ! Mia filo englutis muson ! " " Diru al li, ke li englutu katon ! " lace respondis la kuracisto, sin turnante sur la lito.

Reĝo venigis tri laboristojn, kaj diris " Mi donos premion al tiu, kiu fosos plej longan **sulkon** (*furrow*) ". Du el ili komencis disputi pri siaj fosiloj. " Bona fosilo " diris unu " devas esti longa." " Ĝi devas esti larĝa " diris la alia. Dume la tria fosadis kaj gajnis la premion.

Esperantistoj, karaj kunlaborantoj, ni ne perdu nian tempon, babilante kaj diskutante. Nia fosilo estas bona. NI FOSU NIAN SULKON.

963.   Sur neŭtrala lingva **fundamento,**
         Komprenante unu la alian,
         La popoloj faros en konsento
         Unu grandan rondon familian.

Belega fraŭlino el Nigro   De sia patrino
Ridetis, rajdante sur tigro;   Malsaĝa knabino
   La rajdo finiĝis,   Ricevis terpoman salaton :
   Car ŝi interniĝis,   Ŝi iris sur ŝipon,
Kaj tiam ridetis la tigro !   Kaj **brogis** (*scalded*) la lipon,
                   Manĝante malvarman tomaton !

         Nur rekte, kuraĝe, kaj ne flankiĝante,
         Ni iru la vojon celitan !
         Eĉ guto malgranda, konstante frapante,
         Traboras la monton granitan.

Ĉe via fenestro   Vi estas bela, pura,
   En suna maten'   Kaj ĉarma, kiel flor'—
Alaŭdo (*lark*) tri**l**adas   Vidante vin, sopiron
   En roza ĝarden';   Mi sentas en la kor'.
Pasante mallaŭte,   Kun mano sur via kapo
   Kun am' kantas mi,   Mi preĝas al ĉiel' :
Por bonan matenon   " Dio vin gardu konstante
   Deziri al vi.   En ĉarmo, puro, bel' ! "

964.   KIAL BETO NE RIDIS

Beto al festeto iris,   " Vi ne ridis pri la falo ?
Poste al la panjo diris   Kio estas la kialo ? "
" Estis akcidento tie,   Tamen Beto ne respondis,
   Tre malbona estis ĝi !   Kaj silenta restis ŝi.

Enirante en la **balon,**   " Ĉu ne venis eĉ rideto ?
Knabineto spertis falon.   Kial, do, karega Beto ? "
La infanoj multe ridis,   Fine la knabino flustris :
   Ĉiuj ili—nur ne mi ".   " Kiu falis, estis—MI ! "

ADVERBIAL FORM OF THE ADJECTIVE

965. When there is no noun or pronoun with which an
adjective could agree, the adverbial form is usual : **La tagO
estas belA; tiO estas belA; ĝi estas belA; but estas
belE, danci estas belE.** "**Estas belA**" sounds like "*It
is a beautiful . . .*"; one expects a noun to follow. **Estas
vere, ke . . .,** *it is true, that* . . . **Ne grave !** *it doesn't matter !*
Estas necese dormi, *It is necessary to sleep.* **Mensogi
estas malsaĝe,** *To lie is foolish.* **Kiel domaĝe !** (**Kia
domaĝo !**), *What a pity !* **Estas eblete,** *It is just possible.*

966. (a) Eraro estas homa, pardono Dia. Erari estas home, pardoni Die. Kritiko estas facila, faro malfacila. Kritiki estas facile, fari malfacile.

(b) Estas bone havi du ferojn en la fajro. Esti la kapo de muso estas pli bone, ol esti la vosto de leono. Oni povas rajdi sur tigro, sed estas danĝere desalti. Estas pli facile kredi, ol juĝi. Pli facile estas doni konsilon, ol ĝin akcepti. Estas malfacile naĝi kontraŭ la fluo. Kiel malvarme estas hodiaŭ! Estas pli saĝe fidi la okulojn, ol la orelojn. Vane estas, batali kontraŭ la sorto. Ĉie estas varme, sed hejme plej ĉarme!*

967 (a) (Estas) Pli bone reiri, ol perdi la vojon. Pli bone ne fari, ol erari. Pli bone fieksiĝi, ol rompiĝi.

(b) Hodiaŭ (estas) festene, morgaŭ malplene. Ŝparu, kiam (estos) bone; vi havos, kiam (estos) bezone.

968. En la printempo estas dolĉe (freŝe, pluvete, agrable, bele).

En la somero estas varmege (seke, sune, hele, gaje).

En la aŭtuno estas malhele (kote, nebule, malseke, malagrable).

En la vintro estas glitige (froste, malvarme, malgaje, mallume).

969. Kial ne ĉarpenti (*do carpenter's work*)? *Ĉar penti* estas malagrable.

Li: "Kiam estos via naskiĝa tago, kara?" *Ŝi:* "Kiam estos plej **oportune** (*convenient*) al vi."

"Pardonu, sinjorino, ke mi foriras tiel malfrue." "Ho, ne parolu pri tio. Pli bone malfrue, ol neniam."

"Nu!" diris la fiŝisto. "Ne estis facile hejmen porti tiun fiŝon. Mi devis atendi **koridoran** vagonaron."

"Kiom da jaroj vi havas, knabeto?" "Ses." "Ne eble! Nur sesjara, kaj jam tiel **terure** malpura!"

Petro batalis kontraŭ alia knabo, kaj subite kriis "Haltu! Ne estas juste! Vi staras pli proksime de mi, ol mi de vi."

"La letero diras, ke la onklino ĵus mortis. Kaj tuj poste mortis la onklo." "Terure! Nun do ili ambaŭ estas vidvaj."

Pianisto (**sarkasme**): "Mi timas, ke mia ludo malhelpas al la gastoj paroli." *Dommastrino:* "Kiel domaĝe! Eble do estus bone, ke vi ludu iomete malpli laŭte."

---

*Environment may congruous be   But none so gratifies as that
  In greater or in less degree,   Which constitutes one's habitat.

Edzino: " Estas tre strange! Heleno kaj mi neniam povas kompreni unu la alian, parolante per la telefono." *Edzo:* " Nu, ĉu iam vi provis ne paroli samtempe ? "

" Iru por kontroli, ĉu mi estingis la lumon en la salono." *La servisto (post reveno):* " Mi ne scias. Estis tiel mallume, ke mi ne povis vidi, ĉu jes aŭ ne."

970. *Instruisto:* " Kuraĝe ! Diru ion : estas **indiferente** (*of no consequence, all the same*) kion, se nur vi parolas Esperante." *Lernanto:* " Sed estas absurde peti tion, kiam mi ja ne povas paroli Esperante." " Efektive, estas malfacile en la komenco, sed post kutimiĝo estos facilege ! " " Ĉu vere ? Nu, mi penos." " Bone ! Sed kiel **monotone** ! Estas necese, paroli pli nature kaj flue." " Tre malfacile estas plaĉi al vi. Ne estas amuze aŭ helpe aŭskulti al tiom da riproĉoj." " Komprenemble ! Sed ne estas inteligente tuj perdi la kuraĝon."

971. (a) ****** Estas malvarme. La fenestro kaj la pordoj estas malfermitaj. La vento blovas kaj **muĝas** (*howls, roars*) en la kamentubo. Mi tremas, kaj diras " Estas tro vente ". Do mi leviĝas, fermas la pordon kaj la fenestron, kaj metas pli da karbo sur la fajron. Tiam mi diras " Nun estas pli komforte ". Mi jam ne sentas la trablovon.

(b) ****** Estas varmege. La suno brilas en la ĉambron. La fenestro estas fermita. Mi diras " Estas sufoke ". Do mi malfermas la fenestron, kaj enlasas freŝan aeron en la ĉambron. Mi enspiras la aeron, kaj diras " Bone ! Nun estas pli freŝe ! " Mi malfermas la pordon, kaj diras " Ankoraŭ pli bone ! " Tiam mi rekomencas mian laboron.

972. RESPONDU ! (a) **Ĉu estas agrable** devi atendi ? dormi surplanke ? esti fraŭla (malsana, sola) ? havi multe da mono (multajn amikojn) ? libertempi tendare ? legi dum la manĝo ? povi paroli Esperanton flue ? renkonti tedulon ? ricevi monon (riproĉon) ?

Varianto: Ĉu devi atendi estas agrable, aŭ ne ? . . .

(b) **Ĉu estas danĝere** kisi ? ludi kun fajro ? promeni sur glacio ? resti kun leono ? salti sur omnibuson ? transiri straton ?

Varianto: Ĉu kisi estas saĝe aŭ malsaĝe ? . . .

(c) **Ĉu estas eble** bicikli de London al Bristol en unu tago ? labori kaj ludi samtempe ? lerni Esperanton en semajno ? skribi sen plumo ? vivi sen ĉokolado ?

(d) **Ĉu estas facile** baki panon ? doni (sekvi) konsilon ? eviti malpacon ? fari ses aferojn samtempe ? fotografi en la krepusko ? lerni Esperanton ? malfermi ladan skatolon ? plaĉi al ĉiu ?

(e) **Ĉu estas kutime** dormi nokte ? legi en la lito ? maŝinskribi amleteron ? rajdi sur ĝirafo ? scii dek lingvojn ?

(f) **Ĉu estas necese** dormi dum la leciono ? porti ĉapelon ? redoni pruntitan libron ? verki poemojn ?

(g) Ĉu estas necese havi katon, por sin bani ? boaton, por transiri riveron ? monon, por esti feliĉa ? poŝtmarkon, por veturi vagonare ?

(g) Ĉu estas prave diri, ke Esperanto estas interesa lingvo ? hundo estas floro ? oni ŝlosas per tranĉilo ? ses kaj tri estas dek ?

IMPERSONAL VERBS (*SENPERSONAJ VERBOJ*)

973 (a) Some verbs, especially weather verbs, do not need a subject. **Pluvas** (=**Estas pluve**), *it rains.* Not **Ĝi pluvas,** for one cannot say that any particular thing one can call " **ĝi** " is raining. **Fulmas, hajlas, neĝas, tondras,** *It lightens, hails, snows, thunders.* **Frostas** (**Estas froste**), **nebulas, nubas, rosas, silentas, sunas, ventas,** *It is frosty, foggy, cloudy, dewy, silent, sunny, windy.* Compare (*There*) *is* (20).

(b) **Krepuskas,** *It is twilight.* **Matenas, vesperas, kaj tago malaperas. Tagiĝas, noktiĝas, mateniĝas, vesperiĝas.**

(c) **Ventetas, ventegas. Pluvetas, pluvegas, ekpluvas, repluvas, pluvadas.**

974. **Okazas, ke** . . . *It happens that* . . .
 Sekvas, ke . . . *It follows that* . . .
 Ŝajnas, ke . . . *It seems that* . . .
 Estas verŝajne, ke . . . *It is probable that* (*seems likely*)
 Devas esti, ke . . . *It must be that* . . .
 Povas esti, ke . . . *It may be that* . . .
 Povas okazi, ke . . . *It may happen that* . . .
 Estas via vico, *It is your turn*
 Prosperas al mi iri, *I succeed in going*
 Temas pri . . . *The subject we are talking about is* . . .

975. **Decas (Estas dece) iri,** *It is right and proper to go.*
 Eblas (Estas eble) iri, *It is possible to go.*
 Gravas (Estas grave) iri, *It is important to go.*
 Konvenas (Estas konvene) iri, *It is seemly, fitting, appropriate, to go.*
 Necesas (Estas necese) iri, *It is necessary to go.*
 Oportunas (Estas oportune) iri, *It is convenient to go.*
 Utilas (Estas utile) iri, *It is useful to go.*

[215]

976. Ju malpli pluvos, des pli bone ! Se neĝas sur la monto, estas malvarme en la valo. Ŝajnas, ke li estas idioto. Kie **jukas** (*there is an itch*), tie ni gratas. Por tion diveni, ne necesas peni.

977. (a) Repeat 974-5 in the negative. E.g., **Ne** gravas, *It doesn't matter.* **Ne** utilas iri, *It's no use going.* **Ne** devas esti, *It need not be.* **Ne** povas esti ! *It can't be (so)* !

(b) Repeat 974-5 with **ĉu**, and translate.

(c) Repeat 974-5 with **is, os,** and **us,** and translate.

(d) *Printempe* pluvetas, sunas, kaj ventetas.
Somere sunegas; malofte pluvas aŭ fulmotondras.
Aŭtune pluvadas kaj nebulas.
Vintre frostas, hajlas, neĝas, neĝpluvas, kaj ventegas.

978. Ŝajnas, ke la instruisto ne scias multon : pri ĉio li demandas al ni !

" Estas pli bone doni, ol ricevi " pensis la kuracisto, donante al la paciento **naŭzan** (*malbongustan*) medikamenton."

Anonco. " Se pluvos matene, oni inspektos la regimenton post-tagmeze. Se pluvos posttagmeze, la inspekto okazos matene."

Post la kverelo. *Li:* " Ĉu vi ne supren rigardos al mi ? " *Ŝi:* " Ne, ĉar vi min kisus ! " " Sed mi promesas, ke ne." " Kiel utilus, do ? "

" Ĉu vi aŭdis la tondron dum la nokto ? " " Ne. Ĉu efektive tondris ? " " Jes, fortege." " Kial do vi ne vekis min ? Ĉu vi ne scias, ke mi ne povas dormi dum fulmotondro ? "

Novedzo: " Ŝajnas al mi, ke io estas malĝusta ĉe la kuko, kiun vi faris." *Novedzino:* " Ne povas esti ! Evidente vi ne kapablas juĝi, ĉar la recepta libro diras, ke ĝi estas bonega ! "

Juĝisto: " Kiom da jaroj vi havas ? " *Sinjorino:* " Tridek." " Ĉu tridek ? Ne povas esti ! Antaŭ kvar jaroj vi respondis same." " Kompreneble ! Mi ne estas persono, kiu hodiaŭ diras unu aferon, kaj morgaŭ alian."

979. ✱✱ Mia onklo iris al la fenestro, rigardis la ĉielon, kaj diris "Ŝajnas, ke pluvos ". Li prenis ombrelon kaj eliris. Baldaŭ ekpluvis. Falis unu guto, du gutoj, tri gutoj. Pluvetis. Falis multaj gutoj. Li malfermis la ombrelon, kaj tenis ĝin super la kapo. Pluvis pli kaj pli multe—jam pluvis torente—pluvegis. Tamen, la ombrelo ankoraŭ lin ŝirmadis. Post kelka tempo ne pluvis tiel forte. Fine ĉesis pluvi. Ĉar jam ne pluvis, li fermis la ombrelon.

980. (a) *Repeat various verbs in* 973, *with the verb-endings* as, is, *and* os, *using* hodiaŭ, hieraŭ, *and* morgaŭ *respectively. E.g.,* Ĉu pluvas? Ankoraŭ ne pluvis, sed ŝajnas, ke pluvos baldaŭ. Hieraŭ neĝis, hodiaŭ hajlas; ĉu morgaŭ nebulos aŭ tondros ? Jam ne pluvas. Apenaŭ ventetas.

(b) *It does not often happen that . . . Did it seem to you that . . . ?*
It will soon begin to rain (two words). *Can it be so? It was not*
necessary to go. Will it follow from that, that . . . ? Would it be
possible? Will it have to be? Was it your turn? Does it matter?

(c) Demandu al mi, ĉu mi kredas (supozas), ke pluvas (verŝajne
neĝos, ni havos belan veteron morgaŭ, estis malvarme hieraŭ, estas
tro varme, frostos hodiaŭ nokte). Kion necesas havi, por povi
skribi (*etc.*) ? (670a).

-EJ

981. The suffix **-EJ** (Cp. *-ery*, *-ary*, *-ey*, *-y*, in *bakery*,
granary, *abbey*, *priory*) =*place (of, for)*. We have already met
it in the words **lernejo, oficejo, preĝejo, erikejo**.

982. With a verbal root **-ejo**=*place of (used for, allotted to)*
the action.

Batal- (**glit**(*slide*)- halt- kaŝ- lud- naĝ- paf- pag- promen- renkont-
ripoz- vend-)ejo. (*Room*) : Akcept- (atend- danc- dorm- festen- kuir-
lav- leg- manĝ- skrib- stud-)ejo. (*Building, Establishment*) : Amuz-
(bak- ban- **distil**- forĝ- juĝ- labor- lern- loĝ- lombard- preĝ- tan-)ejo.

La loko, en kiu oni lernas, estas lernejo : . . . preĝas, . . . preĝejo.
Mia loĝejo estas mia regejo.

983. With a noun-root **-ejo**=*place of (for)*, some preceding
verb being understood. It may mean :

(a) (*EST*)*ejo*, (*REST*)*ejo*, (*TEN*)*ejo*. Aŭt(omobil)-(boat-**garb**
(*sheaf*)- **gren**-karb- libr- maŝin- ofic- orgen- parlament- **proviz**- sabl-
tend-tomb-trezor-vin-)ejo.

(b) (*LOĜ*)*ejo*. (*For humans*). **Abat**-(gast- infan- orf- soldat-)ejo.
(*For other animals*). Bov-(ĉeval-formik-hund-kokin-kolomb-**kunikl**
(*rabbit*)-pork-ŝaf-)ejo.

(c) (*KRESK*)*ejo*, (**KULTIV**)*ejo*, for plants. Erik-(fruktarb-herb-
kres-lupol-pomarb-roz-**tabak**-terpom-vinber-)ejo.

(d) (*MANĜ*)*ejo*, (*TRINK*)*ejo*, (*VEND*)*ejo*. Ĉapel-(kaf-lakt-sup-)
ejo.

(e) (*LUD*)*ejo*. Bilard-(futbal-golf-kriket-tenis-)ejo.

984. With an adjectival root **-ejo**=*a place that is* . . .

Dens- (feliĉ- maldens- malliber- sankt- senakv- sol- **sovaĝ**- varm-
vast-)ejo. Necesejo, *w.c.*

985. The meaning of an **ej**-word is thus elastic. If desired,
greater precision can be given by adding the verb implied (as

shown above). Thus, **teejo** may stand for **tekultivejo, tekreskejo (teplantejo, tekampo), tetenejo, tevendejo (tebutiko), tetrinkejo**, etc. But the shorter form usually suffices with the context.

Most suffixes are similarly elastic to some extent : e.g., **an, er, il, ist, uj.** E.g., **violonisto** may stand for **violonfaristo, violonludisto**, etc., according to context. (989).

986. *En razejo.* " Kiel vi volus, ke mi razu vin ? " " Silente ".

En kafejo. " Pardonu ! Ĉu vi legas tiun gazeton, sur kiu vi sidas ? "

Ĉe la **kinejo** (*kinematografejo*): *Knabo:* " Mi deziras vidi knabon interne." *Pordisto:* " Kiun knabon ? " " Min."

Ĉe la radio. " Ĉu vi aŭdas, avino ? Tio estas Barcelono." " Jes, mi aŭdas. Oni rompas nuksojn en la **brodkaste**jo (*dissendejo*)."

Amiko: " Ĉu vi havas atendejon ? " *Kuracisto:* " Jes, du. Unu, en kiu la pacientoj atendas min; kaj unu, en kiu mi atendas ilin."

Estro de polico: " Do ili **eskapis** ? " *Policano:* " Jes. Ni gardis ĉiun elirejon. Do mi supozas, ke ili eskapis per unu el la enirejoj."

Parlamenta kandidato: " Tio, kion ni bezonas, estas **reformo** : loĝeja reformo, **eduka** reformo, tera reformo . . ." *Voĉo el la* **fono** (*background*): " Tute ne ! Tio, kion vi bezonas, estas **kloroformo** ! "

" Mi havis ravan (*delightful*) libertempon. Neniu fiksita manĝhoro, neniu pago por bano, neniu tedulo, neniu trinkmono : ĉio ĝuste tia, kian mi dezirus." " Kie do estas tiu feliĉejo ? " " Mi restis hejme."

987. La servistino malsupreniris al la kelo, ekprenis pecon da ligno, kaj metis ĝin sur ŝtipon. Ŝi levis hakilon kaj frapis la lignon. La hakilo **penetris** la lignon kaj ĝin fendis. Ŝi hakis multe da ligno, kolektis la pecetojn, metis ilin en la antaŭtukon (kiun ŝi tenis per la maldekstra mano), kaj supreniris al la kuirejo. Ĉe la kameno ŝi genuis, kaj ŝiris kaj buligis paperon. Ŝi metis lignon sur la paperon, karbon sur la lignon, kaj petrolon sur ĉion. Ŝi ekbruligis la paperon, kiu ekflamis kaj brulis rapide. La ligno ekbrulis kaj **krak**adis. La servistino prenis blovilon, blovis la fajron, kaj plifortigis la brulon. Ŝi purigis la kamenon, ordigis la **ŝovel**ilon kaj **tenajlon** (*tongs*), starigis fajro**stangon** (*poker*) en la fumo (ĉu tio vere helpas ?), kaj foriris, por pretigi la matenan manĝon.

988. (a) Alirejo, trairejo, transirejo. Restadejo, libregejo, infanetejo, kokidejo, resanigejo, enŝipiĝejo, sonorilejo, edzinejo, muzikistejo, frenezulejo, preĝejano, lernejego, preĝejeto, futbalejisto.

(b) **Kion oni ordinare faras en** naĝejo ? kuirejo ? manĝejo ? atendejo ? **Kie oni kutime** dormas ? afiŝas ? laboras ?

989. The suffix **-UJ** denotes:

(*I*) (a) *RECEPTACLE, CONTAINER, HOLDER* (*for a number or quantity of, for some*). **Cigarujo,** *cigar-case* or *box*; **inkujo,** *ink-pot, inkstand*. **Akvujo,** *cistern*; **kaĉujo,** *porringer*; **kondimentujo,** *cruet*; **monujo,** *purse*; **sagujo,** *quiver*. **Ujo,** *receptacle, container*. **Kiom ĝi ujas ?** *How much does it hold ?*

(b) There are numerous English equivalents of **-ujo.** **Spongujo,** *sponge-bag,* and similarly : **suker** (*basin*), **river** (*bed*), **lupol** (*hop*) (*bin*), **saŭc** (*boat*), **salat** (*bowl*), **pilol** (*box*), **parfum** (*bottle*), **pluv** (*butt*), **te** (*caddy*), **kaf** (*canister*), **kart** (*case*), **juvel** (*casket*), **sal** (*cellar*), **pingl** (*cushion*), **buter** (*dish*), **ole** (*flask*), **abel** (*hive*), **lakt** (*jug*), **pan** (*pan*), **mustard** (*pot*), **tabak** (*pouch*), **teler** (*rack*), **glaci** (*safe*), **karb** (*scuttle*), **ombrel** (*stand*), **gas** (*tank*), **sup** (*tureen*), **flor** (*vase*), **vin** (*vat*), **leter** (*wallet*), **ink** (*well*).

(c) Greater precision, if desired, may be given by compounds (e.g., **teujo**=**tekesto, tekruĉo, teskatolo**), or other specific roots (**barel, botel, kel, pelv, poŝ, pot, sak, ŝrank, vaz,** etc.).

(d) With a verbal root **uj** names the vessel for the action, or in which the action is performed. **Banujo,** *bath*; **baptujo,** *font*; **bolujo,** *boiler*; **knedujo,** *kneading-trough*; **lavujo,** *laver, sink*; **pistujo,** *mortar*.

990. Peza monujo faras malpezan koron. En abelujon ne blovu. La mondo estas mia patrujo (patrolando). Laŭ via monujo mezuru vian veston.

"Aĉetu monujon por mi." "Aĉetu vi mem." " Sed mi ne havas monon." " Do vi ne bezonas monujon."

991. ** Mi surmetis ĉapelon kaj **palton** (*overcoat, greatcoat*), ekprenis ombrelon, kaj iris al la stacidomo. La stacidomo estis malproksima, do mi eniris omnibuson. Mi prenis monujon el mia poŝo, malfermis ĝin, eltiris pencon, kaj pagis por mia bileto. Mi metis la bileton en la monujon, kaj la monujon en mian poŝon. Baldaŭ mi alvenis al la stacidomo. Mi iris al la biletejo (**giĉeto**), kaj aĉetis fervojan bileton. Alvenis vagonaro. Mi demandis " Ĉu la vagonaro iras Londonon ? Ĉu mi devos ŝanĝi ? Ĉu ni baldaŭ ekiros ? " Mi aĉetis Esperantan gazeton, eniris kupeon por (ne)-fumantoj, elektis angulan sidejon, kaj atendis la ekiron. Kiam la vagonaro ekmoviĝis, mi diris " Nun ni ekiras ! "

992. ** **La** patrino iris al tirkesto (*drawer*), elprenis tablotukon, malfaldis ĝin, kaj ĝin sternis sur la tablo. Ŝi iris al ŝranko, kaj prenis el la ŝranko telerojn, tasojn, kaj subtasojn (tastelerojn), kiujn ŝi aranĝis bonguste. Sur ĉiun subtason ŝi metis tason kaj kuleron. Flanke de ĉiu telero ŝi metis tranĉilon kaj **forkon**—la tranĉilon dekstre, la forkon maldekstre. Ŝi alportis salaton, fromaĝon, frukton, kaj buterpanon. Ŝi portis ankaŭ la buterujon, la sukerujon, la salujon, la **pipru**jon, kaj la mustardujon. Ŝi metis buteron en la buterujon, . . . k.t.p. Fine ŝi alportis kafon en kafujo kaj kremon en kremujo. La manĝo estis preta, kaj ŝi alvokis la familion.

993. (*II*) *LAND:* **Anglujo** (or, **Anglolando**), *England;* **Svisujo** (or, **Svislando**), *Switzerland* (117).

Polo, *a Pole;* **Polujo,** *Poland;* **Polujano,** *an inhabitant of Poland* (not necessarily a Pole).

COUNTRIES AND THEIR INHABITANTS

994. *THE FOLLOWING ROOTS DENOTE THE LAND.* Form from them the name of the inhabitant by adding **ano,** thus; **Azio,** *Asia;* **Aziano,** *an Asiatic.*

Afrik	Aŭstrali	Ĉil	Island	Malt	Palestin	Tunizi
Argentin	Azi	Finland	Kanad	Marok	Peru	Urugvaj
Alĝeri	Bolivi	Grenland	Kolombi	Nederland	Siberi	Uson
Amerik	Brazil	Irland	Lapland	Novzeland	Tasmani	Venezuel

995. *THE FOLLOWING ROOTS DENOTE THE INHABITANT.* Form from them the name of the land by adding **ujo** or **(o)lando,** thus : **Svedo,** *a Swede;* **Svedujo, Svedlando,** *Sweden* (117).* (**See footnote on page 221*)

Angl	Brit	Franc	Hungar	Kimr	Pol	Saks
Arab	Bulgar	German	Ital	Latv	Portugal	Serb
Aŭstr	Dan	Grek	Japan	Litov	Prus	Skot
Bavar	Egipt	Hind	Jugoslav	Norveg	Ruman	Svis
Belg	Eston	Hispan	Katalun	Pers	Rus	Turk

996. (a) Kiun lingvon oni parolas, kiam oni estas en Francujo ?— Germanujo ? (Kiam oni . . . oni parolas France.) Kie loĝas la Poloj ? la Italoj ? Kie estas Londono ? Novjorko ? Glasgovo ? Kolonjo ? Parizo ? Egiptujo ? Japanujo ? Esperantujo ?

(b) Kiam oni kutime parolas Angle (France, k.s.) ? (. . . kiam oni estas en Anglujo.) Kie oni kutime parolas Angle ? En Anglujo.

997. *(III) FRUIT-BEARING PLANT* : **Pomujo,** *apple-tree*; **frambujo,** *raspberry-bush*; **fragujo,** *strawberry-plant.*†
This use of **ujo** is rare. It is ambiguous, for **pomujo** might also mean an *apple basket or barrel*. **Pom-arbo, framb-arbusto** *(bush),* **frag-planto,** are usually preferable.

-ING

998. The suffix **-ING** denotes *that in which an object is set or put, a holder (for one object only).* Usually the object fits closely, held at one end only. **Ingo,** *holder, socket, sheath, stand.* **Cigaringo,** *cigar-holder*; **kandelingo,** *candlestick.* **Kandelingaro, kandelingisto. Fingringo** *(a thimble)* holds one finger at one end ! (Cp. IN *it* GO*es*; also **-ujo** (989). **Elingigi** *(draw, unsheath)* **glavon.**

999. *With the roots* cigared, dent, **glan,** glav, (kap)kusen, krajon, ombrel, ov, pied, pint, plum, sabr, *translate* : *cigarette-holder, socket of a tooth, acorn-cup, scabbard, pillow-case, pencil-holder, umbrella-case, egg-cup, stirrup, ferrule, penholder, sabre-sheath.*

---

*A proposal to use **-io** instead of **-ujo** for land-names was rejected by the Lingva Komitato in 1909, and again, after full discussion, by 74 votes to 5, in 1922, with an " insista kaj forta konsilo " to use **-ujo.** Zamenhof wrote : " Ni devas ĉiam uzi tiujn nomojn kun la sufikso **uj** "; that a change from **uj** to **i** should be made " nur se nia Lingva Komitato tion postulus," and that he regarded any decision duly made by the L.K. as authoritative.

The Zamenhofan system (994-5) in general follows international usage. To replace **-ujo** by **-io** would introduce many difficulties. It is a change in the *Fundamento* If (a) **-i** is a suffix, it stands alone as an anomaly, contrary to the spirit of the language (in which every suffix is an independent root : **klubano**=**ano de klubo,** but S**visio** is not **io Svisa**). If (b) **-i** is not a suffix, but part of a new root, the memory would be burdened with a host of arbitrary new roots : in addition to **Dan, Sved, Svis,** we should have to learn **Dani, Svedi, Svisi** (forms wholly uninternational : ene does not talk of *Danians, Swedians, Swissians*); and we should have to remember that while from **Aŭstralio** we get **Aŭstraliano** (not **Aŭstralo**), from **Danio** we get **Dano** (not **Daniano**). In short, we should introduce a chaos of irregularities.

†To distinguish : a **frambo** grows on a **bramble.**

-EBL

1000. The suffix **-EBL** denotes *possibility* : -ebla=*able to be -ed, that can (may) be -ed, -able, -ible* (in this sense). **Kant-ebla,** *possible to be sung, singable*; **videbla,** *visible*; **ricevebla,** *to be had*; **ebla,** *possible,* **eble,** *perhaps.* **Eble li venos,** *he may (might) come.* **Malebla,** *impossible.* (Estas) **Kompreneble !** *Of course, as may be understood* (102).

1001. Palpebla mallumo. Neevitebla danĝero. Amikoj nedisigeblaj. Tio ne estas kredebla. Faru vian eblon. Nenio plu estas farebla. Esperanto estas lingvo fleksebla; facile lernebla (*easy to learn*), uzebla, kaj memorebla. Kiel la sablo de la maro, nemezurebla kaj nekalkulebla. Mi iros sur vojon nereveneblan. Aferoj grandaj kaj neatingeblaj por mi. Arbo maljuna ne estas fleksebla. Tuso kaj amo ne estas kaŝeblaj. Progresi laŭeble. Ne transnaĝeble ! Ne transireble !

1002. " Ĉu la edzino vin insultas (376), kiam vi venas hejmen malfrue ? " " Neniam ! " " Kiel tio eblas ? " " Mi estas fraŭlo."

" Kion signifas *Ne Transdonebla* sur la **koncerta** bileto ? " " Tio signifas, ke se vi ne iros mem, oni ne enpermesos vin."

1003.

Trans arbaro, trans herbejo,	Sanktan ĉarmon de printempo,
Lumas la matena sun';	Junan verdon de foli',
Mole, bene, nesenteble,	Bonodorojn, belajn florojn,
Maja roso falas nun.	Portas Maja ros' al ni.

1004. (a) Aranĝ- (evit -far- hav- imag- laŭd- leg- mov- pag-romp- trov- travid-)ebla. Ne-forig(-revenig -kontraŭdir-)ebla. Neplibonigeblulo, manĝeblajo, malebligi, videbliĝi, neforgese-blulino.

(b) Cp. **-ebleco** with English *-ability, -ibility.* (Aŭd- digest-fleks- kompren- **komunik-** kred- penetr- port- **refut-** solv- ten-) ebleco.

-IND

1005. The suffix **-IND** denotes *worthiness, merit*; *worth, value.* **-inda**=(a) *worthy to be -ed, -worthy, deserving of*; (b) *worth -ing.*

(a) **Atentinda,** *worthy of attention*; **fidinda,** *trustworthy, dependable*; **kompatinda,** *poor, to be pitied;* **timinda,** *awful, formidable*; **hontinda,** *shameful*; **mirinda,** *wonderful*; **ridinda,** *ridiculous.*

Often **-inda** may be translated by *-able*. E.g., **abomeninda,** *abominable*; Similarly : **admir- (ador- akcept- am- bedaŭr- (**102**) dezir- envi- estim- honor- konsider- laŭd- memor- prefer- respekt- rimark-) inda.** Do not confuse these with the corresponding forms in **-ebla.** (1000).

(b) Aĉetinda, *worth buying.* Similarly : **dir- (diskut- gajn- hav- help- leg- lern- manĝ- konserv- pres- prov- respond- sav- sci- skrib- trink- vid-) inda.**

(c) **Inda je,** *worthy of*; **neinda,** *unworthy*; **malinda,** *base.* **Mi ne indas,** *I am not worthy.* **Penindas (Estas peninde) iri,** *it is worth while going.* **Indo,** *worthiness, merit; worth, value.*

1006. Mi ne indas tian honoron. Honorinda morto estas preferinda ol hontinda vivo. Senpova kolero—ridinda afero. Akiro de prudento estas preferinda ol arĝento. Fremda mizero—ridinda afero. De majesta ĝis ridinda estas nur unu paŝo. Kaj Bruto estas honorinda homo !

1007. George Washington estis viro rimarkinda. Li estis Usonano, kaj neniam mensogis !

" Ĉu vi aŭdis Roberton ronki en la preĝejo ? " " Jes, ja ! Estis hontinde ! Li vekis nin ĉiujn."

Kapitano : " Via pafilo estas hontinde malpura." *Soldato* : " Sed, kapitano . . . " " Silentu, kiam vi parolas al oficiro ! "

Oni rakontis al Enid pri la **kreo** (*creation*) de la homo. " Do," ŝi diris, "Adam estis tute sola sur la tero ? " " Jes, karulino." " Kompatinda viro ! Ĉu li ne timis la ŝtelistojn ? "

La instruistino rakontis la historion pri David kaj Goljat. " Tio " ŝi diris " okazis antaŭ tri mil jaroj." " Ho fraŭlino," diris la knabineto " kian mirindan memoron vi havas ! "

" Kie vi naskiĝis, patro ? " " En Bruselo, karulo." " Kaj kie naskiĝis Panjo ? " " En Londono." " Kaj mi ? " " En Parizo." " Kiel mirinde, ke ni ĉiuj renkontis unu la aliajn ! "

1008. En **ekspresa** vagonaro inter Parizo kaj Berlino du viroj veturis en la sama kupeo. " Kien vi iras, sinjoro ? " demandis la unua. "Al Berlino " estis la respondo. " Kiel mirinda estas la moderna progreso ! " kriis la unua. " Vi vojaĝas Berlinon, kaj mi Parizon, en la sama kupeo; kun la sola diferenco, ke vi sidas kun la vizaĝo al la lokomotivo, kaj mi kun la dorso." " Ne," respondis la dua " vi eniris la malĝustan vagonaron."

6-*jara* : Miaj gepatroj estas mirindaj. Ili scias **absolute** ĉion. 10-*jara* : Efektive, la gepatroj ne estas tiel perfektaj, kiel mi supozis antaŭe. 12-*jara* : La gepatroj vere scias malmulton, kompare kun mi. 15-*jara* : Miaj gepatroj ja tute nenion komprenas. 30-*jara* : Verdire, la gepatroj iam pravis. 50-*jara* : Miaj gepatroj estis mirindaj. Ili ĉion juĝis klare kaj saĝe, kaj agis admirinde. Al miaj karegaj gepatroj mi ŝuldas, ke . . .

Kiam venas la somero, al marbordo iras mi
Per ekspresa vagonaro, mejlojn for de tie ĉi.
Multe amas mi la maron—Ho ! mirinda estas ĝi,
Kiam ondoj gaje brilas, ŝaŭmas, dancas antaŭ ni.
Frumatene mi leviĝas, kaj rapidas al la **strand'**,
Lasas ŝuojn kaj ŝtrumpetojn sur la **rokoj** ĉe la rand'.
Jen mi ludas per la sablo, jen mi vadas longe for;
Kaj mi dancas kun la ondoj, kaj mi kantas en la kor'.

1010. (a) Ĉu estas **dezirinde** posedi aŭton (telefonon, radion) ?
esti riĉa ? porti ĉapelon eksterdome ?

(b) Ĉu estas **konsilinde** ĉiam obei ? dormi kun fenestroj mal-
fermitaj ? bati malobean infanon ?

(c) Ĉu estas **preferinde** esti viro aŭ virino ? manĝi ne sufiĉe
aŭ tro multe ? memori aŭ forgesi ? paroli flue kaj erare, aŭ balbute
kaj senerare ? veni al la leciono tro frue aŭ tro malfrue ?

1011. Respekteginda, pendigindulo, efektiviginda, mirindajo,
respektindeco, suspektindega, ridindigi, amindiĝi, senindulo.

-EM

1012. The suffix **-EM** denotes *inclination, disposition,
propensity, wont, bent, proneness, tendency.* **Ema,** *inclined,
disposed, wont, given* (*to*). **Emo,** *inclination, disposition,
propensity,* etc. **Emigi,** *induce, dispose.* **-ema**=*-ative, -ful,
-ing, -ive, -ous, -some, -y,* and the like.

1013. (a) **Agema,** *active.* **Aranĝema,** *contriving.* **Atakema,**
aggressive. **Aventurema,** *adventurous.* **Babil- (parol- rakont-)
ema,** *talkative, loquacious, garrulous.* **Batalema,** *pugnacious.*
Konsentema, *compliant.* **Diskutema,** *argumentative.* **Elektema,**
dainty, fastidious. **Festenema,** *convivial.* **Fidema,** *confiding.*
Help- (serv-)ema, *obliging.* **Imagema,** *imaginative.* **Indignema,**
touchy, resentful. **Indulgema,** *lenient.* **Kolerema,** *passionate.*
Kompatema, *tender-hearted.* **Komprenema,** *understanding, sharp.*
Kovema, *broody.* **Kverelema,** *quarrelsome.* **Laborema,** *in-
dustrious.* **Ludema,** *playful, sportive.* **Mensogema,** *mendacious.*
Mordema, *snappish.* **Naskema,** *prolific.* **Observema,** *watchful.*
Ordonema, *imperious, dictatorial.* **Pacema,** *peaceful, mild.*
Paradema, *ostentatious.* **Pardonema,** *forgiving.* **Pensema,** *pen-
sive.* **Plendema,** *querulous.* **Projektema,** *scheming.* **Prokras-
tema,** *dilatory.* **Ribelema,** *rebellious.* **Rimarkema,** *observant.*
Singardema, *cautious.* **Singultema,** *hiccoughy.* **Ŝercema,** *face-
tious.* **Ŝparema,** *thrifty.* **Timema,** *timid.* **Trinkema,** *dry.*
Venĝema, *vindictive.*

(b) *Repeat the above words as nouns, and translate.* *E.g.*, agemo, *activity*; atakemo, *aggressiveness*; babilemo, *garrulity*, etc.

1014. Pli bone estas loĝi en lando dezerta, ol kun edzino malpacema kaj kolerema. (Ĝi estas) Flamiĝema, kiel **rezina** ligno; **eksplodema,** kiel **pulvo** (*gunpowder*); flugema, kiel vento. (Homo) Tro elektema ricevas nenion. (Homon) Singardeman Dio gardas.

1015. Kial mastrema edzino estas bonkora ? Ĉar ŝi estas ordonema (or-donema).

" Kial vi ne **abonas** (*take in, subscribe for*) al mia gazeto ? " " Mi ne estas abonema." " Do vi estas abomena ! "

Kiel diferencas juna knabino kaj babilado pri nenio ? Unu estas sent-ema, la alia sen-tema.

El eseo. **Inerteco** estas tio, kio emas havi sen**varian** movon en stato de ripozo.

Du silentemuloj sidis du horojn senparole. Fine unu diris " Nun ni silentu pri alio."

" Mi diris al vi, ke vi devas esti ŝparema. Kaj jen ! vi denove bruligis du kandelojn ! " " Ho ne, sinjorino. Tio estas nur unu kandelo : mi ĝin tranĉis en du pecojn."

" Kial ni **importas** buteron el Danujo ? " " Ĉar la Danaj bovinoj havas pli da entreprenemo (*enterprise*) kaj pli bonan **teknikan** edukon, ol niaj."

Novedzino : " Ĉu mi aspektis timema dum la ceremonio ? " *Ĵaluza amikino* : " Iom, komence. Sed ne post kiam Harry diris ' Jes '."

Agato estis tre pensema. " Panjo ! " ŝi demandis. " Se mi edziniĝos, ĉu tio estos al tia viro, kia Paĉjo ? " " Jes, mia kara." " Kaj se mi ne edziniĝos, ĉu mi estos maljuna fraŭlino, kia la onklino ? " " Jes." " Ho, ve ! " ŝi **ĝemis** (*groaned*). " Kia **embaraso** ! "

1016. ****Kiam venas la vespero, la infano laciĝas. Li ĉesas esti ludema. Liaj okuloj komencas fermiĝi (estas fermiĝemaj). Li estas dormema. La patrino iras kun li al la dormoĉambro kaj malvestas lin. Ŝi surmetas noktan robon. La infano genuas kaj diras preĝon. La patrino metas lin en la liton, suben puŝas la kovrilojn, kaj kisas lin. La infano kisas la patrinon, diras " Bonan nokton ", fermas la okulojn, kaj baldaŭ dormas profunde.

1017. Manĝegema, dormetema, moviĝemuleto, ekscitiĝema, manĝemega, pensemeta, parolemiĝi, legemulo, aĉetemulino, nedankema.

1018. **EBLA, EMA.**—**Ludebla,** *playable*; **ludema,** *of a playful disposition.*

EBLA, INDA.—**Legebla,** *legible*; **leginda,** *worth reading.*

EMA, INDA.—**Hontema,** *bashful*; **hontinda,** *shameful.*

EMA, AMA.—**Dormema,** *drowsy*; **dormama,** *fond of sleep.* **Verema,** *veracious*; **verama,** *truth-loving.*

1019. *After each of the roots* am, diskut, disput, envi, kred, rimark, skrib, suspekt, *use* ebla, ema, inda, *and translate. You will have noticed already that the English endings " able," " -ible," usually mean* -ebla, *but sometimes mean* -inda *or* -ema.

FOJ-

1020. (a) **FOJ-** denotes *time (occasion)*; **-foje** . . . *times over,* (*repetition*) (Fr. *fois*). **Unufoje,** *on one occasion, once*; **dufoje,** *twice*; **sesfoje,** *six times.*

(b) Distinguish between **trifoje,** *thrice, three times over,* and **triafoje,** *for the third time* (723).

(c) **Alifoje, aliafoje,** *at other times, on another occasion.* **Ĉiufoje, kiam,** *whenever.* **Iufoje,** *sometimes, occasionally, now and then.* **Kelkafoje,** *repeatedly, on several occasions.* **Kiomfoje ?** *How often ?* **Lastfoje,** *for the last time, on the last occasion.* **Multfoje,** *many times, often.* **Plurfoje,** *more than once.* **Refoje,** *once again.*

1021. Oni povas morti nur unufoje. Vi aspektas tiel **surpriz**ita, kiel Kolumbo, kiam li unuafoje vidis Novjorkon ! Kiu vivas bone, vivas dufoje. Mi tion skribis al vi sepfoje. Vi ŝanĝis mian laborpagon dekfoje.

1022. Kio aperas unufoje en ĉiu monato, sed neniam en cent jaroj ? (1191).

El eseo. Post dufoja sinmortigo, Cowper vivis ĝis 1800, kiam li mortis nature.

" Virino ĉiam havas la lastan vorton, ĉu ne ? " " Ho ne ! Iufoje ŝi parolas kun alia virino."

" Li dufoje suferis de **variolo** (*smallpox*), kaj fine mortis de ĝi." " De la unua atako, aŭ la dua ? "

" Mi kisas mian edzon trifoje en ĉiu tago." " Tio ne estas eksterordinara. Mi konas dek virinojn, kiuj tion faras."

En aŭtomobilo. " Ne tiel rapidu ! Vi min mortigos ! " " Nu, oni povas morti nur unufoje." " Ĉu vi kredas, ke tio ne sufiĉas ? "

" Ĉu vi donis mian leteron al Smith ? " " Jes. Sed mi timas, ke li ne povas vidi sufiĉe bone por ĝin legi. Kiam mi estis en la ĉambro, dufoje li demandis al mi ' Kie estas via ĉapelo ? ' Tamen ĝi estis sur mia kapo la tutan tempon ! "

Soldato ne salutis la **oficiron.** Tiu do ordonis pune, ke la soldato lin salutu ducentfoje. La generalo, preterpasante, demandis " Kio okazas ? " La oficiro klarigis la aferon. " Bone ! " respondis la generalo. " Sed ne forgesu, ke ĉiufoje vi devas mem saluti lin responde."

Ĉe festeno maljunulo sidis apud juna fraŭlino. " Kial vi aspektas tiel maltrankvila ? " ŝi demandis. " Mi timas **paralizon,** do iufoje mi **pinĉas** mian kruron, por kontroli, ĉu mi ankoraŭ sanas. Mi jus pinĉis min multfoje, sed mi sentis nenion." " Nu ! " respondis la fraŭlino. " La kruro, kiun vi pinĉis dum la lastaj dek minutoj, estas mia."

1023. **La horloĝo ĉesis **tiktaki.** La montriloj ne rondiris. Mi malfermis la vitran kovrilon de la horloĝo. Mi prenis la streĉilon (*key*) for de ĝia hoko, metis ĝin en la truon de la **cifer-plato** (*dial*) (cifero = " la litero de la numero ! "), turnis ĝin kelkafoje, kaj streĉis la **risorton** (*spring*). Mi remetis la streĉilon sur la hokon, kaj svingis la **pendolon** per mia fingro. Nun la horloĝo tiktakas denove, la radoj moviĝas, la montriloj rondiras—resume (*in short*), la horloĝo refoje **funkcias.** Mi ĝustigas la montrilojn; mi aŭskultas, por kontroli, ke ĉio estas en ordo; kaj mi fermas la kovrilon.

1024. Instead of **dufoje, trifoje,** *twice, thrice,* one may say also (more emphatically) **du fojojn, tri fojojn,** *on two (three) separate occasions.* **Alian fojon; Kelkajn fojojn (kelke da fojoj); Multajn fojojn (Multe da fojoj); Pluan fojon.** (Cp. 693, 822, 1020c).

1025. Timulo mortas multajn fojojn antaŭ sia morto. Unu fojo ne estas kutimo. Li tion faris ankoraŭ unu fojon (*yet once again*). Cook tri fojojn vojaĝis ĉirkaŭ la teron. Sep fojojn virtulo falos, kaj tamen leviĝos. Iru denove, sep fojojn. Dek fojojn mezuru, unu fojon detranĉu.

1026. *Patrino* : " Kiom da fojoj mi petis, ke vi ne faru bruon ? " *Fileto* (*penseme*) : " Sep."

La instruisto rakontis, ke forta naĝisto transnaĝis riveron tri fojojn antaŭ la matenmanĝo. " Nu ! " demandis knabo. " Kial li ne transnaĝis kvaran fojon, por retrovi siajn vestojn ? "

1027. **La tero turniĝas unu fojon. Tio faras unu tagon. Ĝi turniĝas du fojojn . . . sep fojojn. Tio faras sep tagojn—unu semajnon. Pasas du, tri, kvar semajnoj : unu monato. Dek du monatoj faras unu jaron. La tero turniĝis 365 fojojn.

P

1028. *Kuracisto* (*kun ĉapelo en la mano*) : " Ĉu la juna paciento estas ĉi tie ? " *Patrino* : " Jes. Envenu. Mia knabeto estas malsana. La tutan tagon li faladas." " Faladas ? " " Senĉese." " Teren ? " " Jes, teren." " Strange ! Kiomjara li estas ? " " Kvarjara." " Nu, je tiu aĝo li ja devus stari kaj promeni facile. Kiel tio komenciĝis ? " " Mi ne scias. Hodiaŭ matene mi lin vekis kaj vestis, kiel kutime. Sed subite li falis." " Eble tio estis nur **stumbleto** ? " " Tute ne. Mi levis lin, kaj li falis **ree**. Tio okazis konstante, almenaŭ ok fojojn." " Estas mirinde ! Mi vidu lin." (*Ŝi eliras, kaj revenas, tenante la etulon surbrake.*) " H'm. Li aspektas tute sana. Metu lin sur la piedojn." (*La patrino obeas. La infano falas.*) " Denove, mi petas ! " (*Samo.*) K. : " Eksterordinare ! " (*Al la etulo*) " Diru al mi, amiketo. Ĉu vi sentas ie doloron ? " *I* : " Ne, sinjoro." " Ĉu vi dormis bone ? Kaj finis vian kaĉon ? " " Jes, sinjoro." " Bonege ! (*Flustrante al la patrino*) Tio estas paralizo ! " *P* : " Para . . . ? Ĉielo ! " (*Ŝi levas la brakojn malespere, kaj la infano falas*). K : " Bedaŭrinde, jes. Liaj kruroj estas tute sensentaj. Rigardu ! Mi pinĉos ilin. (*Subite*) Ha, ha, ha ! Kiu parolis pri paralizo ? " " Sed, doktoro, vi mem . . ." " Kompreneble, li ne povas stari. Vi metis ambaŭ piedojn en la saman kruringon de la pantalono ! "

-ON

1029. The suffix **ON** denotes *fraction*, *division* (Cp. **portion**, **quadro**on.) **Kvarono,** *a quarter*; **tri okonoj,** *three-eighths* ; **Dek tri cent-seponoj,** ₁₃⁄₇₀₀. **Dek tricent-seponoj,** ₃₀₀⁄₇₀₀. **Dekonaĵo,** *a tithe*; **duon-igi, -iĝi,** *to halve.* **Trione ses estas du. Du estas triono de ses.*** **Duonfrato,** *half-brother.*† **Duongefratoj. Poduone,** *by halves.* **Ono,** *an aliquot part.*

1030. Saĝa kapo duonvorton komprenas. Komenco bona, laboro duona. Ĉiu miliono konsistas el milonoj. Kun duona koro oni faras nur duonajojn. Kio estas kvin dekonoj de ŝilingo ? (1191).

---

*After **-ono** use **de**, not **da**. **Duono de funto** (=**duonfunto**) **da teo.** The fraction is not the measure : the measure is **duono de funto** (da). One does not say **Unu** da funto !

†**Duon-** is used also for *step-*. This is illogical, for a step-brother is not a half-brother : the first is not a blood relation, the second is. **Stifa** (G. *Stief-*) Step- (=relative through the second marriage of a parent, but not by blood) is occasionally met, and better, though unofficial. E.g., **stifa frato,** *step-brother*; **stifa patro,** *stepfather.* A prefix '**sti-** (**stifrato, stipatro**) might be better still.

1031. *Aksiomo* : Aferoj, kiuj estas duonoj de si mem, estas egalaj unu al la alia.

Se briko pezas sep funtojn kaj duonon de briko, kiom pezas briko kaj duono ? (1191).

" Ĉu Karlo vere estas mia duonfrato ? " " Jes, karulino." " Nu, kie estas la alia duono ? "

Kiel duonigi la gaskalkulon ? Uzi tondilon. — Kio estas du trionoj de tri kvaronoj de 164 ? (1191).

Leŭtenanto : " Kiom da viroj estas kun vi ? " *Soldato* : " Tri." " Nu ! Ordonu, ke duono el ili venu ĉi tien."

" Kiel vi dividus egale tri ovojn inter kvar personoj ? " " Mi farus ovaĵon el ili, kaj donus kvaronon al ĉiu."

Se kokino kaj duono demetus ovon kaj duonon en tago kaj duono, kiom da ovoj ses kokinoj demetus en ses tagoj ? (1191).

Se botelo kaj korko kune kostus du pencojn kaj duonon, kaj la botelo kostus du pencojn pli ol la korko, kiom kostus la korko ? (1191).

" Ĉu via societo prosperas ? " " Sufiĉe bone, dankon. Iufoje la ĉambro estas duone malplena, sed aliafoje ĝi estas duone plena.

" Se vi havus dek nuksojn, kaj vi devus doni la duonon al via frateto, kiom vi donus al li ? " " Kvar." " Ho ! Vi ne scias kalkuli." " Mi, jes; sed li, ne."

Se unu viro marŝus po tri mejloj hore, kaj post duonhoro alia viro lin sekvus po kvar mejloj, kie la dua viro atingus la unuan ? (1191).

Se vi vidus kuniklon apud arbaro kaj farus bruon, tiel ke ĝi kurus en la arbaron, kiom internen ĝi povus kuri ? " " Nur duonvoje." " Kial ? " " Ĉar de tiu punkto ĝi komencus kuri eksteren ! "

1032. Knabo diris al amiko " Se vi donos al mi tiom da mono, kiom mi nun havas, mi donos al vi ses pencojn." La amiko tion faris. Poste la knabo faris la saman proponon al dua amiko, kaj al tria. En la fino li havis ĝuste nenion. Kiom li havis komence ? (1191).

1033. Verdo kaj mi iris al la teatro. Mi **luis** (*hired*) taksion por la veturo. Verdo loĝas duonvoje inter mi kaj la teatro. De mia domo mi veturis al la domo de Verdo, veturigis lin al la teatro kaj ree, kaj poste revenis hejmen. La tuta kosto estis 10ŝ. Kiom devus pagi Verdo ? (1191).

1034. Knabo iris en butikon kaj demandis " Kiom kostus duona funto da teo po tri ŝilingoj, funto kaj duono da sukero po kvar pencoj, kaj kvar funtoj da fromaĝo po sep pencoj kaj tri kvaronoj ? " " Kvar kaj sep." " Kaj se mi krome aĉetus pipron por du pencoj, kaj donus al vi dekŝilingan bileton, kiom vi redonus al mi ? " " Kvin kaj tri. Kial vi demandas ? " " Tio estas mia hejmtasko por la lernejo."

1035. Brown petis de sia estro tagan libertempon. La estro respondis : " Vi laboras po 8 horoj (t.e., po triono de tago) en ĉiu tago. Nun estas superjaro, kun 366 tagoj. Vi do efektive laboras nur 122 tagojn en la jaro. Sed vi libertempas ankaŭ 52 dimanĉojn kaj 52 sabatojn : sume 104 tagojn. Deprenu 104 de 122; restas nur 18 tagoj, en kiuj vi efektive laboras. Sed vi havas ankaŭ dusemajnan ferion (*vacation*) kaj 4 bankferiajn tagojn : sume 18 pluajn tagojn, en kiuj vi ne laboras. Nu, 18—18=0. Do vi tute ne laboras. Do vi ne bezonas pluan libertempon. Bonan tagon ! "

1036. (a) $\frac{1}{3} \times 9 = 3$: triono de naŭ (trione naŭ) estas tri. $\frac{2}{3} \times 6 = 4$: du trionoj de ses estas kvar. $\frac{1}{4} \times 8 = 2$; $\frac{1}{4} \times 24 =$; $\frac{1}{2} \times 22 =$; $\frac{1}{2} \times 21 =$; $\frac{3}{4} \times 56 =$; $\frac{5}{8} \times 32 =$; $\frac{3}{4} \times 16 =$; $\frac{5}{8} \times 12 =$; $\frac{5}{7} \times 18 =$

(b) Esprimu per vortoj : $\frac{1}{2}, \frac{1}{3}, \frac{2}{3}$. Kio estas duono de $6\frac{1}{4}, 3\frac{1}{2}$? Se vi dividus tri pomojn inter kvin personoj, kiom ĉiu devus ricevi ? Kio estas trione dek du, sesone kvardek ok, naŭone kvindek kvar ? Diru : $\frac{1}{2}, \frac{2}{3}, \frac{3}{4} \ldots$ (ĝis $\frac{11}{12}$). Dividu 18 per 6.

TIME OF DAY (II) (730)

1037. 2.15 : **la dua** (kaj) **dek kvin,** la dua kaj kvarono, kvarono post la dua.

2.30 : **la dua** (kaj) **tridek,** la dua kaj duono, duono post la dua.

2.45 : **la dua** (kaj) **kvardek kvin,** la dua kaj tri kvaronoj, kvarono antaŭ la tria.

-OBL

1038. The suffix **-OBL** denotes **-ble, -ple,** *-fold,* . . . *times* (*multiplication*). (Cp. *double, treble.*) **Duobl-igi, iĝi,** *to double* : **trioble du faras ses; ses estas la duoblo de tri. Oblo,** *a multiple.* Kiu donas rapide, donas duoble. (Tio estas) Certa, kiel (ke) duoble du (estas) kvar. Hodiaŭ mi faris duoble da laboro (duoblan laboron).

1039. *Aksiomo* : Aferoj, kiuj estas duoble pli grandaj, unu ol la alia, estas pli grandaj ol ĉio alia.

Unua poeto : " Mia poezio nun havas duoble pli da legantoj, ol antaŭe." *Dua poeto* : " Ĉu vi do edziĝis ? "

" Donu al via fratino duonon de via pomo. Memoru, ke dividita ĝojo estas duobla ĝojo." " Sed dividita pomo estas duona pomo."

Mario estas 24-jara. Ŝia aĝo estas la duoblo de la aĝo kiun havis Violeto, kiam Mario havis la aĝon kiun Violeto havas nun. Kiomjara estas Violeto ? (1191).

Kiel eltrovi la aĝon kaj la telefonan numeron de amiko. Petu, ke li skribu la telefonan numeron; **multipliku** ĝin per 2, aldonu 5, multipliku la sumon per 50, aldonu 365, kaj aldonu la aĝon. De tiu sumo sekrete prenu la numeron 615. La lastaj du ciferoj de la rezultanta numero estas la aĝo de via amiko; la ceteraj estas lia telefona numero.

1040. Tri farmistoj kun siaj edzinoj iris al foiro. La nomoj de la farmistoj estis Jim, Albert, kaj Tom; la edzinoj estis Mary, Roza, kaj Flora. Albert aĉetis duoble tiom da porkoj, kiom da anasoj aĉetis la edzino de Jim. La anasoj aĉetitaj de la edzino de Jim estis duoble tiom, kiom da porkoj aĉetis la edzo de Roza. Roza ne aĉetis anasojn, sed ŝi aĉetis duoble tiom da anseroj, kiom Flora. La anseroj aĉetitaj de Flora estis duoble pli multaj, ol la porkoj aĉetitaj de Albert. La edzino de Jim aĉetis duoble tiom da anasoj, kiom da anseroj aĉetis la edzino de Albert. Nomu la edzinon de ĉiu farmisto. (1191).

1041. (a) Ripetu la multiplikan **tabelon*** en Esperanto.

(b) 4×3=12 : Kvaroble tri (aŭ, trioble kvar) estas (aŭ, faras) dek du. 5×18= ; 3×6= ; 5×9= ; 4×5= ; 6×7= ; 9×4 = ; 8×6= ; 11×12= .

(c) Sur la nigra tabulo multipliku 37 per 3, 6, 9, 12, aŭ alia oblo de tri, ĝis 27. Multipliku 12,345,679 per 9, 18, 27, 36, aŭ alia oblo de naŭ, ĝis 81. Klarigu la tutan **procedon** parole per Esperantaj vortoj. Multipliku 142,857 (a) per 7, (b) per 264,513.

1042. (a) Distinguish : **-foje,** *times (repetition);* **horo,** *time (of day);* **-oble,** *times (multiplication);* **tempo,** *time (duration).*

(b) Li venis multajn fojojn. La lastan fojon li restis longatempe; trioble kiom ni volis; ĝis longe post lia kutima horo de foriro.

(c) *He sang twice as well as I. He sang twice that evening. At what time did he sing for the second time? The time passed quickly, and he sang many times afterwards.*

OP

1043. The suffix **-OP** denotes gr*Ou*Ped, c*Ou*Pled together, *in combination.* **Unuope,** *one at a time, singly.* **Duope,** *two together, two at a time.* **Ili atakis min triope,** *three together, in a bunch of three.* **Triopa** *atako, a three-together attack.* **Kiomope?** *How many at a time?* or, *together?* **Triopo, triopaĵo,** *a triad, triplet, bunch of three.* **Sesopigi,** *to form into groups of six.* **Ope,** *collectively, coupled, in groups.*

---

*Tabelo=Table (list in **tabu**lar form). Cp. **tabulo,** *board, plank;* **tablo,** *table* (article of furniture).

1044. **PO, OP.** *Compare* : **Duope** ili supreniris la ŝtu-
paron, **po du** ŝtupoj ĉiupaŝe; *Two abreast they went up the
stairs, two steps at a time.*

1045. Portu ĝin duope. Akiro kaj perdo rajdas duope. Vi du
kaj mi iros triope. La soldatoj marŝis kvarope. Ĉu sidi ĉe tablo
dek-triope portas malbonan sorton ? Ariĝu dudekope. Larmoj
unuopaj. Unuopulo. Fadeno triopigita ne baldaŭ disŝiriĝos.

ANTAŬ OL

1046. The conjunction **antaŭ ol** (rarely : **antaŭ kiam**)=
before, ere (of time). **Antaŭ ol li foriris,** *before he departed.*
Mi kantos (a) **antaŭ la reĝo**=*Before* (in-front-of) *the king;*
(b) **antaŭ ol la reĝo** (**kantis**), *before the king did.*

1047. Antaŭ ol ili geedziĝis, ŝi estis lia tajpistino. Sed tiu, kiu
diktas nun, estas ŝi !

" **Oksigenon** oni eltrovis antaŭ nur cent jaroj. Sen oksigeno
neniu povas vivi." " Nu, kiel oni vivis, antaŭ ol ĝi eltroviĝis ? "

Avizo sur ŝipo : " La seĝoj en la salono estas por la sinjorinoj. La
sinjoroj ne uzu ilin, antaŭ ol la sinjorinoj sidiĝos."

Scienca demando. *Patro* : " Kial vaporo elvenas el bolilo, **kiam**
bolas la akvo ? " *Filo* : " Por ke Panjo povu malfermi viajn leterojn,
antaŭ ol vi ilin vidos."

La Manĉestra Ŝip**kanalo** estas tre grava. Antaŭ ol ĝi estis
konstruita, oni devis malŝar**ĝi** (*unload*) la ŝipojn en Liverpolo, kaj
sendi ilin al Manĉestro vagonare.

El eseo. Per malrapida manĝado la nutraĵo estas digestita, antaŭ
ol oni englutas ĝin : tiumaniere ĝi riĉigas la sangon, kiu iras malsupren
laŭ unu kruro kaj supren laŭ la alia.

" Ĉu Tommy sukcesis ĉe la ekzameno pri historio ? " " Bedaŭ-
rinde, ne. Sed la kara knabo ne estas kulpa pri tio : oni demandis al
li pri aferoj, kiuj okazis longe antaŭ ol li naskiĝis."

ANSTATAŬ (ANTAŬ OL, KROM, POR) . . . -I

1048. **Anstataŭ kanti,** *instead of singing.*
Antaŭ ol kanti, *before singing.*
Krom kanti, *except* (*in addition to*) *singing.*
Por kanti, *in order to sing* (505).

Do not use other prepositions before **-i.**

1049. " Kial vi manĝas tiel rapide ? " " Mi deziras manĝi kiel eble plej multe, antaŭ ol perdi mian apetiton."

En koncerto. Oni diras, ke **cigno** (*swan*) kantas, antaŭ ol morti. Estus bone, se iuj mortus, antaŭ ol kanti."

Patrino : " Kial vi batis vian fratineton ? " *Filo :* " Ni ludis Adam kaj Eva : sed anstataŭ tenti min, ŝi mem manĝis la pomon."

" Ne rapidu ! Vi devas marŝi ankoraŭ sep mejlojn." " Mi tion scias. Ĝuste pro tio mi rapidas : mi deziras atingi la lokon, antaŭ ol laciĝi."

" Kial vi ne lavis la vizaĝon, antaŭ ol veni al la lernejo ? Oni facile vidas, ke vi manĝis ovon hodiaŭ matene." " Ne, sinjoro. Mi manĝis tiun ovon hieraŭ matene."

Komitato : Aro da gravaj personoj, kiuj unuope povas nenion fari, sed kune povas decidi, ke oni povas nenion fari, krom lasi la aferon al la sekretario por konvena agado.

1050. (a) Finu la laboron antaŭ ol ripozi. Kion vi faras krom manĝi kaj trinki ? Ni legu por lerni, ne nur por nin amuzi. Anstataŭ helpi, li malhelpas. Ni penas vivi longe, anstataŭ peni vivi bone. Rigardu, antaŭ ol salti.* Surmetu palton antaŭ ol eliri.

(b) *In order to see. Before speaking. Instead of coming. He came to help me. Instead of working he chattered. He did nothing but play. He stood up to go away. Before going away, he said " Good-bye ". In addition to going away, he stole my jewels.*

1051. *I will help you instead of your brother.* **Mi helpos vin** (i) **anstataŭ via frato,** (ii) **anstataŭ** (helpi) **vian fraton.** This distinction is not always observed, but the accusative should be used when (as here) its use removes ambiguity.

1052. Sometimes **por** is omitted, especially after **iras.** E.g., **li iras vidi** instead of **li iras por vidi.** The full form is recommended.

1053. Do not use **por** if it is not required by the sense. Thus : **mi volas iri,** not **mi volas por iri.**

1054. *Is there anything to eat?* may be translated **Ĉu estas io por manĝi ?** If this, though international, is thought to be illogical, alternative forms are available : **io por manĝo; io manĝebla; io manĝinda; ia manĝaĵo;** or **io, kion manĝi.** *Easy to sing,* **facile kantebla.** *There is no one to help me,* **Ne estas iu, kiu helpus al mi.**

**Your immediate environment submit to circumspection,*
Ere you alter your locality by muscular projection.

INDIRECT (REPORTED) FORM OF SPEECH

1055. If something said (or written) is repeated word for word, this is " direct " quotation, and quotation marks are used.

Li diris (a) **" Mi iris ".** (b) **" Mi iras ".** (c) **" Mi iros ".**
He said (a) *" I went ".* (b) *" I am going ".* (c) *" I shall go ".*

1056. (a) If a quotation is introduced by the word **ke** (*that*), it is said to be " indirect " (or, " reported "). If the **ke** (*that*) is preceded by a verb in the past tense (**-is**), English alters the tense of the following verb, but Esperanto repeats unchanged the form originally used.*

Li diris, ke (a) **li iris.** (b) **li iras.** (c) **li iros.**
He said that (a) *he had gone.* (b) *he was going.* (c) *he would go.*

DIRECT	*INDIRECT*
Mi pensis " li venis ".	**Mi pensis, ke li venis.**
I thought " he came ".	I thought (that) he had come.
Mi pensis " li venas ".	**Mi pensis, ke li venas.**
I thought " he is coming ".	I thought (that) he was coming.
Mi pensis " li venos ".	**Mi pensis, ke li venos.**
I thought " he will come ".	I thought (that) he would come.

Mi raportis, ke ni estis (estas, estos) tie, *I reported that we had been (were, should be) there.* What I actually said was **" Ni estis (estas, estos) ".** Mi demandis, ĉu li estas preta. Ŝi demandis, kien ni iros. Mi skribis, ke mi venos baldaŭ. Li diris, ke li kantis jam tri fojojn.

1057. This applies not only to words actually used, but also to a thought or perception in the mind at the moment in question.

Mi kredis, ke vi estas (*were*) tie (=*I said to myself* " Li estas tie "). Li trovis, ke li estas (*was*) libera. Li forgesis, kie li estas (*was*). Ŝajnis al mi, ke li estas (*was*) prava. Mi supozis, ke mi vidos (*should see*) vin. Mi esperis, ke vi kantos (*would sing*). Mi miris, ke vi foriris (*had gone*).

---

*Note that the Esperanto usage is regular and logical (some call it " the logical tense "). The English change of verb is an English idiom. It applies only to reported speech after a past tense (**ke** after **-is**).

1058. "Ĉu vi diris al li, ke mi estas idioto?" "Ho, ne! Mi supozis, ke li jam scias tion."

Ekzamenisto: "Kion vi pensus pri Shakespeare, se li vivus nun?"
Kandidato: "Ke li estas la plej maljuna homo sur la tero."

Oni demandis al la servistino, ĉu ŝiaj gemastroj estas riĉaj. "Mi supozas, ke ne," ŝi respondis "ĉar ili ĉiam ludas kune sur nur unu piano."

"Aŭskultu, Panjo! Henriko diris hieraŭ, ke mi estas tre bela."
"Kaj ĉu vi volus pasigi la vivon kun viro, kiu komencis mensogi al vi jam nun?"

"Se via infano ploras, kial via edzino ne dormigas ĝin per kantado?"
"Ni provis tion. Sed la najbaroj diris, ke ili preferas la ploron de la infano."

Inter surduloj. "Kien vi iras? Al la kongreso?" "Ne, mi iras al la kongreso." "Ha! Mi komprenas. Tamen komence mi supozis, ke vi iras al la kongreso!"

"Mi lavis miajn manojn, Panjo. Ĉu mi devas lavi la vizaĝon ankaŭ?" "Kompreneble, karulino. Kial ne?" "Ho, mi demandis al mi, ĉu sufiĉos ĝin pudri, kiel vi vian."

El eseo. La **spionoj** (*spies*), raportante pri la urbo Jeriĥo, diris, ke en la lando fluas lakto kaj mielo. Ili reportis **grapolon** (*bunch*) da vinberoj, por tion pruvi.

La Bona Knabino (al frato, kiun oni ĵus punis pro ŝtelo de frukto)· "Nu! La kulpo estis via! Ĉu via konscienco ne diris al vi, ke iu povas vin vidi?"

"Ha! Ĉu vi do vivas? Oni diris al mi, ke vi mortis." "Vi estas malsaĝa tion kredi. Mi mem sciis, ke tio estas mensogo, tuj kiam mi ĝin aŭdis."

Ĉe la pordo de teatro junulo puŝiĝis kontraŭ sinjorinon. "Besto!" ŝi ekkriis. "Pardonu min" li petis ĝentile. "Kaj vi min" respondis la sinjorino. "Mi kredis, ke vi estas mia edzo."

"Kial la mano de Dobson estas bandaĝita?" "Li malfermis la buŝon de hundo, por eltrovi, kiom da dentoj ĝi havas; kaj la hundo fermis la buŝon, por eltrovi, kiom da fingroj Dobson havas."

Mi aŭdis de S-ro N, ke vi mortis." "Ne ŝercu! Vi ja vidas, ke mi vivas." "Mi scias tion. Sed mi devas kredi al S-ro N, ĉar li ĉiam diras la veron; kaj ĉiu scias, ke vi estas mensogulo."

Ĉe renkonto. "Ha! Kaj ĉu vi vere estas vi? Kiam mi vidis vin de malproksime, mi supozis, ke vi estas via kuzo: kiam vi pli proksimiĝis, mi pensis, ke vi estas vi mem. Sed nun mi klare vidas, ke vi estas via frato."

1059. Urbano invitis kamparan vizitanton tagmanĝi kun li en restoracio. Dum la mango la kamparano konstante sin turnis por rigardi la lokon, kie lia palto pendas. "Via palto estas tute sendanĝera" diris la urbano. "Vidu! *Mi* ne konstante rigardas al mia palto." "Ne utilus!" respondis la kamparano. "Vian oni ŝtelis antaŭ dek minutoj."

1060. Malfrue en la nokto du ebriuloj **zigzagis** hejmen. Survoje ili disputis, ĉu sur la ĉielo brilas la suno aŭ la luno. Fine ili petis al preterpasanto, ke tiu decidu. Li respondis " Bedaŭrinde mi ne scias, ĉar mi estas fremdulo ". Do ili demandis al alia persono. Sed ankaŭ tiu iom drinkis. " Pri kiu el ili vi parolas ? " li demandis.

1061. " Mi sonĝis hieraŭ, ke mi estas en la ĉielo. Tie estis multaj homoj, kaj inter la aliaj mi vidis—Nu, divenu ! " " Min ? " " Jes. Tiam mi komprenis, ke mi sonĝas." "Ankaŭ mi havis sonĝon. Mi sonĝis, ke ni du iradas kune al la pordoj de la ĉielo. Ni devis paŝi supren sur granda ŝtuparo, kreton en mano, kaj sur ĉiu ŝtupo skribi krucon pro unu peko farita en la nuna vivo. Mi suprenrampis, ŝtupon post ŝtupo, kaj pene faris krucojn, po unu pro ĉiu peko kiun mi povis memori. Vi rapidis antaŭ mi : krucon post kruco vi skribis, kaj fine perdiĝis el vido. Tamen vi baldaŭ reaperis, returne mal-supreniranta. ' Mi revenis por plua kreto ' vi diris."

1062. (a) *Translate:* Mi legis, ke li (a) mortis, (b) mortas, (c) mortos, (d) mortus, se . . .

(b) *He said that he had long loved her, that he loved her still, and would love her always. He supposed that he was doing you a kindness* (**komplez**), *but he was wrong. You promised that you would come to-day. She agreed that she was unhappy, and she wrote me that for a long time she had intended to leave the house, and would certainly do so as soon as possible.*

(c) *Give other examples of the use of the " logical tense " after* demandis (divenis, esperis, forgesis, **imagis**, konfesis, konsciis, kredis, memoris, pensis, promesis, raportis, sciis, skribis, supozis, ŝajnigis, timis, trovis, vidis), ke.

1063. (a) When an action or state begun in the past still continues at the time of speaking (" present continuance with past inception ") English uses a past tense, but Esperanto a present tense. **Mi estas ĉi tie de lundo,** *I have been here since Monday.*

(b) " Ĉu vi de longe estas muta ? " " Jes, tutan jaron."

Via reklamo diras, ke vi bezonas orgeniston kaj muzikinstruiston, aŭ viron aŭ virinon. Ĉar mi estas ambaŭ jam de longe, mi proponas min por la ofico.

Familia paco. " Jam de longe ni estas geedzoj, kaj neniam okazis inter ni malpaco. Se mi estas prava, mia edzo ĉiam **cedas** *(gives way, gives in).* " Kaj kiam li estas prava ? " " Tio ne povas okazi ! "

1064. Some writers always use **us** after **kvazaŭ**. It is better, however, to use whatever tense is indicated by the sense of the passage. **Vi aspektas, kvazaŭ vi vidis (vidas,**

vidos, vidus) fantomon; *you look as though you had seen (were seeing, were about to see) a ghost; . . . as though you would see a ghost if . . .**

LA PREDIKATA NOMINATIVO
(ESTI UNDERSTOOD)

1065. We have seen that the accusative **n** is not used after the verb **esti** (347b). This applies even when **est** is understood, though not expressed. (In other words : a " predicative " adjective or noun is in the nominative case.) Cp. **Mi trovis la glavon akran** (or, **akran glavon**), *I found the sharp sword*, with **Mi trovis la glavon (esti) akra** (=mi trovis, ke la glavo *estas* akra), *I found the sword (to be) sharp*. **Lasu ŝin trankvila** (=lasu ŝin *esti* trankvila). **Mi kredas lin kulpa** (=mi kredas, ke li *estas* kulpa). **Ŝi pudris** (*powdered*) **la ruĝan vizaĝon blanka** (=ke ĝi estu blanka), **kaj ŝminkis** (*grease-painted*) **la blankajn lipojn ruĝaj** (=ke ili estu ruĝaj).

1066. Mi kolorigis la verdan pordon ruĝa. Ne montru vin idioto. Kial vi juĝas min fripono ? Mi opinias lin homo granda. Ĉu mi **titolu** (*call, entitle*) lin " Doktoro " ? Por hundon dronigi, oni nomas ĝin **rabia** (*mad, rabid*). Ju malpli oni scias, des pli certe oni sin kredas prava. Kia oni vin vidas, tia oni vin taksas. La poto nomas la paton nigra.†

1067. La saĝa anaso tenas la buŝon fermita, kiam ĝi flaras ranon. *Irlanda verdikto.* Ni trovas la viron kiu ŝtelis la ĉevalinon " Ne kulpa ".
" Do vi opinias min idioto ? " " Tute ne ! Mi neniam juĝas laŭ la aspekto."
Irlandano rifuzis dueli. " Ĉu vi do volus," li diris " ke mi faru lian patrinon orfo ? "

---

*Fully expressed, these sentences would be **Vi aspektas, kiel vi aspektus, se vi estus vid-inta (-anta, -onta, -unta) fantomon** (1107). Or . . . **kiel vi aspektus, vid-inte (-ante, -onte, -unte), fantomon.** Or, **Vi aspektas (ŝajnas esti) vid-inta, (-anta, -onta, -unta) fantomon.** Briefly : **Ŝajnas, ke vi vidis (-as, -os, -us) fantomon.**

†*While self-inspection it neglects,*
Nor its own foul condition sees,
The pot unto the pan objects
Its sooty superficies.

Fraŭlino: " Ĉu vi nomus mian voĉon soprano, aŭ kontralto ? "
Profesoro: " Ne, fraŭlino. Certe ne ! "
" Kial vi staras antaŭ la spegulo kun la okuloj fermitaj ? "   " Por vidi, kia mi aspektas, kiam mi dormas."
" Mi ne scias, ĉu nomi mian verkon dramo aŭ **komedio.**"   " Kiel ĝi finiĝas ? "   " Per edziĝo."   " **Tragedio,** do."
" Kial vi ne trinkas bieron ? "   " Unu nokton, mi venis hejmen ebria, kaj vidis la edzinon duopa. Neniam plu ! "
" Vi malbona knabo ! Vi ne rajtas nomi vian onklon azeno. Diru, ke vi tion bedaŭras."   " Mi bedaŭras, ke li estas azeno."

Junulo petis, ke oni tondu liajn harojn.   " Kiel mi tondu ilin ? " demandis la barbiro.   La junulo respondis " Tondu ilin iom pli longaj."
" Kiel oni nomas vian patron, etulo ? "   " Oni nomas lin Paĉjo."   " Sed kio estas ĺia alia nomo ?   Kiel nomas lin via patrino? "   " Vi idioto ! "

Ĉe la dompordo.   *Najbaro :* " Ĉu vi ne povas trovi la truon ?   Nu ! Donu al mi la ŝlosilon."   *Drinkulo:* " Ne necese !   Tamen, vi tenu la domon senmova momente."
Kliento: " Mi gratulas : la foto de mia edzino estas bonega."
Fotografisto: " Ĉu ne ?   Nur la parolpovo mankas al ĝi."   " Mi petegas : lasu ĝin tiel !   Mi trovas ĝin perfekta."
Novedzino: " Ni komprenas unu la alian perfekte.   Tom diras al mi ĉion, kion li scias; kaj mi diras al li ĉion, kion mi scias."   *Amikino:* " Sed ĉu vi ne trovas la silenton iom monotona ? "
Troa defendo.   " Kial vi redonis al mi la tason rompita ? "   " Tio ne povas esti.   Unue, mi ne pruntis de vi tason.   Due, mi redonis ĝin al vi sendifekta.   Trie, la taso estis jam rompita, kiam mi pruntis ĝin."

1068.   Aliaj lipoj flustros vin | Sed eble, dum aŭskultos vi,
   Pri amo kaj fidel'; | Penseto **trudos** sin
  Aliaj langoj nomos vin | Pri l' nuna hor', jam longe for—
   Reĝino kaj anĝel' : | Kaj vi memoros min !

1069. (a) Dio faris la mondon (a) belan, (b) bela.   Li nomis sian filon (a) Adolfon, (b) Adolfo.
(b) He painted the ugly girl beautiful.   I found (a) the rancid butter, (b) the butter rancid.
(c) *Make examples of the " predicative nominative ", using the verbs:* **deklar,** desegn, elekt, far, ig, juĝ, konfes, kred, las, montr, nom, opini, pens, pentr, **proklam,** sci, sent, supoz, ten, titol, trov, vid.

1070. (a) Kiel vi nomas la unuan (duan . . .) tagon de la semajno ?
— monaton de la jaro ?   Kiel vi nomas la objekton, per kiu vi skribas . . .   (Mi nomas ĝin dimanĉo, Januaro, plumo.)   Kiel vi nomas homon, kiu fabrikas (instruas, kuracas) ?   Mi nomas lin fabrikisto . . .)
(b) *Ludo:* " Kia, Kiam, kaj Kie " (*How, When, and Where*).
Ekzemple, pri pomo: " Kia vi volas ĝin ? " (. . . dolĉa).   " Kiam vi volas ĝin ? " (. . . en la mateno).   " Kie vi volas ĝin ? " (En mia buŝo.)

1071. Words " in apposition " (e.g., two equivalent nouns side by side) take the same case. La koko, trumpetisto de l' mateno, vekas nin dormantajn. Kompatu nin pekulojn. Ili prenis Loton, la nevon de Abram. La reĝo indulgis Mefiboŝeton, filon de Jonatan, filo de Saul. La reĝo prenis Armonin kaj Mefiboŝeton, la du filojn de Ricpa, filino de Aja (II Sam. 21 7-8).

-ONTO, -ANTO, -INTO

1072. These endings=*one who will be (is, was) -ing.* (Usually *-ant, -ent, -er* in English.) (453).

> amont(in)o : *one who will love (will be loving); a future lover.*
> amant(in)o : *one who loves (is loving); a lover (now).*
> amint(in)o : *one who loved (has loved, was loving); a lover in the past.**

1073. amONTO=iu, kiu amOS
amANTO=iu, kiu amAS
amINTO =iu, kiu amIS

Kiam mi legOs, mi estas legOnto; kiam mi legAs, mi estas legAnto; kiam mi legIs, mi estas legInto. Se mi legas nun, mi estas leganto; hieraŭ mi estis legonto, kaj morgaŭ mi estos leginto.

1074. Aspiranto, *an aspir*ant; batalanto, *a combat*ant; dependanto, *a depend*ant; helpanto, *an assist*ant; informanto, *an inform*ant; okupanto, *an occup*ant; partoprenanto, *a particip*ant; vizitanto, *a visit*ant. (Cp. also *agent, attend*ant, *descend*ant.) (453).
Repeat these words with into, onto, instead of anto, and translate.

1075. ONTO. La naĝontoj kuris en la maron. Pendonto ne dronos. Levu nur manon, manĝontoj alkuros.

Edziĝonto, survoje al la preĝejo, maltrafis la vagonaron. Li do telegrafis : " Prokrastu ceremonion : volus ĉeesti."

1076. ANTO. *Skribanto* estas persono nun skribanta, t.e., kiu nun skribas. *Skribisto* estas persono, kies kutima okupado, metio, aŭ profesio, estas la skribado. Avarulo estas la plej bona gardanto de la havo de siaj heredontoj.

---

*In a participial noun e.g. (-ato, -anto) the o is conventionally regarded as an abbreviation of -ulo, the forms -atulo, -antulo being seldom used. Konato (not konatulo), *an acquaintance*. Estonto, *a man of the future*; estonteco, *futurity*; estontajo, *a thing of the future.*

1077. **INTO.** Memoru vian Kreinton en la tagoj de via juneco. Faro farinton rekomendas. Kontraŭ peko prediku, sed pekinton pardonu. Pekinto pentas, kolero silentas. Falinton ĉiu atakas. Suferinto pli valoras, ol lerninto. Jen la venkinto ! La savita infano dankis la savinton. Vivanton ni malhonoras—mortinton ni adoras. Nur suferinto ŝatas feliĉon.

1078. Kia mono malofte plaĉas al la ricevinto (Admono). — Kion dirus ricevinto de unu boto ? " Pardonu ! (par-donu)."

" Se mi adresus leteron 'Al la plej granda malsaĝulo en Brituja ', kiu ĝin ricevus ? " " Oni certe reportus ĝin al la sendinto."

Amonto: viro, kiu serĉas la adresojn de riĉaj patroj
Amanto: viro, kiu aĉetas florojn, ĉokoladojn, kaj ringon
Aminto : viro, kiu jetas la leterojn kaj portretojn en la fajron

Pastro anoncis, ke la proksiman dimanĉon li predikos pri " Mensoguloj "; kaj petis, ke intertempe la aŭdontoj tralegu la deksepan ĉapitron de Marko. En la posta dimanĉo li petis, ke la legintoj levu la manon. Tuj leviĝis dudek manoj. " Vi estas ĝuste la personoj, kiujn mi deziras alparoli " li diris. " Ne ekzistas dek-sepa ĉapitro de Marko."

1079. Omnibusa konduktoro kalkulis la starantojn kaj diris " Tro multaj ! Iu devas eliri." Neniu moviĝis. Li petis denove, sed vane. Do li foriris por serĉi policanon. Dume nova pasaĝero suriris la 'buson. Tiam venis la policano, kiu ordonis " La lasta enirinto devas eliri ". Do la novulo eliris. La pasaĝeroj ridis. La konduktoro koleris : " Ĉesu ridi, alie la buso ne ekiros." Tamen oni ankoraŭ ridadis. Venis inspektisto, kiu decidis, ke la konduktoro ŝanĝu lokon kun la konduktoro de alia buso. La nova konduktoro rimarkis la elirinton starantan apude, kaj ordonis, ke li envenu. La buso ekiris. Sed la pasaĝeroj ankoraŭ ridis.

1080.   Laŭdadu sciencistojn kaj eltrovintojn vi,
    Aŭ famajn vojaĝistojn, kaj multajn tiajn ĉi :
    Sed inter **geniuloj** plej inda je honor'
    Estas nia kara Majstro, nia Zamenhof, doktor' !

-ONTA, -ANTA, -INTA

1081. These endings=(*which will be* (*is, was*) *doing the action spoken of* (English -*ing*, -*ant*, -*ent*), and state whether that action is future, present, or past. They make adjectives.

amonta : *about-to-love=which is going to love, which will be loving* (*in the future*).

amanta : *loving=which is loving now* (*in the present*).

aminta : *having-loved=which has loved, did love, was loving* (*in the past*).

amONTA=kiu amOS
amANTA=kiu amAS
amINTA =kiu amIS

1082. mi estas **legOnto**=mi estas **legOnta** homo

mi estas **legAnto**=mi estas **legAnta** homo

mi estas **legInto** =mi estas **legInta** homo

1083. **Dormanta,** *sleep*ing, *dorm*ant; **kuranta,** *run*ning, *curr*ent; **militanta,** *fight*ing (cp. *the Church milit*ant); **pendanta,** *hang*ing, *pend*ant (cp. also *abund*ant, *appar*ent, *clam*ant, *err*ant, *trench*ant). Repeat these words with **inta, onta,** instead of **anta,** and translate.

1084. **ONTA.** Gloro forpasonta. En la venonta semajno. Sipo ironta Nederlandon. Vivi de estontaj enspezoj.

1085. Mi vizitis amikon, kies edzino jus mortis. Li sidis fumanta antaŭ la pordo de sia domo. Apud li, ĉenita al la muro, estis furioza tigro, laŭtege blekanta, kiu sovaĝe saltegis, kvazaŭ ŝironta lin per la **ungegoj** (*claws*). Mia amiko trankvile sidadis ĝuste ekster ĝia atingopovo. "Kial vi tenas tiun sovaĝan beston apud vi ?" mi demandis. "Ĝi memorigas min pri la kara edzino " li respondis.

1086. **ANTA** (see 452). Note the difference between **-a** (quality) and **-anta** (action). **Ama** letero, **amanta** patro. **Kanta** voĉo; **kantanta** virino.

1087.   Meze de vintro malvarma
               Kantas ankoraŭ birdeto;
               Kaj en la nokto malhela
               Lumas ankoraŭ steleto.

Meze de nigra nubaro   Meze de mond' **egoista**
  Brilas ankoraŭ la suno;   Batas la koro amanta;
Blovas la suda venteto   Meze de horo malgaja
  Malgraŭ la griza aŭtuno.   Ridas espero flamanta.

1088. **INTA.** Pasinta doloro—for el memoro. La falintaj folioj estas brunaj. Estinta amiko estas la plej danĝera malamiko. Ĝi malaperis, kiel neĝo pasintjara. La tempo

[241]

pasinta neniam revenos. Unue veninta, unue servita. Kvar aferoj ne revenos : vorto parolita, sago forfluginta, okazo ne uzita, tempo pasinta. Uzu tempon estantan; antaŭvidu estontan; memoru estintan. Al hundo vivanta estas pli bone, ol al leono mortinta. Falinta floro ne revenas al la branĉo. (Homo) Perdinta la kapon pri haroj ne ploras.

1089. Ĉe mort**enketo** (*inquest*). Li enlitiĝis tute sana, sed vekiĝis mortinta.

Ĉe leciono pri gramatiko. "Kia tempo estas 'Patro ludas bilardon'? Nuna aŭ estonta?" "'Tempo perdita', panjo diras."

> Malsaĝa fiŝo el ĝardenlageto
> Forsaltis teren; kaj—de knabineto
> Trovinta ĝin survoje—krio sonis :
> "Paĉjo! Ho ve! La bela fiŝo dronis!"

1090. (a) *Translate the following verbs* (*or others of your own choice*), *giving to each in turn the endings* -anta, -inta, -onta : aŭd, forir, parol, ten, tuŝ, ven.

(b) Kiam mi diris "La pasinta jaro estis (la venonta jaro estos) 1946"? Kiam mi diris "La pasinta monato estis (la venonta monato estos) Decembro"? (Vi tion diris en . . .)

(c) *Add* inta, int(in)o, anta, ant(in)o, onta, ont(in)o, *to the roots* batal, diskut, dub, grumbl, help, loĝ, lud, pens, promen, rigard, sid, **star**, *and translate.*

(d) Floradanta, ameganta, paciganto, rejuniĝanto, ŝtoniĝantaĵo, aŭdantaro, prezidanteco, ludanteto, dancantino, staradinto, mortiginto, georfiĝintoj, okazintaĵo, ĉeestintaro, pasinteco, skribintino, dormetonto, edziĝonto, venontaĵo, juĝontaro, estonteco, dormonteto, kantintino.

-OTO, -ATO, -ITO

1091. These endings=*one who will be* (*is, was*) *-ed.*

> **amot(in)o** : *one who will be loved in the future.*
> **amat(in)o** : *one who is loved now.*
> **amit(in)o** : *one who was* (*has been*) *loved in the past.*

> amOTO≐iu, kiun oni amOS
> amATO=iu, kiun oni amAS
> amITO =iu, kiun oni amIS

Kiam oni **pagOs** min, mi estas **pagOto**; kiam oni **pagAs** min, mi estas **pagAto**; kiam oni **pagIs** min, mi estas **pagIto**. Se oni pagas min nunmomente, mi **estas pagato**; hieraŭ mi **estis pagoto,** kaj morgaŭ mi **estos pagito.** (1072*)

1092. Senkulpa juĝoto ne timas la juĝon.   La pendigotino estas juna.

Li estas preskaŭ mia frato—nepo de onklo de konato.   Venis mizero : " Helpu min, frato ! "—pasis mizero : " For, malamato ! " Ne ĉiu bojato estas ŝtelisto.   Multaj konatoj, sed malmultaj amikoj. Kia regalato, tia regalado.   Batanto povas **argumenti**, batato devas silenti.

Multaj vokitoj, sed ne multaj elektitoj.   Ĉiuj enterigitoj estas plenaj de meritoj.   Venkiton oni ne batu.   Ne ĉiu invitito venis al la festo.   Kia naskinto, tiaj naskitoj.   Dronanto domon promesas; **savito** eĉ brikon ne donas.

1093. *Juĝisto:* " Ĉu vi ŝtelis la monon ? "   *Akuzito:* " Ne, sinjoro. Ĉu vi ? "

Li edziĝis kun telefonistino.   Post kelka tempo ŝi donis al li trinaskitojn (*triplets*).   " Ĉiam la malĝusta numero ! " li ekkriis.

Juĝisto: " Ĉu vi estas kulpa aŭ ne ? "   *Akuzito:* " Kiel mi povus tion scii, antaŭ ol aŭdi la **atesta**jon ? "

Sur strato iradis longa funebra **procesio**.   Preterpasanto demandis " Kiu mortis ? "   La demandito respondis " Tiu, kiu estas en la ĉerko."

Kapitano diris al la soldatoj " Kiam vi atakos, kuru zigzage, por ke la malamiko ne trafu vin."   Post la batalo li demandis al vundita soldato " Ĉu vi zigzagis laŭ mia konsilo ? "   " Jes," respondis la vundito.   " Sed ŝajne mi zigis, kiam mi devis zagi; kaj zagis, kiam mi devis zigi ! "

1094.   Amato pasis for.   La parencaro
           Sur tero funebradis :
           Sed supre, kun la sankta savitaro
           Feliĉe li festadas.

Lamente ĝemas tura sonorilo,   "El nokto de la morto nova frato
  Plorantoj peze vojas;   Alvenis la matenon;
Sed sur la oraj stratoj en lumbrilo Saluton al vi, longe-atendato !
  La ĉielanoj ĝojas :   Al hejmo bonan venon ! "

1095. Dolĉaj ventoj blovetadas   Se vi rompas la silenton,
        Super la trankvila maro,   Viaj vortoj en orelo
      Vin amanto **serenadas**,   Havas dolĉan elokventon
        Brilas luno kaj stelaro.   Pli ol kanto de anĝelo !
      Suben iris jam la suno,   Min kompatu ! venu nune,
        Horo nun de poezi';   Dum mi kante vokas vin;
      Ni promenu sub la luno !   Ni parolu, vagu kune—
        Mondaj zorgoj, for de ni !   Ho ! elvenu, **amatin'** !

[243]

Q

-OTA, -ATA, -ITA*

1096. These endings=*which will be (is, was) . . .-ed*. They correspond to the English *-ed, -d, -t, -en*, and describe the person or thing undergoing the action spoken of. **-Ota** shows that the action will take place in the *future*; **-Ata** shows that it is taking place now, at the *present* time; **-Ita** shows that it took place in the *past*, and is now completed (649).

amota : *about-to-be-loved=which is going to be (will be) loved (in the future)*.

amata : *being-loved=which is loved (now, in the present)*.

amita : *having-been-loved=which was (has been) loved (in the past)*.

amOTA=kiun oni amOS
amATA=kiun oni amAS
amITA =kiun oni amIS

mi estas **pagOto**=mi estas **pagOta** homo
mi estas **pagAto**=mi estas **pagAta** homo
mi estas **pagIto** =mi estas **pagIta** homo

(*see also* **Appendix**, p. 281)

1097. **ATA.** Use **ata** when the action is still going on : use **ita** when the action is a thing of the past, finished, completed. **Domo konstruata,** *a house under construction:* **domo konstruita,** *a house that has been built.*

1098. Mi bone ricevis vian ŝatatan leteron. Li saltadis ĉirkaŭ la afero, kiel blovata neĝero. Uzata ŝlosilo ne kolektas ruston. Nenie semata, ĉie trovata. Bono posedata ne estas ŝatata. Tio estas lia amata ĉevaleto (*hobby*). Gardatan ŝafon eĉ lupo timas. En ĉeesto amata, en forest' insultata. *Egoisto:* homo pli interesata pri si, ol pri mi.

1099. Bezonata : Dometo, kiu enhavas ok ĉambrojn kaj bonan ĝardenon.

Kiu oficisto similas al nekonata melodio ? Sekretario (sekret-**ario**).

Poeto: " Viaj okuloj inspiris tiun poemon." *La adoratino:* " Do mi tuj **konsultos** okuliston."

Sinjorino (al knabo kun malpura nazo): " Ĉu vi ne havas poŝtukon? " " Mi havas unu, sed mi ne pruntas ĝin al nekonato."

---

*Ont, ant, int are called *active participles* (**aktivaj participoj**). They describe the doer of the action. (An *ant* is an active animal !) **Ot, at, it** are called *passive participles* (**pasivaj participoj**). They describe the one to whom the action is done. Cp. *precipit**ant*** (active); *precipit**ate*** (passive).

Lastatempe mi aŭdis pri vi strangajn onidirojn. " Ne kredu ilin.
Ne pli ol duono el la mensogoj diritaj pri mi estas veraj."

Konata vizaĝo. "Ŝajne mi vin konas. Ĉu mi ne vidis vian vizaĝon
iam aliloke ? " " Pardonu : mia vizaĝo ĉiam estis sur mia kapo."

1100. Ho, blovu vintra vento ! Vi estas nevidata,
  Ne akra via dento, Kaj malpli do sentata,
   Kiel homa maldankem'! Eĉ malgraŭ frosta trem'.

PATRINA LULKANTO

Ho ! kiu estas tiu ĉi, Ĝi estas mia belkarul',
Ĉekore kiun premas mi, Trezoro granda sen makul',
Dum vagas ombroj super ni Dormanta nun pro mia lul',
 Silente sur ĉielo ?   Amata korangelo !

NIA PATRUJO (Ario : *Sankta Lucio*)

Regno konata Kie troviĝas Vi estas ĉie,
 De progresuloj,   Lando la bela ? Kvankam nenie—
Tero benata Ĉu vi kaŝiĝas,   Nia patrujo !
 De pacemuloj ! Hejmo ĉiela ? Esperantujo !

1101. (a) **OTA.** La punota infano forkuris. La mangota
fiŝo estas ankoraŭ en la rivero. Jen estas la kantota melodio.
Montru al mi la planon de la konstruota domo.

(b) *Anonco.* Vendota : **buldogo.** Manĝas ĉion. **Precipe**
amas infanojn.

Luota : ĉambro por sinjoro 20 futojn longa kaj 15 futojn larĝa.

Kial vi ne volus edziĝi kun mesaĝistino ? Ĉar ŝi estus send-ota
(sen-dota).

1102. (a) *What is the difference between* pordo malfermata, pordo
malfermita, *and* pordo malfermota ? . . . perdita ŝafo, *and* perdata
ŝafo ? . . . frazo dirita, *and* frazo dirata ?

(b) **Difinita,** *defi*ned, *defi*nite; **dirita,** *said*; **farita,** *made, done*;
finita, *finish*ed; **lasita,** *left*; **literita,** *spelt*; **parolita,** *spoken.* Repeat
these words with **ata, ota,** instead of with **ita.**

(c) *Add* ita, it(in)o, ata, at(in)o, ota, ot(in)o, *to the roots* admir,
amuz, atak, arest, defend, fotograf, forĝes, gard, kis, manĝ, mok, serv,
and translate.

(d) Amegato, mortigato, revendatajo, instruataro, premateco,
amatigi, amatiĝi, zorgatino, amegito, resanigito, kaŝitajo, kovitaro,
tediteco, trovitejo, kisitino, bategoto, pendigoto, farotajo, juĝotaro,
lavotino.

1103. (a) After **ita, ata, ota,** the word **de** always means *by*, and denotes the *doer* of the action (655). **Amata de Dio,** *loved of* (*by*) *God.*

Cp. *per,* which shows the *means* used to achieve the result (662). **Skribita de mi per plumo,** *wtriten by me with a pen.* **Frapita de la edzino per gladilo. Domo detruita de fajro** implies : **Fajro detruis la domon. Domo detruita per fajro** implies : **Iu detruis la domon per fajro** (671-2).

After **ita, ata, ota,** *from*=for de, or some suitable preposition other than **de.** Cp. **ŝtelita de li,** *stolen by him,* with **ŝtelita for de li,** *stolen from him.* **Kaŝita al li de mi per ekrano el ligno :** *hidden from him by me with a screen of wood.* **Ĉapo prenita de** (*by*) **la infano for de** (*from*) **la hoko. Ŝirmata de** (*by*) **ombrelo kontraŭ** (*from*) **la vento. Li prenis la ĉapon de la infano** (*the child's cap*), **for de ĝi** (*away from it*). Or, better : **Li forprenis de la infano ĝian ĉapon.**

1104. *Instruisto:* " Kion signifas la vorto *de* ? " *Lernanto:* " **De** signifas 2n. Vidu surtabule :

La libro estas legata *de* la knabo=
La knabo estas lega*n*ta la libro*n.*

Forviŝinte la egalajn elementojn antaŭ kaj post la egalsigno, oni ricevas la **ekvacion** $De = n + n = 2n$."

La instruisto ne respondis, sed penseme sin gratis post la orelo.

1105. *This is Peter's book, received by him from John,* **Jen la libro de Petro, kiun li ricevis de Johano.** *The praise of the President of the U.S.A. by the captain of the ship from Holland,* **La laŭdo (farita) de la kapitano de la ŝipo el Holando al la Prezidento* de Usono (la laŭdo de la Holanda ŝipestro pri la Usona Prezidento).**

1106. (a) De kio birdo (la ĉielo, la homa korpo, via kapo, kato, la strato en la somero (vintro), ŝafo) estas kovrata ? (Ĝi estas kovrata de felo, haroj, koto, lano, nuboj, plumoj, polvo.)

(b) *Attacked by a lion, betrayed by a smile, destroyed by fire, extinguished by the wind, given by a friend, hit by lightning, invented by Edison, vanquished by love, suspected by the police.* (Use **-ita** or **-ata** as appropriate.)

President, head of government,* etc. Cp. **prezid-anto, *one presiding* (Chairman, etc.)

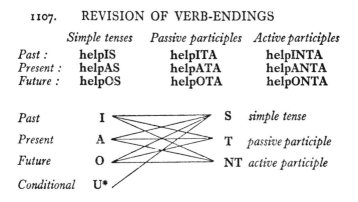

	Simple tenses	Passive participles	Active participles
Past :	**helpIS**	**helpITA**	**helpINTA**
Present :	**helpAS**	**helpATA**	**helpANTA**
Future :	**helpOS**	**helpOTA**	**helpONTA**

Past   **I**   **S**   *simple tense*

Present   **A**   **T**   *passive participle*

Future   **O**   **NT**   *active participle*

Conditional   **U***

1108. SUMMARY OF GRAMMATICAL ENDINGS

The ending	denotes	
O	Noun	**Helpo,** *help*
A	Adjective	**Helpa,** *helpful*
E	Adverb	**Helpe,** *helpfully*
I	Infinitive	**Helpi,** *to help*
U	Imperative	**Helpu**! *help*!
J	Plural	**Helpoj,** *helps*
N	Accusative	**Sendu helpon,** *send help*

SIMPLE TENSES

I		Past	**Mi helpis,** *I helped*
A	**S**	Present	**Mi helpas,** *I help*
O		Future	**Mi helpos,** *I shall help*
U		Conditional	**Mi helpus,** *I should help* (*if*) . . .

PASSIVE PARTICIPLES

i		Past	**Helpita,** (*having been*) *helped*
a	**T**	Present	**Helpata,** *being helped*
o		Future	**Helpota,** *about to be helped*

*Obviously, the forms **ut** and **unt** are theoretically possible, and logical (**Helpunto,** *one who would help if* . . ., **la helputa viro,** *the man who would be helped if* . . .). But they are not official, and are seldom used.

i	)	Past	**Helpinta,** *having helped*
a	} NT	Present	**Helpanta,** *helping*
o	)	Future	**Helponta,** *about to help*

The framework of the Esperanto grammar thus consists of 14 letters, viz.: **O, A, E, I, U, J, N**; with **S** (*simple tense*), **T** (*participle*), and **N** (*active voice*) preceded by **I, A,** and **O** (*past, present, future*), and, in the case of **us,** by **U** (*conditional*). See p. 272.

COMPOUND TENSES (**KUNMETITAJ TEMPOJ**)

1109. Any of the six forms **esti, estu, estas, estis, estos, estus** may be combined with the six participal forms **anta, inta, onta, ata, ita, ota,** to form what are called "compound tenses". Thus, with the participles **amanta,** *loving,* and **amata,** (*being*) *loved,* we form:

> **Esti amanta,** *to be loving.*
> **Estu amanta,** *be loving.*
> **Mi estas amanta,** *I am loving.*
> **Mi estis amanta,** *I was loving.*
> **Mi estos amanta,** *I shall be loving.*
> **Mi estus amanta,** *I should be loving.*

> **Esti amata,** *to be (being-) loved.*
> **Estu amata,** *be (being-) loved.*
> **Mi estas amata,** *I am (being-) loved.*
> **Mi estis amata,** *I was (being-) loved.*
> **Mi estos amata,** *I shall be (being-) loved.*
> **Mi estus amata,** *I should be (being-) loved.*

Make a similar table with **amonta, amota.**

1110. The past participles (**aminta, amita**) are used regularly in the same way. English, however, complicates matters here by introducing the word *have.* Thus:

> **Mi estas aminta,** *I am having-loved* = *I have loved.*
> **Mi estas amita,** *I am (having-been) loved* = *I have been loved.*
> **Mi estis aminta,** *I was having-loved* = *I had loved.*
> **Mi estis amita,** *I was (having-been-) loved* = *I had been loved.*

And so on.

1111. N.B.—The tense of **est** depends upon *the time of which one speaks:* that of the participle upon *the time of the action in relation to this.*

1112. (a) Here are the 36 combinations in tabular form :

esti	*to be*		amonta	*about-to-love.*
estu	*be*		amota	*about-to-be-loved.*
li estas	*he is*		amanta	*loving.*
li estis	*he was*		amata	*(being-)loved*
li estos	*he will be*		aminta*	*having-loved.*
li estus	*he would be*		amita*	*(having-been) loved.*

(b) * Before **ita, inta,** English translates **est** by *have,* thus :

li estas	*he has*		aminta (min), *loved (me).*
li estis	*he had*		
li estos	*he will have*		amita (de mi), *been loved (by me).*
li estus	*he would have*		

1113. (a) **Hieraŭ mi bakIS pomon** je la tria (horo).

2a   O   O
Je la 3a la pomo estIS bakAta, mi estIS bakAnta ĝin.
4a   I   I

(b) **Hodiaŭ mi bakAS** pomon je la tria.

2a   O   O
Je la 3a la pomo estAS bakAta, mi estAS bakAnta ĝin.
4a   I   I

(c) **Morgaŭ mi bakOS pomon** je la tria.

2a   O   O
Je la 3a la pomo estOS bakAta, mi estOS bakAnta ĝin.
4a   I   I

(d) **Se mi bakUS pomon** je la tria,

2a   O   O
Je la 3a la pomo estUS bakAta, mi estUS bakAnta ĝin.
4a   I   I

1114.

PRINTEMPE la konstruis-
to diras, ke en la somero

   1   **ota**
la domo 2 estOS konstru**ata**
   3   **ita**

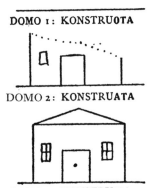

DOMO 1: KONSTRU**OTA**

DOMO 2: KONSTRU**ATA**

DOMO 3: KONSTRU**ITA**

SOMERE mi vidas, ke

   1   **ota**
la domo 2 estAS konstru**ata**
   3   **ita**

VINTRE mi memoras, ke
en la somero

   1   **ota**
la domo 2 estIS konstru**ata**
   3   **ita**

1115. (a) *MI TRINKIS AKVON.* Antaŭ ol mi komencis trinki, mi est**is** trink**onta**, kaj la akvo est**is** trink**ota**. Dum la akvo fluis en mian buŝon, mi estis trink**anta**, kaj la akvo est**is** trink**ata**. Kiam la glaso estis malplena, mi est**is** trink**inta**, kaj la akvo est**is** trink**ita**.

(b) *MI TRINKAS AKVON.* Antaŭ ol mi komencas trinki, mi est**as** trink**onta**, kaj la akvo est**as** trink**ota**. Dum la akvo fluas en mian buŝon, mi est**as** trink**anta**, kaj la akvo est**as** trink**ata**. Kiam la glaso est**as** malplena, mi est**as** trink**inta**, kaj la akvo est**as** trink**ita**.

(c) *MI TRINKOS AKVON.* (d) *SE MI TRINKUS AKVON...* Expand these sentences into paragraphs after the models in (a) (b), using **estos, estus** respectively, and translate.

1116. Ĉio estas finita. Se li estus **tiklata,** li ridus. La lupo estis ĉasata du horojn. Mia nomo estas bone konata. La historio estas daŭrigota. Mi ne estis naskita tiam. Li estis tuj pendigota, kiam alvenis pardono. La libro estos presata tri jarojn. Se mi estus venkita, mi hontus. Dio estu laŭdata. Mi deziras, ke la laboro estu farita, kaj ne, ke ĝi estu farota. Ĝi ne povus esti farita jam nun ! Mi dezirus esti lulata en la dormon per via kantado. Mi amas la senton esti kisota.

1117. Li estas nun kantanta. Mi estas aminta vin de longe. Ni estas baldaŭ forirontaj. Ŝi estis leganta, kiam li eniris la ĉambron. Ŝi ne estis leginta multon. Mi estis elironta, kiam ekpluvis. Je la deka vespere mi estos dormanta. Je la sesa matene mi estos dorminta ok horojn. Li estus ankoraŭ dormanta, se mi ne estus vekinta lin. Se vi estus kantonta, mi estus ravota. Estu laboranta, kiam mi venos. Mi preferus, ke ŝi estu kantinta, ol kantonta. Mi volus esti promenanta kun vi. Li devus esti vizitinta la dentiston! Vi ŝajnas esti parolanta.

1118. Oni kondamnis Patrikon esti pendigota; sed li savis s'ᴖᴎ vivon, mortante en la malliberejo.

Cromwell fortranĉis la kapon de la reĝo. Poste la konscienco lin riproĉis, kaj li ekkriis, mortante: "Ho, ke mi estu servinta mian Dion, kiel mi servis mian reĝon!"

1119. *Replace the active by the passive (past, present, and future) and translate.* Thus: la azeno tiras la veturilon, la veturilo estas tirata (tirita, tirota) de la azeno. La hundo kondukas la blindulon. La ĝardenisto akvas la florojn. La ŝafo manĝas la herbon. La araneo kaptas muŝon.

1120. (a) **Se vi estus veninta pli frue, ni estus irintaj al la parko, ni estus aŭskultintaj la koncerton, ni estus admirintaj la florojn, ni estus vidintaj la cignojn sur la lago, ni estus vizitintaj nian amikon. Sed nun estas tro malfrue: jam batis la sepa. Ni ne povas eliri.

(b) *Varianto.* Kiam ni atendis, ke vi venos pli frue, ni estis irontaj . . . .

1121. "*If I had had enough time* (sufiĉe da tempo)," *said the servant-maid* "*the rooms would have been cleaned, the beds would have been made, the shopping would have been done, the meal would have been cooked. But during the whole day I nursed* (flegis) *the sick child, I could not leave him.*"

1122. *Improvise similar exercises on other compound tenses, using previous starred paragraphs as a basis. E.g.—*

(a) Hieraŭ, antaŭ la matenmanĝo je la sepa, la patrino jam estis frapinta la pordon de la dormoĉambro. Ŝi estis dirinta "Estas la sesa, vekiĝu!". La filo estis vekiĝinta, frotinta la okulojn, kaj saltinta el la lito . . . La pantalono estis prenita de la filo, ĝi estis surmetita de li, akvo estis verŝita de li en la pelvon, . . . (800).

(b) Kiam mi venos hejmen, la edzino estos jam antaŭe bruliginta fajron, ŝi estos kuirinta manĝon, . . . La tuko estos sternita sur la tablo, la teleroj estos metitaj, . . . (992).

1123. Se mi pagis vin hieraŭ (pagos vin morgaŭ), vi nun estas pag . . . de mi. Mia edzino faras ĉion, kion mi ordonas al ŝi. Se mi estus ordoninta, ke ŝi kantu, ŝi estus kant. . . .

1124. The beginner is prone to over-use compound tenses. They should be used when their greater precision is needed. But if it is sufficiently clear, a simple tense is usually preferable to a compound tense. Thus, the opening sentences of 1116-7 might be written : **Ĉio finiĝis. Se oni lin tiklus, li ridus. Oni ĉasis la lupon du horojn. . . . Li nun kantas. Mi amas vin jam de longe. Ni baldaŭ foriros. Tio mirigas min** is better than **Mi estas mirigata de tio** and **Oni diras** than **Estas dirate.**

Similarly, **Se vi estus petinta min, mi estus irinta,** is heavy. It would be lighter to say **Se vi estus petinta min, mi irus**; or **Se vi petus min, mi estus irinta.** If the meaning were clear from the context, even **Se vi min petus, mi irus** might suffice.

1125. " Pardonu, sinjoro; sed vi estas starinta (vi staras) antaŭ la telefono jam dudek minutojn, kaj ankoraŭ vi ne estas malferminta (vi ne malfermis) la buŝon." " Ne miru, sinjoro; mi estas parolanta (mi parolas) al mia edzino."

Edzino : Imagu, Henriko ! La horloĝo falis de la muro. Se tio estus okazinta unu minuton antaŭe, ĝi frapus mian patrinon. *Edzo* : Mi ĉiam diris, ke tiu horloĝo malfruas."

Virta fratino (riproĉe) : " Vi porko ! Vi prenis la pli grandan pomon ! " " Nu—kiun vi mem estus preninta, se la elekto estus al vi ? " " La pli malgrandan, kompreneble ! " " Do kial brui ? Ĝuste tiun vi nun havas ! "

-ONTE, -OTE, -ANTE, -ATE, -INTE, -ITE

1126. A participle with the adverbial ending does the work of an adverb; it expresses some relation (time, cause, manner, etc.) between the action of the participle and that of the main verb in the sentence. **Helpante min, vi helpos vin mem,** *by (in, while, when) helping me, you will help yourself.* **Helpate de vi, mi bone progresos,** *when (while, if, as) I am being helped by you, I shall make good progress.* In other words, *AN ADVERBIAL PARTICIPLE REPLACES AN ADVERBIAL CLAUSE.*

Vidonte, *before seeing, when about to see.*
vidante, *while seeing, when seeing, by seeing, etc.*
vidinte, *after seeing, having seen, when one has seen.*
vidote, *before being seen, when about to be seen.*
vidate, *while, when one is (being) seen.*
vidite, *after being seen, having been seen, when one has been seen.*

Sidante, mi vidis kurantan knabon, *I saw a running boy while I was sitting* (**mi** is the subject). And it is usual to place it at the beginning of the sentence. Separate the adverbial clause from the rest of the sentence by a comma.

Trinkonte (*before drinking, when I was about to drink*) **la vinon, mi malfermis la buŝon.**

Trinkante (*while drinking, when I was drinking*) **la vinon, mi ŝmacis per la lipoj.**

Trinkinte (*after drinking, when I had drunk*) **la vinon, mi komencis babili.**

Trinkote (*before it was drunk, when it was about to be drunk*), **la vino ekbriletis.**

Trinkate (*while, when, it was being drunk*), **la vino estis bongusta.**

Trinkite (*after being drunk, when it had been drunk*), **la vino dolorigis mian kapon.**

1128. (a) Konstruonte domon, oni kalkulu la koston. Lasonte la hejmon, li kisis la patrinon. Ne havante, ni petas; ricevinte, ni forjetas. Ne vidinte la fraŭlinon, mi ne volus edziĝi kun ŝi; vidinte ŝin, mi ne povus. Lerninte Esperanton, oni povas pli bone paroli, skribi, kaj kompreni, la propran lingvon. Ne moku riveron, ne atinginte la teron. Ne aŭskultinte, ne **kondamnu.**

(b) Punote, li forkuris; punate, li kriis; punite, li ploris. Fotografote, ni ridetis nenature. Admonate de la patro, la knabo oscedis. Diablo ŝercon ne komprenas; vokite, li venas. Forpelite de la edzino, li **rifuĝis** en la klubon.

1129. " Kial la kuracisto portas kaŭĉukajn gantojn ? " " Por povi lavi la manojn, ne malsekigante ilin."

Estas pli bone silenti (eĉ se pro tio oni kredas vin malsaĝulo), ol, malferminte la buŝon, forigi ĉian dubon pri tio.

Pastro (skribonte la daton sur bapto-**registro**) : " Mi pensu : jam la dek-oka, ĉu ne ? " *i. ligna patrino* : " Tute ne, sinjoro : nur la kvara."

Aŭdinte, ke lia nevo fariĝos pastro, Irlandano diris : " Studu bone kaj diligente. Mi esperas vivi, por aŭdi vin fari mian funebran paroladon."

Mi renkontis vin marde, kiel aranĝite; sed vi ne venis. Tamen, se vi nomos lokon kaj horon, mi nepre vin renkontos tiam, ĉu vi venos, aŭ ne.

Du Skotoj **konkursis** por eltrovi, kiu el ili povos resti subakve pli longe. La premio estis tripenca monero. Post dek minutoj ambaŭ **reaperis el** la akvo—droninte.

Demandite pri sia religio, parlamenta kandidato respondis : "Mia patro baptiĝis en la **anglikana** eklezio, edziĝis en anglikana preĝejo, kaj enteriĝis en anglikana tombejo. Kaj mi ankaŭ, tute same."

La lando estas en terura stato. Ofte ni lasis la hejmon matene, por iri al nia ĉiutaga laboro, kaj vespere, reveninte, trovis niajn domojn bruligitaj, niajn edzinojn vidvaj, kaj niajn infanojn senpatraj.

Multe da mono atendas la homon, kiu inventos **frit**itan (*fried*) ovon kun kvar malgrandaj flavajoj, unu en ĉiu angulo, anstataŭ la nunsistema unusola flavajo en la mezo. Nuntempe duono de la ovo malŝpariĝas, lasite sur la telero : la tuta aranĝo estas malmoderna.

Policano : " Kio estas la numero de la aŭtomobilo, kiu superkuris vin ? " *Profesoro de matematiko* : " Tion mi forgesas. Sed en la momento mi rimarkis, ke, multiplikite per 53, la kubradiko de la produto laŭ **inversa** (*inverted, reversed*) ordo egalus la sumon de ĝiaj ciferoj."

1130. *Mia aventuro.* Antaŭ mi sur la strato promenis fraŭlino. Aĉetonte gazeton, ŝi serĉis pencon en la poŝo, kaj eltirante sian manon, lasis ion fali. Rigardante de mi, ŝi daŭrigis la promenon, ne rimarkinte la perdon. Tion bedaŭrante, mi rapidigis miajn paŝojn, kaj, trovinte la objekton, ĝin ekprenis. Atinginte la fraŭlinon, mi diris al ŝi " Pardonu, fraŭlino; jen io, kion vi perdis ". Rigardinte la objekton, ŝi ĝin prenis, dirante " Dankon, vi faris al mi grandan servon ". Tiel dankite, mi sentis min feliĉa. Disiĝonte, ni ridetis reciproke, kaj, svinginte poŝtuketon, ŝi foriris. Dume mi tie staris, rigardante ŝin penseme.

1131. En 1903, survoje de Bukureŝto al la maro, mi trovis kunvojaĝanton, kiu penis komprenigi sin al la kelnero. La kelnero parolis Rumane, Serbe, Turke, Bulgare, kaj Ruse, sed ne komprenis lin. Mi aliris, kaj demandis Germane, France, Angle Itale, Hungare, Hispane, kaj Greke, ĉu mi povas helpi. Sed vane ! La fremdulo komprenis neniun el la dek du lingvoj. Fine mi memoris, ke mi ĵus legis gazetan **artikolon** pri Esperanto, kaj mi demandis "Ĉu vi parolas Esperante ? " Krio de ĝojo : "Jes, mi parolas ! " Kaj li daŭrigis per tiu lingvo, kiun bedaŭrinde mi mem ne sciis. La fremdulo, vidante tion, enmanigis al mi kelkpaĝan Esperantan gramatikon, kiun mi tralegis. Post dek horoj, renkontinte nin denove, ni povis jam sufiĉe bone interkompreni per Esperanto. Tiam mi trovis, ke mia nova amiko estas Svedo, kiu parolas Svede, Norvege, Dane, kaj Finlande. Ni tri, do, posedante inter ni dek ses lingvojn, sen Esperanto ne povis interparoli. De tiam mi estas Esperantisto.— *Henriko Fischer, Galatz.*

Kiam iras mi marborden
Per ekskursa vagonaro,
Forgesonte ĉiun zorgon
Apud suna, blua maro—
Ĉiu sono faras kanton :
" Paroladu Esperanton ! "

Kiam sur la oceano
Vaporŝipo portas min
For de l' kara patrolando

Kun amiko aŭ edzin'—
Ŝaŭmaj ondoj faras kanton :
" Paroladu Esperanton ! "

Kien ajn mi forveturos,
Al la sudo, al la nordo,
Orienten, okcidenten,
Ĉio, ĉie, en akordo
Faras unu saman kanton :
" Paroladu Esperanton ! "

1133. *Write sentences containing the words* vizitonte, respondante, skribite, manĝinte, pentrote, fotografate.

1134. *Shorten the following phrases by using a participle*: *When he was going to be punished, he ran away.* *After she had heard my song she fainted* (sven). *While I was having my meal, I read a book.*

1135. As already explained (1127), an adverbial participle relates to the subject of the sentence. One cannot translate *The wine being drunk, I went away*, by **la vino trinkite, mi foriris**, because **trinkite** refers to the subject **mi**, and means *when I had been drunk by . . . !* Correct to **Trinkinte la vinon** (or **kiam la vino estis trinkita**, or **post trinko de la vino**), **mi foriris.**

1136. *Korektu* : Trinkinte la vinon, mia kapo doloris. Promenante antaŭ mi sur la strato mi vidis fraŭlinon. La laboro farite, mi iris liton. Respondante vian leteron, la pakaĵo alvenis bonstate. La letero skribite, mi aĉetis poŝtmarkon.

1137. *The following adverbial forms are explained in* 965. Restas vidote, ĉu . . . Estas malpermesite eniri. Dirite, farite ! Ŝerce dirite, cele pensite ! Kiel akirite, tiel perdite ! Prave punite laŭmerite ! Aranĝite, ordigite ! Ne esperite, ne sonĝite.

1138. " *One may smoke* " : **Estas permesate** (or, **Oni permesas**; or, **Oni rajtas**) **fumi.** Another alternative, an impersonal verb **lici** (=*to be allowed* : **Licas fumi**) (**Ĉu licas ?** *May one ? May I ?*) has been proposed, but has not yet found much favour.

Turisto : " Ĉu (estas) permesate (Ĉu oni permesas, Ĉu licas) vidi la antikvaĵojn de la kastelo ? " *Servisto* : " Bedaŭrinde, la grafino kaj ŝia nevino jus foriris."

1139. Like the preposition **je**, the suffix **-UM** has no definite meaning. It forms words whose sense is suggested by the context and the root. Cp. the English indefinite "*umpteen*, (which may be translated jocularly by **dek um**), *H'm*, *thing*-um-*a-jig*.

The following is a list of **um-** words in common use. They should be learned as independent words. Any others may be regarded as humorous "nonce-forms", coined for the occasion only, rather than as permanent additions to the vocabulary: the student is advised to regard them with suspicion. Any attempt to give a definite meaning to a suffix that is by nature indefinite is mistaken.

Aerumi, (*expose to*) *air, aerate*

Akvumi (or, **Akvi**) *water* (*garden*)

Amindumi, *court, woo*

Brulumo *inflammation*

Buŝumo, *muzzle*

Butikumi, *shop, go shopping*

Butonumi, *button* (*up*)

Cerbumi, *rack one's brains*

Foliumi, *turn over the leaves* (*of book*)

Frenezumi, *act like a madman*

Gustumi, *taste* (*something*)

Kalkanumo, *heel* (*of shoe, etc.*)

Kolumo, *collar*; **manumo,** *cuff*

Kolombumi, *bill and coo, spoon*

Komunumo, *community*

Kortumo, *court* (*of justice*)

Krucumi, *crucify*

Laktumo, *soft roe*

Lekumi, *lap*

Lotumi, *raffle, dispose of by lot* (**loti,** *cast lots*)

Malvarmumo, *cold, chill*

Mastrumi, *keep house, manage* (*establishment*)

Mondumo, *world of fashion, society high life*

Nazumo, *pince-nez*

Okulumi, *make eyes at*

Palpebrumi, *blink* (**palpebro,** *eyelid*)

Plenumi, *accomplish, fulfil*

Proksimume, *approximately, about*

Saĝumi, *affect wisdom, split hairs*

Sapumi, *soap, lather*

Ventumi, *fan, winnow*

Serpentumi, *wind, meander*

1140. Multe komencite, malmulte plenumite! Butonumi iun malvaste (**strikte**)! Sapumi la okulojn!

Kiom ajn la rivero serpentumas, ĝi fine trovas la maron.

"Mi deziras kolumon por mia patro." "Kolumon kia mia?" "Tute ne! Puran."

"Nomu kvin aferojn kiuj enhavas **amelon** (*starch*)." "Du manumoj kaj tri kolumoj."

" Mi havas nur unu deziron." " Kio ĝi estas ? " " Ke ĉiuj miaj deziroj plenumiĝu."

Oni demandis al mortkondamnito pri lia lasta deziro, kiun oni laŭkutime plenumos. " Kion vi deziras ? Vinon ? Cigaron ? " " Ne, sinjoro. Mi deziras lerni la Rusan lingvon."

Indigna virino : " Kiam mi butikumas, mi ĉiam petas por tio, kion mi deziras; kaj se oni havas ĝin, kaj ĝi plaĉas al mi, kaj mi sentas inklinon aĉeti ĝin, kaj ĝi estas sufiĉe malkara, kaj mi havas la monon, kaj oni ne povas aĉeti ĝin aliloke, mi preskaŭ ĉiam aĉetas ĝin sen la **marĉando** (*bargaining, haggling*) kaj argumentado tutan tagon, kiun amas aliaj personoj."

Ni agadu, do, konstante,	Celadante, plenumante,
Estu kia ajn la sort';	Laborante, ĝis la mort' !

MI " UMAS " VIN

Kiel la umo ĉirkaŭ via kolo,	Mi umas vin. La vorto ja konvenas,
Kiel la um' ĉe mano de virin',	Kaj ne **ofendas** eĉ al la edzin';
Kiel aero **umas** en la ĉambro—	Ŝi ne riproĉos min, se mi nur diras
Mi umas vin.	" Mi umas vin " !

1141. **En la ĝardeno staris pomarboj. Mi iris al unu, levis la manon, ekkaptis branĉon, kaj prenis verdan pomon. Mi metis la pomon en la buŝon kaj gustumis ĝin. Ĝi estis acida. Mi **grimacis**, kaj diris " Tiu pomo ne estas matura ". Mi prenis alian pomon— ruĝan, kaj gustumis tiun. Mi trovis ĝin tre bongusta. Mi diris "Ĉi tiu pomo estas doĉa : ĝi multe plaĉas al mi ". Mi manĝis la pomon, kaj ridetis de plezuro.

1142. Ventumado, proksimumajo, mondumano, gekolombumantoj, plenumebla, kolumego, okulumema, komunumestro, palpebrumeti, cerbumigi, plenumiĝi, ventumilo, mastrumantino, gustuminda, malvarmuminto, gustumonto. Aerumita ĉambro, buŝumita hundo sapumita vango, butonumita ganto.

-AĈ*

1143. The suffix **-AĈ** denotes that the speaker has a poor opinion of the matter in question : it " runs down ", shows dislike, disparagement, contempt, censure. English equivalents : *abominable, horrid, odious, contemptible, mean, miserable, wretched,* " *rotten* ", " *awful* ", and a host of similar words. Aĉa, " *rotten* " (Cp. **kraĉi** !).

---

*It is an interesting comment on human nature to note, in contrast to the pejoratives **aĉ, fi, fuŝ, mis,** that apparently no need is felt for an affix (other than **bel-, bon-,** and the like) to express praise and admiration.

A well-known English Esperantist in discussion once proposed for colloquial use a word " **oja** " (*lovely, delightful, splendid, gorgeous,* " *spiffing* "). **Oja libertempo, oja knabino. Kiel oje** !

Ĉambraĉo, *hole.* Domaĉo, *hovel.* Homaĉo, *wretch.*
Infanaĉo, *brat.* Popolaĉo, *mob.* Versaĉo, *doggerel.* Veter-
aĉo, *vile weather.* Virinaĉo, *hag.* Belaĉa, *tawdry.*
Dikaĉa, *bloated.* Humilaĉa, *grovelling.* Laŭtaĉa, *blatant.*
Malgrandaĉa, *petty, paltry.* Molaĉa, *flabby.* Babilaĉi,
jabber. Okulaĉi, *ogle, leer.* Parolaĉi, *jaw.* Skribaĉi,
scribble, scrawl.

1144. " Mi jus faris dom-aĉeton." " Nu I Ĝi aspektas domaĉ-
eto I "

Kial ebria maristo kaj bovino similas ? Ili ambaŭ remaĉas (*rem-aĉ,
re-maĉ*).

" Ho I " diris knabino. " Rigardu la ranidojn I Kiel mirinde
pensi, ke iam ĉiu el tiuj aĉaj bestetoj fariĝos bela papilio I "

1145. (a) Afer- (azen- ĉapel- ĉeval- herb- hund- ide- libr-
lingv- manĝ- popol- rim- vest-)aĉo. Brav- (fier- griz- pi- senti-
mental- super- verd-)aĉa.

(b) Domaĉaro, servemaĉa, hundetaĉo, vortaraĉo, kuracilaĉo,
paperaĉujo, paperujaĉo, muzikistaĉo, muzikaĉisto, bierejaĉo, biera-
ĉejo.

FUŜ-

1146. **FUŜ-i**=*to bungle, botch, make a hash of, be a duffer
at, tinker at, do blunderingly (awkwardly, badly, clumsily).*
Fuŝa, *blundering, bungling, awkward, clumsy, unworkmanlike.*
Fuŝo, *blunder.* Fuŝulo, *duffer, muff.* Fuŝajo, *botch, hash,
mess.*

As a prefix, **fuŝ-** is generally applied to actions. **Fuŝpalpi,**
to fumble; **fuŝuzi,** *to use awkwardly.* **Fuŝpentri** and **pentraĉi**
(*to daub*); **fuŝskribi** and **skribaĉi,** mean much the same
things. **Fuŝmanĝi** might be applied to a European eating
with chopsticks for the first time.

1147. Fuŝ-far (-flik -konstru -kudr **-ripar** -traduk -tranĉ -verk)i.

FI-

1148. **FI,** *fie, shame.* **Fi al vi I** *Fie upon you, Shame on you!*
As a prefix, **FI-** denotes *shameful, disgusting, nasty, morally
bad, infamous, ignoble, base, foul, scandalous, disreputable,
shady,* etc. A **fiago** (**fipenso, fiparolo**) is *an action (thought,
speech) of which one should be ashamed.*

Figazetaro, *gutter press.* **Fikomerco,** *shady business.*
Fikutimo, *disgusting habit.* **Filibro,** *immoral book.* **Fi-**
mono, *filthy lucre.* **Firakonto,** *dirty (smutty) story.* **Fivivo,**
wicked life. **Fivorto,** *bad word.* **Fiflati,** *to toady.* **Fifama,**
of ill repute.

1149. **Aĉ** (subjective) has a more general sense, and is
weaker, than **fi** (objective), which indicates moral rather than
physical badness. Compare **parolaĉi** with **fiparoli**; **skribaĉi**
with **fiskribi**; and similarly with the roots **afer, dom, ide,**
infan, komerc, libr, lud, vers, viv, vort.

1150. Fi-cel (-kant -literatur -lud -motiv -plezur -rilat -ŝerc
-verk -vir)o. Fi-gajn (-kondut -trakt)i.

MIS-

1151. **MIS-**=*amiss, mis-, in error, mistakenly, incorrectly,*
wide of the mark, astray (erare, malĝuste, maltrafe). This
meaning is a little narrower than **malbone** (*badly*), and
entirely distinct from **mal-** (*opposite*). **Misciti,** *misquote.*
Misloki, mismeti, *misplace, mislay.* **Mispresi,** *misprint.*
Mispaŝo, *false step.* **Misprezenti,** *misrepresent.*

1152. Compare **Fikanti,** *sing something shameful;* **kantaĉi,**
sing rottenly; **miskanti,** *sing amiss* (perhaps the wrong note
or at the wrong moment).

1153. Mis-adres (-ag -aranĝ -aŭd -cel -dat -decid -desegn
-direkt -elekt -elspez -far -form -inform -instru -juĝ -kalkul -klarig
-kompren -konsil -kresk -kuir -leg -liter -memor -nom -prononc
-reg -send -traduk -uz)i.

VE-

1154. **VE,** *woe.* **Ho ve!** *Alas!* *Oh dear!* *Heigh-ho!*
Ah me! **Ve al . . . ,** *Woe unto (Woe betide, A plague on,*
Bad cess to) . . . **Vea,** *sad, woeful, melancholy.* **Veo,** *a plaint.*

As a prefix, **VE-**=*of woe (grief, sorrow, mourning, distress,*
despair), sometimes *of ill omen.* La **saliko** Babilona kaj la
cipreso estas **vearboj.** Korvo estas **vebirdo.** La Jerusa-
lema **vemuro.** Jeremia estis **veprofeto.** **Veaspekta,** *woe-*
begone. **Vebleki,** *to howl, wail.* **Vei, vekrii,** *to bewail,*
lament.

R

1155. Kiu besto pensigas pri vizito al la dentisto ? **Vesperto** (*bat*) (ve-sperto !)

Ve-novaĵ (-pens -rakont -sent -sign -sonĝ)o.

ĈEF-

1156. Ĉefa=*principal in honour, first in rank, pre-eminent, foremost, leading* (in comparison with others). **Ĉefa,** or **ĈEF-** as a prefix, =*chief, main, principal, primary, head-, arch-,* etc. **La ĉefoj** (*elders*) **de Izrael. Ĉefi,** *to head.* **Ĉefeco,** *pre-eminence.* **Ĉefino,** *chieftainess.* **Neĉefa,** *secondary.*

Ĉefartikolo, *editorial.* **Ĉefjuĝejo,** *supreme court.* **Ĉefkelnero,** *head waiter.* **Ĉeflibro,** *ledger.* **Ĉefministro,** *prime minister.* **Ĉefstrato,** *High* (*main*) *street.* **Ĉefŝlosilo,** *master key.* **Ĉefurbestro,** *lord mayor.*

1157. "Kio estas la ĉefaj produktaĵoj de Kent ? " " Ĉefepiskopoj de Canterbury."

1158. (a) Ĉef-anĝel (**-duk** -instruist -kantist -kuirist -liter **-ministr** -pastr -preĝej -redaktist -tem -verk -voj -vort)o.

(b) Nomu la ĉefurbon de Anglujo (Francujo . . .).

-ESTR

1159. The word **estro,** and the suffix **-ESTR**=*the person in command; head, principal, master, ruler, chief, leader, director, " boss ".* **Subestro,** *foreman.* Usually **-estro**=(an)**estro.**

Imperiestro, *emperor.* **Partiestro,** *party leader.* **Poŝtestro,** *postmaster.* **Regimentestro,** *colonel.* **Ŝipestro,** *captain.* Kia **paroĥestro,** tia paroĥo.

Cp. **ĉefurbo,** *capital,* with **urbestro,** *mayor;* **ĉeflernejo,** *head school,* with **lernejestro,** *head of school.* Similarly with **bakist, staci, ŝip, trib,** etc.

1160. *Examples from " La Malnova Testamento "* : Armeestro, ĉarestro, familiestro, ĥorestro, kastelestro, laborestro, militestro, palacestro, regionestro, **taĉment**estro, gardistestro. Mi faris ilin estroj super vi : milestroj kaj centestroj kaj kvindekestroj kaj dekestroj.

1161. *Hotelestro :* "Eliru sur la **balkonon,** S-ro Dikman : **oni** povas vidi ĉielarkon." *Gasto :* " Kiom kostas ? "

Domestrino : " Kiel vi scias, ke ni havas novan servistinon ? "
Gastino : " La fingromarkoj sur la teleroj estas malsamaj."

Mi ne scias, kial la edzino kaj mi ne kunvivas feliĉe. Ni havas nur unu saman volon : ŝi volas estri la domon, kaj mi ankaŭ.

Indigna vojaĝanto : " Kiom utilas hortabelo, se la vagonaroj ĉiam malfruas ? " *Staciestro* : " Nu, sen la tabelo, kiel vi scius, ke ili malfruas ? "

Oni pentris la nomon de hotelo jene : *LA PORKOKAJFAJFILO.* Kiam la hotelestro vidis tiun longan vorton, li diris kolere " Tio ne taŭgas. Devus esti spaco inter porko kaj kaj kaj kaj kaj fajfilo."

La vagonaro jam ekiris, kiam alkuranto kriegis "Petson ! Petson !". Pasaĝero eligis sian kapon por rigardi, kaj la alkurinto donis al li survangon (vangofrapon). La vagonaro forrapidis, sed ĉe la proksima stacidomo la pasaĝero eliris kolere, kaj plendis al la staciestro. " Ĉu via nomo estas Petson ? " tiu demandis. " Ne." " Do kial vi metis vian kapon el la fenestro ? " Dume la vagonaro foriris el la stacidomo.

Tri amikoj tagmanĝis en restoracio por 30ŝ : t.e., ili pagis po 10ŝ. Ili protestis, ke la kosto estas tro alta, do la restaciestro diris al la kelnero, ke li redonu al ili 5ŝ. La kelnero tamen retenis por si 2ŝ kiel trinkmonon, kaj redonis al ili nur 3ŝ. Ili do pagis po 9ŝ por sia manĝo (9×3=27). Sed la kelnero retenis 2ŝ (27+2=29). Kie estis la alia ŝilingo ? (1191).

1162. Afer- (arme- dom- famili- financ- firm- grup- ĥor- insul- kastel- klub- koloni- kurs- polic- land- provinc- region- respublik- **strik-** tabl- vilaĝ-)estro, -estrino. Estrema, estreco. Urbestraro, urbestrejo.

MOŜT

1163. The word **moŝt** is a general title of respect or honour. **Via moŝto**, *Your Excellency*, (*Grace, Highness, Honour, Lordship, Majesty, Reverence, Worship, etc.*). To make the expression more precise, use the exact title as an adjective, thus : **Via (dukina, episkopa, prezidanta, princa, reĝina, urbestra k.t.p.) moŝto. Ŝia grafina moŝto de . . .** *The Countess of . . .* **Lia reĝa moŝto Georgo VI.**

Moŝta sinteno, *the attitude of a big Pott.* **Moŝtuloj,** *people of eminence.* **Plej moŝta moŝto !**

1164. Dublina ĵurnalo anoncis la malsaniĝon de *Ŝia Moŝto la Duko de Dorset.* La proksiman tagon aperis korekto : "Anstataŭ *Ŝia Moŝto la Duko* legu *Lia Moŝto la Dukino.*"

1165. The prefix **EKS-**=*ex-, late, former, quondam, once* (*but not now*), *retired.* **Eksigi,** *discharge, dismiss, turn out;* **eksiĝi,** *retire, resign, drop out.*

1166. Vi timas edziĝi, mia kara junulo ? Mi tion komprenas. Mi mem estas edzo. Sed malgraŭ tio mi konsilas, ke vi edziĝu. Aŭskultu !

Se vi edziĝos, el du aferoj unu estas certa : aŭ vi edziĝos feliĉe, aŭ ne. Se vi edziĝos feliĉe, ne timu edziĝon, ĉar vi estos en paradizo surtera.

Se tamen vi edziĝos malfeliĉe, el du aferoj unu estas certa : aŭ vi kutimiĝos al via edzino, aŭ ne. Se vi kutimiĝos, ne timu, ĉar tiam vi ne havos kaŭzon por plendo.

Tamen, se vi ne kutimiĝos al via edzino, el du aferoj unu estas certa : aŭ ŝi kutimiĝos al vi, aŭ ne. Se ŝi kutimiĝos, ne timu, ĉar tiam vi interkonsentos.

Tamen, se ŝi ne kutimiĝos al vi, el du aferoj unu estas certa : aŭ vi eksedziĝos, aŭ ne. Se vi eksedziĝos, ne timu, ĉar tiam vi regajnos la feliĉon.

Tamen, se vi ne eksedziĝos, el du aferoj unu estas certa : aŭ vi postvivos la edzinon, aŭ ne. Se vi postvivos, ne timu, ĉar tiam vi reliberiĝos.

Tamen, se vi ne postvivos ŝin, vi estos mortinta kaj enterigita, kaj nenio vin ĝenos.

Do, mia bonulo, kion mi jam diris ? Ne timu edziĝi !

1167. Eks-amik (-butikist -ĉefministr -Esperantist -estr -fraŭl -imperiestr -instruist -lernejestr -ministr **-oficir** -pastr -reĝ -samidean -soldat -urbestr)-o. Eksgeedzoj, eksmoda, neeksigebla.

VIC-

1168. **Vico,** *a row, line, turn.* **Vico da soldatoj, da seĝoj,** *a file of soldiers, a tier of chairs.* **Nun estas mia vico,** *now it is my turn.* **Enviciĝi,** *to fall into line;* **laŭvice,** *in rows, in turn.*

1169. (a) As a prefix **VIC-**=English *vice-, one acting in place of* (*or second in rank to*). **Vicreĝo,** *viceroy;* **vicgrafo,** *viscount.*

(b) Vic- admiral (**-delegit**- imperiestr- prezidant- reĝin- sekretari)o. Lia vicgrafa moŝto X. Eksvicprezidento.

BO-

1170. The prefix **BO-** denotes *in-law*, relationship by marriage. Fr. *beau-*. (Cupid uses his *bow* and arrow, she has a *beau*, and the **boparencoj** follow !) **Bopatro**, *father-in-law* (e.g., *wife's or husband's father*). **Urson evitu, bopatrinon ne incitu** !

The **boparenceco** may be by marriage of oneself or of another. **Bofilo** (*son-in-law*)=edzo de filino : **bofilino** (*daughter-in-law*)=edzino de filo. **Bonevo**=*edzo de nevino*, or *nevo de edz(in)o* : **bokuzo**=*edzo de kuzino*, aŭ *kuzo de edz(in)o*.

1171. Cp. **stifa patr(in)o**, *stepfather, stepmother* (=second husband of a mother, second wife of a father). **Stifinfano, stifa fil(in)o**, *stepchild, stepson, stepdaughter* (=child by a former marriage of the husband or of the wife).

1172. Kio estas pli flua, ol akvo ?—Bopatrino, ĉar ŝi estas superflua.

" Kien vi intencas iri ? " " Al la menaĝerio." " Ha ! Vi trovos mian edzinon kaj mian bopatrinon tie."

" Kiel fartas via bopatrino ? " " Ŝi estas jam pli sana, mi dankas vin. Tamen mi ankoraŭ ne tute perdis esperon."

Edzo (antaŭ kaĝo da simioj) : " Parencoj viaj, ĉu ne ? " *Edzino (dolĉe)* : " Jes. Boparencoj."

" Via hundo mordis mian bopatrinon." " Kaj vi venis por postuli **kompenson** ? " " Ne. Por aĉeti la hundon."

" Post mia edziĝo la bopatrino min vizitis nur unufoje." " Enviinda homo ! " " Ĉu ? Ŝi neniam foriris poste ! "

1173. Bo- av(-fil -frat -infan -kuz -nev -onkl -patr)o, -ino. Boge -av(-fil -frat -patr)oj.

PRA-

1174. The prefix **PRA-** denotes (a) *Remoteness of relationship* (*forwards or backwards*), *great-, grand-*. **Pranepino**, *great-granddaughter*; **prapraavo**, *great-great-grandfather*; **pranevino**, *grandniece*; (b) *General remoteness in past time, former fore-*. **Praa, pratempa**, *primeval, primitive, of the distant past*; **praarbaro**, *primeval forest*; **praformo**, *original form*; **praloĝanto**, *aborigine*; **pratipo**, *prototype*; **pravorto**, *a primitive* (*word*). **Prapatroj**, *ancestors, forefathers*.

R*

1175. Pra- av(-kuz -nep -nev -onkl -parenc)o, -ino. Pra- best (-bird -hejm -histori -hom -jarcent -kaŭz -mod -temp)o. Boge-praavoj.

-ĈJ, -NJ

1176. Just as in English we turn *William* into *Will, Willie, Bill,* or *Billy,* and *Mary* into *Moll, Mollie, Poll,* or *Polly,* so in Esperanto we form similar names by putting **ĈJ** for a male, or **NJ** for a female, after one of the first few letters of the full name. Thus, from **Vilhelmo** we get **Vilhelmêjo, Vilhelĉjo, Vilheĉjo, Vilĉjo,** or **Viĉjo**; and **Mario** may become **Marinjo, Marnjo** or **Manjo.** (Note that the gentler sex has the gentler sound; **nj** is like **in** backwards.)

Aleĉjo, *Alec;* **Jaĉjo,** *Jim;* **Joĉjo,** *Jack, Jock, Joe;* **Miĉjo,** *Mike;* **Niĉjo,** *Nick;* **Peĉjo,** *Pete;* **Anjo,** *Annie;* **Henjo,** *Hettie;* **Kanjo,** *Kate, Kittie;* **Klanjo,** *Clarrie;* **Lonjo,** *Lottie;* **Sonjo,** *Sophy.* **Se Peĉjo ne semos, Petro ne rikoltos.**

1177. The use of these suffixes is almost wholly confined to proper names. We do, however, meet **paĉjo,** *papa, daddy;* **panjo,** *mamma, mummy;* and sometimes **avĉjo,** *grandad;* **avinjo,** *grannie;* **eĉjo,** *hubbie;* **enjo,** *wifie,* **fiĉjo,** *sonnie,* **finjo,** *little daughter;* **fraĉjo,** *buddie;* **franjo,** *sis.* **Oĉjo, onjo,** *nunkie, auntie,* are sometimes used in familiar conversation also for *old man, old woman, pal,* and the like. A.nd **kanjo, kunjo,** have been used for *puss, bunnie.*

1178. *Policano* : " Kio estas la nomo de viaj gepatroj ? " *Knabineto* : " Paĉjo kaj Panjo."

Sonjo : "Aŭskultu, Minjo. Se mi premas mian pupon, ĝi krias *mamma, papa* ! " *Minjo* : " Ha, tio estas pramoda ! Mia onklino promesis doni al mi Kristnaske pupon, kiu diros ' Panjo ! Paĉjo ! ' "

1179. *Write pet names for* Roberto, Mario, Karlo, Heleno, Franko, Eleonoro, Henriko, Anno, Johano, Margareto, Gertrudo.

LA LUPO KAJ LA KAPRIDOJ

1180. En arbaro loĝis kaprino. Ŝi havis sep infanojn. Ŝi amis ilin, ĝuste kiel via patrino amas vin.

Unu tagon ŝi devis iri for, por aĉeti manĝon por ili. Do ŝi vokis ilin, kaj diris " Karaj infanoj ! Mi iras, por aĉeti manĝon por vi. Kiam mi estos for, zorgu, ke vi ne enlasu la lupon. Vi konos lin, ĉar li havas raŭkan voĉon kaj nigrajn piedojn ". La kapridoj promesis atenti, kaj la kaprino foriris.

Baldaŭ iu frapis la pordon, kaj kriis per raŭka voĉo " Enlasu min, karaj infanoj ! Mi estas via patrino; mi portas manĝon por vi ". Sed kiam ili aŭdis, ke la voĉo estas raŭka, ili diris " Ne, ni ne enlasos vin. Nia patrino havas dolĉan voĉon : via voĉo estas raŭka, vi estas la lupo ! "

Do la lupo foriris, kaj manĝis iom da mielo. Tiam li revenis, frapis la pordon, kaj diris per dolĉa voĉo " Enlasu min, karaj infanoj ! Mi estas via patrino; mi portas manĝon por vi ". La kapridoj diris " Montru al ni la piedojn ". La lupo montris sian piedon tra la fenestro. Sed kiam ili vidis, ke la piedoj estas nigraj, ili diris " Ne, ni ne enlasos vin. Nia patrino havas blankajn piedojn : sed viaj piedoj estas nigraj, vi estas la lupo ! ".

Do la lupo foriris denove, kaj metis **farunon** (*flour*) sur la piedojn. Tiam li revenis, frapis la pordon, kaj diris dolĉe " Enlasu min, karaj infanoj ! Mi estas via patrino; mi portas manĝon por vi ". La kapridoj diris " Montru al ni la piedojn ", kaj la lupo montris sian piedon tra la fenestro. Nu, kiam ili vidis, ke la piedoj estas blankaj, ili kredis, ke tio ja estas la patrino, do ili malfermis la pordon. Sed tiu, kiu eniris, estis la lupo !

Li saltegis en la domon kun la buŝo malfermita. La kapridoj timegis, kaj forkuris, por sin kaŝi : sub la tablon, en la ŝrankon, en la liton, en la kuirejon—ĉien ! Sed, ho ve ! la lupo trovis ilin kaj manĝis ilin ĉiujn, unu post alia, per unu gluto. Tamen la plej junan, kiu sin kaŝis en la kesto de la horloĝo, li ne trovis.

Kiam la lupo finis manĝi, li ŝmacis per la lipoj kaj foriris el la domo. Tiam, ĉar li estis tre plena kaj laca, li kuŝis sur la herbo sub arbo, kaj dormegis.

Baldaŭ la kaprino venis hejmen. Kion ŝi vidis ! La pordo malfermita ! la litkusenoj sur la planko ! Ĉio renversita ! Kaj kie la infanoj ? Ŝi vokis ilin unu post alia : " Toĉjo ! Vinjo ! Manjo ! Denjo ! Roĉjo ! Nanjo ! " Sed neniu respondis. Estis nur granda silento. Fine, kiam ŝi vokis al Daĉjo, la plej juna, li kriis " Jen mi ! mi estas en la horloĝo ". Ŝi eltiris lin, kaj li diris al ŝi, ke la malbona lupo manĝis la gefratojn. Tiam ili sidiĝis sur la sofo, kaj ambaŭ ploradis. Fine ili eliris el la domo. Sed kion ili vidis sur la herbo ? Jen ! Jen la peka lupo ! Li kuŝis sub arbo, kaj ronkis tiel laŭte, ke la branĉoj tremis.

Dum ili rigardis, subite la kaprino vidis ion moviĝi en la lupa ventro. Ŝi diris al la ido " Iru domen, kaj portu al mi tuj tranĉilon, kudrilon, kaj fadenon ". Kiam li portis ilin, ŝi tranĉis la ventron de la lupo, kaj jen ! la ses infanoj ĉiuj saltis el la lupo kaj ŝin kisis kun granda ĝojo. Ili estis tute sendifektaj, ĉar la lupo manĝis ilin sen mordo. Poste la infanoj portis ŝtonojn al la patrino, kaj ŝi metis la ŝtonojn en la lupan ventron kaj kunkudris ĝin. Li ne sentis doloron, ĉar li dormis tre profunde.

Post iom da tempo la lupo vekiĝis. Li estis tre soifa, do li iris al puto por trinki. Sed kiam li metis la kapon malsupren al la akvo, la ŝtonoj ruliĝis (*rolled*) antaŭen, kaj . . . plomp ! . . . li enfalis kaj dronis. La kapridoj dancis kaj kantis ĉirkaŭ la puto, kaj laŭte kriis pro ĝojo " Hura ! La lupo mortis ! La lupo mortis ! Hura ! "

-ISM

1181. The suffix -ISM=*a doctrine* (*theory, practice*), *system, school of thought, cult, -ism* (*in this sense*).

Asket- (**despot- fetiĉ- katolik- kvaker- presbiter- protestant-puritan- radikal- respublik- vegetar-**)**ismo.** **Homaranismo.**

1182. Often, though not always, **ism** and **ist** run in pairs. **Absolutismo, absolutisto; kubismo, kubisto; ritismo, ritisto.** Make similar pairs with the roots **Esperant, fatal, ideal, konserv, komun, lojal, milit, pac, real.**

In certain similar pairs (in accordance with international usage) these endings are part of the root itself. E.g., **pesimismo, pesimisto**; **pesim** not being a recognized root. Similarly: **altruismo, bolŝevismo, egoismo, empirismo, faŝismo, feminismo, optimismo, socialismo, sofismo, turismo,** with companion words in **-isto.**

(d) Sometimes English *-ism*=**-ec**: **heroism, heroeco**; *fanaticism,* **fanatikeco.** Cp. **katolikismo,** *catholicism;* **katolikeco,** *catholicity.*

-END

1183. The suffix **-END** (officially accepted in 1953) = *that is to be* (*has to be, must be*) *-ed.* **Farenda laboro,** *work that has to be done.* **Solvenda problemo,** *a problem to be solved.* **La kotizaĵo estas pagenda en Julio,** *the subscription is payable* (=*is due, should be paid*) *in July* (obligation). Cp. **pagebla,** *that can be paid* (possibility); **pagota,** *that will be paid* (prophecy).

1184. Vesto **brosenda,** rezulto **celenda,** vorto **direnda,** lumo **estingenda,** eraro **evitenda,** arbo **faligenda,** rubo (*rubbish*) **forportenda,** modelo **imitenda,** vojo **irenda,** dato **memorenda,** kondiĉo **nuligenda,** stato **plibonigenda,** peto **rifuzenda,** ekzemplo **sekvenda,** letero **skribenda.**

Ne ĉio **lernenda** estas **lerninda.** La eskapinta krimulo estas **punenda,** sed verŝajne ne **punota.**

EL-, PRI-, SUB- (OCCASIONAL USES)

1185. **EL-** sometimes means *thoroughly, completely, . . . out, . . . up* (=*tute, plene, satige*).

Ellabori, *work out, elaborate.* **Ellerni,** *learn thoroughly, master.* **Elpagi,** *pay up, settle.* **Elparoli,** *speak out, enunciate* (cp. **prononci**). **Eltrinki,** *drink up, finish.* **Eluzi,** *use up, wear out.*

1186. **PRI-** is sometimes used to introduce a direct object, or to give a different object to that indicated by the simple root.

Labori, *work;* **prilabori** *argilon (kampon), cultivate, work on.* (For)**Rabi** infanon, *kidnap;* **prirabi** infanon, *rob (from) a child.* **Ŝteli** pomon, **priŝteli** *(pilfer from)* budon. **Semi** tritikon, **prisemi** la teron. **Tondi** harojn, **pritondi** la kapon. **Prijeti** iun per ŝtonoj; **pririgardi** landon; **priverŝi** liton per larmoj.

1187. **SUB-**. **Subaŭskulti,** *eavesdrop.* **Subbruli,** *smoulder.* **Subkompreni,** *infer.* **Subridi,** *chuckle.* **Subvoĉe,** *in an undertone.*

RECAPITULATION EXERCISES

1188. "*Wordmaking and Wordtaking.*" Add some accented letters to the ordinary stock. Only roots count as words.
Lexicon and *Kan-u-go* (obtainable in Esperanto from B.E.A.) are similar games.

1189. Write any long word on the board (e.g., *SAPFABRIK-ISTO*). Who can in five minutes form and write down the largest number of roots from letters in that word ?

1190. Vary a root by means of affixes, and translate. Take, for example, **abat,** *abbot;* **abel,** *bee;* **akr,** *sharp;* **amik,** *friend;* **am,** *love.*
(a) **Abat** (-a -e -i -o -oj). Abat(-ad -an -ar -ec -ej -in)-o. Abat (-ig -iĝ)-i. (Ĉef- eks- pra- sub- vic-)abato. Abat-ejestro, -igeblulo, -inejo, -ineto, -iĝanto, iĝinda. Geabatoj, kontraŭabatismo, po a-batulino, reabatiniĝi, senabatejo.
(b) **Abel**(-a -e -o -oj). Abel(-ar -ec -eg -ej -er -et -in -ist -uj)-o. Abel (-areto, -etaro, -istaro). Virabelo, geabeloj, geabelistoj, senabelejo, senabeleco.
(c) **Akr**(-a -e). Akr(-aj -ec -ul)-o. Akr(-eg -et)-a. Akr(-ig -iĝ)-i. Akrig (-a, -aĉi, -anta, -ebla, -enda, -inda, -ilaro, -ilujo, -istino, -ita). *Repeat with* **malakr-** *from the beginning.* Neakra, reakriĝo, forakrigi, fuŝakrigi, misakrigi.
(d) **Amik**(-a -e -o -oj). Amik(-aĉ -aj -ar -ec -ej -et -in)-o. Amik (-ig -iĝ)-i. Ĉef- (eks- fi- pra-)amiko. Amik(-edzino, -inedzo, -idino, -iĝema, -inaro, -ineto). *Repeat with* **malamik-**. Neamika, ekamikiĝi, geamikoj, aminjo, amiĉjo.
(e) **Am**(-a-e-i-o-u-as-is-os-us). Am(-int -ant -ont -it -at -ot)-a, -o, -ino, -e. Am(-ad -eg -et -ig)-i. Am(-ebl -em -end -ind)-a. Disami, antaŭami, interami. Am(-eblulino, -egado, -emigo, -indulo). Geamantoj, perame, proame, sename, sinamo. *Repeat with* **malam-, ekam-, ream-, reekam-, ekmalam-, remalam-, ekremalam-**.
(f) Abelamanto, abelamiko, abatinamiko, abatamikino, amikamo.

[267]

SOLVOJ AL PROBLEMOJ

1191. 153, Sur la mapo. 212, La vojo. 325, La orelo. 329, **Kvarteto.** 388, Malsekajn. 427, Aŭstralio. 473, Ĝi okazas nur en Decembro. 485, Ok : ĉiu sidis sur la propra vosto. 491, Truon. 595, Ĉe malpaco inter viro kaj edzino estas kulpoj ambaŭflanke. 691, 5+9=14. 696, Ili estas egalpezaj. 703(d), Ok.

719, El ripo. Unua. 816, Neniom : en aŭtuno ĉiuj forfalas. La dua : ĝia meza rapido estis po 45 mejloj : la meza rapido de la unua estis po 40. 824, 28 tagoj. Neniam ! La ŝipo leviĝis kun la tajdo.

843.

Li (=P) estis kun			sia	amiko	kaj	ties	kuzo
,,	,,	,,	lia	,,	,,	,,	,,
,,	,,	,,	sia	amik(in)o	kaj	sia	kuzo
,,	,,	,,	sia	,,	,,	lia	,,
,,	,,	,,	lia	,,	,,	sia	,,
,,	,,	,,	lia	,,	,,	lia	,,

Jen 10 *signifoj. Ripetu ĉion kun* " kuzino "; 20 *signifoj. Ripetu la* 20 *kun* " Tiu " (=J) " estis . . . " : 40 *signifoj* (Se *he* signifus trian personon, nek P nek J., la frazo povus havi 168 signifojn !)

898, Ne pruntedonu ilin. 901, Ŝu-najlo. 908, La alumeton. 909, Ambaŭ estas samdistancaj. 940, Unu knabo prenu la teleron kun la ovo. 1022, La litero M. 1030, 6p. 1031, 21 funtoj. 82. 24. ⅓p. Ĉe la unua drinkejo. 1032, 5⅓p. 1033, 2ŝ 6p. Mi mem devus pagi 5ŝ pro mia duono de la vojaĝo : la kosto de la alia duono devus dividiĝi inter ni. 1039, 18. 1040, Jim-Flora, Albert-Mary, Tom-Roza. 1161, La ĝusta ekvacio estas 27—2=25.

TWO PREPOSITIONS TOGETHER

1192. (a) Two prepositions may come together. E.g., Li rigardis al ŝi **de post** (*from behind*) la ĵurnalo. Ne forprenu la kusenon **de sub** (*from underneath*) mi. Ili pereos **de sur** (*from the face of*) la tero. Li prenis **el inter** ili Simeonon. Li sidas en ŝuldoj **ĝis super** la oreloj. Similarly : **de antaŭ, de apud, de el, je ĉirkaŭ,** etc.

(b) Do not join the two words. I.e., do NOT write **depost, elsub, ĝissuper, denun.**

(c) For *since*, either **de** or **post** alone is usually the best translation. Mi ne vidis vin **de tiam** (**de kiam vi edziĝis**) (**post via edziĝo**). We sometimes find **de post** (two words). Redonu ĉiun elspezon **de post tiu tago, kiam . . .** But this is not advisable, because **de post tiam** logically means : " *starting* (*not from then, but*) *from some subsequent time* ". Better forms are : **detempe de, ek de. De-tempe de** (or **Ek de**) **mia juneco . . .** *from my youth up.*

[268]

1193. These suffixes are sometimes used tentatively. They are not official, and should be used, if at all, only in scientific or technical works.

1194. **-IV**, *which can, is able to (active)* (=*kiu povas, -pova, -kapabla*). **Paroliva (parolpova)**, *which has the power to speak;* **bruliva**, *combustible;* **kondukiveco**, *conductivity.* Cp. **sentiva (sentipova)**, *sentient, which has the power to feel,* with **sentema**, *apt to feel,* and **sentebla**, *which can be felt.* (But **instrua libro**, not **instruiva**).

1195. **-OZ**, *containing, full of, -ous* (=*-hava, -plena, -riĉa, kun-a*). **Poroza, porhava,** *porous;* **feroza, argiloza, kalkoza.** **Ŝtonoza (ŝtonplena) kampo,** *a fleld full of stones.* Cp. **ŝtoneca,** *of a stony nature.* Usually **-a (ŝtona)** is sufficient. In any case, **oz** should be used only in a material sense (**glora, ĝoja,** not **gloroza, ĝojoza**).

1196. **-IZ** (A. *-ize,* Fr. *iser,* G. *-isieren*), denotes technical application.

(1) Of a substance or object. (a) =*Provizi per -oj:* **dentizi buŝon, plumizi sagon, ringizi barelon.** (b) =*Plenigi (fill, impregnate) per -o, -ozigi:* **fumizi ĉambron (haringon), kalkizi grundon, sukerizi paston.** (c) =*Kovri per -o:* **gluizi paperon, orizo** *(gilt).* But in everyday non-technical conversation use the simple form : **buteri panon, kalki muron, olei salaton, pipri (sali) supon, sukeri teon.** (d) =*Meti sub la influon de -o:* **elektrizi, hipnotizi, radiizi.**

(2) Of a process named after its author : **farad-(galvan-maka-dam-pasteŭr-)izi.**

1197. Certain other affixes are in use in various branches of science. (E.g., in chemistry, **mono-, di-, tetra-, penta-, seskvi-, hiper, hipo-, -at, -it, -oz, -ik** ; in botany, **-ac, -en**; in music, **-ol** ; in medicine, **-it** . . .). These are outside the scope of this book.

1198. ADDENDA. Add to par. 809 : **Mi ja iras,** *I* do *go.* **Mi ja iris,** *I* have *been.* **Mi ja iros,** *I* shall *go.* Add to par. 944 : (c). **(Ho,) (Mi volas,) Ke li venu!** *Oh (would) that he may (might) come.*

ADVICE TO THE STUDENT

In preparation for a higher examination, you should acquire a fluent international style and master the vocabulary. To this end study diligently the best literature; especially Zamenhof's speeches and translations, and above all *La Malnova Testamento*. Copy out phrases worth remembering or imitating. Learn by heart passages of outstanding beauty.

Zamenhof's *Lingvaj Respondoj*, the *Fundamenta Krestomatio*, *Fabeloj de Andersen*, and a good dictionary should be familiar friends. (*Plena Vortaro de Esperanto* or *Plena Ilustrita Vortaro* are standards, coupled with a modern Esperanto-English dictionary.) The average magazine article is not a safe guide to style. Nor is every printed book! Your authorities should be the *Fundamento*, the *Lingva Komitato*, the example of the best writers, and your own critical common sense, in this order. The indiscriminate acceptance of every proposed new word or fashion is a mark of the tyro. The artist is shown not by the number of paints in his box, but by the way he uses them.

Live mentally in Esperanto-land. Think in Esperanto. Write your note-books, your diary, your accounts, in Esperanto. Practise conversation with yourself—not necessarily aloud! Ask yourself questions and answer them. Describe to yourself what you see as you walk along the street. Translate mentally the Sunday sermon, the shop advertisement, the newspaper article. If no Esperantist friend is available, make one. Practise on the baby, the cat, the dog. Make speeches to the looking-glass. (Incidentally, this is a cure for the "blues".)

If you make a regular and sustained effort—and if you have enough humility and uncommon sense to learn the language as it is, instead of guessing what it might be, and to refrain from suggesting improvements till you have learned it (and discover that the points you once criticized in your ignorance are just those which stamp Esperanto as the creation of a genius)—then your progress will be speedy and certain.

Take every opportunity of hearing and speaking the language. In the Group meeting join those more advanced than yourself, avoiding the hangers-on who, by persistently talking English, never get beyond *"Bonan tagon!* How are you?", and waste your time as well as their own. If possible, attend an Esperanto Congress, and converse by preference with those who do not know English. You will soon find yourself talking Esperanto easily and naturally.

Esperanto is one of the most beautiful languages on earth. But even Esperanto may sound hideous if murdered. The standard of some Esperantists is deplorably low, and they seem content to have it so. Even propagandists have been known whose errors make a sensitive listener shudder. You owe it to the language and to yourself to aim higher than this. Esperanto is worthy of your best efforts, your enthusiasm, your affection. Treat it with at least the same respect as that which you would give to any other living language. If the height of your ambition is to write picture-postcards which are ungrammatical and only half-intelligible, you would do Esperanto and also your puzzled correspondents a service by leaving it alone. (This, however, is not intended to discourage correspondence at even an early stage, if supervised.)

It does not follow that because you speak fluently you speak well. Never imagine that you have no more to learn. No, not even when you have passed an examination.*

Join your national Esperanto association, and thus support the movement, and keep in touch. Wear the Esperanto star. When you are proficient, correspond with Esperantists in other lands. Join (or found) the local Esperanto group.

Form a class among your friends. If you are able to teach and keep a class, you will be a valuable gain to the movement. But teaching is an art, and a poor teacher can quickly kill any class. In the United States and Canada, you can call upon the AATE for assistance in teaching methods and choosing appropriate text-books.

*ELNA offers examinations on three levels through its affiliate, the American Association of Teachers of Esperanto (AATE). Further information and assistance are available from:

Esperanto League for North America, Inc.
P.O. Box 1129, El Cerrito CA 94530 U.S.A. (510) 653-0998

Kanada Esperanto-Asocio
P.O. Box 2159, Sydney B.C., Canada V8L 3S6

Esperanto-Asocio de Britujo
140 Holland Park Ave., London W11 4UF, England (071) 727-7821

Aŭstralia Esperanto-Asocio
P.O. Box 313, Sunnybank Qld. 4109, Australia (07) 345-2402

Nov-Zelanda Esperanto-Asocio
P.O. Box 41-172, St. Lukes, Auckland, New Zealand

SUMMARY OF THE ESPERANTO GRAMMAR

(See also paragraph 1108)

PRONUNCIATION
(No silent letters)

VOWELS : A, E, I, O, U, sound in *Are there three or two* ?

CONSONANTS : As in English, but **C**=*ts*; **Ĉ**=*ch*; **G**=hard *g* in *go*; **Ĝ**=soft *g* in *George*; **Ĥ**=*ch* in *loch*; **J**=*y*; **Ĵ**=*s* in *pleasure*; **Ŝ**=*sh*.

DIPHTHONGS : EJ, AŬ, AJ, OJ, sound in *Stay now, my boy*.

ACCENT : on the last vowel but one.

STRUCTURE

Most words are formed from a root (e.g., **am, kat**) plus a grammatical ending. The root may be modified by one or more affixes.

NOUNS end in **O**. **Amo**, *love*; **kato**, *a cat*.

ADJECTIVES end in **A**. **Ama**, *of love, loving*; **kata**, *feline, cattish*.

PLURALS end in **J**. **Ama vorto**, *a loving word*; **amaj vortoj** (pr. *ah-my vor-toy*), *loving words*.

ADVERBS end in **E**. **Ame**, *lovingly*; **kate**, *in a cat-like manner*.

COMPARISON : **Pli**, *more*; **plej**, *most*. **Pli ame**, *more lovingly*; **plej ame**, *most lovingly*.

INFINITIVE : **I**. **Ami**, *to love*.

IMPERATIVE : **U**. **Amu** ! *love* !

PAST TENSE : **IS**. **Mi amis**, *I loved*.

PRESENT TENSE : **AS**. **Mi amas**, *I love*.

FUTURE TENSE : **OS**. **Mi amos**, *I shall love*.

CONDITIONAL : **US**. **Mi amus**, *I should love*.

PREPOSITIONS govern the nominative. **Li**, *he*; **al li**, *to him*.

THE DIRECT OBJECT of the verb ends in **N**. **Mi amas lin**, *I love him*; **li amas min**, *he loves me*. The ending N may replace an omitted preposition. **Mi iras tieN** (or **mi iras AL tie**), *I am going thither* (=*to there*).

PARTICIPLES, ACTIVE (past, present, future) : **INT, ANT, ONT**. Adjectival forms : **Aminta**, *having loved*; **amanta**, *loving*; **amonta**, *about to love*.

PARTICIPLES, PASSIVE (past, present, future) : **IT, AT, OT**. Adjectival forms : **Amita** (*having been*) *loved*; **amata**, *being loved*; **amota**, *about to be loved*.

PARTICIPAL NOUNS AND ADVERBS : **amanto**, *one who is loving*; **amato**, *one who is loved*; **amante**, *while loving*; **amate**, *while loved*.

[272]

PREFIXES

Bo	= *in law*	For	= *away*	Pra	= *remote (time)*
Ĉef	= *chief, main*	Fuŝ	= *bunglingly*	Re	= *re-, back, again*
Dis	= *separation*	Ge	= *of both sexes*		
Ek	= *momentary, sudden*	Mal	= *opposite*	Sin	= *self- (reflexive)*
		Mem	= *self- (emphatic)*		
Eks	= *ex-, former*			Ve	= *of woe*
Fi	= *shamefulness*	Mis	= *mis, amiss*	Vic	= *vice-*
		Ne	= *negative*	Vir	= *male*

SUFFIXES

Aĉ	= *disparagement*	Foj	= *time (repetition)*
Ad	= (a) *action*; (b) *continuation*	Id	= *offspring, young*
Aj	= *thing (concrete idea)*	Ig	= *make*
An	= (a) *member*; (b) *partisan*; (c) *inhabitant*	Iĝ	= *become*
		Il	= *instrument, means*
Ar	= *collection*	In	= *feminine*
Ĉj	= *pet-name (masc.)*	Ind	= *worthiness*
Ebl	= *possibility*	Ing	= *holder, socket*
Ec	= *quality, abstract idea*	Ism	= *" ism," theory, system*
Edz	= *husband*	Ist	= *habitual occupation*
Eg	= *augmentative*	Nj	= *pet-name (feminine)*
Ej	= *place*	Obl	= *multiple*
Em	= *propensity*	On	= *fraction*
End	= *to be (which must be) -ed*	Op	= *collective*
Er	= *item, unit*	Uj	= (a) *container*; (b) *land*
Estr	= *leader, ruler*	Ul	= *person*
Et	= *diminutive*	Um	= *indefinite relation*

TABLE OF CORRELATIVES (707)

	INDEFINITE Some (any)	INTERROGA- TIVE OR RELATIVE Which, what	DEMONSTRA- TIVE That	UNIVERSAL Each, every, all	NEGATIVE No
QUALITY kind sort	ia of some kind some (kind of)	kia of what kind what kind of what a . . . !	tia of that kind that kind of such a . . .	ĉia of every kind every kind of	nenia of no kind no kind of
MOTIVE reason	ial for some reason	kial for what reason, why, wherefore	tial for that reason, therefore, so	ĉial for every reason	nenial for no reason
TIME	iam at some time, ever	kiam at what time, when	tiam at that time, then	ĉiam at every time, at all times, always	neniam at no time, never
PLACE	ie in some place, somewhere	kie in what place, where	tie in that place, there, yonder	ĉie in every place, in all places, everywhere	nenie in no place, nowhere
MANNER way	iel in some way, somehow	kiel in what way, how, like (as)	tiel in that way, thus, so, as, like that	ĉiel in every way	neniel in no way, nohow
POSSESSION -one's	ies someone's, somebody's	kies which one's, whose	ties that one's	ĉies everyone's, each one's, everybody's	nenies no one's, nobody's
THING	io something, aught	kio what thing, what	tio that thing, that	ĉio everything, all	nenio nothing, naught
QUANTITY amount	iom some quantity, somewhat	kiom what quantity, how much, how many	tiom that quantity, so } much as } many	ĉiom the whole quantity, all of it	neniom no quantity, not a bit, none
INDIVIDU- ALITY one	iu someone, some (person or thing)	kiu which (one), who	tiu that (one),	ĉiu every (one), each (one), everybody	neniu no (one), nobody

INDEKSO

[278]

APPENDIX

A STORM IN A TEA-CUP*

Peter was born (the telephone was installed) in 1962. Estis -ata? -ita?

For many years controversy has raged over this question. On both sides equally, eminent Esperantists have written thousands of pages, with no sign of reaching agreement. One side appeals to frequent Zamenhofan usage: the other to logic and the *Fundamento*, and to Zamenhof's words: *"En la lingvo internacia oni devas obei sole nur la logikon"*.

I venture to suggest that both sides are right, but not exclusively. Often *-ata* and *-ita* are equally possible: the choice depends on circumstances, e.g., the context, the thought in the speaker's mind, the meaning of the verb.

If *naskiĝi* means "enter the world", and Peter's birth took place from 3 to 4 p.m., then in the morning he was *naskota*, in the afternoon he was *naskata*, and in the evening he was *naskita*. Thus, in the same day he was *nask-ota*, *-ata*, and *-ita*.

I moved to a new house in December 1961. In January 1962 I ordered a telephone: it was then *instalota*. In February workmen dug a trench and brought in a wire: the telephone was *instalata*. Only in March was it ready for use. In April *ĝi estis instalita jam unu monaton*. Thus, in 1962 the telephone was *instal-ota*, *-ata*, and *-ita*.

If the enemy *okupis* (= *eniris*) the town in the morning, it was then *okupata*, and in the evening it was *okupita*. If the enemy *okupis* (= *enloĝadis*) the town from 1914 to 1916, during those two years it was *okupata* (and also *okupita*). Zamenhof translated "I am busy" by *Mi estas okupita*. Nevertheless, if my affairs are still weighing heavily upon me, *Mi estas okupata* well expresses my present situation.

To return to our opening sentences. Both forms *Petro estis naskata* (was being born), and *Petro estis naskita* (had been born) are possible and correct. But both are uncomfortably over-precise. The English 'medial' forms "was born" and "was installed" are comfortably less precise, and may carry either meaning according to context. The 'medial' forms *Petro naskiĝis* (*oni instalis la telefonon*)—equally unprecise—are a perfect translation of the English, and are usually preferable to the compound tenses.

M.C.B.

*See 1096 (p. 244).

For additional copies of this book...
Contact your bookseller or use this form:

Esperanto League for North America, Inc.
P.O. Box 1129, El Cerrito CA 94530
(510) 653-0998

Please send ___ copies of STEP BY STEP IN ESPERANTO by Montagu C. Butler, @$12.95 per copy.

Please send ___ copies of ESPERANTO: LEARNING AND USING THE INTERNATIONAL LANGUAGE by David Richardson @$14.95 per copy. Contains brief history of the Esperanto movement, ten chapters of lessons, extensive readings, Esperanto to English dictionary, and index. The perfect introduction to Esperanto.

Please add $1.50 per book for shipping and handling. CA addresses add appropriate sales tax. **Prices subject to change without notice.**

Please make check or money order payable to "ELNA".
All payments must be in U.S. funds.

Send to:

Name _____

Address _____

City _____ State _____ Zip _____

☐ Send me *free* information about Esperanto in the U.S., including classes, activities, and groups in your area. Or, call toll-free (800) 828-5944 (for free information requests only). No order necessary.